DER KLEINE BUCH VERLAG

Das Buch

Die Kölnerin Anna zieht in den Achtzigerjahren zu ihrem Freund, dem Olivenbauern Ilías, in ein kretisches Bergdorf. Dort trifft sie auf Lámbros, Ilías' Vater, der unter der deutschen Besatzung Kretas im Zweiten Weltkrieg gelitten hat. Als Anna deutsche Weihnachtsbräuche einbringen möchte, lässt Lámbros sie seine Vergangenheit spüren. Dadurch wird Annas Wunsch, eines Tages mit Ilías den Kölner Weihnachtsmarkt zu besuchen, nur umso stärker. Während sich Anna mit harter Arbeit bei der Olivenernte bemüht, endlich von ihrem Schwiegervater akzeptiert zu werden, quält ihre beste Freundin Thália ein unerfüllter Kinderwunsch. Viele Jahre hält sie diesen vor Anna geheim, versucht ihre innere Leere mit zwanghaftem Putzen zu bekämpfen und setzt schließlich sogar ihre Ehe aufs Spiel.
Einfühlsam und detailliert zeichnet Sigrid Wohlgemuth das Leben zweier Frauen, für die ihre innigsten Wünsche oft unerreichbar scheinen. Doch sie halten daran fest und kämpfen für ihre Träume.

Die Autorin

Sigrid Wohlgemuth wurde in Brühl bei Köln geboren. 1996 erfüllte sie sich ihren Traum und machte Kreta zu ihrer Wahlheimat. Die Mittelmeerinsel und das Schreiben wurden zu ihrem Lebensmittelpunkt. In ihren Erzählungen, bei Lesungen und in Kochshows möchte sie ihren Gästen die kretische Kultur sowie Land und Leute näher bringen. Zu ihren bisherigen Veröffentlichungen gehören neben »Bis am Baum die Lichter brennen. Weihnachtsanthologie« (2012) und »Drei Stühle. Köstliche kretische Geschichten mit Rezepten« (2013) auch zahlreiche Kurzgeschichten in Zeitschriften und Anthologien.

Sigrid Wohlgemuth

Der Duft von Oliven

Roman

Der Kleine Buch Verlag

Impressum

Die deutsche Nationalbibliothek verzeichnet diese Publikation in der Deutschen Nationalbibliografie; detaillierte bibliografische Daten sind im Internet unter www.dnb.de abrufbar.

Projektmanagement: Julia Prus
Lektorat: Susanne Döllner
Korrektorat: Natascha Matussek
Satz & Layout: Beatrice Hildebrand
Umschlaggestaltung: Manuela Wirtz, www.manuwirtz.de
Umschlagabbildung: grob/shutterstock.com
Druck: Orga-Concept e.K., Filderstadt

ISBN: 978-3-7650-9104-9

Dieser Titel erscheint auch als E-Book:
ISBN: 978-3-7650-2125-1

www.derkleinebuchverlag.de
www.facebook.com/DerKleineBuchVerlag

Für Irene, meiner Freundin seit Kindheitstagen

Du scheinst durchs Sternenmeer … Ich musste dich loslassen, doch weiß ich, du bist immer da, immer nah. Denn in meinen Erzählungen, Träumen, meinem Herzen; bleibst du lebendig auf ewig.
Die Erinnerung an unsere gemeinsamen Jahre, kann mir niemand nehmen.

In Liebe
Deine Sigrid

Der Roman entstand aus meiner Liebe zur Insel Kreta, dem Land und seinen gastfreundlichen Bewohnern.

Το βιβλίο αυτό προέκυψε από την αγάπη (μου) για την Κρήτη και τους φιλόξενους κατοίκους της.

Prolog

Es krachte. Anna fuhr zusammen. Direkt vor ihr löste sich ein Baum samt Wurzelballen aus der Böschung am Abhang über der Straße. Ruckhaft riss sie das Lenkrad herum. Der Baum stürzte knapp hinter ihrem Wagen auf die Fahrbahn. Sie hatte keine Zeit aufzuatmen, denn durch die plötzliche Bewegung war das Heck ins Schleudern geraten. Sie trudelte unkontrolliert um die eigene Achse, kam nun endgültig von der Straße ab, an der sich keine Leitplanke befand, und rutschte mit einem gellenden Schrei den Berg hinab. Dann hörte sie nur noch das Schrappen der Scheibenwischer, stierte wie betäubt auf die rasche Bewegung. Das Atmen fiel ihr schwer, der Sicherheitsgurt umspannte straff ihren Körper. Der Versuch, sich zu rühren, scheiterte schmerzlich. Sie schloss die Augen.

Nicht einschlafen. Ich muss wach bleiben, bis ich gefunden werde. Aber ich bin schrecklich müde und möchte schlafen. Es tut weh. Am besten zähle ich.

Doch als sie damit anfangen wollte, brachte sie die Lippen kaum auseinander. Sie schmeckte Blut.

»Helft mir!«, rief sie und hatte das Gefühl, als prallten die Worte an die Windschutzscheibe und schallten zu ihr zurück.

Sie werden mich bald finden. Ganz sicher! Der Regen hat nachgelassen. Nur eine Frage der Zeit, bis ein Auto vorbeikommt. Mit einem letzten Ratschen verstummten die Scheibenwischer.

Die Stille ist unerträglich, dachte sie und spürte Tränen, die ihr über die Wangen liefen. Ruhe bewahren. Ich darf nicht in Panik ausbrechen.

Anna atmete flach, um das Stechen in ihrem Leib gering zu halten.
»Verdammt!«, zischte sie zwischen zusammengebissenen Zähnen.

Nachdem sie im Reisebüro die Tickets für einen Familienurlaub in Köln zu Weihnachten freudig entgegengenommen hatte, war sie vor der Tür von einem leichten Nieselregen überrascht worden. Bald darauf öffnete der Himmel über Kreta seine Pforten und es begann, in Strömen zu gießen. Ein starker Wind aus Südosten fegte übers Land, und der Wagen schwankte auf der Rückfahrt von Sitía nach Tourlotí, ihrem Heimatdorf. Obwohl sie den Scheibenwischer auf höchste Stufe gestellt hatte, war der Asphalt durch die beschlagene Windschutzscheibe vor ihren Augen nur verschwommen zu sehen. An dem Teilstück der engen Straße, das sich im Bau befand, wurde es schlimmer. Eine Möglichkeit anzuhalten gab es nicht, allenfalls mitten auf der Fahrbahn. Anna war sicher gewesen, die Hürde zu schaffen, und ein Stück weiter hätte sie auf dem Standstreifen stoppen können, um das Unwetter abzuwarten.
Aus den Augenwinkeln hatte sie die Bäche gesehen, die von den Bergen herunterstürzten und Gesteinsbrocken mit sich rissen. Im ersten Gang, mit dreißig Stundenkilometern, lenkte sie den Wagen am Bagger vorbei. Bloß nicht heftig bremsen, hatte sie sich ermahnt, denn gerade an dieser Stelle schien es am gefährlichsten, auf der Straße lag ein Kieselsandgemisch. Doch trotz aller Vorsicht hatte es sie erwischt, als der Baum herunterkrachte.

Anna wimmerte. Warum kam denn keiner, um sie zu retten?
Denk an etwas Schönes. Sie holte Erinnerungen aus ihrer Jugendzeit hervor. Damals, als sie Studentin gewesen war und das erste Mal Urlaub auf der griechischen Insel gemacht hatte.
Ilías! Anna versuchte, den Mund zu einem Lächeln zu verziehen. Aber die kleinste Bewegung tat weh.
Was hat mich damals derart fasziniert, dass ich hergezogen bin? Diese Frage versetzte Anna sogleich in die Bilder der Vergangenheit, spülte den Schmerz und ihre verzweifelte Lage fort.

1. Kapitel

Anna blinzelte in die Spätnachmittagssonne. Sie setzte sich auf und strich den inzwischen getrockneten Sand von ihren Beinen. Dann hielt sie sich die Hand schützend über die Augen und sah zu, wie der leichte Wind die Wellen ans Land trieb.

War es die Liebe zu Ilías, dem kretischen Bauern, die sie alles im rosaroten Licht sehen ließ? Wenn sie an Zuhause dachte, an Köln, die Stadt mit ihrem oft deprimierend grauen Himmel, an den herrischen Vater, dem sie nichts gut genug machen konnte, fröstelte sie.

In diesem Moment stieg Ilías aus dem Wasser. Er kam im Laufschritt auf sie zu, ließ sich neben ihr auf das Badetuch fallen und zog sie in seine Arme.

»He!«, schrie Anna, »du machst mich wieder total nass.« Sie stieß ihn in die Rippen. Ilías schüttelte sein Haar. Anna quiekte, als die Wassertropfen sie trafen.

Er lachte und streckte sich aus, schlug die Füße übereinander, verschränkte die Arme im Nacken.

Kaum zu glauben – Anna ließ ihre Augen über Ilías' Körper schweifen – dieser Mann möchte mit mir zusammenleben.

Im Schneidersitz schob sie sich neben ihn.

»Und, hattest du genug Zeit, um darüber nachzudenken?« Ilías stützte sich auf die Ellbogen und sah Anna liebevoll an.

»Worüber?«

»Anna, ich meine es ernst.«

»Ich soll zu dir nach Kreta ziehen?«

»Liegt es an meinem Griechisch, dass du mich nicht verstehst?«

»Scherz nicht rum.« Anna verzog den Mund zu einer Schnute.
»Nun gut. Du willst es nicht anders.« Er richtete sich auf. Anna bemerkte ein schelmisches Zucken um seine Mundwinkel. »Du bist die Frau meiner Träume! Wenn ich dich anschaue, mit deinen langen blonden Haaren und dem athletischen Körper, könnte ich vor Glück verrückt werden! Deine himmelblauen Augen ziehen mich magisch an, seit ich dich zum ersten Mal gesehen habe!«
Anna lachte verlegen, um nicht vor Rührung zu weinen, und entgegnete schnippisch: »Ach, es geht dir nur um mein Aussehen?«
Ilías griff nach ihrer Hand. »Lass mich ausreden. Ich bewundere deine Intelligenz, deine Aufgeschlossenheit, dein Einfühlungsvermögen. Ich liebe dich, vertraue dir und will dich nicht mehr loslassen.« Anna wollte ihm die Hand entziehen, doch Ilías verstärkte den Griff. »Wir kennen uns lang genug, um eine Entscheidung zu treffen. Seit zwei Jahren liegen dreitausend Kilometer zwischen uns. Das langt jetzt, Anna!«
»Es gibt viel zu bedenken«, warf sie ein.
»Und was?«
»Wo werden wir wohnen? Und wie sieht es mit einem Job aus?«
»Ist dir das wichtig?«
»Ja.«
»Mein Einkommen wird für uns beide reichen. Und ich bin sicher, du wirst an der Schule arbeiten können mit deinem perfekten Griechisch und den vielen anderen Sprachen.«
Er wollte sie in seine Arme ziehen, doch Anna entschlüpfte ihm, rannte zum Meer.
Am Ufer entlangschlendernd, die Füße im kühlen Was-

ser, schaute sie auf die Wellen. Dann streiften ihre Augen die Landschaft. Umschlossen von hohen Bergen lag die Thólos-Bucht, wenige Kilometer vom Dorf Kavoúsi entfernt. Nach Süden breiteten sich Olivenhaine aus, vom salzigen Sturm gebeugte Äste trugen kleine Früchte. Tamarisken standen am Strand und spendeten den überwiegend griechischen Badegästen Schatten. Um eine kleine Süßwasserader herum schwirrten Hornissen. Ein holländisches Pärchen hatte seinen Wohnwagen im Schutz der Sträucher geparkt. Die beiden saßen gerade an einem Campingtisch beim Essen. Griechische Musik schallte aus einem Holzhaus herüber, einige Tische und Stühle standen davor. Der Besitzer der Taverne stellte gerade Erfrischungen auf ein Tablett. Eine Gruppe Einheimischer stand im Meer und unterhielt sich Wasser tretend. Zwischendurch tauchten sie tiefer hinein oder schwammen auf dem Rücken, ohne das Gespräch zu unterbrechen.
Anna blickte auf die Weite des Meeres, das sich bis zum Horizont erstreckte.
Die Frau seiner Träume. Nein, ich zweifle nicht. Weder an Ilías' Liebe noch daran, dass ich genau hier mein Leben führen will. Sie drehte sich zu dem Mann um, der fortan alles mit ihr teilen wollte. Er winkte, und sie schrie über die Brandung hinweg: »Ich will!«
Mit ausgebreiteten Armen lief sie auf ihn zu. Sie sah, wie er aufsprang und einen Freudentanz aufführte, dass der Sand hochspritzte. Ein unbeschreibliches Glücksgefühl ergriff Besitz von jeder Faser ihres Seins.

2. Kapitel

Ágios Nikólaos, Frühjahr 1980

Langsam erwachte Thália aus der Narkose. Sie schaute auf die Uhr, die im Aufwachraum an der sonst kahlen Wand hing. Dreizehn Uhr zehn.
Eine Schwester saß am Schreibtisch, vertieft in eine Krankenakte. Zeit, dass ich nach Hause komme, dachte Thália. Vorsichtig erhob sie sich, doch ein leichter Schwindel drückte sie sofort zurück ins Kissen. Beim nächsten Versuch stützte sie sich vorsorglich auf die Ellbogen. Mit Schwung flog die Tür auf und der Arzt eilte herein. Sogleich erhob sich die Schwester und stellte sich ans Bettende.
Der Gynäkologe zog sich einen Stuhl heran. Seine Augen ruhten auf Thália.
»Wie fühlen Sie sich?«, fragte er.
»Ein wenig schummrig.«
»Das kommt von der Narkose.«
Thália nickte.
»Haben Sie Schmerzen?«
»Nein.«
»Der Eingriff ist ohne Komplikationen verlaufen. Sie werden in den nächsten Tagen Schmierblutungen haben. Sollten diese verstärkt auftreten, dann kommen Sie bitte zur Untersuchung. Ansonsten erst in zehn Tagen zur Kontrolle.«
Sie nickte ein weiteres Mal.
»Thália, ich möchte Ihnen vorschlagen, die Pille zu nehmen.«
Sie schaute auf.

»Das war Ihre zweite Abtreibung innerhalb von achtzehn Monaten. Sie sind neunzehn Jahre alt. Auch in den ersten Schwangerschaftswochen ist jeder Eingriff eine Belastung und eine hormonelle Umstellung für den Körper. Haben Sie die Pille schon einmal ausprobiert?«

»Nein. Ich habe meinen Zyklus immer nachgerechnet und war mir sicher.«

»Ich werde Ihnen eine aufschreiben. Wenn sich Ihre Periode wieder eingestellt hat, beginnen Sie bitte damit.«

Während er ihr das Rezept ausstellte, versuchte Thália, aufzustehen. Ein stechender Schmerz schoss durch ihren Unterleib. Sie stöhnte auf.

»Haben Sie jemanden, der Sie nach Hause bringt?«

»Nein, ich fahre mit dem Bus. Niemand weiß ...«

»Schonen Sie sich einige Tage, und keine schwere Last in den nächsten sechs Wochen. Wir sehen uns.« Zum Abschied reichte er ihr die Hand.

Vor dem Krankenhaus stieg Thália in ein Taxi und ließ sich zur Bushaltestelle bringen, die sich in der Innenstadt befand. Im Bus zog sie das Rezept aus der Handtasche, zerriss es in kleine Fetzen und steckte es in den Aschenbecher, der an der Rückenlehne des Sitzes vor ihr befestigt war.

Künstliche Hormone nehme ich nicht, nachher bekomme ich nie ein Baby, dachte sie, lehnte den Kopf an die Scheibe und dämmerte vor sich hin, bis der Bus in Tourlotí, ihrem Dorf, anhielt.

Sommer 1982

Thália stand in der Küche und bereitete das Mittag-

essen vor, als Emmanouíl sich hinter sie schlich. Er schlang die Arme um ihre Taille.
»Wie geht es meiner bezaubernden Frau?« Zärtlich küsste er ihren Nacken.
»Sie ist glücklich, ihren Ehemann zu sehen.«
»Wenn uns einer zuhörte, dächte er, wir wären einem anderen Jahrhundert entsprungen, so förmlich reden wir miteinander.« Er lachte.
»Nun, wir sind erst zwei Wochen verheiratet, sozusagen in den Flitterwochen.« Sie schmiegte sich eng an ihn. Sogleich zog er sie mit sich ins Schlafzimmer.
Endlich habe ich den Mann fürs Leben gefunden. Und einen Vater für meine Kinder. Jetzt brauche ich weder meinen Zyklus nachzurechnen noch die Pille zu schlucken.
Emmanouíl schob sie sanft aufs Bett, öffnete ihre Bluse, und Thália gab sich seinen Liebkosungen hin.

3. Kapitel

Anna schnürte den Rucksack zu. Sie schwang ihn auf die Schulter, ergriff die beiden Koffer. Dann schaute sie sich ein letztes Mal um, bevor sie sich energisch umwandte und die Treppe hinunterlief. Vor dem Haus wartete bereits das bestellte Taxi. Der Fahrer verstaute das Gepäck und hielt ihr die Beifahrertür auf.
»Jetzt kann's losgehen«, sagte Anna und zwinkerte ihm zu. Sie bemerkte, dass sich die Wangen des älteren Fahrers leicht röteten. »Auf zum Kölner Flughafen.«
»Wohin soll die Reise denn gehen, junges Fräulein?«

Er startete den Wagen. Sie beugte sich nach vorn und blickte in den Seitenspiegel. Das Haus, in dem sie wohnte, verschwand in der Morgendämmerung. Schnell wandte sie sich ab, lehnte sich entspannt in den Sitz.
»Ich wandere aus!« In ihrer Stimme schwang ein Jauchzen mit.
Abrupt stieg der Fahrer an der roten Ampel auf die Bremse, der Wagen ruckelte. Erstaunt sah er sie an. »Sie wandern aus?«
»Ja! Auf die Insel Kreta.«
»Aber ...«
»Ich bin seit zwei Jahren mit einem Griechen zusammen. Und liebe die Landschaft«, fügte sie schnell hinzu.
»Und jetzt reißen Sie mir nichts, dir nichts Ihre Brücken in Deutschland ab?«
Die Ampel wechselte auf Grün.
»Nun, ich hab's mir lange überlegt. Um Land und Leute besser kennen zu lernen, habe ich meine Semesterferien dort verbracht. Mein Studium ist jetzt beendet, und das Wetter dort ist bestimmt besser als hier.« Sie deutete mit der Hand aus dem Fenster. Der Himmel hing voller Regenwolken. Die Temperaturen waren in den letzten Tagen enorm gefallen.
»Da könnten Sie Recht haben, junge Frau.« Der Taxifahrer schob seine Kappe hoch und kratzte sich am Kopf. »Haben Sie keine Eltern, Geschwister?«
»Doch. Warum fragen Sie?«
»Wollte Sie niemand verabschieden oder zum Flughafen bringen? Oder lebt Ihre Familie weiter entfernt?«
Für einen kurzen Moment wurde es still im Auto. »Entschuldigen Sie bitte meine Neugier. Ich habe selbst eine Tochter in Ihrem Alter, und wenn ich mir vorstelle, sie würde auswandern ...«

»Meine Familie ist mit meinem Entschluss nicht gerade einverstanden. Vor allem mein Vater lehnt sich dagegen auf«, unterbrach sie ihn. »Und um es uns nicht noch schwerer zu machen, haben wir uns gestern Abend voneinander verabschiedet«, setzte sie leise hinzu und wunderte sich selbst über ihre Aufgeschlossenheit.

Wieder sah sie aus dem Fenster. Der Wagen zog an den seit ihrer Kindheit vertrauten Häusern vorbei. Die Vorgärten waren gepflegt, obwohl der Herbst eingekehrt war und die Blätter von den Bäumen wirbelte. Unbehagen machte sich in ihr breit.

War es die Frage des Fahrers? Werde ich meine Eltern, meinen Bruder, meine kleine Schwester und Köln vermissen?

»Du gibst alles auf für eine jugendliche Verliebtheit! Ich hatte gehofft, aus dir würde etwas Besseres werden als eine Bauersfrau«, hörte sie im Geiste ihren Vater.

»Ihr wusstet, dass ich Sprachen studiert habe, damit ich im Ausland beruflich Fuß fassen kann.«

»Beruflich? Was willst du denn mit deinem Studium auf dem Dorf anfangen? Den griechischen Ziegen Italienisch beibringen?« Hatte er Recht? Heftig schüttelte sie den Kopf, versuchte, die Gedanken zu vertreiben. Was ist, wenn die Liebe zu Ilías ... Hör auf!, rief sie sich zur Ordnung. Lass dich nicht verunsichern. Du hast den Entschluss gefasst, nun setz ihn auch um.

»Sagen Sie mal, wovon wollen Sie denn leben?«, fragte der Fahrer, während er sich auf den stockenden Verkehr konzentrierte, der auf dem Zubringer herrschte.

»Äh, ja ... Olivenernte, Gemüseanbau, Schaf- und Ziegenzucht. Ich werde Unterricht in Sprachen geben.« Das Letztere brachte sie wieder überzeugender hervor. Der Mann schüttelte den Kopf, und Anna merkte an seiner Reaktion, dass er ihr nicht recht glaubte. Den Rest der Fahrt verbrachten sie schweigend. Sie bogen auf die Autobahn Richtung Flughafen. Die graue Landschaft zog an ihr vorbei. Die Bäume waren fast kahl und die dünnen Äste bewegten sich im Wind, als würden sie ihr zum Abschied zuwinken.

4. Kapitel

Ilías Manusákis lebte seit seiner Geburt im Bergdorf Tourlotí auf der Insel Kreta. Sein muskulöser Körper passte zum Broterwerb als Bauer und Hirte. Die schwarzen, dichten Haare reichten ihm bis zu den Schultern, die dunkelgrünen Augen erinnerten an die Farbe von Olivenblättern. Mit seinen Eltern Sofía und Lámbros und der zwölf Jahre jüngeren Schwester Anthí wohnte er unter einem Dach.

»Eine Deutsche bringst du ins Haus!«, schimpfte der Vater und hob drohend den Hirtenstock. »Weißt du nicht, was die uns im Krieg angetan haben?«

»Bitte, Vater, wir leben in den Achtzigern. Du liegst mir ständig in den Ohren, mich mit meinen fünfunddreißig Jahren nach einer Frau umzuschauen. Nun bin ich glücklich verliebt. Anna«, er schaute auf die Uhr, »sitzt jetzt im Bus und ist auf dem Weg hierher. Wir diskutieren seit Wochen darüber. Wegen der Nachbarn wolltet ihr nicht, dass ich ausziehe. Also bitte, lass uns damit aufhören!«

»Sie ist elf Jahre jünger als du! Dazu zierlich und hübsch – die wird sich nicht lange mit einem Bauern abgeben wollen. Wenn sie erst mal…« Lámbros verband seine Aussage mit einer abschätzigen Handbewegung.

»Vater!«, rief Ilías und drehte sich zu seiner Mutter um. »Hat sie einen solchen Eindruck bei euch hinterlassen? Ihr habt Anna doch kennengelernt, als sie ihre Semesterferien bei uns verbracht hat.«

»Nun, da hat sie nicht in unserem Haus gewohnt«, sagte Sofía leise und zupfte ihr schwarzes Kopftuch zurecht. Sie setzte sich neben ihren Mann auf die Holzbank. Stille breitete sich in dem großen Raum aus. Die handgeschnitzte Bank, von der aus seine Eltern ihn ernst ansahen, war mit ihren aufwändigen Verzierungen das Schmuckstück des Zimmers. Davor stand ein Eichentisch mit sechs Stühlen. Schräg in der Ecke prunkte ein antiker Schrank, dessen Glasscheiben mit gestickten Gardinchen geschmückt waren. Ein bunter Teppich bedeckte den Betonboden.

Sofía senkte den Blick vor dem Groll in den Augen ihres Sohnes, bückte sich nach einem Faden, ging zum offenen Kamin und warf ihn in die Feuerstelle. Auf einem Holzregal daneben standen unzählige Bilderrahmen mit Familienfotos.

Gegenüber war eine Küchenzeile eingebaut, in der Sofía sich nun zu schaffen machte. Obenauf stand ein Gaskocher mit drei Feuerstellen. In einer Pfanne brutzelte ein Stück Lamm in Tomatensoße, im Kochtopf daneben köchelte frischer Brokkoli mit Kartoffeln aus dem Garten. Der appetitliche Duft konnte die Spannung, die in der Luft lag, nicht mildern. Anthí kam herein, legte Zitronen neben das Kochgeschirr. Danach vergrub sie die Hände in den Taschen ihrer karierten Schürze und meinte: »Nun gebt Anna wenigstens eine Chance. Mein Bruder ist glücklich – *ich* freu mich für ihn.«

Der Vater hob die Augenbrauen und gab ihr damit zu verstehen, sich herauszuhalten.
»Was tut mein eigener Sohn mir bloß an«, seufzte er laut. »Eine Ausländerin! Die kommen her, um Urlaub zu machen und liegen den ganzen Tag faul in der Sonne herum. Zum Zeitvertreib verdrehen sie abends in den Tavernen unseren Männern den Kopf. Und du willst mir erzählen, dass dieses Mädchen auf den Feldern mit anfassen wird? Pah!«
Wütend schlug er mit der Faust auf den Tisch. Ein schmales Tablett mit Schnapsgläsern und einer kleinen Karaffe Rakí geriet ins Wanken. Ein Granatapfel auf dem Obstteller machte sich selbstständig und rollte über die Tischplatte. Im letzten Moment konnte Ilías ihn vor dem Hinunterfallen abfangen.
»Sie heißt Anna, Vater!«, sagte er schneidend. »Ich geh jetzt zur Bushaltestelle.« Damit stand er auf und verließ ohne ein Wort des Abschieds den Raum. Dennoch hörte er den Vater hinter sich knurren und wusste, was in ihm vorging.
»Neue Sitten, das fängt ja gut an!«, schrie Lámbros zum Fenster hinaus. Ilías drehte sich nicht um.
Wie kann man mit zweiundsechzig so verbohrt sein?! Ilías stieg die Stufen zur Dorfstraße hinunter. Die Familie besaß ein Auto, das aber nur für die Feldarbeit im nahen Umkreis zugelassen war. Der Flughafen in Heráklion lag hundertzwanzig Kilometer entfernt, Ilías konnte Anna daher nicht abholen. Seine Schritte führten ihn an Onkel Manólis' Taverne vorbei, die bis auf den letzten Platz besetzt war. Er grüßte freundlich, blieb stehen und wechselte ein paar Worte. Das Klacken der *kombolói*, der traditionellen Perlenschnur der griechischen Männer, war zu hören. Sachte glit-

ten die Holzperlen eine nach der anderen durch deren Finger. Ilías sah auf die Uhr. Noch gut zwanzig Minuten bis zu Annas Ankunft. Bei dem Gedanken spürte er sogleich ein Kribbeln in der Bauchgegend. Freundlich nickte er dem Krämerladenbesitzer zu, der neben seiner Frau vor dem Geschäft stand. Habe ich mich in der Uhrzeit vertan? Wieso ist der Laden noch geöffnet? Als er zum Ortseingang kam, bemerkte er, dass auch die Taverne vom alten Dimítris gut besucht war. Nebenan stand der Bäcker mit seinen Angestellten am Fenster der Backstube. Ilías grüßte und ging weiter zur Busstation. Vor dem Wartehäuschen spazierte er hin und her. Immer wieder sah er an sich herab, um zu überprüfen, ob seine Kleidung keinen Fleck aufwies.
»Ilías«, hörte er jemanden seinen Namen rufen und drehte sich um. Der Automechaniker winkte ihm mit ölverschmierten Händen zu. Seine Ehefrau und die drei Töchter standen in der Werkseinfahrt im Kreis und diskutierten laut.
Ilías sah zum Himmel. Was für ein herrliches Wetter. Der strömende Regen der letzten Tage hatte aufgehört, die Sonne strahlte hell und warm vom blauen Himmel. Ein leichter Wind trocknete die Blätter der Bäume. Er schaute auf den Olivenhain, der das Dorf zur Hauptstraße hin abgrenzte. Der Niederschlag hatte gut getan. Zeit, dass die Ernte anfing. Er rieb sich die Hände.
»Ilías, der Bus kommt!«, schrie der Automechaniker zu ihm herüber und gestikulierte aufgeregt. Nervös fuhr Ilías sich durchs Haar. Mit einem Mal begriff er, warum die Dorfbewohner sich versammelt hatten. Statt der Mittagsruhe wollten sie miterleben, wie seine Freundin Einzug im Dorf hielt. Ilías lächelte. Da hielt der Bus. Anna stieg aus, fiel ihm stürmisch um den

Hals und gab ihm einen Kuss. Der Kontrolleur tippte ihr auf die Schulter und zeigte auf ihr Gepäck, das er aus dem Verstauraum geholt hatte. Sie dankte ihm, und schon setzte der Bus seine Reise fort.
»Hast du mich vermisst, Ilías?«
»Sehr.« Sie freute sich über seine strahlenden Augen.
»Jássou, herzlich willkommen!«, rief der Mechaniker über die Straße. Das Gekicher seiner Töchter war bis zu ihnen zu hören. Anna winkte, während Ilías das Gepäck nahm.
Die Blicke der älteren Männer, die vor Dimítris' Taverne saßen, die Hände auf die Gehstöcke gestützt, verfolgten das junge Paar. Die Frauen, die an der Straße entlang vor den Häusern standen, musterten die beiden genau. Der Lebensmittelhändler hob den Hut zum Gruß, seine Frau nickte leicht.
»Die sind aber alle freundlich«, stellte Anna fröhlich fest. Schon kamen sie an Onkel Manólis' Taverne vorbei. Er gab sich beschäftigt mit dem Abwischen eines Tisches vor der Tür. Anna grüßte lächelnd die Männer zu ihrer Linken und Rechten. Als sie vorüber waren, blickte sie sich, von Neugier gepackt, um und bemerkte, dass die Leute prompt wegsahen, als wären sie ertappt worden. »Mir kommt es vor, als würden wir beobachtet«, stellte sie fest.
»Du bist *die* Attraktion hier! Ich denke, sie schließen jetzt Wetten ab, wie lange du es mit mir und überhaupt hier aushalten wirst«, meinte Ilías. Dann stieg er die Stufen zum elterlichen Haus empor.
Dort steht seine Familie wie eine Mauer!, dachte Anna. Ihr wurde mulmig unter den skeptischen Blicken. Sie blieb stehen, winkte kurz und ließ Ilías alleine weitergehen. Dann drehte sie sich für einen Moment um und

genoss die Sicht auf die Berge und das tiefer gelegene Dorf Sfáka, das sie erst vor wenigen Minuten mit dem Bus passiert hatte.
Sie sah die Dorfstraße hinunter. Die Häuser drängten sich eng aneinander. Der Regen hatte auf dem weißen Anstrich braune Schlieren hinterlassen. Vor einer Tür stand ein Granatapfelbaum, aufgeplatzte Früchte hingen an dünnen, blätterlosen Ästen. In einem Verschlag lagen gestapelte Holzscheite. Ein Auto fuhr durch die enge Gasse. Der Fahrer hupte zum Gruß. Anna schreckte aus ihrer Versunkenheit auf. Sie fasste sich ein Herz und drehte sich um. Die Familie verharrte noch in der gleichen Stellung. Ilías hatte sich bei ihnen eingereiht. Er zwinkerte ihr zu. Das gab ihr genügend Kraft, die letzten Stufen bis zur Haustür hinaufzusteigen.

5. Kapitel

Emmanouíl hielt den Wagen an und sagte: »Was stehst du hier auf der Straße? Konntest du mein Nachhausekommen nicht abwarten?« Geschwind öffnete Thália die Beifahrertür und schob sich auf den Sitz. »Hast du sie gesehen? Ilías' Freundin aus Deutschland?«
»Ich bin gerade an ihr vorbeigekommen.«
»Und?«
Ohne eine Antwort zu geben, fuhr er langsam die wenigen Meter zu ihrem Haus und parkte in der Hofeinfahrt.
»Sie sieht toll aus!«, gab Thália selbst die Antwort. »Da kann ich mit meiner pummeligen Figur nicht mithal-

ten.« Sie sah an sich herunter, strich den Pullover glatt. Dabei entwich ihr ein tiefer Seufzer. Schnell legte Emmanouíl den Arm um seine Frau und zog sie an sich.
»Wie kommst du denn auf die Idee, du wärst dick?«
Sie befreite sich und stieg aus. »Schau mal, ich habe breite Hüften, und mein Hinterteil ist auch nicht von schlechten Eltern.« Thália zeigte ihm die Stellen, indem sie sich hin und her drehte.
»Was habe ich bloß für eine Frau geheiratet.« Emmanouíl grinste spöttisch. Dann nahm er ihre Hand und zog sie ins Haus. Dort stellte er Thália vor die Garderobe. »Sieh in den Spiegel. Dein schwarzes Haar umspielt dein Gesicht. Du siehst feminin aus und nicht wie eine Bohnenstange. Deine Brüste sind wohlgeformt.« Er strich mit den Fingern darüber, und weiter über ihren flachen Bauch bis zu den Hüften. Dort verweilten seine Hände. »Du hast ein breites Becken, aber Fett finde ich nicht. Dein Po«, er griff fest zu, »der macht mich wahnsinnig.« Er drehte sie zu sich um. »Aber am liebsten habe ich deine Spitznase.« Er biss sanft hinein.
»Danke, du Schmeichler.« Thália sah ihn verliebt an.
»Weißt du, wie Ilías' Freundin heißt?«
»Toll. Ich mache dir eine Liebeserklärung und du fragst nach ihrem Namen. Ich glaube, sie heißt Anna. Zufrieden? Können wir jetzt wieder zum Schmusen übergehen?«
»Nein!« Sie schob ihn weg. »Ich werde Anna einen Walnusskuchen backen und ihr zur Begrüßung vorbeibringen.«
»Gib's zu, du bist neugierig«, schäkerte er.
»›Freundlich‹ würde ich es nennen. Abgesehen davon, ich denke, sie wird nicht viel älter sein als ich. Unsere Kinder könnten gemeinsam aufwachsen.«

Sie drehte sich um, aber Emmanouíl hielt sie am Arm zurück. »Kinder entstehen nicht durchs Backen. Verstehst du?« Verführerisch hauchte er ihr die letzten Worte ins Ohr.
»Dazu haben wir später ausreichend Zeit.« Schnell drückte sie ihm einen Kuss auf den Mund und verschwand in der Küche.
»Ich erinnere dich daran!«, rief er ihr hinterher.
»Da bin ich mir sicher. Seit Wochen gibt es keine andere Freizeitbeschäftigung für dich.«
»Das kommt aber vorwurfsvoll rüber. Hast du etwas dagegen?«
Thália drehte sich um. Emmanouíl stand im Türrahmen und sah sie skeptisch an. Sie ging auf ihn zu. »Nein. Schließlich möchte ich ein Kind von dir.« Auf Zehenspitzen flüsterte sie ihm ins Ohr: »Nichts anderes ist wichtiger!« Dann zog sie ihn mit sich ins Schlafzimmer.

6. Kapitel

Aufgrund von Annas Sprachenstudium in Französisch, Englisch, Italienisch und Griechisch stand der Verständigung eigentlich nichts im Wege. Lámbros nickte jedoch nur kurz mit dem Kopf, ohne Anna anzuschauen. Anthí verzog die Mundwinkel zu einem Lächeln. Sofía lud Anna mit einer zögernden Handbewegung ein, am Küchentisch Platz zu nehmen. Mit einem leichten Zittern in den Beinen kam sie der Aufforderung nach. Die Begrüßung habe ich mir freundlicher vorgestellt.

Anna fühlte den eisigen Blick des Vaters, den er ihr zuwarf, ehe er ihn auf seinen Teller senkte und das Essen laut schmatzend zu sich nahm. In einer Hand hielt er die Gabel, in der anderen statt eines Messers ein Stück Weißbrot. Dieser Anblick war ihr aus den Semesterferien vertraut. Des Öfteren hatte sie beobachtet, dass die Einheimischen das Brot benutzten, um Bissen auf die Gabel zu schieben.
Sobald sich ihr Teller leerte, schöpfte Sofía nach. Von der Reise hungrig, griff Anna dankbar zu. Sie nahm den Lammknochen zwischen die Finger und knabberte das restliche Fleisch ab. Plötzlich sah der Vater auf. Sofort fühlte sie sich unbehaglich und legte den Knochen zurück.
»Iss du ruhig weiter mit den Fingern.« Ilías nahm sich seinen eigenen Knochen vor. Anna atmete erleichtert auf.
Nach der ausgiebigen Mahlzeit brachte Anthí Kuchen, Obst und Kaffee. Der Vater schenkte Rakí ein und reichte Anna ein Glas.
»Jamas! Auf die Gesundheit.« Er hob das seine und stieß an, ohne jemandem dabei in die Augen zu sehen. Schade, dass sich die meisten Griechen beim Zuprosten nicht anschauen, ging es Anna durch den Kopf. In einem Zug trank sie den Schnaps – und fing sofort fürchterlich zu husten an. Ilías gab ihr ein Glas Wasser. Hastig leerte sie es.
»Der ist nicht so lasch wie in den Tavernen. Das ist bis zu fünfzigprozentiger Alkohol. Wir brennen ihn selbst. Den kannst du nur in kleinen Schlucken genießen«, flüsterte er ihr zu. Sie erkannte aus dem Augenwinkel, dass der Vater in seinen Bart hineinlächelte, während er ihn mit den Fingern langstrich.

Kurz darauf beschäftigten sich Sofía und ihre Tochter mit dem Spülen. Sie klapperten lautstark mit den Tellern. Gemütlich auf der Bank zurückgelehnt, stopfte Lámbros seine Pfeife. Dann zündete er sie an und zog kräftig daran. Das Streichholz warf er Richtung Kamin; es landete davor auf dem Boden. Anna bemerkte, dass es nicht das erste war, welches das Ziel verfehlt hatte. Aus seiner Hosentasche zog Lámbros ein *kombolói.* Die Holzperlen glitten durch seine Finger, und ihr leises Klacken klang durch den Raum.

»Du willst bei der Olivenernte helfen?« Lámbros wandte sich Anna zu.

»Gerne, Herr Manusákis.«

»Du kannst uns alle beim Vornamen nennen«, sagte er.

»Sehr freundlich.« Anna reichte ihm die Hand, und Lámbros betrachtete sie von allen Seiten. »Nun, viel Arbeit hat die noch nicht zu sehen bekommen«, stellte er fest.

»Ich habe nie körperlich gearbeitet. Neben meinem Studium habe ich Nachhilfeunterricht in Sprachen gegeben.« Verlegen zog Anna die Hand zurück. Der Vater deutete mit der Pfeife auf sie. »Für die Ernte taugt diese Kleidung nicht.«

Dass ich in engen Jeans und Pumps nicht in die Bäume steigen kann, weiß ich selbst.

Laut sagte sie: »Ist alles in meinem Koffer.« Sie sprang auf, ging zum Gepäck.

»Du brauchst meinem Vater deine Sachen nicht zu zeigen«, warf Ilías ein. Sie lachte verlegen und setzte sich wieder. Dann schaute sie ihrem Gegenüber in die Augen.

»Lámbros, ich kann mir gut vorstellen, dir wäre eine einheimische Bäuerin an Ilías' Seite lieber.«

»Schon gut«, unterbrach Lámbros sie und senkte den Blick auf die Pfeife.
»Ich kann nicht versprechen, dass ich gut für die Arbeit auf dem Feld oder im Olivenhain bin, aber ich weiß, dass ich Ilías liebe. Ich habe nicht für eine jugendliche Laune mein Geburtsland und meine Familie verlassen«, endete sie und spürte, wie Ilías eine Hand auf ihr Bein legte und leicht zudrückte. Der Vater nickte, stand auf und verließ den Raum. Ilías nahm Annas Arm und zog sie mit ins gemeinsame Zimmer, ihr neues Heim.

Die ersten fünf Tage waren für Anna anstrengend. Sie konnte das Dorf nicht erkunden, weil es unaufhörlich regnete und das Haus obendrein einem Bienenstock glich. Die gesamten Bewohner gingen bei Manusákis' ein und aus. Die Neugier auf die blonde Frau aus Deutschland trieb sie her. Schnell stellte Anna fest, dass fast jeder mit jedem auf irgendeine Weise verwandt war. Ihr besonderes Interesse galt jedoch Sofía und Anthí, denen es anscheinend nichts ausmachte, die ungeladenen Gäste zu bewirten. Vielmehr sah es danach aus, als seien sie darauf vorbereitet gewesen. Im Wohnzimmer, das nur zu besonderen Anlässen genutzt wurde, prosteten sich die Männer zu und spielten mit ihren Perlenketten. Die Frauen hatten es sich in der Küche gemütlich gemacht.
Obwohl Mutter und Tochter ununterbrochen zwischen Küche und Salon hin und her eilten, um ständig neue Gerichte aufzutragen, konnte Anna ihnen keinerlei Anstrengung anmerken; tatsächlich spiegelten ihre Gesichter Freude wider. Nach dem Mittagessen wurde es ruhiger, doch in den Abendstunden erschienen die Besucher erneut in Scharen. Kaum Zeit für Anna und

Ilías, ungestört allein zu sein. Sie genossen die wenigen Stunden Zweisamkeit, wenn sie abends im Bett lagen. Oft hielten sie sich in den Armen, ohne ein Wort miteinander zu sprechen, und schliefen erschöpft ein.
Die Sonne setzte sich schließlich gegen die gewaltigen Regenwolken durch, die der Wind gen Osten schob.
»Morgen fangen wir mit der Olivenernte an«, erklärte Ilías.
Anna streckte die Beine unter dem Küchentisch aus und reckte die Arme zur Decke. Noch saß ihr der gestrige Abend in den Knochen. Nach all den Besuchern, die erst gegen Mitternacht gegangen waren, fühlte sie sich müde und schlapp. »Und?«, fragte sie gähnend.
»Mutter und Anthí bereiten heute das Essen vor, das wir mitnehmen werden. Vater und ich beladen den Pick-up mit den Gerätschaften. Morgen früh geht's eine Stunde eher aus den Federn, damit wir vorher im Stall noch die Tiere füttern können. Wir fangen mit unserem Grundstück in den Bergen an, dort sind die Oliven reifer.« Er gab ihr einen Kuss.
»Habt ihr viele Bäume?«, fragte sie.
»An die tausend.«
»So viele?«
»Anna«, er lächelte sie an, »andere Familien besitzen weitaus mehr.«
Sie schluckte. »Wer hilft euch bei der Ernte?«
»Du.« Er zeigte mit der Hand auf sie.
»Willst du mir weismachen, deine Eltern, Anthí und du – ihr bewältigt das ganz allein?«
»Schon in unserer Kinderzeit haben wir mitgeholfen. Mach nicht so ein verdutztes Gesicht.« Er strich ihr eine Haarsträhne aus dem Gesicht. »Das ist Tradition. Früher halfen meine Großeltern mit.« Er ging zum Ka-

minsims und kam mit einem Bild zurück. »Sie leben in Athen bei Vaters Schwester. Das sind Ilías und Déspina.« Das Foto zeigte ein älteres Paar.
»Ilías?« Anna kräuselte die Stirn.
»Ich bin nach meinem Großvater väterlicherseits genannt worden. Auch das ist eine alte Tradition«, erklärte er. »Dann müsste es in jeder Familie aber viele mit gleichem Namen geben.« Sie lachte unwillkürlich laut auf.
»Das stimmt.«
»Was für ein Krach am frühen Morgen«, grollte es aus dem Flur herüber. Anna zog die Schultern hoch und hielt sich die Hand vor den Mund. Da stapfte Lámbros schon in die Küche.
»Kaliméra.« Sie wich seinem strafenden Blick aus.
Er setzte sich auf die Bank und sagte: »Morgen geht's los. Ich hoffe, du bist bereit.« Anna beschlich das Gefühl, als würde sein Blick durch sie hindurchgehen. »Dass du mir nicht vom Baum fällst. Wir haben keine Zeit, dich in das weit entfernte Krankenhaus zu bringen. Die Oliven müssen schnell runter, in die Säcke und ab zur Fabrik, damit wir einen guten Säurewert bekommen.« Er zog die Pfeife aus der Jackentasche, Tabak krümelte auf Bank und Boden. Der Vater beschäftigte sich mit dem Stopfen und Anzünden. Sie beobachtete ihn.
Ich werde später Ilías fragen, was das mit dem Säurewert auf sich hat. Bestimmt falle ich nicht vom Baum. Trotzig sah sie Lámbros an, als hätte sie die Worte laut ausgesprochen. Dann erhob sie sich und ging aus dem Zimmer. Im Hintergrund hörte sie die beiden Männer miteinander diskutieren. Leise schloss sie die Tür und setzte sich aufs Bett. Was ist, wenn ich es nicht schaffe?

Wenn ich zu schlapp zum Olivenernten bin? Ich weiß gar nicht, wie das geht! Ob mir Ilías alles erklärt? Was ist, wenn ich auf die Toilette muss? Sie stand auf und suchte die Kleidung zusammen, die sie bei der Ernte tragen wollte. Schon bald hatte sie eine Auswahl getroffen. Wird schon alles gut werden, dachte sie. Um sich von den Gedanken an die Olivenernte abzulenken, nahm sie ein Buch zur Hand und versuchte, sich auf die Handlung zu konzentrieren.

7. Kapitel

»Aufstehen, die Olivenbäume warten«, flüsterte Ilías ihr ins Ohr. Gemächlich hob Anna die Lider und sah, dass er bereits fertig angezogen vor ihr stand. Sie rieb sich die Augen, reckte und streckte ihre müden Glieder. Dann fragte sie gähnend: »Bist du schon lange auf?« Sie schob die Decke zur Seite, schwang die Beine hinaus. Er gab ihr einen Kuss.
»Wir haben die Tiere gefüttert. Jetzt trinken wir einen Kaffee, dann fahren wir.«
»Kein Frühstück?« Sie wickelte den Bademantel um sich, zog den Gürtel eng zusammen.
»Erst müssen die Netze liegen.« Schon war Ilías verschwunden. Schnell wusch sich Anna mit dem eisigen Wasser und steckte ihr Haar gekonnt hoch. Zog die Cordhose und einen warmen Rollkragenpullover an, darüber ihre Strickjacke. Dann schlüpfte sie in die Wanderschuhe.
»Kaliméra«, grüßte Anna, als sie in die Küche kam,

ging zur Kochstelle und machte sich einen griechischen Kaffee – stets verfolgt von Lámbros' Blick.
Schau du ruhig skeptisch drein, Lámbros, ich werde lernen, eine Bäuerin zu sein.
Sofía verstaute den Proviant in einem großen Weidenkorb, während ihre Tochter einen Kanister Wasser hereintrug. Auf dem Tisch standen Plätzchen. Anna griff danach und tunkte eines in den Kaffee. Die Männer unterhielten sich über die Olivenernte. Sofía spülte die Tassen, stellte sie in den Geschirrständer, rieb sich die Hände an der Schürze ab. Als wäre das ein Zeichen gewesen, sagte Lámbros: »Es geht los.«
Anna setzte sich neben Ilías auf die Ladefläche des Pick-ups. Er klopfte aufs Autodach. Daraufhin startete der Vater den Wagen. Im Schritttempo fuhren sie durch die engen Straßen. Die Nachbarfamilie stand vor der Haustür, auch sie fertig zur Abfahrt. Einige Bewohner gingen zu Fuß und trugen ihre Säcke sowie Gerätschaften auf dem Rücken.
»Eine gute Ernte!«, schallte es durch die Gassen.

Maria, die dreiundneunzigjährige Dorfälteste, saß auf ihrem Esel und hieb leicht mit dem Stöckchen auf sein Hinterteil. Am Dorfeingang standen zwei vom Alter gebeugte Männer. Ihre Olivenbäume befanden sich unterhalb des Friedhofes. Die Netze waren schon ausgelegt. Mit ihren Hüten winkten sie den Vorbeikommenden zu. Ein gutes Gefühl machte sich in Anna breit. Wenn die Ältesten es schaffen, werde ich auch durchhalten, schließlich bin ich um Jahrzehnte jünger.
Sie fuhren auf der Hauptstraße Richtung Osten. Anna lehnte den Kopf ans Führerhaus. Der Wind wehte ihr ins Gesicht.

Sie betrachtete das Panorama: Die Olivenhaine erstreckten sich bis zum Meer. Dazwischen vereinzelte Häuser, die oberhalb der Baumwipfel an den Berghängen hervorlugten. Sie sog die kühle Luft tief in ihre Lungen. Lámbros bog in einen Feldweg ein. Bei der Bergfahrt heulte der Motor gequält auf. »Ist es noch weit?« Anna sah zu Ilías hinüber.
»Gleich müssen wir laufen. Der Wagen schafft es nicht, uns alle hochzufahren.«
Da bremste Lámbros auch schon. Anna und Ilías sprangen von der Ladefläche, Anthí und ihre Mutter stiegen aus. Der Vater fuhr weiter. Die Schuhe versanken im aufgeweichten Erdreich. Nach einem zehnminütigen Anstieg hatten sie ihr Ziel erreicht. Lámbros verlor keine Zeit. Hurtig zog er die Netze vom Wagen. Ilías half ihm. Sofía und ihre Tochter hoben den Proviantkorb und den Wasserkanister herunter und trugen die Last an einen Platz, wo einige Steine im Kreis lagen. Eine Feuerstelle, dachte Anna. Alles ging ohne Worte vor sich. Anna fühlte sich unwohl in ihrer Haut, jeder schien seinen Handgriff zu kennen. Was sollte sie machen? Einfach zugreifen, entschied sie.
Voller Tatendrang schritt sie auf den Wagen zu, stieg nochmals auf und zog ein Netz an den Rand, sodass die Männer es besser herunterheben konnten. Lámbros murmelte in seinen Bart. Habe ich etwas falsch gemacht? Sie ließ sich nicht weiter irritieren, legte die Holzstöcke zusammen. Wozu die wohl sind? Sie zuckte mit den Schultern und reichte sie Ilías.
Als sie gerade dabei war, die Jutesäcke zur Ladeklappe zu ziehen, hielt Lámbros sie auf. »Die brauchen wir nicht! Wir haben noch keine Oliven geerntet, oder?« Unter seinem kritischen Blick sackte sie kurz in sich

zusammen. Doch dann nahm sie entschlossen den Rucksack und sprang von der Ladefläche. Anthí und Sofía waren bereits dabei, die Netze unter den Bäumen auszubreiten. Ein eingespieltes Team, stellte Anna fest. Verdammt! Ich will hier nicht nur dumm rumstehen und glotzen. Wieso erklärt mir keiner was?!
Sie sah, dass Ilías und sein Vater, jeder mit einer Säge in der Hand, auf die Bäume kletterten, unter denen bereits Netze lagen. Sie beobachtete, wie Lámbros, sich am Stamm festhaltend, zur Baumkrone hochblickte. Anna ging neugierig einen Schritt näher darauf zu. Er sägte einen dicken Ast ab. Als der zu Boden fiel, sprang sie erschrocken zur Seite. »Geh weg!«, schrie Lámbros. Schon krachte der nächste herab. Sie erkannte, dass die Äste aus der Mitte heraus abgesägt wurden, sodass es aussah, als würde der Baum eine Krone tragen.
Nach einiger Zeit stiegen die Männer herunter, legten ihre Sägen ab und gingen Richtung Auto, wo Sofía mit ihrer Tochter gerade eine Decke auf dem Waldboden ausbreitete.
Sie haben sich ihr Frühstück verdient, doch was habe ich gemacht? So habe ich mir das nicht vorgestellt.
Anna setzte sich neben Ilías, der ihr sanft über die Hand strich. Dann griff er nach einem hartgekochten Ei. Einzig die Kaugeräusche störten die Stille der Natur. Anna hatte keinen Appetit. Niemand sprach. Lámbros' Blick ging zu den Olivenbäumen hinüber, ab und zu nickte er. Ilías war voll und ganz mit dem Essen beschäftigt. Den Kopf an einen Baumstamm gelegt, schaute Anthí in den Himmel, während Sofía Gläser mit Wasser füllte und vor jeden eins hinstellte.
So konnte es nicht weitergehen. Anna fasste sich ein Herz. Sie nahm einen kräftigen Schluck, räusperte

sich. Plötzlich waren alle Augenpaare auf sie gerichtet. Nur nicht schlapp machen. »Ich komme mir ziemlich nutzlos vor.« Sie schaute in die Runde. Lámbros zog die Augenbrauen zusammen.
»Wie meinst du das?«, fragte Ilías.
»Ich will nicht herumstehen und euch bei der Arbeit zusehen. Ich möchte mit anfassen!«
»Aber das machst du doch«, mischte sich Sofía ins Gespräch ein.
»Sei ehrlich, was mache ich denn schon?«
»Nun, du hast...«, setzte Anthí an, doch anscheinend fiel ihr nichts ein, weil sie mitten im Satz aufhörte.
»Siehst du.« Anna gestikulierte mit den Händen. »Jeder weiß, zu welcher Arbeit er eingeteilt ist. Ich nicht. Ihr müsst mir schon sagen, was ich zu tun habe.« Sie atmete tief ein, weil sie durch das schnelle Reden außer Atem geraten war. Keiner reagierte. Lámbros gab seiner Frau ein Zeichen, daraufhin goss sie ihm Kaffee aus der Thermoskanne ein.
Was nun? Anna biss sich auf die Unterlippe.
»Hab ich die falsche Kleidung an?« Lámbros schüttelte den Kopf. Wenigstens eine Reaktion. »Ich will nicht wie ein Gast bedient werden, sondern Oliven ernten. Aber wenn es mir keiner beibringt, wie soll ich dann hilfreich sein?« Ungewollt war sie lauter geworden; sie war kurz vor dem Verzweifeln und spürte Tränen aufsteigen. Schnell stand sie auf und entfernte sich von der Gesellschaft.
Auf einmal stand Ilías hinter ihr, nahm sie in den Arm. Sie legte den Kopf an seine Brust. Ihr Blick fiel auf Lámbros, der seiner Frau etwas zuflüsterte. Beide deuteten auf Anna. Der Vater stand auf und kam auf sie zu. Ihr Herz schlug schneller. Sie schob Ilías ein Stück weg.

»Komm mal mit«, sagte Lámbros und ging weiter.
Was hat er vor? Will er mich zurechtweisen? Hilfesuchend drehte sie sich im Gehen nach Ilías um – und stieß prompt mit Lámbros zusammen, der stehen geblieben war. Sie stolperte rückwärts, fing sich wieder. Er hielt zwei kurze Holzstöcke in der Hand und reichte ihr einen. Sie griff danach. Lámbros bückte sich, hob einen abgesägten Ast auf und hieb auf ihn ein. Sofort purzelten unzählige Oliven aufs Netz.
»Siehst du? Du hältst das Ende fest, lehnst den Ast gegen dein Bein, schlägst mit dem Stock auf ihn ein.« Lámbros sah kurz auf. Anna nickte. Am liebsten wäre sie vor Freude gehüpft, als die ersten selbst geernteten Oliven ins Netz fielen. Es sah aus, als würden sie beim Aufschlagen tanzen.
»Du musst ihn hin und wieder drehen, damit auch alle Oliven herunterfallen«, mahnte Lámbros. Eifrig griff sie nach dem nächsten Ast. Sorgsam achtete sie darauf, dass sie nicht auf die Oliven trat, die schon am Boden lagen. Endlich eine Aufgabe.
Als Anna sich unbeobachtet fühlte, bückte sie sich und hob eine Handvoll der gerade von ihr geernteten Oliven auf. Ließ sie in der Handfläche rollen und versuchte, den Geruch der Früchte auszumachen.
Bevor sie sich eine Meinung bilden konnte, hörte sie Lámbros brummen: »Wusste ich es doch, viel zu schwach für die Ernte.« Schnell nahm Anna die Arbeit wieder auf. Schon nach kurzer Zeit zog sie die Strickjacke aus und band sie sich um die Hüften. Anna summte. Die gleichmäßigen Schläge hallten durch die Natur. Baum für Baum wurde abgeerntet.
Plötzlich schrak sie zusammen und ließ den Stock fallen. Ilías hatte ihr auf die Schulter getippt. »Ich habe

dich drei Mal gerufen. Doch du bist so in deine Arbeit vertieft.« Er lächelte sie an.

»Puh!« Mit dem Handrücken wischte sie sich den Schweiß von der Stirn. »Ich bin ganz schön ins Schwitzen geraten.«

»Kein Wunder, du schuftest wie eine Wilde.« Er zog sie in seine Arme. »Es ist Zeit zum Mittagessen.« Anna sah auf die Armbanduhr. »Schon so spät!« Sie bemerkte, dass sich in ihren Handflächen kleine Blasen gebildet hatten.

»Morgen bekommst du Handschuhe«, sagte Ilías.

Die restliche Familie hatte mit dem Essen angefangen. Die zwei Minuten hätten sie auch ruhig warten können.

Keiner sprach; dabei hatte sie sich ein kleines Lob erhofft. Sie griff nach einem Stück Brot, kaute enttäuscht darauf herum.

»Mit Brot allein bleibst du nicht bei Kräften.« Ilías reichte ihr Besteck. Sie beobachtete, dass jeder mit seiner Gabel in eine gelbliche Masse tauchte, also machte sie es ihnen nach. »Was ist das?«, fragte sie mit vollem Mund.

»*Fáva*, Kichererbsenpüree mit Olivenöl und frischen Zwiebelringen«, antwortete Sofía.

»Lecker!« Anna nahm erneut. Zum Abschluss gab es Orangen. »Die schmecken zuckersüß«, stellte Anna begeistert fest, leckte sich den Saft von den Fingern. Dabei erhaschte sie ein Lächeln von Ilías' Vater. Dass der Brummbär das kann. Lámbros streckte sich aus, stopfte die Pfeife, zog genüsslich daran. Wenig später nahm er sein *kombolói* und ließ die Perlen rollen. Anna packte die Gelegenheit beim Schopf und verschwand ein Stück weiter in den Büschen.

Als sie zurückkam, waren die anderen schon fleißig bei der Arbeit. Sie hatte auf dem Rückweg Pilze gefunden und dabei die Zeit vertrödelt.
»Du kennst dich mit Pilzen aus?«, fragte Ilías' Mutter. »Die sind gut, oder?« Sofía nickte zur Antwort. Plötzlich tauchte Lámbros neben ihnen auf. »Mittagspause ist zu Ende! Los!«, brummte er und ging an ihnen vorbei zum Auto. Anna legte die Pilze auf den Boden, lief zu ihrem Platz. Ohne nochmals aufzublicken, hieb sie wütend auf die Äste ein, sodass die Oliven zu allen Seiten wegspritzten.

8. Kapitel

Der Geruch von Desinfektionsmittel stieg Thália in die Nase; sie atmete flach, während sie im Krankenhausflur wartete, bis sie an der Reihe war. Dabei beobachtete sie die anderen Patientinnen. Nahezu alle Frauen waren schwanger. Thália musterte die Männer, die hin und wieder erschienen, sich zu ihrer Liebsten hinunterbeugten, sprachen, dabei aufs Arztzimmer deuteten. Kurz darauf entschwanden sie abermals nach draußen. Nervös spielte Thália am Riemen ihrer Handtasche. Eigentlich sollte ich bei dem schönen Wetter mit im Olivenhain stehen, meldete sich ihr Gewissen. Sie dachte an Emmanouíl, der mit Verwandten bei der Ernte war. Seit vierzehn Tagen hatte er Urlaub, um ihnen zu helfen. Bald musste er wieder seiner Arbeit auf dem Postamt nachgehen. Im Dorf gab es Beschwerden, dass der Schalter nur an wenigen Tagen, und dann mit einer Aushilfe, besetzt war, die zudem aus Sitía kam. Die älteren Bewohner wollten keine Veränderungen. Sie waren seit Jahren daran gewöhnt, ihre monatliche Rentenzahlung bei Emmanouíl in Empfang zu nehmen. Und die fiel in die kommende Woche.

Meine Güte. Nichts geht weiter. Ich möchte endlich Gewissheit haben. Als wäre ihr Bitten erhört worden, bat die Schwester Thália nun ins Behandlungszimmer. Mit zittrigen Beinen, jedoch voller Erwartung setzte sie sich auf den Stuhl vor dem Schreibtisch. Der Gynäkologe begrüßte sie. »Was führt Sie zu mir?«
»Ich bin seit fünf Tagen über die Zeit. Könnten Sie bitte nachsehen, ob ich schwanger bin?« Sie knetete die Finger im Schoß.
»Wir fangen mit einem Urintest an. Bitte gehen Sie zum Labor und lassen sich einen Becher geben. Wenn Sie den Befund haben, kommen Sie wieder zu mir zurück.« Er nickte der Assistentin zu, die Thália die Tür öffnete.
Nach einer Stunde hielt Thália das Testergebnis in den Händen. Sie drückte sich in eine Flurnische und öffnete den gefalteten Bogen. Ihr Herzschlag erhöhte sich, sie war kaum in der Lage, den Befund ruhigzuhalten, so sehr zitterten die Hände. Sie schloss die Augen. Lieber Gott, bitte, lass mich schwanger sein.
Nach einem letzten tiefen Durchatmen nahm sie allen Mut zusammen und las das Ergebnis. Negativ! Ihre Beine gaben nach. Um nicht umzufallen, lehnte sie sich an die Wand.
Nein. Das kann nicht sein. Wieder starrte sie auf das Wort, als könne es sich von einem Augenblick zum anderen in ›positiv‹ verwandeln.
»Ich bekomme meine Periode sonst auf den Tag ge-

nau«, sagte sie, nachdem der Doktor ihr das Ergebnis bestätigt hatte.
»Das Ausbleiben kann auch eine andere Ursache haben. Ich mache einen Abstrich. In ein paar Tagen werden wir sehen, ob eine Erkrankung vorliegt.« Thália nahm auf dem Gynäkologenstuhl Platz, lehnte sich zurück und faltete die Hände auf dem Bauch. »Denken Sie, ich bin krank?«
»Hatten Sie in letzter Zeit Ausfluss?«
»Nein.«
»Andere Beschwerden?«
»Nein, ausgenommen, dass ich meine Periode nicht bekam und hoffte, schwanger zu sein. Kann der Test falsch sein? Vielleicht sind es zu wenig Tage, die ich drüber bin?«
»Wenn Sie den Befund erhalten und Ihre Periode sich bis dahin nicht eingestellt hat, werden wir den Test wiederholen.« Er strich die Probe auf ein Glasplättchen und legte es in eine Plastikschale. »Bringen Sie den Abstrich ins Labor und fragen Sie nach, wann die Auswertung fertig ist. Wir sehen uns dann wieder.« Er verließ den Raum. Thália kleidete sich an und ging ein weiteres Mal den langen Flur entlang zum Labor.

Erschöpft kam Emmanouíl am Abend von der Ernte heim und fand seine Frau im Wohnzimmer auf der Couch liegend vor. Sie sah ihn aus rotgeweinten Augen an. »Ich bin nicht schwanger. Der Arzt hat einen weiteren Test gemacht.«
»Und?«
»In einer Woche ist der Befund fertig.«
»Vielleicht kann ich für ein paar Stunden die Post schließen und mit dir fahren.«

»Bist du nicht enttäuscht?« Sie setzte sich auf.
»Warum? Wir sind jung und haben das ganze Leben noch vor uns. Ob du jetzt schwanger bist oder nächsten Monat, darauf kommt es nicht an. Hauptsache, du bist gesund.«
Liebevoll legte er die Arme um sie. Plötzlich zog ein krampfartiger Schmerz durch Thálias Unterleib. »Ich muss auf die Toilette, ich bekomme gerade meine Periode.«

In den nächsten Tagen hatte Thália das Gefühl, die Blutungen würden nie mehr aufhören. Nachts verbrachte sie die Zeit mit Grübeln, aus Angst, krank zu sein. Am Morgen erwachte sie wie gerädert und schleppte sich zur Olivenernte. Emmanouíl erhielt keine Erlaubnis, den Schalter zu schließen. Deshalb fuhr Thália alleine mit dem Bus in die Stadt.
»Ihr Abstrich ist unauffällig«, sagte der Doktor. Thália atmete auf. »Woran kann die Verspätung liegen, wenn ich ansonsten gesund bin?« Sie biss die Zähne zusammen, um ihre Nervosität zu unterdrücken.
»Hatten Sie in letzter Zeit Stress?«
»Die Olivenernte und der Haushalt, mehr nicht.«
»Denken Sie permanent daran, schwanger zu werden?«
Sie senkte den Blick, wickelte sich den Gurt ihrer Handtasche um den Finger und zog ihn fest zu. »Ich wünsche mir sehnlichst Kinder. Mein Mann auch«, setzte sie schnell hinzu. Der abgeschnürte Zeigefinger wurde weiß. Schnell lockerte Thália den Riemen.
»Wie lange sind Sie verheiratet?«
»Seit fünf Monaten. Da müsste es längst geklappt haben. Früher wurde ich schnell schwanger.« Tränen schlichen sich in ihre Augen, doch sie schluckte sie hinunter.

»Aber damals wollten Sie nicht schwanger werden.« Der Arzt nahm den Block zur Hand.
»Sie meinen, ich sollte nicht ständig daran denken?«
»Genießen Sie die Zweisamkeit mit Ihrem Mann. Gehen Sie aus, verreisen Sie ein paar Tage. Eine andere Umgebung kann oft Wunder wirken. Ich schreibe Ihnen Vitamine auf; die müssen Sie jedoch aus eigener Tasche bezahlen, die übernimmt die Krankenkasse nicht.« Er reichte ihr das Rezept.
»Wir könnten erst in einigen Monaten, nach der Olivenernte, fahren.« Mutlos stand sie auf und nahm den Zettel entgegen.
»Wie sieht es bei Ihnen mit einem Hobby aus?«, fragte der Arzt.
»Hin und wieder lese ich gerne ein historisches Buch.«
»Suchen Sie sich etwas Kreatives; Handarbeiten, Malen, Schreiben oder was Ihnen Spaß macht. Wichtig ist, dass sich Ihre Gedanken nicht ständig um eine Schwangerschaft drehen.«
»Ich werde mir Mühe geben. Schließlich möchte ich endlich ein Kind in meinen Armen halten.« Sie verabschiedete sich und ging in die gegenüberliegende Apotheke.

9. Kapitel

Spät am Nachmittag kam Anna mit Ilías' Familie ins Dorf zurück. Stumm ging sie in ihr Zimmer, ließ sich erschöpft aufs Bett fallen und schlief sofort ein. Als sie erwachte, war es dunkel geworden. Beim Aufstehen schmerzte jeder Muskel. Sie zog den Fensterladen zu. Geräuschlos trat sie auf den Flur hinaus und huschte ins Bad.

Was gäbe ich für ein heißes Schaumbad. Doch das ging nicht. Um zu baden, musste eine Eisenwanne in die Küche gestellt und Wasser auf der Feuerstelle heiß gemacht werden. Sie besah sich die Blasen auf ihren Handflächen. Da muss ich durch. Morgen trage ich Handschuhe – wenn ich mich überhaupt noch bewegen kann. Sie strich sich eine Strähne aus der Stirn, trat in die Küche. Dort saß Ilías mit dem Vater. Sie tranken Rakí und unterhielten sich über die Ernte. Es gibt wohl keinen anderen Gesprächsstoff mehr. Die beiden Frauen waren mit Kochen beschäftigt.

»Ausgeschlafen?« Ihr Freund zog einen Stuhl heran.

»Ja.« Kaum hatte Anna sich gesetzt, stellte Sofía einen Teller vor sie hin. Hungrig verschlang sie die mit Reis gefüllten Weißkohlblätter.

»Mein Vater fragt, wo die gesammelten Pilze sind.« Ilías berührte sie am Ellbogen. Sie sah Lámbros direkt in die Augen.

»Entschuldigung, ich habe nicht zugehört.«

»Wo sind sie?«, fragte Lámbros.

»Auf dem Olivenhain.«

Der Vater hieb mit der Faust auf den Tisch. »Die guten Pilze? Wieso hast du sie gesammelt, wenn du sie nicht mitnimmst?«

»Weil du mir das Gefühl gegeben hast, etwas Unrechtes getan zu haben!« Sich ihrer lauten Worte bewusst, hielt sie schnell die Hand vor den Mund.

»So einen Ton verbitte ich mir!«

Sie fasste sich wieder und konterte: »Entweder bin ich Luft für euch oder unter ständiger Beobachtung. Als würde jeder – ganz besonders du! – nur darauf lauern, dass ich irgendetwas falsch mache«, und dachte dabei: Ich beuge mich nicht. Das habe ich lange genug bei meinem Vater getan! Jetzt ist Schluss damit, ich sage, was ich denke und fühle.

»So jemand ist mir in meinem Leben noch nicht untergekommen. Du widersprichst einer älteren Person!« Lámbros erhob sich, ging im Raum auf und ab. »Was sagst du dazu, Sofía?« Gehorsam drehte sich seine Frau zu ihm um.

»Na, was ist?«, fragte er nach. Sie wischte sich die Hände an der Schürze ab, sah von einem zum anderen, bis ihr Blick sich wieder mit dem ihres Mannes traf. Leise sagte sie: »Du hast mich nie um meine Meinung gebeten.«

»Verdammt noch mal, was ist denn auf einmal in unsere Familie gefahren? Da kommt eine Deutsche, und schon spielen alle verrückt!« Er zeigte wütend auf seinen Sohn, der die ganze Zeit stumm die Situation beobachtet hatte. »Das hast du uns eingebrockt!« Wütend verließ er das Zimmer. Der Geruch seiner Pfeife schwebte noch in der Luft, da hörte Anna die Haustür krachend ins Schloss fallen. Ängstlich sah sie Sofía an, die auf sie zukam. Anna schob den Stuhl zurück.

»Bleib sitzen«, bat Sofía. »Mein Mann hat im Krieg unter den deutschen Soldaten in Chaniá gelitten. Sein Vater wurde getötet und die Mutter verletzt. Als Jugendlicher musste er sich als Ältester von acht Geschwistern um die Familie kümmern. Als Ilías uns erzählte, dass du herkommen würdest, sind in ihm die Erinnerungen an die damalige Zeit hochgekommen. Kannst du das verstehen?«

»Ich versuche es.«

»Anna, mein Sohn liebt dich. Er ist glücklich, deshalb bist du in unserem Haus willkommen. Gib meinem Mann Zeit, dich besser kennenzulernen. Geht jetzt schlafen. Ab morgen hilfst du uns, das Essen vorzubereiten. Einverstanden?«
»Ja.«
Anna hörte Geräusche an der Haustür und schreckte von ihrem Platz hoch. Als sie aus der Tür wollte, tauchte Lámbros' Schatten vor ihr auf. Er stampfte wortlos an ihr vorbei.
Im Schlafzimmer lehnte Anna sich an den Bettpfosten und atmete tief durch. Kurz darauf kam Ilías herein. Schweigend kleidete er sich aus und schlüpfte unter die Bettdecke. Anna zog das Nachthemd an und legte sich zu ihm. Es brodelte in ihr. Was ist das bloß für eine Familie! Ilías hat mich nicht vor seinem Vater verteidigt. Habe ich einen Fehler gemacht und mich in den falschen Mann verliebt? Sie hatte das Gefühl, an ihren Fragen zu ersticken.
»Ilías?«, flüsterte sie.
»Mhm.«
»Können wir darüber reden?«
»Worüber?«
»Was eben in der Küche passiert ist.«
»Ich bin müde.«
»Dein Vater behandelt mich ungerecht. Ich versuche wirklich mein Bestes. Aber ...«
»Reg dich bitte nicht wieder auf.«
»Tue ich doch gar nicht!«
»Und warum schreist ...« Er konnte den Satz nicht vollenden, weil aus dem Nebenzimmer das Brüllen vom Vater zu ihnen herüberschallte.
»Rede leiser«, flüsterte Ilías.

»Entschuldige.«
»Komm mal her.« Anna kuschelte sich in seinen Arm. »Hör auf den Rat meiner Mutter. Vater ist im Grunde ein herzensguter Mensch, auch wenn du das im Moment nicht zu spüren bekommst. Ergibt es sich, werde ich mit ihm reden. Vertraust du mir?« Sachte streichelte er ihr über die Stirn. Sie nickte. Kurz darauf schlief sie ein.

10. Kapitel

Den Kopf über die Tasse gebeugt, saß Thália am Küchentisch und rührte unaufhörlich ihren Tee um. Salbeiduft verteilte sich im Raum. Gerade hatte ihr Mann fluchtartig das Haus verlassen. Emmanouíls Urlaub war zu Ende, und die Dorfbewohner standen bereits zu früher Stunde Schlange vor dem Postamt. Der Regen peitschte an die Scheiben, weshalb die heutige Olivenernte ausfiel. Thália genoss den erntefreien Tag und überlegte, womit sie sich kreativ beschäftigen könnte. Sie schaute aus dem Fenster und beobachtete, wie Emmanouíl das Postamt öffnete, damit die Bewohner nicht im Regen stehen mussten. Dann stieg er zurück in den Pick-up und fuhr zur Bushaltestelle. Sie sah auf die Uhr. Der Bus würde bald die Post fürs Dorf bringen.Armer Emmanouíl. Du wirst heute reichlich ran müssen. Dir bleibt nicht einmal Zeit, die Briefe zu sortieren. Sie wandte sich ab und ging ins Schlafzimmer, um das Fenster, das sie nach dem Aufstehen zum Lüften geöffnet hatte, zu schließen.

Auf dem Boden zeichnete sich eine Pfütze ab. Sie holte einen Lappen aus der Küche und wischte das Wasser auf. Ihre Gedanken drehten sich dabei weiterhin um eine schöpferische Aufgabe.

Ich könnte malen. Sie schüttelte den Kopf. Dazu fehlte mir in der Schule schon das Talent. Im Wohnzimmer zog sie einen Block aus der Schublade. Auf dem Sofa sitzend, stierte sie aufs leere Blatt. Nach einer halben Stunde, in der sie nicht mehr als Strichmännchen aufs Papier gebracht hatte, gab sie auf. Zum Schreiben bin ich wahrscheinlich auch nicht geeignet.

Sie schritt von einem Zimmer ins andere, sah sich um, als könnte sie irgendwo dort die Lösung für ihr Problem finden. Im Badezimmer entdeckte sie Wasserflecken auf dem Spiegel. Sie griff nach einem Tuch. Kurz darauf erstrahlte er im neuen Glanz. Dann fiel ihr Blick aufs Waschbecken. Schmierränder. Sie nahm den Schwamm und scheuerte es blank. Darauf folgten die Kacheln, die Wanne und der Boden. Als befände Thália sich im Rausch, brachte sie nach und nach das gesamte Haus auf Hochglanz.

Chlorgeruch, gemischt mit Zitronenaroma, breitete sich in den Räumen aus. Sie war gerade dabei, das Besteck zu polieren, als Emmanouíl von der Arbeit kam. Wie gewohnt ging er an den Herd, schaute in den Topf – und fand ihn leer vor.

»Kein Mittagessen?«

Vor lauter Eifer hatte Thália vergessen, zu kochen. »Ich mache uns Pfannkuchen mit Äpfeln«, sagte sie, um ihr Versäumnis zu vertuschen. Schnell suchte sie die Zutaten zusammen, schnitt Äpfel in Scheiben, vermengte Eier, Mehl und Milch.

»Es riecht ziemlich nach Chlor.« Emmanouíl zog die Nase kraus.
»Das tötet die Bakterien.«
Er öffnete das Wohnzimmerfenster, fächerte frische Luft herein. Danach machte er es sich auf dem Sofa bequem und goss sich Wein aus der Karaffe auf dem Tisch ein. Als ihm der süße Duft von Gebackenem in die Nase stieg, kehrte er in die Küche zurück. Sogleich stellte Thália ihm sein Mittagessen hin, danach goss sie weiteren Teig ins heiße Öl. Ohne auf Thália zu warten, machte sich ihr Mann über die Pfannkuchen her. Immer wieder füllte sie seinen Teller auf.
Nach sechs Pfannkuchen und drei weiteren Gläsern Wein war Emmanouíl fertig und legte sich ins Bett. Erst dann konnte sich Thália in Ruhe ihrem Mahl widmen. Nachdem sie mit dem Aufräumen der Küche fertig war, vernahm sie Emmanouíls Schnarchen aus dem Schlafzimmer. Auf Zehenspitzen schlich sie darauf zu und schloss leise die Tür. Dann wischte sie im Badezimmer ein weiteres Mal mit dem Schrubber den Boden.

In der Abenddämmung fielen Thália Streifen an den am Morgen im Nieselregen gesäuberten Fensterscheiben auf. Sie war gerade dabei, sie mit Zeitungspapier trocken zu reiben, als Emmanouíl mit zerzaustem Haar aus dem Schlafzimmer kam.
»Du putzt immer noch?«
»Morgen geht's wieder in die Olivenernte, ich wollte das Haus wenigstens einmal sauber haben.« Sie schloss das Fenster.
»Gehst du mit in die Taverne?«
»Ich komme nach«, versprach sie, räumte die Putzuten-

silien zusammen und trug sie ins Bad. Dort verstaute sie die Reinigungsmittel im Schrank, die Lappen legte sie auf einem Haufen zusammen vor die Waschmaschine. Emmanouíl stand vor dem Spiegel, bändigte sein braun gewelltes Haar und spritzte sich Wasser ins Gesicht. Thália beobachtete ihn.

Mein Mann sieht toll aus. Das Hemd spannt ein wenig über seinem Bauchansatz. Ihre Augen glitten weiter an ihm herab. In dem Moment drehte Emmanouíl sich um.

»Wo siehst du denn hin?«

Sie fühlte sich ertappt. Er kam auf sie zu, zog sie zärtlich in seine Arme. Emmanouíl überragte sie um eine Kopflänge. Er beugte sich zu ihr herunter und küsste sie verlangend. Sie schob ihn ein Stück von sich.

»Ich bin total verschwitzt.«

»Sollen wir gemeinsam duschen?« Er griff nach ihrem Po, rieb seinen Unterleib an ihrem Becken.

»Wolltest du nicht in die Taverne?«, flüsterte Thália.

»Nur, wenn du mir versprichst, später da weiterzumachen, wo wir jetzt aufhören.« Er liebkoste ihr Ohrläppchen.

»Ja.« Nach einem weiteren Kuss gab er sie frei und strich sich das Hemd glatt. »Vergiss nicht, nachzukommen!« Zum Abschied verabreichte er ihr einen Klaps auf den Po.

Die Haustür war noch nicht ins Schloss gefallen, da zog Thália einen frischen Lappen aus dem Schrank und wischte durchs Becken. Danach schrubbte sie mit dem Mopp über die wenigen Spritzer, die sich nach Emmanouíls Frischmachen auf dem Boden zeigten.

Müde und mit aufgeweichten Fingern machte Thália sich schließlich auf den Weg zu Manólis' Taverne. Dort

traf sie auf Ilías und Anna, die gemeinsam mit ihrem Mann am Tisch saßen.
»Schön, euch zu sehen«, grüßte Thália. Lächelnd deutete Anna auf den Platz neben sich.
»Habe ich mich bei dir eigentlich schon für den leckeren Walnusskuchen bedankt?«
Thália nickte und fragte: »Wo versteckst du dich den ganzen Tag?«
»Olivenernte.« Anna zeigte ihre Schwielen.
»Trägst du keine Handschuhe?«
»Schon – wenn ich nicht vergesse, sie mitzunehmen.« Anna lachte. »Was magst du trinken?«
»Eine Limo.«
»Keinen Wein oder Rakí?«, fragte Ilías.
»Keinen Alkohol, sonst schlafe ich direkt ein.«
»Emmanouíl, ich bestell uns noch ein Kilo Wein.« Ilías zwinkerte ihm zu.
»Gerne!«
»Das ist für mich gewöhnungsbedürftig, dass Wein in Kiloangaben bestellt wird«, sagte Anna.
»Ich kenne es nicht anders. Gefällt dir die Arbeit bei der Olivenernte?«, fragte Thália und wandte sich Anna zu.
»Am Anfang eine ziemliche Umstellung, doch in der Zwischenzeit habe ich mich daran gewöhnt.«
Die Taverne gehörte Ilías' Onkel; er selbst brachte ihnen die Getränke und gesellte sich auf ein Gespräch über die Ernte zu ihnen. Ein paar Minuten folgten die Frauen der Unterhaltung, dann meinte Anna: »Die Ernte ist ein begehrtes Thema. Ilías lässt sich mit seinem Vater stundenlang darüber aus.« Dabei schaute sie Thália bedeutungsvoll an und verdrehte die Augen. Doch die ging nicht auf den Ulk ein; stattdessen platzte es aus ihr heraus: »Möchtet ihr Kinder?«

Annas verdutztes Gesicht entging ihr nicht. Das Gespräch der Männer brach abrupt ab. Onkel Manólis verschwand an den Nebentisch.
»Tja ... Wir möchten erst mal die Zweisamkeit genießen. Oder?« Anna sah zu Ilías. Der zuckte mit den Schultern.
»Vorher heiraten wäre nicht schlecht.«
Plötzlich spürte Thália einen leichten Tritt am Schienbein. Sie blickte zu Emmanouíl, der ihr einen unmissverständlichen Blick zuwarf.
»Ich wollte einfach eure Reaktion sehen – und die langweilige Konversation über die Oliven auflockern.« Sie lächelte unsicher.
»Das hast du geschafft!« Ilías hob sein Glas zum Anstoßen. »Jamas.«

Gegen Mitternacht brach die kleine Gesellschaft auf. Anna und Ilías begleiteten die Freunde zu ihrem Haus. »Ich würde mich freuen, wenn wir uns öfters auf ein Gläschen zusammensetzen würden«, sagte Anna zum Abschied und erhielt freudigen Zuspruch. Thália winkte ihnen nach, als sie Arm in Arm die Dorfstraße entlangschritten. Im Haus hatte Emmanouíl es sich auf der Küchenbank gemütlich gemacht und nippte am Weinglas.
»Hast du nicht genug in der Taverne getrunken?«, witzelte Thália. Dann traf sie Emmanouíls ernster Blick.
»Anna ist uns fremd und du stellst eine solch heikle Frage! Manólis war es mit Sicherheit peinlich, weil er sich sofort verdrückt hat. Wenn sich das im Dorf herumspricht! Ich möchte nicht, dass du mit ihr oder irgendjemandem über unseren Kinderwunsch redest. Hast du verstanden?« Er schlug mit der Faust auf den

Tisch. Das Weinglas kippte um, rollte zu Boden, zerbrach. Thália fröstelte bei seinen Worten. Erschrocken blickte sie von den Scherben auf und brachte ein leichtes Nicken zustande. Kurz darauf verschwand sie ins Bad. Mit einem Knall schlug die Schlafzimmertür zu. Thália suchte Besen, Schaufel und Putzlappen zusammen und schlich sich wieder in die Küche. Dann fegte sie die Scherben auf und wienerte den Boden.

11. Kapitel

Anthís Namenstag. Demnach sind es nur noch neun Tage bis Weihnachten. Fröhlich hüpfte Anna aus dem Bett. Ihr Körper hatte sich inzwischen an die harte Arbeit bei der Olivenernte gewöhnt. Leise schnarchte Ilías ins Kissen. Sie öffnete das Fenster, dann den Laden und sog tief die kühle Luft ein. Nach einem ausgiebigen Strecken der Glieder ging sie ins Badezimmer. Seit zwei Wochen hatte sie es sich zur Gewohnheit gemacht, vor den anderen Mitgliedern der Familie aufzustehen, um den Morgenkaffee zuzubereiten. Bevor sie in die Küche ging, weckte sie ihren Freund mit einem sanften Kuss auf die Stirn.
»Kaliméra. Na, du Frühaufsteherin? Und alles nur wegen meinem Vater«, neckte er.
»Ganz bestimmt nicht. Da kann ich machen, was ich will, der bleibt stur. Ich bin so, wie ich bin, und werde mich seinetwegen nicht verbiegen oder schauspielern.«
Mit einer Haarsträhne kitzelte sie Ilías unter der Nase.
»Na warte!« Ruckartig zog er sie zurück ins Bett.

»Mein Lieber, für solche Spielchen haben wir keine Zeit.« Schelmisch zwinkernd entzog sie sich ihm. Ilías sprang aus dem Bett, fing sie ein.
»Pst, du weckst die anderen auf.« Sie gab ihm einen Kuss und verschwand in der Küche. Der Geruch von kalter Kaminasche stieg ihr in die Nase. Kurz rieb sie sich die Arme. Dann machte sie sich voller Eifer daran, den Tisch zu decken.
»Kaliméra«, murmelte Lámbros, der gerade hereinkam. Bevor sie antworten konnte, fragte er: »Ist mein Kaffee fertig?« und ließ sich auf der Bank nieder.
Kurz darauf schlürfte Lámbros genüsslich seinen Kaffee und zog an seiner Pfeife. Sich den Schlaf aus den Augen reibend, kam Ilías' Schwester in den Raum.
»Alles Gute zum Namenstag!«, beglückwünschte Anna sie und reichte ihr ein kleines Päckchen.
»Für mich?«
»Ja.«
»Danke!« Anthís Augen leuchteten auf.
»Chrónia pollá.«
»Danke, Vater.«
»Was ist das?«, nörgelte Lámbros und zeigte auf das Geschenk.
»Wimperntusche.«
»So einen Mist brauchst du nicht!«
»Mir gefällt es!« Freudig umarmte sie Anna.
»Wir müssen los!« Mit mürrischem Schritt verließ er den Raum. Ein wenig Farbe im Gesicht und nicht ständig dunkle Kleidung würden Anthí gut stehen. Anna sah zu ihr hinüber.
Ilías' Schwester, gerade mal ein Jahr älter, versteckte ihre tolle Figur unter weiten Pullovern. Ihr schulterlanges schwarzes Haar trug sie straff hochgesteckt.

Vielleicht sollte ich mit ihr darüber sprechen, überlegte Anna. Rasch holte sie ihren Rucksack aus dem Zimmer. Sofía und ihre Tochter blieben heute zu Hause, um die Gerichte für die Gratulanten vorzubereiten.

Anna fuhr mit den beiden Männern zum Hain. Gemeinsam füllten sie die geernteten Oliven in Jutesäcke, beluden den Wagen und brachten sie zur Fabrik. Dort angekommen, mussten sie feststellen, dass es unmöglich war, auf den Hof der Anlage zu gelangen: Die Autos standen bis zur Hauptstraße. Lámbros lenkte den Pick-up ans Ende der Kolonne. Die meisten Wagenhecks hingen durch das Gewicht der Olivensäcke fast auf dem Boden, als würden sie jeden Moment unter der Last zusammenbrechen; etliche besaßen kein Kennzeichen.
Ilías gesellte sich mit seinem Vater zu den Bauern. Sie diskutierten lautstark über die Ernte. Vom Auto aus beobachtete Anna das Geschehen. Nach einiger Zeit kam Ilías zu ihr herüber und öffnete die Beifahrertür.
»Warum steigst du nicht aus?«
»Ich bin die einzige Frau.«
»Na, hast du Angst?«
»Vielleicht ist weiblichen Personen nicht erlaubt, dabei zu sein.« Sie runzelte die Stirn.
»Wenn die Ernte vorbei ist, kommen die Frauen mit. Heute sind die meisten im Olivenhain geblieben, bereiten für den nächsten Tag alles vor und werden später von ihren Männern abgeholt. Wir waren einfach früher fertig mit dem Grundstück«, erklärte Ilías.
»Hättest du mich sonst dort gelassen?«
»Dank der Nachbarsfrauen wärst du nicht allein gewesen.« Er zog sie an der Hand aus dem Wagen.

»Da bin ich aber froh, dass ich mit hierher durfte.« Sie zwickte ihn in den Arm.

Stunden später waren sie an der Reihe. Die abgeladene Ernte wurde im Hof gestapelt. Dort lagerten bereits Hunderte prall gefüllter Säcke.
»Wie findet ihr eure später wieder?«, flüsterte sie ihm zu.
»Schau«, er beugte sich hinunter und zeigte auf ein verblasstes Zeichen, »jeder Sack ist mit ›L.M.‹ markiert, das steht für Lámbros Manusákis.«
»Ziemlich ausgebleicht. Was passiert bei Namensgleichheit, die ja oft genug vorkommt?«
»Keine Angst. Keine Ernte wird verwechselt, darauf wird strikt geachtet.«
»Hast du mich in die Liste eingetragen?«, hörte sie Lámbros den Fabrikarbeiter fragen.
»Du hast gestern extra angerufen, damit ich dich draufsetze. Alle wollen sofort!«, antwortete dieser grimmig.
»Wann werden wir dran sein?«
»Gegen sieben.«
»So spät?«
»Ist dir das auf einmal nicht recht?« Sein Gegenüber zog die Augenbrauen zusammen.
»Anthí hat Namenstag«, entgegnete Lámbros.
»Und?«
Anna bemerkte, dass es mit der Geduld des Arbeiters nicht mehr weit her war. Lámbros rieb sich den Bart.
»Nun reg dich nicht auf, ich komm ja wieder.«
Ob ich später mit darf?, fragte sie sich hoffnungsvoll.

Nein: Lámbros ordnete an, dass Anna zu Hause half. Zum Schmollen blieb ihr jedoch keine Zeit, denn schon kamen die ersten Gäste. Die Haustür war angelehnt, sodass jeder sich selbst Zutritt verschaffen konnte. Der Tisch war ausgezogen und für zwanzig Personen Stühle aufgestellt. Nach einer Stunde reichte der Platz nicht mehr aus, weil weitere Gratulanten ihren Weg in die Küche fanden. Wie auf ein unausgesprochenes Signal standen daraufhin andere Gäste auf und verabschiedeten sich mit einem nochmaligen Glückwunsch. Dann machten sie sich auf den Weg zur nächsten Anthí im Dorf. Anna eilte zwischen Kochstelle und Tisch hin und her, um frische Teller zu holen und leere Schüsseln wieder aufzufüllen. Nach Mitternacht, die Frauen waren gerade mit dem Aufräumen fertig, kam Ilías mit seinem Vater heim. Erschöpft ließen sich die beiden auf die Bank sinken. Sofort bereitete Sofía einen Teller mit Speisen. Müde rieb sich Lámbros die Augen.

»Hat es sich gelohnt?«, fragte Sofía.

»Vierhundertachtzig Kilo.« Ihr Mann schob sich ein Stück Lammfleisch in den Mund.

»Nicht so viel wie vor zwei Jahren«, merkte Ilías an.

»Und im Vorjahr?«, fragte Anna.

»Du hast keine Ahnung! Halt dich da raus.« Lámbros warf ihr einen strengen Blick zu.

»Es interessiert mich eben.«

»Die Bäume geben alle zwei Jahre eine gute Ernte ab. Im Vorjahr ungefähr um die zweihundert Kilo«, klärte Ilías sie auf. Anna warf ihm einen dankbaren Blick zu und ignorierte Lámbros' unterschwelliges Brummen.

Ich habe es satt.

Grußlos zog sie sich in ihr Zimmer zurück. Leise schloss sie die Tür und legte das Ohr daran. Sogleich fuhr sie zurück. Das glaube ich nicht. Ich lausche!, schalt sie sich. Recht werde ich es ihm sowieso nie machen können. Plötzlich dröhnte Lámbros' Stimme durch den Flur.

Die Neugier siegte nun doch über Annas Skrupel, und sie öffnete die Tür einen Spalt breit.
»Junge, so geht es nicht weiter!«, schrie der Vater.
»Was meinst du?«
»Mit diesem Mädchen!«
»Worüber regst du dich auf?«
Anna konnte Ilías' Schatten ausmachen, er musste aufgestanden sein.
»Hast du in der Fabrik nicht mitbekommen, wie die Leute über uns reden?«, wetterte Lámbros.
»Nein.«
»Das kommt daher, dass du blind und taub geworden bist vor lauter ...!«
»Vater. Ich liebe Anna. Das muss dir in der Zwischenzeit aufgefallen sein. Oder verschließt du die Augen vor der Wirklichkeit?«
»Pah! Liebe?!«
Anna hielt sich die Hand vor den Mund, sonst hätte sie aufgeschrien. Soll ich ihm gegenübertreten? Sie wartete ab, wie die Diskussion weiter verlaufen würde.
»Du lebst hier unter meinem Dach. In einem Zimmer mit einer Deutschen. Unverheiratet! Das hätten meine Eltern niemals geduldet. Wenn deine Mutter mich nicht angebettelt hätte ...«
»Bittc?!«, unterbrach Ilías.
»Sie wollte, dass ich Frieden halte, sonst hätte sich das Mädchen von Anfang an ein Zimmer suchen müssen!«
Annas Beine zitterten. Ich werde reingehen, mit ihm sprechen, versuchen, ihn zu beruhigen.
Mach dir doch nichts vor. Der regt sich höchstens noch mehr auf.
»Vater«, hörte sie Ilías, »möchtest du, dass wir ausziehen?«

»Damit das gesamte Dorf denkt, dass ich meinen eigenen Sohn und Erben vor die Tür gesetzt habe?!«

Nun konnte Anna beide Schatten ausmachen, der Vater war nah an seinen Sohn herangetreten. Hoffentlich schlägt er ihn in seiner Wut nicht. Sie schluckte heftig. Öffnete die Tür ganz und ging langsam in die Küche.

»Du hast gerade noch gefehlt!« Lámbros hieb mit der Faust auf den Tisch.

Nur Mut, dachte sie und sagte: »Ich gehe!«

»Du gehst nicht!«, schrie Ilías.

»Lass sie abhauen. Was hast du dir eigentlich gedacht – dass sie als Bauersfrau geeignet ist? Sie hatte ihr Vergnügen. Ich kann da nur sagen: Geh mit Gott, aber geh!« Ohne sie eines Blickes zu würdigen, stapfte Lámbros aus dem Zimmer.

Es dauerte Stunden, bis Anna sich beruhigt hatte und schließlich erschöpft in Ilías' Armen einschlief. Sie träumte, ein Stier sei hinter ihr her. In dem Moment, als er sie mit den Hörnern aufspießen wollte, schrie sie im Schlaf auf. Sofort vernahm sie ein Klopfen an der Wand, gefolgt von Lámbros' Brüllen.

»In der Früh sieht alles anders aus, warte ab«, flüsterte Ilías.

Am Morgen fühlte Anna sich wie geprügelt. Die Knochen taten ihr weh und ihr fehlte die Kraft aufzustehen, um den Frühstückstisch zu decken. Sie blieb liegen. Stattdessen lauschte sie den gleichmäßigen Atemzügen ihres Freundes.

Ach, Ilías, für mich ist kein Platz in deiner Familie. Sie streichelte sanft über seinen Schopf.

»Kaliméra. Zeit zum Aufstehen?« Er blinzelte.

»Schon längst, aber ich will nicht.«
»Du nimmst dir das mit meinem Vater zu sehr zu Herzen. Lass ihn brummen, so viel er will. Ich liebe dich. Da kann er sich auf den Kopf stellen, das wird er nicht ändern können.« Ein liebevoller Kuss folgte seinen Worten.
»Und wo werden wir wohnen?«, flüsterte Anna.
»Hier!«
»Hier?«
Ilías nickte.
»Gegen den Willen deines Vaters?«
»Lass ihn«, meinte er, »er war gestern einfach sauer, wegen der geringen Ölmenge. Zusätzlich lag der Säurewert um einen Strich höher. Du wirst sehen, heute Morgen ist alles vergessen.« Damit stand Ilías auf und ging ins Bad.
Sei du dir da mal nicht so sicher.
Anna schob zögernd die Bettdecke zur Seite und setzte die Füße auf den Boden. Die Kälte des nackten Betons stieg unangenehm in ihr hoch. Sie schlüpfte schnell in die Hausschuhe. Erschrocken zuckte sie zusammen, als Lámbros' Stimme im Flur ertönte.
Nach einer Katzenwäsche ging Anna in die Küche und atmete erleichtert auf, dass Lámbros bereits gegangen war, um die Tiere zu füttern. Sofía grüßte sie freundlich und stellte ihr einen Kaffee hin.
»Mein Mann ist manchmal mürrisch, aber im Grunde hat er ein gutes Herz. Glaub mir, das wirst du eines Tages selbst erfahren.« Dann packte sie den Weidenkorb mit übrig gebliebenen Speisen vom Vorabend. Mit beiden Händen umschloss Anna die Tasse, als wolle sie damit die Wärme in sich aufnehmen. Die Haustür fiel ins Schloss und Lámbros trat ins Zimmer.

»Kaliméra.« Er setzte sich ihr gegenüber und fing sofort an, seine Pfeife zu stopfen.
»Kaliméra«, flüsterte Anna. Aus den Augenwinkeln bemerkte sie, dass Sofía ihrem Mann ein Zeichen gab.
»Ihr könnt hier wohnen bleiben.« Damit stand er auf und verließ das Haus wieder. Erst jetzt wagte Anna aufzuschauen.
»Es würde ihm das Herz brechen, wenn Ilías auszieht«, erklärte Sofía.
»Ich kann mir eine Wohnung suchen.«
»Unser Sohn würde mit dir gehen. Bitte bleib.« Sanft strich Sofía ihr über die Hand.
»Nun gut«, gab Anna klein bei, dachte jedoch: Um des lieben Friedens willen werde ich zustimmen. Sollte Lámbros aber weiterhin gegen mich sein, ziehe ich die Konsequenzen. Basta!

12. Kapitel

»Wo kann ich einen Tannenbaum finden?«, fragte Anna ihren Freund zwei Tage vor Weihnachten, während sie sich kurz zum Ausruhen an einen Olivenbaum lehnte.
»Was ist das?«
»Na, eben eine Tanne. Mir ist in der Gegend noch keine zu Gesicht gekommen. Kann man sie irgendwo kaufen?«
»Nein. Was willst du damit?«
»Schmückt ihr zu Weihnachten keinen Baum?«
»Warum sollten wir?« Ilías steckte sich einen Grashalm in den Mund und kaute darauf herum.

»Feiert ihr Weihnachten nicht mit Tannenbaum, Geschenken und leckeren Speisen?«
»Hör auf.« Ilías lächelte. »Vor lauter Aufregung wirst du ganz rot im Gesicht.«
»Ich freue mich auf Heiligabend.«
»Für uns ist das ein Tag wie jeder andere«, entgegnete Ilías.
»Das glaube ich dir nicht. Du scherzt.«
»Frag meine Mutter, sie wird es dir bestätigen.«
»Ehrlich?« Enttäuschung schwang in ihrer Stimme mit. »Und Weihnachten überhaupt?«
»Am Fünfundzwanzigsten feiern wir den Namenstag von Emmanouíl. Ansonsten läuft alles seinen gewohnten Gang.« Anna seufzte auf.
»Kein Grund, so traurig zu schauen.« Er streichelte über ihre Wange.
»Für mich hat Weihnachten eine große Bedeutung.«
»Was ist daran wichtig?«
»Alles.«
»Geht das auch etwas präziser?«
»Die Geburt des Heilands wird seit Jahrhunderten gefeiert. Dazu kommt, dass diese Festtage für mich nicht nur eine besinnliche Zeit sind, sondern sogar etwas Magisches an sich haben. Die Menschen sind freundlicher. Besonders auf dem Weihnachtsmarkt. Bei einem leckeren Gläschen Glühwein oder heißer Schokolade mit einem Schuss Rum kommt man schnell ins Gespräch. Plätzchen werden gebacken, weihnachtliche Gedichte auswendig gelernt und Geschichten erzählt. An Heiligabend schmückt unsere Familie gemeinsam den Tannenbaum mit silbernem Lametta, Kerzen und bunten Kugeln. Zum Schluss kommt ein Engel auf die Spitze. Eine Krippe wird aufgebaut. Der Stall mit Holz-

figuren von Maria, Josef, dem Christkind, Tieren und den drei Weisen aus dem Morgenland bestückt. Die Geschenke werden unter den Baum gelegt. Wir gehen in die Kirche und lauschen den Worten des Priesters, der die Geburt des Heilands verkündet. Danach gibt es Gänsebraten mit Rotkohl und wir singen gemeinsam Weihnachtslieder.«

Vor lauter Aufzählen war sie außer Atem geraten. Tief sog Anna Luft in ihre Lungen und setzte hinzu, »und das Berauschendste ist der Duft – der Weihnachtsduft!«

»Weihnachtsduft?« Ilías runzelte die Stirn.

»Ja! Es riecht süß und herzhaft zugleich. Zimt, verschiedene Kräuter und Lebkuchengewürz. Im Haus duftet es nach gebratener Gans und Apfelrotkohl. Vor meinem inneren Auge entstehen Landschaften mit ausgedehnten Nadelwäldern, wenn der Duft des Tannenbaumes in meine Nase steigt. Ich rieche die Erde, sehe Bäche mit bemoostem Ufer vor mir, die sich durch den Forst schlängeln. Schon hundert Meter vor dem Weihnachtsmarkt kommt dir das Aroma von heißen Makronen, Glühwein und Zuckergebäck entgegen. Es ist unbeschreiblich ... eben etwas Besonderes.«

»Wir gehen an Heiligabend und auch nach Emmanouíls Namenstag zur Olivenernte«, unterbrach er.

»Nur ein Feiertag? Das ist nicht wahr, oder?«

An seinem Gesichtsausdruck konnte sie ablesen, dass er es ernst meinte.

So geht das nicht. Anna hieb auf den Zweig ein, die Oliven purzelten ins Netz. Sie hielt inne. Heute ist Heiligabend, und ich steh auf einem Stück Land, umgeben von unzähligen Olivenbäumen, statt in der Küche, um das Weihnachtsessen vorzubereiten. Sie sah zu den an-

deren, die fleißig ihre Arbeit verrichteten. Ein dicker Ast, den Ilías gerade abgesägt hatte, fiel vom Baum. Das ist die Lösung!, schoss es ihr durch den Kopf. »Ilías!«
»Ja.«
»Darf ich den Ast haben?«
»Warum nicht?« Er schaute zu ihr herunter.
»Ich meine mit den Oliven dran.« Sie legte den Kopf schief und lächelte ihn bittend an. Er stieg vom Baum.
»Was hast du damit vor?«
»Nun, wenn es keine Tanne gibt, dann könnte ich einen Olivenzweig schmücken und in unser Zimmer stellen. Hast du etwas dagegen?« Gespannt trat sie von einem Fuß auf den anderen.
»Es bedeutet dir wohl sehr viel.«
»Ja. Ich möchte ein wenig deutsche Weihnacht haben. Bitte.«
»Trag ihn zum Auto.« Ilías lächelte sie an und stieg zurück in den Baum. Noch bevor Anna sich bedanken konnte, sägte er den nächsten Ast ab.
»Was willst du damit?«, fragte Lámbros, der angelehnt am Auto stand und sich einen Schluck Wasser gönnte.
»Das wird mein Weihnachtsbaum.« Freude schwang in ihrer Stimme mit – bis sie in Lámbros' Augen blickte. Heiß und kalt lief es ihr über den Rücken. Vor Schreck ließ sie den Ast fallen.
»Was soll der Schnickschnack? Du bist aus Deutschland hierhergekommen. Außer Ilías hat dich niemand darum gebeten – und unter meinem Dach führst du keinen deiner Bräuche ein!«
Plötzlich stand Ilías neben ihr.
»Vater, siehst du nicht, wie sehr Anna sich auf Weihnachten freut?« Beschützend legte er den Arm um sie. Wütend stapfte Lámbros davon.

»Immer wieder hat er etwas an mir auszusetzen!«, schluchzte sie. Sanft strich Ilías über ihren Rücken. »Ich werde dir einen Eimer mit Erde bringen, da stellen wir den Ast rein und du schmückst ihn. Einverstanden?« Er legte ihr einen Finger unters Kinn, hob es an. »Ich muss mir etwas einfallen lassen, womit ich ihn verzieren kann, denn die Sachen gibt's im Krämerladen nicht zu kaufen.«

Auf dem Rückweg ins Dorf winkte ihnen der Postbote zu. Lámbros bremste und kurbelte das Fenster herunter.
»Was gibt's?«
»Ein Paket für Anna, ich hol's.« Schon drehte Emmanouíl sich um.
»Später! Erst wird abgeladen.« Ohne eine Antwort abzuwarten, fuhr Lámbros weiter.
Glücklich sprang Anna zu Hause vom Pick-up. Jetzt wird der Vater nicht meckern, die Nachbarn könnten es mitbekommen. Ich lasse es mir nicht nehmen, mein Geschenk zu holen, heute ist Heiligabend.
Ein Lächeln huschte über ihre Lippen, als sie sich auf den Weg zur Poststation machte.
»Nicht so schnell, Anna. Ich komme mit«, rief Ilías.

»Sei froh, dass ich dich begleitet habe«, meinte er, als sie aus dem Postamt kamen. Mit beiden Armen trug Ilías das schwere Paket.
»Von meinen Eltern.« Beschwingt drehte sich Anna im Kreis.
»Fahr den Wagen weg, Ilías«, befahl Lámbros, als sie näher kamen.
»Ich bringe das Paket rein, dann komme ich.« Ilías

ging an seinem Vater vorbei und fing sich einen strengen Blick ein. Anna packte den Olivenast und zerrte ihn hinter sich her.
Einige Oliven gingen verloren. Fluchend folgte ihr Lámbros: »Und wer macht hinterher sauber?!« Schnell bückte sich Anna und hob sie auf. In ihrem Zimmer setzte sie sich vor den Karton und strich sanft mit der Hand darüber. Dann holte sie aus einer Schublade eine Schere, schnitt das Klebeband durch und hob vorsichtig den Deckel. Ein weißer Umschlag lag obenauf. Sie öffnete ihn.

Liebe Tochter,

wir schicken dir ein wenig Weihnacht aus der alten Heimat. Bis auf die beiden in Rot verpackten Geschenke kannst du alles gleich öffnen. Die anderen lege unter den Tannenbaum, so sind wir uns symbolisch am Heiligen Abend nah.
Frohe, gesegnete Weihnachten.

Deine Eltern

Während Anna sich die Tränen aus dem Gesicht wischte, hob sie zärtlich die Gaben aus dem Karton. Briefe ihrer Geschwister kamen zum Vorschein. Die lese ich später, entschied Anna und fing an, die bunten Päckchen zu öffnen.
Begierig roch sie am Weihnachtsstollen. Ich liebe diesen Duft! Zitronat, Orangeat, Marzipan, Rosinen, Rum. Ilías kam mit einem Eimer voll Sand herein.

»Du meine Güte.« Überrascht deutete er auf die Bettdecke, die unter all dem bunten Papier und den Geschenken kaum auszumachen war.
»Schau mal. Das ist Stollen! Und hier«, sie drehte sich hastig um, griff nach einer Dose und öffnete sie, »das sind Printen, Spritzgebäck und Spekulatius. Von meiner Mutter selbst gebacken. Riech mal, duftet das nicht wunderbar? Der beste, tollste Duft auf der ganzen Welt!«
Sie hielt ihm die Schachtel unter die Nase und er fragte: »Sind die zum essen?«
»Natürlich, probier. Schmecken sie dir?«
Er griff sich eine Printe.
»Nicht so hastig.«
Ungeduldig wartete Anna auf seine Reaktion.
»Nicht schlecht… doch an den Geschmack muss ich mich erst gewöhnen. Biete sie bloß nicht meinem Vater an«, neckte er.
»Wie sagt das Sprichwort: Was der Bauer nicht kennt…«
Sie lächelte und machte sich wieder ans Auspacken.
»Super. Christbaumkugeln, die Lichterkette, mein Lieblingsstern und ein Engel. Nicht einmal das Lametta hat meine Mutter vergessen.«
Gemeinsam stellten sie den Olivenast auf, dann kniete Anna sich davor und schmückte ihn.

Nach dem Abendessen, das sich in nichts von dem anderer Tage unterschied, und dem Aufräumen in der Küche ging Anna in ihr Zimmer, setzte sich aufs Bett und wartete, dass Ilías nachkam.
»Geht's dir gut?« Er schloss die Tür hinter sich.
»Ich vermisse meine Familie und meine Freunde.« Sie wischte sich Tränen aus dem Gesicht, die nicht aufhö-

ren wollten, zu fließen. Behutsam legte er den Arm um sie. »Du hast einen schönen Baum.«
»Ja, obwohl es keine Tanne ist.« Sie schnäuzte sich.
»Wann machst du die Lichter an? Und magst du nicht das Geschenk von deinen Eltern aufmachen?«
»Können wir erst zur Kirche gehen?«, fragte Anna und erhob sich.
»Wo wollt ihr hin?«, fragte der Vater.
»Zum Gotteshaus«, antwortete Ilías.
»Da ist jetzt keiner.« Er strich sich über den Bart.
Anna sah, wie seine Frau ihm die Hand auf den Arm legte und ihnen versöhnlich zunickte. Sie verließen das Haus und gingen die kleine Anhöhe zur Kirche hinauf. Die Tür war verschlossen. »Schade«, sagte Anna traurig, »tagsüber ist sie immer offen.«
»Und nun?«
»Könnten wir uns auf die Mauer setzen und ein wenig hier bleiben?« Sie blickte zum klaren Himmel hinauf.
»Herrlich anzusehen, die unzähligen Sterne. Damals leuchtete einer den drei Heiligen aus dem Morgenland den Weg in den Stall von Bethlehem, dort, wo das Christuskind in der Wiege lag.«
Stumm ließ sich Ilías neben ihr nieder und hielt ihre Hand.
Bei ihrer Rückkehr lag das Haus im Dunkeln. Leise schlichen sie in ihr Zimmer. Überrascht blieb Anna im Türrahmen stehen. Jemand hatte den Stecker für die Christbaumkerzen in die Steckdose gesteckt. Annas Herz fing heftiger an zu schlagen und Wärme stieg ihr in die Wangen. Auf der Fensterbank brannte die Duftkerze der Eltern.
Ein Heinzelmännchen meinte es gut mit mir. Der Duft von Tannengrün durchzog den Raum. Tief sog Anna

ihn ein und kniete sich sodann vor den geschmückten Ast. Sanft streichelte sie über den kleinen Weihnachtsengel, den sie mitten hinein platziert hatte, damit er nicht herunterfiel.
»Wer auch immer die Lichter angemacht hat, danke.«
Sie nahm ein Geschenk und hielt es ihrem Freund entgegen. »Das ist von meinen Eltern für dich.«
»Für mich?«
Sie nickte.
»Hier beschenkt man sich am ersten Januar.«
»Bitte, Ilías, nimm es einfach an und freu dich darüber. Sieh mal, ich entsage manchem, was mir am Herzen liegt. Ich möchte damit nicht sagen, dass es mir leidtut, mit dir hier zu leben. Doch auf Heiligabend kann ich nicht verzichten. Auch wenn die Kirche geschlossen ist, wenn ich keine Tanne und keine Gans mit Rotkohl zum Abendessen habe – Weihnachten ist hier«, sie legte sich die Hand aufs Herz, »hier ganz tief drin. Und in meinen Gedanken der liebliche Duft. Das wird mir keiner nehmen können. Darin werde ich mich niemals im Leben ändern.«
Mit Bedacht zog Ilías an der goldenen Schleife.

13. Kapitel

Heiligabend war vorüber. Thália hatte eine Pute mit frischem Brokkoli zubereitet und den Tisch statt in der Küche im Wohnzimmer gedeckt. In harmonischer Zweisamkeit hatten sie und Emmanouíl den Abend genossen. Als sie schlafen gingen, warf ihr Ehemann

Thália einen verführerischen Blick zu. Sie rutschte hinüber auf seine Bettseite und kuschelte sich in seine Arme. Sofort streichelte er sanft über ihre Brust.
»Wir sind bald mit den Oliven durch und hätten dann Zeit, ein paar Tage wegzufahren. Vielleicht nach Athen oder Santoríni?«, sagte sie mit lieblicher Stimme.
»Komm nicht *wieder* damit. Verdammt! Du quengelst seit Wochen damit herum. Du vermiest uns damit den schönen Abend. Und statt ihn perfekt ausklingen zu lassen, plapperst du dummes Zeug.« Er drehte ihr den Rücken zu.
»Bitte, lass uns aus dem Dorf …«
»Lass mich in Ruhe.« Er zog das Laken enger um sich.
Thália verschränkte die Arme im Nacken und sah zur Decke. Kleine Schatten tanzten dort, ausgelöst durch die Straßenlaterne und die Palmenblätter, die sich im Wind bewegten.
Ich soll nicht ständig an eine Schwangerschaft denken und mir mit meinem Mann ein paar schöne Tage machen. Thália erinnerte sich an das erste Gespräch mit Emmanouíl, nachdem sie aus dem Krankenhaus gekommen war.
»*Was* hat der Gynäkologe dir geraten? Der spinnt! Als wenn es einen Unterschied macht, in welchem Bett oder an welchem Ort das Kind gezeugt wird!«, hatte er geschrien.
Auf der Stelle hatte er versucht, sie zu verführen. Da sich nach dem Anpfiff bei ihr keine erotischen Gefühle einstellten, stampfte er wütend aus dem Haus und kam erst in der Nacht sturzbetrunken zurück. Von da an verschwand er jedes Mal, wenn sie ihn darauf ansprach, und kam erst spät und mit erhöhtem Alkoholspiegel zurück.

Morgen hat er Namenstag. Ich muss versuchen zu schlafen, damit ich für die Vorbereitungen ausgeruht bin. Aufgewühlt drehte sie sich von einer Seite zur anderen. Dann fiel ihr Annas Weihnachtspaket ein, von dem Emmanouíl gesprochen hatte, und sie versuchte, sich vorzustellen, was dort alles drin gewesen sein könnte. Schon bald versank sie in einen traumlosen Schlaf.

Die ersten Gäste fanden ihren Weg ins Haus. Anna half Thália in der Küche und füllte Teller mit Speisen auf. »Ich habe mir vergangene Nacht Gedanken darüber gemacht, was in dem großen Paket drin gewesen sein könnte, das du gestern bekommen hast«, sagte Thália und reichte Anna eine Schüssel mit grünem Salat.
»Weihnachtsleckereien und Geschenke von meiner Familie«, antwortete Anna kurz und konzentrierte sich darauf, Öl und Essig zu mischen. Danach schmeckte sie das Dressing mit Salz und Pfeffer ab, gab es über den Salat und trug ihn zum Tisch. Teller und Gläser wurden gerückt, damit die Schüssel einen Platz fand.
»Gibt es noch mehr?«, fragte Anna, als sie wieder in die Küche trat.
»Was haben deine Eltern dir geschenkt?« Thália öffnete den Ofen und nahm das *Pastízio* heraus.
»Das erzähle ich dir später. Jetzt lass uns erst mal die hungrigen Gäste satt bekommen.«
Sie will mir nichts sagen!, dachte Thália und schnitt den Nudelauflauf in viereckige Stücke.
Der Abend verlief turbulent. Die Gratulanten gaben sich die Türklinke in die Hand, und die beiden Frauen füllten die Teller ständig wieder aufs Neue.
Die meisten Gäste hatten den Nachhauseweg angetreten und nur noch Emmanouíls Cousine und zwei Tan-

ten waren anwesend. Thália und Anna gesellten sich zu ihnen.
»Anna, ich war gestern im Postamt und habe gesehen, dass ein riesiges Paket für dich dort stand«, meinte Emmanouíls Cousine Katerína.
»Ja, stille unsere Neugierde.« Thália wartete gespannt auf Annas Antwort. Die ließ sich nicht lange bitten und zählte jedes Teil auf.
»Meine Güte«, meinte Emmanouíl, »was für ein Aufhebens ihr um Weihnachten macht.«
»Um Christi Geburt!«, verteidigte sich Anna.
»Apropos Geburt – wann können wir mit Nachwuchs von euch rechnen?«, fragte Katerína und schaute schelmisch von Thália zu Emmanouíl. Thálias Magen rebellierte, als hätte sie einen Stein verschluckt. Sie sah zu ihrem Mann, der in einem Zug sein Weinglas leerte.
»Ihr sagt nichts. Dann ist Thália schwanger.« Freudig sprang Katerína auf. Emmanouíl hob die Hand und wies sie an, sich wieder hinzusetzen. »Finde du in deinem fortgeschrittenen Alter erst mal einen Mann, dann kannst du mit uns übers Kinderkriegen reden.« Er lachte laut auf.
Thália beobachtete Katerína, die bleich geworden war und den Blick auf den Tisch senkte.
Katerína galt mit ihren vierundzwanzig Jahren im Dorf als alte Jungfer. Niemand konnte sich einen Reim darauf machen, warum sie nie mit einem Mann gesehen wurde. Die Bewohner flüsterten hinter ihrem Rücken, was für einen Makel sie haben könnte. An ihrem Aussehen konnte es nicht liegen, dass die Männerwelt nicht Schlange stand. Sie war groß, schlank und hatte pechschwarzes langes Haar. Ihre Kleidung entsprach der Mode, sie war gebildet und arbeitete in einer Apotheke.

»Jamas!« Emmanouíl schüttete den Wein gierig in sich hinein. Die Stimmung schien dahin, die Gäste verabschiedeten sich bald und verließen fluchtartig das Haus.
»Ich helfe dir«, sagte Anna und trug Teller vom Tisch in die Küche.
»Lass mal, das mache ich morgen. Ich bin müde.« Um ihre Worte zu untermauern, hielt Thália sich die Hand vor den Mund und gähnte.
Nachdem Ilías und Anna sich verabschiedet hatten, setzte Emmanouíl sich wieder an den Tisch und trank den Wein direkt aus der Karaffe. Er machte sich nicht mehr die Mühe, ihn in ein Glas zu schütten. Schweigend räumte Thália das Geschirr in die Spüle und ließ Wasser ein. Plötzlich stand Emmanouíl hinter ihr. Er schmiegte sich an ihren Rücken. Sie spürte seine Erektion und drehte sich zu ihm um. Stürmisch küsste er sie. Drückte sie schwerfällig auf die Küchenbank.
»Jetzt wird das Baby gemacht!«, lallte er und versuchte umständlich, Thálias Rock hochzuschieben. Sie half ihm, zog den Schlüpfer aus, dann öffnete sie den Reißverschluss seiner Hose, schob ihre Hand hinein und umfasste sein schlaffes Glied.
»Mist.« Emmanouíl zog sich hastig von ihr zurück. »Die Bank ist zu unbequem, da kommt keine Stimmung auf.« Er stemmte sich hoch und schwankte gegen den Tisch. »Komm, wir gehen ins Schlafzimmer.«
Thália beobachtete, wie er sich an den Stühlen und der Wand festhielt, um im Gleichgewicht zu bleiben. Zögernd erhob sie sich. »Ich geh kurz ins Bad.«
»Beeil dich.«
Nackt betrat sie fünf Minuten später das Schlafzimmer. Ihr Mann lag vollständig angezogen der Länge nach auf

dem Bett und schnarchte. Sie atmete tief durch. So wird das nie was. Sie zog sich den Kittel über und machte sich daran, die Küche aufzuräumen.
Mir muss etwas einfallen, damit wir eine Zeit lang aus dem Dorf kommen. Vielleicht trinkt Emmanouíl dann weniger.

14. Kapitel

»Zum Glück hat mir Anthí Biríba beigebracht, sonst würden wir haushoch verlieren«, meinte Anna in der Silvesternacht nach einem reichhaltigen Mahl zu ihrem Freund. Sie vertrieben sich mit Kartenspielen die Zeit bis zum Jahreswechsel.
»Meine Mutter und Anthí sind ein gutes Team«, bemerkte Ilías und lächelte ihr zu. Lámbros legte gerade Holzscheite in den Kamin; dann ließ er sich auf der Bank nieder und beschäftigte sich mit seinem *komboloi*. Über ihr Kartenblatt hinweg beobachtete Anna ihn. Wenigstens heute hat er nichts an mir auszusetzen, dachte sie und zog zum Ablegen die Herzdame.
»Halt!«, rief Ilías. Sie zuckte zusammen.
»Herz ist Trumpf!«
»Oh, entschuldige, ich war gerade mit den Gedanken woanders.« Schnell schob sie die Karte zurück ins Blatt.
»Hast wohl wieder an Deutschland gedacht«, hörte sie Lámbros' Stimme. Zu früh gefreut!
»Nein, habe ich nicht.«
»Pass auf, was für eine Karte du spielst.« Anna bemerkte, dass Sofía ihm einen mahnenden Blick zuwarf.

Überrascht wich Anna zuerst einen Schritt zurück, als sie um Mitternacht von Lámbros umarmt wurde, der ihr ein gutes neues Jahr wünschte. Schnell besann sie sich und drückte ihm einen Kuss auf die Wange. Sie prosteten sich zu, dann holte Anthí aus der Küche einen Kuchen und schnitt ihn in fünf Teile.

Als Familienoberhaupt durfte Lámbros sich das erste Stück aussuchen, dann Ilías, Sofía, Anthí, und das letzte bekam Anna. Wer die versteckten zehn Drachmen fand, hatte ein gutes Jahr vor sich. Ein alter Brauch. Diesmal war Sofía das Glück hold. Kurz darauf gingen sie schlafen.

Anna hoffte im Stillen auf ein friedliches Zusammenleben mit Ilías' Vater.

»Ich bin total aufgeregt!« Anna tanzte vor Ilías auf und ab.

»Beruhige dich.«

»Ich habe es mir die ganze Zeit gewünscht, und nun lässt dein Vater uns alleine fahren. Kaum zu glauben.«

»Er muss sich um die kranke Ziege kümmern und wartet auf den Arzt. Und an zwei Stellen kann er nicht gleichzeitig sein.« Ilías öffnete ihr die Wagentür. Sie schob sich auf den Beifahrersitz. Voll beladen mit den restlichen Olivensäcken fuhren sie zur Fabrik.

Schon kurze Zeit darauf trug Ilías mit Hilfe eines Arbeiters die Ernte in die Halle. Vom Auto aus beobachtete Anna den Vorgang. Sie erkannte, dass die letzten Tage der Ernte gekommen waren, denn auf dem Hof lag ein einziger Haufen mit Säcken, die auf die Verarbeitung warteten. Nach dem Abladen öffnete Ilías die Beifahrertür. »Ich dachte, du wolltest sehen, wie Öl gepresst wird.«

»Sag mal, warum sind wir schon dran?« Sie zeigte auf den Hof.
»Die sind vom Schreiner. Er bringt später mehr.«
»Meinst du, den Arbeitern ist es recht, wenn ich mitkomme?«
»Sie werden ein wenig verdutzt schauen. Kümmere dich nicht darum.« Langsam folgte sie Ilías zu einem großen Trichter, der in eine Erdkuhle eingelassen war. Säcke wurden geöffnet und die Oliven in den Schacht geschüttet.
Neugierig trat Anna näher heran. Olive für Olive fand ihren Weg. In der Halle dröhnte es vom Lärm der Maschinen. Als neben Anna eine Art Riesensaugmaschine zu arbeiten begann, hielt sie sich die Ohren zu. Dafür fing sie ein Lächeln ihres Freundes ein. Zugleich machte er ihr ein Zeichen, sich ein Stück weiter weg zu bewegen. Doch sie blieb stehen und schaute erstaunt auf das Band, auf dem die Oliven in Richtung Sauger befördert wurden. Zwischen den Früchten befanden sich Blätter und kleines Geäst, die bei der Vorsortierung nicht alle herausgefischt worden waren. Sie verschwanden durch den Sog, während die schwereren Oliven weiterbefördert wurden. Anna folgte mit den Augen dem Verlauf des Saugrohrs und sah es durch eine Öffnung in der Decke verschwinden.
Werden die Blätter auf dem Dach gelagert? Sie blickte zu Ilías, zeigte darauf und machte sich mit Handzeichen verständlich. Er deutete nach draußen. Anna ging nach draußen vors Fabriktor. Rechts davon befand sich ein großer Haufen mit Blättern. Gerade schaufelte ein Bauer sie auf einen Pick-up.
»Was macht der damit?«, schrie sie Ilías ins Ohr, nachdem sie in die Halle zurückgekehrt war.

»Seine Ziegen füttern.« Schnell bückte er sich und entleerte einen weiteren Sack Oliven in den Trichter. Anna kehrte auf ihren Beobachtungsposten zurück. Ein Mitarbeiter kam und öffnete einen Schlauch. Sie grüßte ihn, erhielt jedoch keine Antwort. Als er wegging, traute sie sich näher an die Maschine heran und sah Wasser in ein Becken laufen. Sie erkannte eine Art Rüttelmaschine, auf der die Oliven hin und her gerüttelt und gewaschen wurden. Danach fielen sie in eine Waagschale, neben der ein Arbeiter stand und jedes Mal, wenn sich der Behälter leerte, das Gewicht in eine Liste eintrug.
»Gute Ernte dieses Jahr«, lobte er Ilías, der sich neben Anna gesellte.
»Die können wir auch gut gebrauchen, Panajótis.«
»Klar, ihr habt jetzt einen mehr unterm Dach.«
Ilías versetzte Panajótis einen leichten Stoß in die Rippen, der dadurch vor Schreck beinahe vergaß, die Zahl zu notieren und winkte Anna weiter in die Halle hinein, wo sich noch mehr Fabrikarbeiter aufhielten. Alle grüßten Ilías freundlich, aber Anna würdigten sie keines Blickes.
»Die wollen nicht, dass ich hier bin«, flüsterte sie ihm ins Ohr und hielt die Hand als Lärmschutz davor.
»Das siehst du falsch. Die sind alle viel zu schüchtern, um zu grüßen, wenn eine tolle Frau vor ihnen steht.« Flüchtig streifte sein Kuss ihre Wange.
»Du machst mir Mut.« Sie lächelte ihn an. Kurz darauf ließ er sie stehen und besprach sich mit den Männern. Interessiert beobachtete Anna, wie die gewaschenen Oliven nun in einer bis zur Decke reichenden Maschine verschwanden. Der Mitarbeiter, der zuerst geholfen hatte, die Säcke zu leeren, erklärte ihr mit einer Geste, dass darin die Oliven gepresst wurden. Anna nahm

einen leicht säuerlichen, jedoch angenehmen Geruch wahr. Sie schlenderte weiter und stand nun vor einer Art riesigem Fleischwolf, der die bräunliche Olivenmasse durchquirlte.

»Setz dich, es wird einige Stunden dauern, bis wir fertig sind.« Ihr Freund schob ihr einen Stuhl zu. Sie winkte ihn zu sich.

»Wofür sind die Behälter dort?« Mit einer Handbewegung deutete sie darauf.

»Da«, er zeigte auf eine längliche Vorrichtung von etwa drei Metern, »wird der Rest an Kernen durchgemangelt und ausgesondert, das nennt man Maischvorgang. Die festen Bestandteile fallen in ein Erdloch und werden von dort nach draußen befördert. Aus diesem Abfall wird zum Beispiel Olivenölseife hergestellt. Der Olivenbrei wird mit Wasser gemischt und geht anschließend in die Zentrifuge, die Öl und Wasser trennt. Das reine Olivenöl wird in einem Auffangbecken gesammelt. Dann wird eine Probe genommen, um den Säurewert festzustellen. Je niedriger, desto bekömmlicher ist das Öl. Anschließend wird es in Kanister abgefüllt. Was wir heute geerntet haben, nehmen wir mit nach Hause. Das restliche Öl haben wir bereits der Fabrik überlassen. Sie verkaufen es nach Italien.«

»Nach Italien?«

»Ja, da kommen Lastwagen, die es abholen. Es wird verschifft.«

Sie nickte. Die Kälte, die in der feuchten Anlage herrschte, spürte sie kaum. Ihre Wangen glühten vor Aufregung.

»Und?«, fragte Lámbros, sobald sein Sohn den Wagen anhielt.

»Hast du die ganze Zeit draußen gestanden und auf uns gewartet?«
»Denkst du, ich könnte ruhig schlafen, wenn ich nicht weiß, wie viel Öl du heimbringst?« Er ging zur Ladefläche, pfiff durch die Zähne. »Alle Achtung.«
»Vielleicht hat es Glück gebracht, dass Anna dabei war«, feixte Ilías.
»Red keinen Unsinn. Sag mir lieber den Säuregehalt und die Menge.«
»Fünfhundertachtzig Kilo, Wert dreieinhalb Striche«, sprudelte es stolz aus Anna heraus, und Lámbros schaute sie mit einem versöhnlichen Blick an. Sie hatte das Gefühl, als würde ihr Herz vor Freude hüpfen.
»Du sagst ja gar nichts, Vater.«
Lámbros räusperte sich. Gemeinsam luden Vater und Sohn die zwölf Fünfzig-Liter-Plastikkannen ab und trugen sie unter den Bretterverschlag im Garten. Bis sie fertig waren, blieb Anna beim Auto stehen. Dann gingen sie zusammen ins Haus. Der Vater wünschte eine gute Nacht und verschwand im Schlafzimmer. Schnell huschte Anna ins Bad. Schlüpfte in ihr Nachthemd, das an der Badezimmertür hing. Eingewickelt in dicke, schwere Decken fragte sie Ilías, als er im Bett neben ihr lag: »Hast du den Blick von deinem Vater gesehen, als ich ihm die Ölmenge sagte?«
»Nein.« Er zog sie in den Arm. Kurze Zeit später hörte sie sein leises Schnarchen, kuschelte sich an ihn und fiel in einen traumlosen Schlaf.

»Anna!«, rief Sofía von der Haustür aus. Anna unterhielt sich auf der Straße gerade mit Déspina, der Nachbarin, die vor ihrer Tür saß und Bohnen schnippelte. Schnell verabschiedete sie sich. Die Mutter kam ihr entgegen.

»Was ist passiert?« Erschrocken deutete sie auf Sofías blutende Hand.
»Hab zum Fleisch schneiden das neue Messer ausprobiert und bin abgerutscht.«
Anna nickte und folgte ihr in die Küche. Um das Blut abzuspülen, hielt sie Sofías Hand unter fließendes Wasser.
»Das sieht aus, als müsste es genäht werden.« Anna flitzte zum Schrank in Sofías Schlafzimmer, nahm ein Bettlaken heraus und zerriss es hastig in dünne Streifen. Aus dem Bad holte sie Jod und lief zurück in die Küche.
»Sofía, ich werde deinen Arm abbinden, damit es nicht mehr so stark blutet. Danach tupfe ich Jod auf die Wunde und wickle die Tücher darum. Einverstanden?« Sie blickte in die ängstlichen Augen von Sofía, die ihr stumm zunickte.
Flugs machte sie sich daran, den Verband anzulegen. Als sie fertig war, prüfte sie, ob er gut saß.
»Du musst ins Krankenhaus.«
»Aber die Männer kommen erst in einigen Stunden wieder, du weißt doch, dass sie in den Olivenhain gefahren sind, um die abgesägten Äste zu verbrennen.«
Sie führte Sofía zur Bank. »Setz dich und halte den Arm ruhig«, bat Anna, »ich komme gleich wieder.«
Sie rannte zum Lebensmittelhändler, fand den Laden jedoch leer. Der Postbote, fiel ihr ein. Außer Atem öffnete sie die Tür. Es kam ihr vor, als habe sich das gesamte Dorf in der Station versammelt.
»Emmanouíl!«, rief sie über die Köpfe der Bewohner hinweg. Sofort drehte sich jeder zu ihr um, starrte sie an.
»Ja?« Der Beamte stand, sodass sich ihre Blicke trafen.

»Sofía hat sich verletzt, Lámbros und Ilías sind mit dem Pick-up im Olivenhain. Kann ich dein Auto haben? Ich muss sie ins Krankenhaus bringen.« Schlagartig wurde es mucksmäuschenstill. Die Köpfe der Bewohner drehten sich zum Schalter.
»Gebt Anna den Schlüssel.« Emmanouíl hatte dem Ersten vor dem Tresen den Bund gegeben, und so ging er von einer Hand zur anderen, bis er bei Anna landete. »Danke.« Schon befand sie sich auf dem Weg zu Emmanouíls Haus, um den Wagen zu holen. Hinter ihr erschollen aufgeregte Stimmen. Sie blickte sich kurz um und sah, dass die Menschenmenge aus der Post ihr folgte.
Anna öffnete die Autotür, sprang auf den Sitz und startete. Die Bewohner umringten den Wagen. Erst jetzt dämmerte Anna, dass es hier für eine Frau wohl nicht üblich war, ein fremdes Auto zu lenken. Sie winkte die Dorfbewohner zur Seite, fuhr nach Hause und schaltete beim Anhalten die Warnblinkanlage ein. Um keine Zeit zu verlieren, ließ sie den Wagen mitten auf der Straße stehen und eilte in die Küche. Dort stellte sie fest, dass Blut durch den Verband sickerte.
»Emmanouíl hat mir sein Auto geliehen und …«
»Welcher Emmanouíl?«, unterbrach Sofía.
»Der Postbote. Ich fahre dich ins Krankenhaus nach Ágios Nikólaos.« Sie half Sofía beim Aufstehen, deren Gesicht jegliche Farbe verloren hatte. In Hausschuhen und mit umgebundener Schürze stieg Sofía ein.
Wieder standen die Leute ums Auto geschart und redeten alle gleichzeitig auf die Verletzte ein. Anna lief zurück, holte Geld und eine Flasche Wasser. Lieber Gott, hilf mir, dass ich alles richtig mache. So gut kenne ich mich hier noch nicht aus. Hoffentlich finde ich das

Krankenhaus. »Könnte einer von euch Lámbros Bescheid geben?«, fragte Anna, als sie aus dem Haus trat.
»Ich warte hier auf ihn«, antwortete Panajótis, der Fabrikarbeiter, der nach der Ernte als Ziegenhirte sein Geld verdiente.
»Danke.« Anna stieg ins Auto und startete den Motor. Ein wenig zu schnell ließ sie die Kupplung kommen. Ruckartig ging es vorwärts. Im Rückspiegel sah sie die entsetzten Gesichter der Dorfbewohner; die Frauen bekreuzigten sich.
Ohne den Blick von der Straße zu wenden, strich Anna mit der Hand über Sofías unverletzten Arm.
»Alles wird gut.« Es beschlich sie das Gefühl, sich selbst Mut zusprechen zu müssen.
Der Postbote stand vor seiner Station, sie winkte ihm kurz zu. Dann bugsierte sie den Pick-up durch die schmalen Gassen. Auf der Hauptstraße Richtung Ágios Nikólaos gab sie Gas. Nervös konzentrierte sie sich auf die Straße, die sich in schlechtem Zustand befand. Der Winter hatte tiefe Risse im Asphalt hinterlassen. Den Wagen näher zur durchgezogenen Mittellinie lenkend, wich sie einigen Schlaglöchern aus.
Bei jeder Kirche, an der sie vorbeifuhren, bekreuzigte sich Ilías' Mutter. Zum Glück, dachte Anna, ist das auf Kreta üblich, sonst würde mir nun angst und bange werden.
»Wie fühlst du dich, Sofía?«
»Mir ist übel.«
»Trink einen Schluck Wasser, die Flasche liegt vor dir auf dem Boden.« Anna deutete mit der Hand darauf. Aus den Augenwinkeln sah sie, dass Sofía wie in Zeitlupe reagierte.

15. Kapitel

Thália pfiff fröhlich vor sich hin und tanzte durch die Wohnung. Sie packte einen Koffer. Plötzlich vernahm sie lautes Stimmengewirr auf der Straße. Sie ging zum Wohnzimmerfenster, beugte sich hinaus und sah gerade noch, wie Anna in einen Pick-up stieg und davonfuhr. Sie zog sich die Jacke über und ging zur Poststation. Die Tür stand offen und die Bewohner diskutierten über das Geschehen.

»Was ist passiert?«, fragte Thália in die Menge. Ihr Mann trat auf sie zu. »Sofía hat sich verletzt und Anna bringt sie ins Krankenhaus.«

Während Thália sich bekreuzigte, fragte sie: »Und du hast ihr unser Auto gegeben?«

»Ilías ist mit Lámbros im Olivenhain.«

»Hat sie überhaupt einen Führerschein?«

»Ich denke, sonst hätte sie mich nicht gefragt. Mach dir keine Sorgen, Anna wird das Auto sicher heil zurückbringen.« Er gab ihr einen Nasenstups, dann drehte er sich weg. Thália hielt ihn am Ärmel fest, zog ihn zu sich und flüsterte: »Und warum darf ich unser Auto nie fahren?«

Er lächelte. Als er aufsah, bemerkte er, dass die Bewohner sich um sie geschart hatten. »Ich muss arbeiten.« Er ging zurück zum Schalter und fragte, wer als Nächster an der Reihe sei. Vier der Anwesenden drängelten sich gleichzeitig nach vorn. Thália verließ das Postamt.

Emmanouíl kam zwei Stunden später als gewohnt nach Hause. Er drückte Thália an sich und gab ihr einen Kuss. Sein Atem roch nach Rakí. »Soll ich das Essen aufwärmen?« Thália ging zum Herd.

»Was gibt es?«
»Linsensuppe.«
»Mach mir einen Teller warm.« Er ließ sich auf dem Stuhl nieder und goss sich Wein ins Glas. »Meine Güte, war es in der Post voll. Die Leute denken wahrscheinlich, ich komme nicht wieder, wenn wir morgen zu deinen Eltern fahren.«
Thália erwärmte den Topf auf kleiner Flamme, rührte die Suppe um.
»Ich bin froh, dass du Vater bei der Steuererklärung hilfst.«

Insgeheim freute sie sich über ihren gelungenen Plan, für ein paar Tage aus dem Dorf zu kommen. Thália hatte ihren Vater um Hilfe gebeten. Der hatte sofort eine Idee gehabt.
Obwohl er einen Steuerberater im Freundeskreis hatte, bat er den Schwiegersohn um Hilfe beim Sortieren der Belege und beim Ausfüllen der Formulare. Nach kurzem Zögern reichte Emmanouíl beim Arbeitgeber Urlaub ein. Somit konnten sie fünf Tage verreisen. Thália wusste, dass Vaters Papiere schnell durchgesehen sein und sie dann freie Zeit für sich haben würden. Dann werde ich schwanger! Sie atmete tief durch und malte sich aus, ihr Kind das erste Mal im Arm zu halten.
»Hörst du mir zu, Thália?«
»Äh … entschuldige, ich habe gerade daran gedacht, wie es Anna und Sofía geht«, log sie und nahm ihm gegenüber Platz.
»Ich will noch mehr Suppe, die ist dir heute besonders gut gelungen.«
Thália machte sich ein weiteres Mal daran, die Linsen aufzuwärmen.

»Hast du Handtücher eingepackt?«, fragte ihr Mann.
»Wieso?« Thália drehte sich um und sah ihn erstaunt an.
»Weil die von deiner Mutter hart sind und streng riechen.« Sie reichte ihm den gefüllten Teller.
»Das mache ich noch.«
»Gut, und auch unsere Bettdecke.«
»Übertreibst du nicht ein wenig?«
»Von mir aus brauchen wir nicht zu fahren«, sagte er, ohne aufzusehen. Thália schluckte trocken, nahm sich ein Glas, füllte es mit Wasser und trank es hastig aus, bevor sie sanft sagte: »Magst du, dass ich dein Kopfkissen einpacke?«
»Ja!« Er schob den Teller zur Seite und strich sich über den Bauch. Thália bemerkte, dass er dicker geworden war. Der reichliche Wein, dachte sie und spülte den Rest des Geschirrs.
»Ich leg mich hin. Magst du mitkommen?« Er schnalzte mit der Zunge.
»Und was ist, wenn Anna gerade dann den Wagen zurückbringt?«
»Bis dahin haben wir unser Baby gezeugt.« Sie trocknete sich die Hände am Küchentuch ab und folgte ihm ins Schlafzimmer. Emmanouíl lag entkleidet auf dem Bett. Thália zog sich schnell aus, als sie seine Erektion sah, und setzte sich auf ihn. Hart drang er in sie ein, umfasste ihre Brüste und massierte sie.
»Dein Körper macht mich wahnsinnig, ich kann nicht länger an mich halten«, keuchte er und ergoss sich nach wenigen festen Stößen in ihr. Sie beugte den Oberkörper nach vorn, um ihn ganz in sich aufzunehmen. Danach lag sie neben ihm; er streichelte über ihren Bauch.
»Emmanouíl.«

»Mhm …«
»Das geht immer so schnell. Ich möchte ganz gerne …« Thália hielt mitten im Satz inne, als sie ein leises Schnarchen hörte. Enttäuscht stand sie auf, zog sich an und machte sich auf zu einem Spaziergang durchs Dorf. Sie kam an Annas Haus vorbei.
»Jássou, Panajótis«, sagte sie zu dem Ziegenhirten, der dort stand. »Hier ist keiner da, sie sind ins Krankenhaus gefahren.«
»Ich weiß, Sofía bat mich, auf Lámbros zu warten«, antwortete der und stützte sich auf seinen Stock.
»Es dämmert, er wird bestimmt bald kommen.« Sie winkte ihm zu und ging weiter bis hoch zur Kirche. Die schwere Holztür knarrte, als Thália sie öffnete. Sie setzte sich auf eine Bank und sah zum Heiligtum, betrachtete die Ikonen. Niemand war anwesend. Die Öllampen brannten und es roch nach Weihrauch.
Soll ich dem Popen beichten, dass ich vor einigen Jahren abgetrieben habe? Vielleicht werde ich erst dann schwanger, wenn ich von meiner Sünde befreit werde.
In dem Moment trat der Geistliche in den Kirchengang. Thália nickte ihm zur Begrüßung zu. Dann stand sie auf; ihre Beine zitterten, als sie auf ihn zuging.
»Thália, es freut mich, dich zu sehen.« Der Pope reichte ihr die Hand zum Kuss.
»Ich …«, stotterte sie.
»Kommst du zur Beichte?«
Thália hielt sich an der Kirchenbank fest, aus Angst, sie könnte umfallen. Im letzten Moment überlegte sie es sich anders: »Dieses Wochenende fahren wir zu meinen Eltern. Ich wollte fragen, ob ich die Kirche für den übernächsten Sonntag putzen darf.«
»Gerne.« Der Pope segnete sie, dann verließ Thália ei-

lig und mit festerem Schritt das Gotteshaus. Vor der Tür empfing sie ein kühler Wind. Sie sog ihn tief in ihre Lungen. Erleichtert stieg sie die Stufen hinunter und ging nach Hause.

16. Kapitel

Von Weitem erkannte Anna Ilías' Vater, als sie in die kleine Gasse einbog. Mitten auf der Straße gestikulierte er wild mit den Armen. »Halt sofort den Wagen an!« Anna bremste. Schon riss er die Fahrertür auf.
»Was fällt dir ein, meine Frau in eine solche Gefahr zu bringen!« Mit Wucht schlug er die Tür zu und schritt eilig zur Beifahrerseite. Sprachlos, unbeweglich, blieb Anna sitzen und versuchte, ruhig durchzuatmen. Behutsam stieg Sofía aus. Ihr Mann stützte sie auf dem Weg zum Eingang. Langsam rührte Anna sich aus ihrer Erstarrung, startete den Wagen und fuhr zu Emmanouíl. Er saß vor der Haustür.
»Vielen Dank fürs Autoleihen.«
»Wie geht es Sofía?«, fragte er.
»Schlapp. Die Wunde ist genäht worden. Sie soll sich ausruhen.«
»Du siehst erschöpft aus«, meinte er, »komm mit rein, Thália wird dir einen Kaffee machen.«
»Gerne.« Mit zittrigen Beinen folgte sie ihm in die gute Stube. Es klopfte an der Tür, kurz darauf trat Ilías ins Zimmer.
»Warum kommst du nicht nach Hause?«
»Siehst du nicht, wie blass sie aussieht«, sagte Emma-

nouíl. Augenblicklich ging Ilías vor Annas Stuhl in die Knie.
»Geht es dir nicht gut?«Verwirrt schaute sie in seine dunkelgrünen Augen.
»Hast du nicht mitbekommen, was dein Vater mir vorgeworfen hat?« Sie brachte den Satz nur flüsternd hervor, gedemütigt, wie sie sich fühlte.
»Nein, ich war im Stall. Was hat er gesagt?«
Anna schwieg.
»Bitte sag.«
»Nachher, wenn wir alleine sind.« Sie erkannte, dass Emmanouíl verlegen wegsah, ehe er aufstand und in die Küche verschwand. Anna wartete, bis er die Tür hinter sich geschlossen hatte. Dann schluchzte sie auf, hielt die Tränen nicht länger zurück. »Er hat mich angebrüllt und mir vorgeworfen, ich hätte deine Mutter in Gefahr gebracht.«
»Was hat er?!« Ilías stand auf, strich sich entsetzt durchs Haar. »Verdammt, was hat er sich dabei gedacht?«
»Ich wollte deiner Mutter helfen. Die Verletzung sah böse aus.« Sie hielt die Hände vors Gesicht.
»Ich werde sofort mit ihm reden. So geht das nicht weiter!«
»Pst, nicht so laut, die anderen können uns hören.«
»Das ist mir egal. Soll doch jeder erfahren, wie Vater dich behandelt!« In diesem Moment kam Emmanouíl zurück ins Zimmer. »Beruhige dich, Ilías.« Verständnisvoll strich er ihm über die Schulter. »Jeder im Dorf weiß, wie dein Vater zu Anna steht, obwohl er nie ein Wort darüber verliert. Die Älteren wollen und können die Vergangenheit nicht vergessen.«
»Das ist weit über vierzig Jahre her. Anna hat zu dem Zeitpunkt überhaupt nicht existiert. Soll sie jetzt den

Sündenbock spielen? Sie hat meiner Mutter geholfen, und mein Vater macht ihr dafür Vorwürfe!«, schrie er.
»Du hast ja Recht. Doch in deiner Verfassung kannst du nicht mit deinem Vater sprechen. Anna bleibt erst mal bei uns«, antwortete sein Freund.
Nervös ging Ilías auf und ab. Emmanouíl wandte sich Anna zu: »Thália hat Essen zubereitet, geh zu ihr in die Küche.« Dann klopfte er Ilías erneut auf die Schulter. »Und du, mein Freund, klärst mit deinem Vater die Angelegenheit in Ruhe.«
Ilías nickte, gab Anna einen flüchtigen Kuss auf die Wange. »Ich komme später wieder.«

Anna stocherte in ihrem Essen, als es ein weiteres Mal an der Tür klopfte. Emmanouíl stand auf und öffnete sie.
»Lámbros«, sagte er. Anna zuckte zusammen, das Besteck fiel ihr aus der Hand. Am liebsten wäre sie weggelaufen, doch es gab nur einen Ausgang durch die Küche – geradewegs in Lámbros' Arme. Versteinert blieb sie sitzen, den Kopf über den Teller gebeugt.
»Guten Abend«, grüßte er. Emmanouíl und Thália verschwanden ins Wohnzimmer. Lámbros nahm Anna gegenüber Platz. Nur ihr aufgeregtes Atmen war zu hören. Sie machte sich für einen Kampf bereit, schob ihre Angst beiseite und blickte Lámbros in die Augen.
»Anna ...«, setzte er an.
»Sag jetzt nicht, du willst dich wieder bei mir entschuldigen«, rutschte ihr heraus. Sie spürte, dass allmählich ihre Lebensgeister zurückkehrten, und damit erwachte auch die Wut, die sie schon wer weiß wie lange hinunterwürgte. Anna sprang auf. »Ich hab es satt!«
»Ich verbiete dir, mir gegenüber einen solchen Ton

anzuschlagen!« Lámbros schlug mit der Faust auf den Tisch.

»Ach ja? Warum?« Anna war selbst erstaunt über ihren schnippischen Tonfall.

»Wir sind Gäste in einem fremden Haus, und ich will nicht…«

»… dass die Nachbarn etwas mitbekommen«, rief sie. »Alles soll hinter verschlossenen Türen geschehen. Dabei weiß mittlerweile das ganze Dorf, wie du zu mir stehst. Als wäre ich schuld an diesem verflixten Krieg!«

»Lass den Krieg aus dem Spiel, verdammt noch mal!«

»Ich soll ihn aus dem Spiel lassen? Du hast ihn mich doch vom ersten Tag an, als ich dein Haus betreten habe, spüren lassen!« Anna trank einen Schluck Wasser und stellte das Glas energisch zurück auf den Tisch. »Hast du dich ein einziges Mal gefragt, wie ich mich dabei fühle? Wie es ist, nur wegen Ilías unter deinem Dach geduldet zu werden? Schon am Morgen Angst davor zu haben, was du nun wieder gegen mich haben könntest? Seit fünf Monaten lebe ich bei euch und habe mich wirklich angestrengt, dir alles recht zu machen. Ich habe gelernt, eine gute Hilfe in der Olivenernte zu sein. Deine Frau hat mir griechisch kochen beigebracht. Ilías will mich in die Gartenarbeit einweisen, damit ich Gemüse anbauen kann, und ich gehe mit ihm die Ziegen hüten. Was willst du denn noch mehr?!«, schrie sie aufgelöst, dann sank sie kraftlos auf den Stuhl. Sie konnte körperlich spüren, wie spannungsgeladen die Atmosphäre um sie herum war.

Plötzlich räusperte sich Lámbros. Anna zuckte aus Gewohnheit zusammen, aber er begann mit leiser Stimme zu erzählen: »Es war Nacht. Ich war damals einundzwanzig, das erste Mal verliebt. Kallíopi hieß das

Mädchen, alle nannten sie Popi. Ich kann mich noch genau an ihr schwarzes, langes Haar erinnern, das sanft auf ihre Schultern fiel…« Er stockte. Überrascht sah Anna auf. Waren das Tränen? Lámbros weinte! Nach einer Weile sprach er weiter. »Heimlich hatten wir uns hinter dem Schuppen getroffen. Wir lehnten am Brunnen, sahen hinauf zu den Sternen und redeten über unsere Zukunft. Da waren auf einmal Schatten über uns am Himmel. Es wirkte, als würden sie sich auf uns zu bewegen. Wegen der Entfernung hatten wir keine Ahnung, was das sein könnte. Plötzlich glich unser Dorf einem Bienennest. Alle Bewohner waren auf der Straße, die Männer und Jungen bewaffnet mit Jagdgewehren, Mistgabeln, Schaufeln. Gedeckt von der Finsternis, schlichen sie sich an die näherkommenden Schattenrisse heran. Schüsse knallten. Ich geriet in Panik, zog Popi hinter mir her in unseren Schuppen und rückte den Pferdewagen von den Holzdielen. Öffnete eine Luke, ließ sie in den darunter liegenden Raum hinab, in dem wir Lebensmittel aufbewahrten. Dann rannte ich nach oben, schloss den Eingang und verbarrikadierte ihn. Um nicht entdeckt zu werden, kroch ich durchs Gebüsch zu unserem Haus. Dornen von Kapernsträuchern schnitten mir ins Gesicht. Die Tür stand offen. Keine Spur von meinen Eltern und Geschwistern. Wo waren sie? Wieder hallten Schüsse, gefolgt von Schreien. Ich wusste nicht, wohin ich laufen sollte.« Lámbros verstummte. Er atmete schwer, gefangen von den Bildern seiner Erinnerungen.

»Du musst mir das nicht erzählen.«

»Doch, es ist an der Zeit, damit du mich verstehst.«

Sie nahm allen Mut zusammen und streichelte sanft über seine Hand. Ruckartig zog er sie zurück.

»Gebückt lief ich ins Feld. Dort fand ich meinen Vater. Aus seinem Kopf floss Blut. Er war tot. Ohne lange zu überlegen, trug ich ihn zu unserem Grundstück außerhalb des Dorfes. Dort traf ich auf meine verletzte Mutter mit meinen sieben jüngeren Geschwistern. Sie hatten sich im kleinen Haus auf dem Olivenhain versteckt. Mutter hatte am Bein einen Streifschuss abbekommen. Durch ihren Sturz hatte sie sich an einem herausragenden Wurzelstock den Unterarm aufgerissen. Ich versorgte die Wunden mit Fetzen aus ihrem Unterrock, so gut es ging.

Vor dcm Morgengrauen hob ich ein Grab aus. Wir betteten unseren Vater unter einem alten Olivenbaum zur letzten Ruhe. Ich machte kein Auge zu. Versteckte mich auf einem Baum und hielt Wache. In der folgenden Nacht brachte ich den Mut auf und schlich mit zwei Brüdern zurück nach Hause. Wir befreiten Popi aus dem Verschlag. Sofort rannte sie los, um nach ihrer Familie zu schauen. Ein letztes Mal drehte sie sich am Scheunentor um und winkte mir zu. Ich spannte die beiden Pferde an. In Windeseile packten meine Geschwister Lebensmittel, Decken und Wasser zusammen. Wir holten die anderen ab und legten unsere Mutter behutsam auf den Wagen. Dann machten wir uns auf den Weg nach Tourlotí, weit weg in Ostkrcta, zu meinen Großeltern. Auf der Strecke lagen überall tote Soldaten. Andere hingen erschossen an ihren Fallschirmen in den Ästen. Tausende Soldaten waren damals über den Luftweg in die Stadt eingefallen. Unzählige verloren dabei ihr Leben. Dorfbewohner ruhten zwischen den deutschen Soldaten. Ich sah in ihre erstarrten Gesichter. Die meisten jünger als ich und meine Freunde… Diesen grausamen Anblick habe ich bis heute nicht vergessen. Wir versuchten, die Wachen zu umgehen. Trotz ihrer schweren Verluste gelang es den Deutschen, Westkreta zu besetzen. Schnell merkte ich, dass die Straßen zu gefährlich waren. Wir ließen den Wagen zurück. Ich trug meine Mutter über die Berge. Es dauerte Wochen, bis wir das Dorf erreichten. Die Großeltern nahmen uns auf, und von da an sorgte ich mit meinen jungen Jahren für die ganze Familie. Popi sah ich niemals wieder. Zwei Jahre später erfuhr ich, dass sie an Tuberkulose gestorben war.«

Er stützte den Kopf in die Hände. Nach einer Weile traute sich Anna, ihn anzusprechen.

»Lámbros?« Er sah auf. »Wie soll es mit uns weitergehen?« In ihrer Stimme schwang ein Zittern mit.

»Ich weiß es nicht«, flüsterte er. »Ich kann die Vergangenheit nicht hinter mir lassen, sie hat sich tief in mich hineingefressen.«

»Weder ich noch mein Vater oder sonst jemand aus der Familie war damals dabei.«

»Es ändert nichts daran, dass du eine Deutsche bist.«

»Nicht nur Deutsche waren an der Invasion beteiligt. Italiener hatten Kreta mit besetzt. Die Briten kämpften gemeinsam mit den Griechen gegen die Deutschen. Und es war Weltkrieg!«

»Willst du mir die kretische Geschichte beibringen? Hör auf, du hast keine Ahnung, wie es damals war!« Er drohte mit der Faust.

Lass dir keine Angst einjagen, versuch, ruhig zu bleiben. »Ich bin hergekommen, um mit deinem Sohn zu leben. Ich liebe ihn. Doch wenn du mir ständig das Leben schwer machst, wie soll dann unsere Zukunft aussehen?«

»Ich möchte, dass du gehst.«

Er stand auf und zog seine Pfeife aus der Tasche.
»Ich soll ausziehen?«
»Geh zurück nach Deutschland. Du bist jung und wirst einen anderen Mann finden.« Er stopfte Tabak in die Pfeife, zündete sie an. Anna beobachtete jede seiner Bewegungen.
»Hast du jemals deine erste große Liebe, Popi, vergessen?« Anna wusste, sie würde sich mit dieser Frage auf dünnes Eis hinauswagen.
Erstaunt sah er sie an und strich sich über den Bart. »Nein ... obwohl ich nicht behaupten möchte, dass ich Sofía nicht ebenso liebe.«
»Als ich mein Studium beendete, fühlte ich mich einsam ohne Ilías. Täglich habe ich mich nach ihm gesehnt und mir ausgemalt, wie schön es wäre, mit ihm auf Kreta zu leben. Bitte, Lámbros, nimm mir nicht diesen Traum.«
»Ich kann nicht, Anna, und ich will nicht.«
»Du möchtest, dass ich aus Ilías' Leben verschwinde.« Mehr eine Feststellung als eine Frage.
»Hier ist kein Platz für dich.« Er stand auf und verließ das Haus, ohne sie eines weiteren Blickes zu würdigen. Anna lehnte sich im Stuhl zurück und ließ den aufgestauten Tränen freien Lauf. Thália kam in die Küche. Tröstend legte sie den Arm um die Weinende. »Du schläfst heute Nacht hier.«
»Aber ihr wollt in der Früh zu deinen Eltern fahren.«
»Dann geht's ein wenig später los«, beruhigte Thália sie.

17. Kapitel

So sehr Anna sich bemühte, der Schlaf wollte sich nicht einstellen. Im Dunkeln lag sie auf dem Bett und dachte an Lámbros' Kriegserfahrungen. Zugleich fragte sie sich, warum Ilías nicht wiedergekommen war.

Gegen Morgen fiel sie in einen unruhigen Schlaf... aus dem sie bald darauf hochschreckte, weil sich jemand im Zimmer befand.

»Ich bin es«, hörte sie Ilías' vertraute Stimme.

»Warum kommst du erst jetzt?« Sie setzte sich auf.

»Mach das Licht an.«

»In diesem Zimmer gibt es keinen Strom. Öffne den Laden.« Sie hörte, wie er sich zum Fenster vortastete. Kurz darauf wurde es hell.

»Wie spät ist es?«

»Sechs«, antwortete Ilías, setzte sich zu ihr aufs Bett und nahm sie in die Arme. »Entschuldige. Mein Vater war weder zuhause noch in einer der Tavernen zu finden. Während ich in der Küche auf ihn gewartet habe, bin ich auf der Bank eingeschlafen. Tut mir leid.«

»Lámbros hat mich gestern Abend hier aufgesucht. Er möchte, dass ich zurück nach Deutschland gehe.«

»Einen Teufel wirst du tun!«

»Pst, du weckst die anderen auf. Wie bist du eigentlich hier reingekommen?«

»Emmanouíl hat geöffnet.«

»Ilías, wie soll es weitergehen...?«

»Thália und Emmanouíl haben ein kleines Häuschen, bestehend aus zwei Räumen, am Ende der Gasse. Dort wohnen Verwandte, wenn sie zu Besuch kommen. Noch ohne Strom, und das Badezimmer liegt außerhalb. Wenn

wir wollen, könnten wir erst einmal dort unterkommen. Was hältst du davon?«
»Wir beide? Aber dein Vater...«
»Lass ihn schmollen. Diesmal wird er seinen Willen nicht durchsetzen.« Ilías schob die Decke zur Seite und zog sie hoch. Als sie aufstand, spürte Anna die körperliche Erschöpfung. Ihr wurde schwindlig. Fest drückte der Freund sie an sich.
»Ich lass dich nicht gehen.«

Nachdem Anna ihre wenigen Sachen gepackt hatte, trug sie die Taschen in den Flur, Ilías lud alles auf den Wagen. Die neue Unterkunft lag gerade einmal hundert Meter entfernt.
»Es tut mir leid«, sagte Sofía, als Anna in die Küche trat, um sich zu verabschieden. Sie stellte ihren Rucksack auf den Boden. »Was macht deine Hand?«
»Tut weh. Danke für deine Hilfe. Nun muss sie schnell heilen, denn wer sonst sollte die Hausarbeit machen? Anthí hat genug mit den Ziegen und im Garten zu tun.« Sie stand auf und kam auf Anna zu.
»Darf ich dich besuchen kommen?«
»Wann immer du möchtest. Und kümmere dich nicht um Lámbros. Er wird seine Einstellung zu dir ändern. Tief in meinem Herzen spüre ich das. In den letzten Monaten hast du ihn nur von seiner brummigen Seite kennengelernt. Im Moment ist er mir selbst oft fremd. Außerdem möchte ich, dass ihr täglich zum Essen kommt und du weiterhin bei der Feldarbeit hilfst. Bis auf die Wohnsituation soll sich nichts ändern. Was hältst du davon?«
»Und dein Mann?«
»Lass das mal meine Sorge sein.« Aufmunternd lä-

chelte Sofía ihr zu. Anna drückte sie kurz an sich. Plötzlich hörte sie stapfende Schritte im Flur. Erschrocken drehte sie sich um. Lámbros stand hinter ihr, die Hände tief in den Taschen vergraben.
»Ihr zieht aus«, stellte er fest.
»Ja.«
»Das habe ich nicht gewollt.«
»Ich weiß. Du wolltest, dass ich nach Deutschland zurückgehe.« Trotzig verschränkte sie die Arme vor der Brust.
»So habe ich das nicht gemeint.«
»Wie dann?« Anna spürte, wie die Wut wiederkehrte.
»Ich habe nicht gewollt, dass mein Sohn ...«
»Ha! Aber ich darf abhauen!« Anna griff ihren Rucksack und verließ ohne ein weiteres Wort das Haus. Im Laufschritt entfernte sie sich.

Nun habe ich endlich Ruhe vor ihm. Sie öffnete die Tür zum neuen Zuhause. Winterkälte schlug ihr entgegen, obwohl es Mitte April war und die Temperaturen draußen langsam anstiegen. Noch immer wütend auf Lámbros, warf sie ihr Bündel in die Ecke. Sie blickte sich in der kleinen, spartanisch eingerichteten Küche um. Aus dem Wohnzimmer kamen Stimmen. Emmanouíl und Ilías hatten sich auf einer altertümlichen Holzcouch niedergelassen und prosteten einander mit Rakí zu.
»Komm, setz dich.« Ilías deutete mit der Hand neben sich.
»Ich friere.« Anna rieb sich die Arme.
»Ihr müsst durchlüften, das Haus ist seit Monaten nicht bewohnt gewesen«, sagte Emmanouíl.
»Gibt es einen Kamin?«
»Nein.«

»Einen elektrischen Heizofen?«

»Hier ist kein Strom verlegt«, gab Ilías zur Antwort.

»Stimmt, das hatte ich vergessen.« Anna ließ die Ausstattung auf sich wirken. Außer der Couch standen ein Sessel und ein niedriger Tisch im Raum. Als sie ins Schlafzimmer trat, schlug ihr der Geruch von Mottenkugeln entgegen. Schnell öffnete sie das Fenster.

Fenster?! Nur eine kleine Öffnung in der Mauer, nicht viel größer als eine Schießscharte.

Viel Helligkeit dringt nicht herein. Hier soll ich wohnen? Im Schlafzimmer standen zwei getrennte Betten, ein Regal diente als Kleiderschrank. Anna seufzte. Ich werde es uns hier so gemütlich wie möglich machen. Alles ist besser, als mit Lámbros unter einem Dach zu leben. Entschlossen ging sie zurück zu den Männern, fragte: »Und wo ist die Toilette?«

»Du musst raus und dann rechts rüber, die nächste Tür ist das Bad.« Unsicher lenkte sie ihre Schritte in die von Emmanouíl gezeigte Richtung. Das Bad war mit einer Toilette und einem winzigen Waschbecken ausgestattet. Ganz ruhig bleiben. Denk an Lámbros' Launen, ermahnte sie sich. Ob ich hier klarkommen werde? Meine Güte. Sie lehnte sich an die Hauswand. Ich hatte eine gemütlich eingerichtete Wohnung in Deutschland. Dort lebte ich alleine. Wurde es kühler, habe ich die Heizung angedreht. Heißes Wasser floss zu jeder Tageszeit aus dem Hahn. Mein Bett war kuschelig, die Küche mit den modernsten Geräten ausgestattet – und hier? Verdammt! Hat Lámbros am Ende Recht, und ich sollte besser machen, dass ich dort hingehe, wo ich hergekommen bin? Wütend trat sie mit dem Fuß gegen die Hauswand.

»Was hast du?« Anna hatte nicht bemerkt, dass Ilías neben sie getreten war.

»Lass mich allein!« Sie ließ ihn stehen und lief auf die Straße.
»Anna!« Doch sie drehte sich nicht um und rannte den Berg hinauf zur Kirche. Außer Atem stieg sie die Stufen hoch und lehnte sich an die Mauer. Plötzlich öffnete sich die große Holztür und Maria, die Dorfälteste, kam auf ihren Stock gestützt heraus. Freundlich grüßte Anna. Maria sah sie an. »Was ist passiert, Kind?« Sie strich ihr über die Wange. Erst da bemerkte Anna, dass sie weinte.
»Komm mit mir in die Kirche.« Die von den Jahren gebeugte Frau drehte sich langsam um und schlurfte zurück ins Gotteshaus. Am Eingang bekreuzigte sie sich, dann ließ sie sich auf einer Bank nieder. Anna rückte neben sie.
»Es ist mir zu Ohren gekommen, dass Ilías und du ins Gästehaus vom Postboten zieht.« Sie reichte der Jüngeren ihre Hand, die runzlig und mit Altersflecken bedeckt war. »Was bedrückt dich?«
»Du wirst mich nicht verstehen.«
»Denkst du, nur weil ich uralt bin, hätte ich kein Verständnis für die Jugend?« Ein Lächeln huschte über Marias Gesicht. »Gegen Lámbros' Verbohrtheit kannst du nichts ausrichten. Oder bedrückt dich etwas anderes?« Anna war sich nicht sicher, ob sie mit Maria über das Haus sprechen konnte. Sie schämte sich für ihre Gedanken. Sie schüttelte den Kopf.
»Ich habe gestern Plätzchen gebacken. Wir gehen zu mir. Ich mache uns Kaffee, dabei lässt es sich besser plaudern.« Maria stand auf, bekreuzigte sich erneut und schlurfte aus der Kirche.

»Auf dem Tisch liegen Streichhölzer«, sagte Maria,

»mach bitte die Petroleumlampe an.« Im Halbdunkel tastete Anna den Tisch ab und fand die Hölzer.
»Die anderen auch.« Maria griff nach der angezündeten Lampe. Hinten im Zimmer stand ein gusseiserner Ofen. Die alte Frau stocherte in der Glut und legte dünne Äste nach. Anna zündete die an den Wänden hängenden Lichter an und sah sich um. Behutsam drehte sie die Flammen hoch.
»Setz dich, Kind.« Maria kam mit einem Tablett zurück, auf dem Tassen und Gebäck standen. Anna ließ sich auf einer mit dicken Decken belegten Holzbank nieder. Erst in dem Moment wurde ihr bewusst, dass Marias Wohnung nur aus einem Zimmer bestand.
»Bist du erstaunt?«
Anna fühlte sich ertappt und spürte, wie ihre Wangen zu glühen anfingen. »Ist das der einzige Raum in diesem Haus?« Verlegen griff sie sich einen Keks.
»Ja.«
»Mhm, lecker. Hast du sie selbst gebacken?«
»Ja, das hatte ich dir doch in der Kirche gesagt. Da frag ich mich, wer von uns älter ist, wenn du das schon wieder vergessen hast.« Maria lächelte und Anna sah, dass sie nur wenige Zähne hatte.
»Tut mir leid.« »Brauchst dich nicht zu entschuldigen, Kind. Ich mache Spaß, um dich ein wenig aufzuheitern.« Sie ging zurück zum Ofen und rührte den Kaffee um, den sie in einem Brikí zubereitete. »Zucker?«
»Gerne.« Anna sah sich nochmals im Raum um. Ganz schön klein!
Mit zittriger Hand goss Maria den Kaffee ein, dann setzte sie sich in den Sessel und legte eine Decke über ihre Beine. »Nun kannst du mir dein Leid klagen und brauchst keine Angst zu haben, dass ich es weiterer-

zähle.« Genüsslich schlürfte die Greisin aus ihrer Tasse. Anna kaute unsicher auf ihrem Keks herum.
»Hat es mit dem Haus von Emmanouíl zu tun?«
Anna spürte ihren Blick auf sich ruhen. Sie nickte.
»Was stört dich daran?«
Sie zuckte mit den Schultern. Ich kann Maria nicht sagen, dass mir die Räume zu eng und zu kalt sind. Die Dorfälteste lebt in noch bescheideneren Verhältnissen. Für meine Nörgelei wird sie bestimmt kein Verständnis haben.
»Kind, nun lass dir nicht alles aus der Nase ziehen.« Maria reckte sich nach vorn und streichelte ihr über die Hand.
Als wäre sie dadurch wachgerüttelt worden, brach es aus Anna heraus: »Wir haben keinen Strom, die Fenster lassen kaum Licht herein, es ist kalt, und um auf die Toilette zu gehen, muss ich aus dem Haus raus. Was ist, wenn es regnet?«
Anna biss sich auf die Lippen, um die aufsteigenden Tränen zu unterdrücken.
»Warum zu kalt? In der Küche steht ein gusseiserner Herd. Ich selbst heize damit – findest du, hier ist es kühl?« Anna schüttelte den Kopf.
»Den Herd habe ich vorhin nicht gesehen.«
»Na, siehst du. Zum Kochen kannst du ihn auch benutzen. Herrlich, wie schnell darauf alles gar wird. Und ohne Strom ist es am Abend gemütlicher. Besonders dann, wenn man jung und verliebt ist.« Maria schmunzelte.
»Ich erinnere mich da an Efstáthios, meinen verstorbenen Mann, Gott hab ihn selig. Wir haben bei Kerzenschein eng umschlungen auf der Couch gesessen und in die tanzenden Flammen geschaut. Efstáthios

fielen immer schaurige Geschichten ein, mit denen er mir Angst einjagen wollte. In den Nächten weckte ich ihn jedes Mal auf, wenn ich auf die Toilette musste, weil ich mich fürchtete, alleine nach draußen zu gehen.« Sie lachte wieder, und ihre Zahnstummel leuchteten gelb. Dann schob sie sich aus dem Sessel, setzte sich neben Anna.

»Alles wird gut, es gibt im Leben für alles eine Lösung.« Ehrfürchtig schaute Anna die alte Frau an. Immer, wenn ich an mir selbst zweifle, treffe ich auf Maria. So war es mit der Olivenernte, und nun mit dem Haus. Ich werde es Ilías und mir gemütlich machen. Kurz drückte sie die Dorfälteste dankbar an sich.

18. Kapitel

Durch den Umzug der Freunde aufgehalten, machten sich Thália und ihr Mann erst am frühen Nachmittag auf den Weg zu den Eltern, nach Milátos. Das Fischerdorf lag eineinhalb Stunden Fahrzeit von Tourlotí entfernt. Der Pick-up war beladen mit Gemüse, Frühkartoffeln und zwei Kanistern Öl. Anna hatte es sich nicht nehmen lassen, Thálias Eltern Geschenke mitzugeben. Um bequem zu sitzen, verstellte Thália die Rückenlehne ein wenig nach hinten. Danach betrachtete sie die Landschaft. Der Weg schlängelte sich am Meer entlang. Die Wasseroberfläche war spiegelglatt, und ein strahlendblauer Himmel verschmolz am Horizont mit dem Wasser. Nicht weit vom Ufer entfernt legte ein Fischer gerade Netze aus. Über dem Boot hatte sich ein

Schwarm Möwen gesammelt und drehte seine Runden, in der Hoffnung, einen Happen abzubekommen. Nach fünfzig Kilometern bog Emmanouíl an der Ampel rechts ab. Er lenkte den Wagen durch die engen Gassen von Ágios Nikólaos.
»Wohin willst du?«, fragte Thália.
»Wir brauchen ein Mitbringsel für deine Eltern.« Plötzlich stieg er auf die Bremse und hielt vor einer Zuckerbäckerei an.
»Los, steig aus und beeil dich, ich fahre um den Häuserblock.« Thália hatte die Tür gerade erst geschlossen, da düste er bereits los. Sie lief in das Geschäft. Ein köstlich süßer Geruch empfing sie. Die Verkäuferin stand von ihrem Stuhl auf, grüßte freundlich. Die Ladentheke enthielt eine reichhaltige Auswahl an Plätzchen, kleinen Kuchenstücken und Torten.
»Kann ich Ihnen helfen?«
Thália schaute nochmals in die Auslage, dann entschied sie: »Zwei Kilo gemischte Plätzchen, *parakaló*.« Die junge Frau zog einen Karton hervor und füllte ihn mit Schokoladengebäck, in Folie eingepackten Makronen, Nuss- und Mandelsüßigkeiten sowie Zuckerplätzchen.
»Soll es ein Geschenk sein?«
»Gerne«, antwortete Thália und schielte aus dem Fenster. Emmanouíl war bereits wieder vorgefahren. Er blockierte die Straße, und ein Hupkonzert setzte ein. Aufgebracht winkte er ihr zu.
»Nicht einpacken, ich nehme es so.« Schnell bezahlte sie, nahm die Ware in Empfang, grüßte und stürmte aus dem Geschäft.
»Los! Mach!«, rief Emmanouíl und legte sich gleichzeitig mit dem Autofahrer hinter ihm an. »Reg dich nicht auf!«, schrie er den Mann an und erntete dafür ein def-

tiges Schimpfwort. Hastig schob Thália sich auf den Sitz, zog die Tür zu und hielt den Karton auf dem Schoß. »Ging das nicht schneller?«, fragte er und sah zu seiner Frau hinüber. Thália blieb stumm. Sie wollte keinen Streit auslösen, zu wichtig waren ihr die lang ersehnten gemeinsamen Tage mit ihrem Ehemann. Den Rest der Fahrt verbrachten sie schweigend.

»Schön, dass ihr endlich da seid!« Eléni, Thálias Mutter, drückte sie fest an sich und gab ihr einen Kuss. »Kommt rein, ihr müsst ganz ausgehungert sein!« Schon zog sie die Tochter mit ins Haus.
»Mutter, wir waren keine zwei Stunden unterwegs.« Doch Thália wusste, damit bewirkte sie bei Eléni nichts. Ioánnis, ihr Vater, und Emmanouíl luden den Koffer und die Mitbringsel ab.
»Meine Güte, wer soll das alles essen?«, fragte Ioánnis und stellte die Kiste mit Kartoffeln ab. »Davon sind drei weitere auf dem Wagen. Zwei Körbe mit Gemüse und Kanister mit Olivenöl.«
»Holt den Rest rein, ich räume alles in die Kammer«, sagte Eléni. Kurz darauf wandte sie sich an ihre Tochter: »Setz dich, Kind.« Sie zog einen Stuhl hervor. »Geht es dir gut? Du siehst blass aus.«
Sobald sich Thália niedergelassen hatte, reichte die Mutter ihr ein Glas Wasser. Thália trank hastig. Bei den letzten Kilometern über die kurvenreiche Bergstrecke war ihr übel geworden.
»Geht gleich wieder. Ich freue mich, hier zu sein. Endlich ein paar Tage raus aus dem Dorf.«
Die Mutter legte ihr die Hand auf die Schulter und beugte sich vor. »Gefällt es dir in Tourlotí nicht?«
»Schon, doch hier am Meer ist das Leben einfach anders.«

»Hast du Probleme mit Emmanouíl?« Elénis besorgter Blick bohrte sich in sie hinein.
Thália sah sich schnell um, ob die beiden Männer noch draußen waren, dann flüsterte sie: »Ich werde nicht schwanger.«
»Kind, manches Mal dauert es etwas länger. Ich war auch nicht sofort nach der Hochzeit schwanger.«
»Und was habt ihr da gemacht?«
»Na, du stellst Fragen.« Eléni richtete sich auf und strich sich verlegen den Kittel glatt. »Was man eben macht, um Kinder zu bekommen.«
»Und?«, setzte Thália nach.
»Dann bist du geboren worden.«
»Warst du beim Arzt, hast du Tabletten eingenommen oder sonst etwas?«
Die Mutter räusperte sich. »Nein.« Erleichterung huschte über ihr Gesicht, als Ioánnis in die Küche kam.
»Der Tisch ist noch nicht gedeckt? Was habt ihr gemacht?«, fragte er.
»Geplaudert, mein Lieber.« Eléni zwinkerte Thália zu und öffnete den Geschirrschrank.

Nach einem ausgiebigen Mahl erhob sich Ioánnis schwerfällig vom Stuhl und ging vor die Tür. Dort zündete er sich eine Zigarette an. Sein Schwiegersohn gesellte sich zu ihm, während die Frauen sich um den Abwasch kümmerten. Thália lauschte und hörte, dass die beiden Männer über die Steuerunterlagen diskutierten. Plötzlich sagte ihr Mann: »Das hat Zeit bis morgen. Komm, wir gehen auf eine Karaffe Rakí in die Taverne.« Kurz darauf waren die Stimmen verstummt. Thália lief mit dem Spültuch in der Hand hinaus und sah gerade noch beider Rücken.

So habe ich mir die Tage hier nicht vorgestellt. Enttäuscht schluchzte sie auf. Eléni trat neben sie. »Du kommst mir verändert vor«, sagte sie, ließ sich auf der Gartenbank nieder, zog die Strickjacke enger um sich. »Setz dich zu mir, erzähl, was dich bedrückt.«
»Das habe ich dir vorhin bereits gesagt. Wir möchten endlich Eltern werden, und es klappt nicht.« Sie rollte das nasse Tuch in den Händen zu einer Wurst zusammen, sodass sich Wasserflecken auf ihrem Rock abzeichneten. »Es ist eine Schande.«
»Was?«, rief die Mutter.
»Die Leute reden hinter unserem Rücken darüber. Und ständig starren sie mir auf den Bauch.«
»Das bildest du dir ein.« Eléni nahm sie in den Arm. Thália legte den Kopf an ihre Schulter. »Ich möchte so gerne ein Kind.«
»Hast du dich untersuchen lassen?«
Thália nickte.
»Und?«
»Alles in Ordnung. Der Arzt hat mir den Rat gegeben, nicht ständig daran zu denken, schwanger zu werden. Ich solle mir ein kreatives Hobby zulegen.«
»Hast du?«
»Nein.«
»Warum nicht?«
»Weil ich zu nichts zu gebrauchen bin.« Sie entzog sich der Mutter. Diese rüttelte sie am Arm. »Aber, Kind! Wie kannst du so von dir denken!« Entrüstet schaute sie ihre Tochter an. Die wischte sich Tränen von den Wangen. »Ich bin müde. Ich geh schlafen.«
Eléni strich mit der Hand über Thálias Schopf. Dann gingen sie gemeinsam ins Haus.
Schon bald war Thália im Bad verschwunden und putz-

te sich die Zähne. Sie schaute in den Spiegel, kämmte ihr Haar. Vielleicht wird Emmanouíl gleich zärtlich, wenn er zurückkommt. Sie nahm den Parfümflakon, tupfte einen Tropfen zwischen ihre Brüste. Bestimmt werde ich in den nächsten Tagen schwanger. Ganz sicher! Sie löschte das Licht und ging in ihr altes Kinderzimmer. Auf dem Nachttisch hatte die Mutter warme Milch mit Honig hingestellt.
Wenn Thália als Jugendliche Sorgen gehabt hatte, hatte abends immer Milch an ihrem Bett gestanden. Und am nächsten Morgen waren die trüben Gedanken verflogen gewesen. Sie erinnerte sich gerne an ihre Kinderzeit. Behütet war sie im Kreise der Familie aufgewachsen. Als Einzelkind war sie von beiden Elternteilen verwöhnt worden. Bei ihrer Geburt hatte Eléni reichlich Blut verloren. Die Ärzte hatten versucht, die Blutung zu stoppen, aber es war ihnen nicht gelungen, deshalb hatten sie ihr die Gebärmutter entfernt. Thália erinnerte sich, dass ihre Mutter nie darüber gesprochen hatte. Sie hatte es zufällig von einer Tante erfahren. Als sie fünfzehn war, hatte sie die Mutter gefragt, warum sie keine Geschwister hatte. Eléni hatte abgewinkt; damit war das Thema beendet gewesen.
Ob meine Mutter weitere Kinder haben wollte? Ich hätte gerne Geschwister gehabt. Sie drehte sich im Bett auf die Seite, starrte an die Wand, an der ein altes Poster des Sängers *Vasílis Papakonstantínou* hing. Mit seinen wilden, langen Haaren, der hautengen Jeans und einem schwarzen, verwaschenen T-Shirt war er in den siebziger Jahren ihr Idol gewesen. Mit seiner Rockmusik hatte er gegen die Militärdiktatur gekämpft. Er hatte Athen verlassen und für einige Jahre in München gelebt. Dort hatte er die griechische Ju-

gend zusammengebracht und ihnen mit seinen Texten Hoffnung auf eine bessere Zukunft gegeben.
Thália summte ein Lied von ihm und schlief darüber ein.

19. Kapitel

Die Sonnenstrahlen fanden ihren Weg durch den halb geöffneten Laden. Thália rieb sich die Augen und stützte sich auf die Ellbogen. Emmanouíl lag schnarchend neben ihr. Sein Atem roch nach Rakí. Sie schüttelte sich, schob die Decke zurück und stand auf. Die Mutter saß am Küchentisch, als sie in den Raum trat.
»Kaliméra.«
»Kind, zieh dir meinen Morgenmantel über, es ist heute ziemlich kühl.«
Thália schlurfte ins elterliche Schlafzimmer und holte ihn aus dem Schrank. Dabei fiel ihr Blick auf ein Fotoalbum. Sie nahm es hervor, ließ sich auf dem Bett nieder und schlug den Deckel auf. Schwarzweiß-Bilder aus ihrer Kinderzeit waren säuberlich eingeklebt worden. Sie strich über das Foto, auf dem ihre Mutter sie, kurz nach der Geburt, im Arm hielt. Wie lange muss ich auf diesen Moment noch warten?
»Dein Kaffee ist fertig!«, hörte sie Eléni rufen.
Schnell schob sie das Album zurück und ging in die Küche.
Emmanouíl war in der Zwischenzeit aufgestanden und rieb sich den Kopf.
»Fit siehst du nicht aus«, stichelte Thália, stellte sich

auf die Zehenspitzen und drückte ihm einen Kuss auf die Stirn.
»Wo ist Ioánnis?«, fragte er.
»Mein Vater hockt bestimmt mit seinem Freund aus Síssi zusammen.«
»Stimmt. Seit der Universität treffen sie sich abwechselnd in den Dörfern, jeden Samstagmorgen. Er wird bald zurück sein.« Eléni gab dem Schwiegersohn ein Glas Wasser und eine Aspirin. »Ioánnis hat seine Ration bereits bekommen.« Lachfalten zeigten sich auf ihrem Gesicht. »Ich zweifle daran, dass ihr euch heute an die Unterlagen setzt.« Emmanouíl löste die Tablette auf und trank die Flüssigkeit in einem Zug leer. Er schüttelte sich und goss sich sofort Wasser nach.
»Muss das Zeug so bitter schmecken?«
Eléni reichte ihm einen mit Plätzchen gefüllten Teller.
»Danke.« Er griff zu.
»Hast du Lust, am Strand spazieren zu gehen? Die Sonne scheint, und der leichte Wind wird dir den Kater aus dem Kopf treiben.« Thália schaute ihren Ehemann bittend an. Er nickte und schob sich eine Makrone in den Mund.
»Macht euch einen ruhigen Vormittag. Ich bereite Zitronenhähnchen fürs Mittagessen zu.« Eléni öffnete den Kühlschrank und holte drei Hühner heraus.
»Bekommen wir Besuch?«, fragte Thália.
»Nein, warum?«
»Weil du so viel Geflügel hast.«
»Für uns wird das gerade mal reichen«, entgegnete Eléni, nahm die Schürze vom Haken und band sie sich um. Sogleich machte sie sich ans Ausnehmen des Federviehs. Thália holte ihre Jacken, dann gingen sie hinunter ins Dorf. In der Taverne an der Ecke saß Ioánnis

mit seinem Freund und dem Gaststättenbesitzer. Sie spielten *Préfa*. Ioánnis sah kurz von seinem Kartenblatt auf und winkte ihnen zu. Freundlich grüßte Thália aus der Ferne und rief: »Wir gehen ein Stück spazieren!«

»Wir sehen uns zum Mittagessen«, antwortete der Vater und widmete sich dem Spiel.

»Hör nur, wie laut sie diskutieren.« Thália lächelte.

»Eine Regel lautet: Lass dich nie bei *Préfa* ablenken«, entgegnete Emmanouíl, der selbst oft genug zum Kartenspielen in die Taverne ging.

Thália knöpfte die Jacke zu.

»Ist ein wenig frisch«, sagte sie und sah zu, wie die Brandung leicht gegen die Felsen schlug. Sie hakte sich bei Emmanouíl ein, der zärtlich über ihre Hand strich.

»Mir tut die kühle Luft gut.«

»War es spät? Ich hab euch nicht nach Hause kommen hören.« Sie schmiegte sich enger an ihn.

»Vor Mitternacht. Du hast im Schlaf gelächelt, als ich ins Bett gestiegen bin.«

»Warst du nüchtern genug, das zu erkennen?« Sie legte den Kopf zur Seite, als würde sie ihm seine Worte nicht glauben.

»Du siehst bezaubernd aus, wenn du schläfst.« Er blieb stehen, zog sie fest an sich und küsste ihre Nasenspitze. »Ich liebe dich«, flüsterte Thália und spürte ein Kribbeln im Bauch.

»Gehen wir weiter. Oder willst du zurück zum Haus?« Er umfasste Thálias Po und drückte ihr Becken an seine Lenden. Verstohlen sah sie ihn an. Zum Glück hatten sie das Dorf hinter sich gelassen und turtelten am einsamen Steinstrand.

Das letzte Haus lag einhundert Meter von ihnen entfernt. Sie sah sich um; vor ihnen befand sich ein Fels-

vorsprung, der nur Sicht aufs weite Meer bot. Sie zog Emmanouíl mit sich.
»Hier?«, sagte er, als sie sich hinkniete und an seiner Gürtelschnalle fummelte. Er vergewisserte sich kurz, dass niemand sie sehen konnte, dann beugte er sich über sie und knöpfte ihre Jacke auf. Thália bekam eine Gänsehaut. »Dir ist kalt«, stellte er mit einem Blick auf ihre Arme fest. Er hielt inne.
»Mach weiter, mir wird gleich heiß«, flüsterte sie verlangend und half ihm beim Ausziehen ihrer Hose. Als sie sich hinlegte, spürte sie einen Stein, der sich in ihren Rücken grub. Sie hob ihr Gesäß an und versuchte, ihn zu entfernen. Er verstand die Geste als Einladung, in sie einzudringen.
Thália stöhnte dabei auf. Vergaß den Kiesel und bewegte sich im gleichen Rhythmus mit ihm. Immer wieder fanden ihre Lippen sich zum Kuss. Thália schmeckte das Meersalz auf seiner Zunge und ließ sich von Emmanouíl zum Höhepunkt treiben. Danach lagen sie außer Atem und erschöpft nebeneinander, die Beine fest ineinander verschlungen. Eine Welle berührte ihre nackten Füße.
»Ist das kalt.« Thália schreckte auf, doch Emmanouíl nahm sie in die Arme, streichelte ihre Brustwarzen, die sich durch den kühlen Wind aufgerichtet hatten, liebkoste sie, und kurze Zeit später fanden sie sich zu einem weiteren Liebesspiel zusammen.

Mit zerzaustem Haar und ausgehungert schlenderten sie um die Mittagszeit zurück. Eléni warf der Tochter einen schelmischen Blick zu. Thália fühlte sich ertappt und wollte gerade ins Bad, als sie dem Vater im Flur begegnete. Er trug eine Kiste mit Belegen.

»Ihr wart aber lange spazieren«, bemerkte Ioánnis und ging an ihr vorbei in die Küche. Thália richtete gerade ihr Haar, als Emmanouíl neben sie trat. Ihre Blicke trafen sich im Spiegel. Er lehnte den Kopf an ihren.
»Wann gehen wir zurück zum Strand?«, flüsterte er.
»Ich denke, Vater möchte die Papiere sortieren.« Enttäuschung huschte über Emmanouíls Gesicht. Er fuhr sich durchs Haar, dann gesellte er sich zu den Schwiegereltern.
Eléni hatte den Tisch gedeckt und bat Ioánnis, die Unterlagen wegzuräumen.
»Erst wird gegessen.« Schon schöpfte sie die Teller voll.
Nachdem die Küche aufgeräumt war und die Männer sich ins Wohnzimmer zurückgezogen hatten, legte sich Thália aufs Bett. Wir sind gerade mal eine Nacht hier und schon ist Emmanouíl wie ausgewechselt. Sie verdrängte den Gedanken, dass er trotz allem dem Alkohol gut zusagte. Dann träumte sie mit geschlossenen Augen von ihrem Baby. Unbewusst fuhr sie sich mit der Hand über den Bauch.

Am Abend blieb den Liebenden keine Zeit, sich zu verdrücken. Thálias Eltern luden sie in eine Taverne am Strand ein. Leider konnten sie wegen der kühlen Temperatur nicht draußen sitzen. Auf der Felsplattform am Meer waren zu der Jahreszeit keine Tische aufgestellt, da die Wellen oft über die Brüstung schwappten.
Im Inneren fanden sie einen Platz am Fenster. Ioánnis bestellte Fisch und Oktopus vom Grill. Eléni suchte die Beilagen aus. Heimlich warfen Thália und ihr Ehemann sich verliebte Blicke zu. Ihre Füße fanden sich unter dem Tisch. Am Himmel stand der Mond in voller Pracht und ließ die Sterne um sich herum verblassen. Durchs

Fenster zog eine kühle Brise vom Meer herein. Thália wünschte sich, in diesem Moment von Emmanouíl in der Bucht geliebt zu werden. Ihr Unterleib glühte.
»Hast du gehört?« Eléni rüttelte an ihrer Hand. Thália fühlte sich ertappt und spürte Hitze in ihre Wangen steigen. »Nein«, stotterte sie.
»Die nächsten zwei Tage kommen die Verwandten, sie möchten euch sehen.« Thália unterdrückte ihr Missfallen und versuchte, ein Lächeln auf ihre Lippen zu zaubern. Insgeheim verfluchte sie die Tanten, Onkel, Cousinen und wünschte sich eine Zeit in Zweisamkeit. Sie sah zu Emmanouíl, über dessen Zügen ein Schatten lag; dann jedoch erkannte sie ein spitzbübisches Funkeln in seinen Augen und gab die Hoffnung auf romantische Momente nicht auf.

Ohne ein Geräusch zu machen, hatten sie sich zu später Stunde in Thálias altem Bett geliebt. Erschöpft und glücklich kuschelte sie sich in seine Arme. Ihre Brüste spannten.
Ich bin schwanger!, dachte sie und schlief selig ein.

20. Kapitel

Mit den wenigen Habseligkeiten, die sie besaßen, dekorierte Anna die Zimmer, um sie wohnlicher zu gestalten. Die Tage wurden wärmer, der Ofen brauchte nicht mehr angeheizt zu werden. Gemeinsam erwarben sie eine Kochstelle, bestehend aus zwei Gasflammen. Beim Besuch auf dem Wochenmarkt in der südlich gelege-

nen Stadt Ierápetra fand Anna ein mit Olivenmotiven besticktes Tuch. Dieses schmückte nun den kleinen Tisch im Wohnzimmer.
An den Wänden hatten sie Petroleumleuchter angebracht. Tagsüber half Anna Sofía im Garten, und das Mittagessen nahmen sie gemeinsam ein. Lámbros verhielt sich ihr gegenüber freundlich, aber distanziert. Jedoch versuchte er mit ständig neuen Überredungskünsten, seinen Sohn zur Rückkehr zu bewegen. Ilías nahm ihm jedes Mal die Hoffnung, indem er dem Vater verständlich machte, dass er das vergessen könne, solange er Anna nicht respektiere und die Vergangenheit endlich ruhen ließe.

Annas Erwartung, dass ihre Eltern mit beiden Geschwistern am Ende des Sommers zu Besuch kommen würden, zerschlug sich, als ihr Vater plötzlich wegen einer Gallenoperation ins Krankenhaus musste.
Der goldene Herbst versprach eine gute Ernte. Anna genoss die Arbeit im Olivenhain, obwohl sie am Abend erschöpft ins Bett fiel. Die ersten Liter Öl waren gepresst, der Boden im Garten für die Frühkartoffeln umgegraben.
»Bereite dich darauf vor, dass die Dorfbewohner übermorgen zu deinem Namenstag kommen«, sagte Ilías, als sie gemeinsam beim Abendessen saßen.
»Stimmt. Der neunte Dezember ist mein Namenstag.«
»Du tust, als würde dich das überraschen?«
»Obwohl ich katholisch bin, haben wir in meiner Kindheit nur den Geburtstag gefeiert. Ach, war das schön, als wir beide damals an diesem Septembertag einen Ausflug in den Westen gemacht haben.« Anna geriet ins Schwärmen.

»Du wirst sehen, die Dorfbewohner werden es sich nicht nehmen lassen, in Scharen zu erscheinen. Besser, du richtest dich darauf ein. Frag meine Schwester oder Thália, ob sie dir helfen.«
»Du meinst, es wird ein reges Kommen und Gehen sein?«
»Ich denke schon.«
»Thália ist seit langem krank und möchte keinen Besuch. Sie hat mir ausrichten lassen, ich solle nicht vorbeikommen«, meinte Anna und fing an, den Tisch abzuräumen. Ilías reichte ihr die Schüssel. »Es ist besser, wenn ich morgen nicht mit zur Ernte gehe und mich stattdessen an den Herd stelle.« Aus der Schublade holte sie Zettel und Stift und machte sich Notizen.
»Was schreibst du auf?«
»Nun, ich mache mir Gedanken, was ich auf den Tisch bringe. Gut, dass wir nach dem starken Regen reichlich Schnecken gesammelt haben. Die koche ich zusammen mit Grieß. Dann nehme ich Lamm aus dem Gefrierfach deiner Mutter und bereite es mit Kartoffeln in ihrem Ofen zu. Haben wir genug Wein und Rakí im Haus?« Sie sah Ilías an.
»Na, als ob wir davon nicht genug hätten, schließlich haben wir erst vor wenigen Wochen neuen gebrannt.« Ilías stand auf. »Ich geh schlafen. Vater wird überrascht sein, wenn du morgen nicht mit in die Oliven gehst. Er hat meiner Mutter gesagt, dass er auf deine Hilfe gar nicht mehr verzichten möchte.«
Anna hielt ihn am Ärmel fest, als er aus dem Zimmer wollte.
»Das sagst du mir mal gerade so nebenbei?« Sie stupste ihn in die Rippen.
»Aua, spinnst du?«

»Sag das noch mal.«
»Aua, spinnst du!«, wiederholte er.
»Ilías, ich meinte, was dein Vater über mich gesagt hat.« Schon kniff sie ihn in den Arm.
»Gut, ich ergebe mich. Wir haben oft versucht, dir klar zu machen, dass Vater nicht so ist, wie er sich dir gegenüber verhält. Er spricht im Dorf positiv über deine Mithilfe bei der Ernte. Sogar deinen Garten hat er letztlich in Onkel Manólis' Taverne gelobt. Du würdest alles ordentlich machen, täglich das Unkraut zupfen.« Ilías zog Anna in seine Arme. »Ich wusste, dass du eine gute Bäuerin bist. Das habe ich dir bei unserem ersten Treffen an der Nasenspitze angesehen.« Zärtlich küsste er sie.
»Warum hast du mir das nicht schon früher erzählt?« Sie versuchte, ihn böse anzuschauen. Jedoch gelang es ihr nicht, zu sehr freute sie sich innerlich über Lámbros' Lob.
»Tut mir leid, ich hab es vergessen. Darf ich jetzt schlafen gehen?«, fragte er gähnend.
»Mach nur. Ich räume schnell auf.« Anna summte vor Freude, das Geschirrspülen ging ihr zügig von der Hand. Dann setzte sie sich auf die Couch, kuschelte sich in die Decke, nahm ihre Liste und notierte weitere Gerichte.
»Chrónia pollá, Anna!«, riefen die Gäste. »Alles Gute zum Namenstag.« Dann erhoben sie die Gläser und prosteten ihr zu. Mit erhitzten Wangen stand Anna im Zimmer und blies sich eine Haarsträhne aus dem Gesicht. Zahlreich hielten die Gratulanten Einzug in ihr bescheidenes Heim. Anthí half Anna beim Auftragen der reichlichen Speisen. Lámbros saß mit Sofía seit den frühen Abendstunden auf der Couch.

»Anna«, sagte Lámbros, als alle Besucher, weit nach Mitternacht, gegangen waren und sie sich für einen Augenblick hinsetzte. Ihre Füße schmerzten und der Rücken war müde vom langen Stehen in der Küche.
»Auf dich und deine Gesundheit.« Er reichte ihr ein Glas Rakí. Sie griff danach und prostete ihm zu.
»Ich muss sagen, dass ich dir einiges nicht zugetraut habe«, fing Ilías' Vater an. Ein warmes, gutes Gefühl durchströmte Anna.
»Danke, Lámbros«, sagte sie schüchtern.
»Du bist eine gute Gastgeberin. Die Nachbarn haben deine Gerichte in hohen Tönen gelobt. Natürlich bin ich nicht erfreut darüber, dass ihr ausgezogen seid, aber ich habe das Gefühl, wir kommen so miteinander klar. Du hilfst tüchtig im Gemüsegarten mit, hast dich sogar vor den Pflug spannen lassen, als wir Kartoffeln geerntet haben. Natürlich ist das für eine zierliche Frau keine geeignete Arbeit, das schafft oft nicht mal ein gestandener Mann; doch du hast es wenigstens versucht. Der Garten ist sauber angelegt und gepflegt. So viel Gemüse haben wir lange nicht geerntet und verkauft, das ist ganz allein dein Verdienst. Besonders stolz bin ich, dass du vor nichts zurückschreckst. Du hast es geschafft, allein mit dem Bus nach Sitía zu fahren, um dort eure Wasserrechnung zu bezahlen.«
»Woher weißt du das?«
»Der Polizist, den du nach dem Weg zum Büro gefragt hast, hat mich angerufen. Zum Glück haben wir seit diesem Jahr einen Telefonanschluss. Ich war immer gegen dieses moderne Zeugs. Ich musste jedoch einsehen, dass auch an uns der Fortschritt nicht vorübergeht.« Lächelnd strich er sich über den langen Bart. Anna sah zu Ilías hinüber, dem es förmlich im Gesicht

stand, wie überrascht er über des Vaters Worte war. Sollte das Eis gebrochen sein? Es war fast zu viel des Guten. Ob der Rakí ihm zugesetzt hatte? Würde er sich morgen noch an seine Worte erinnern? Anna runzelte die Stirn. Was hatte ihn so versöhnlich gestimmt?
»Anthí wird bald heiraten«, sprach er dann weiter.
»Bitte?« Anna sah Ilías' Schwester erstaunt an. »Wann hast du dich denn verliebt?«, rutschte es ihr heraus.
»Schon in der Schule.«
»Und wer ist der Glückliche?« Annas Neugier war nicht mehr zu bremsen.
»Dimítris, er wohnt mit seinen Eltern in Chaniá. Hin und wieder war er im Sommer hier. Du hast ihn kennengelernt.«
»Der Dimítris?«
Anthí nickte. Da sprang Anna auf und drückte sie fest an sich. »Wann findet die Hochzeit statt?«
»Im Februar.«
»So bald?« Freudig drehte Anna sich mit Anthí im Kreis.
»Setzt euch wieder«, brummte Lámbros.
Abrupt hielt Anna inne.
»Wenn meine Tochter nach Chaniá zieht, wird es eine harte Zeit, dann müssen wir anderen uns ihre Arbeit aufteilen.«
»Noch ist es nicht soweit«, warf Sofía ein und wechselte das Thema. »Anna, was hältst du davon, wenn wir den Heiligen Abend gemeinsam hier bei euch feiern?«
Anna sah, wie Lámbros seiner Frau einen strengen Blick zuwarf. Schade, dachte Anna, es hätte mich gefreut, wenn sich alles zum Guten gewendet hätte.
»Bist du damit einverstanden, Lámbros?«, fragte sie.
Er räusperte sich und sah in die Runde.
»Meinetwegen.«

21. Kapitel

Thália kniete auf dem Badezimmerboden und bearbeitete die Fugen mit der Zahnbürste, als sie Geräusche an der Wohnungstür hörte. Sie sah kurz auf die Armbanduhr. Drei Uhr nachmittags – Emmanouíl kam von der Arbeit.

Das Mittagessen! Zum Glück habe ich vorgekocht und brauche es nur aufzuwärmen. Sie schrubbte weiter. In zehn Minuten bin ich fertig.

»Verdammt! Wieder stinkt es nach Chlor.« Fenster in der Küche und im Wohnzimmer wurden aufgerissen. Sie versuchte, das Geschimpfe zu ignorieren, als plötzlich Emmanouíl hinter sie trat. »Es reicht mir! Ich halte diesen Chemiegestank nicht mehr aus.«

Sie stand auf und drehte sich zu ihm um. »So haben wir keine Bakterien im Haus.«

»Ich kenne niemanden, der jeden Tag flaschenweise Putzmittel verbraucht, nur damit sich keine Keime bilden. Du hast einen Putzfimmel!«, schrie er.

»Ich will es sauber haben«, verteidigte sie sich.

»Wenn du einmal in der Woche durchwischst, reicht das voll und ganz. Such dir eine andere Beschäftigung, oder hilf deiner Freundin im Garten. Anna würde sich bestimmt freuen.«

»Ich bin keine Bauersfrau. Ich habe studiert! Hast du das vergessen?« Sie verschränkte die Arme vor der Brust und trat fest mit dem Fuß auf.

»Dann besorg dir eine Anstellung in der Stadt. Hauptsache, du hörst endlich mit dem Putzen auf!«

»Ich bin Hausfrau und eines Tages Mutter. Das ist meine Aufgabe. Als verheiratete Frau brauche ich kein Geld

hinzuzuverdienen. Willst du, dass die Nachbarn denken, du könntest mich mit deinem Gehalt nicht ernähren?«
An seinem Gesichtsausdruck erkannte sie, dass diese Worte ihre Wirkung nicht verfehlten. Einen Moment lang blieb er stumm. Thália sah, dass er rot anlief und schwer atmete. Um ihren Triumph weiter auszukosten, schmiss sie die Zahnbürste ins Waschbecken und wollte mit erhobenem Kopf an ihm vorbeistürmen. Er griff fest nach ihrem Arm und zerrte sie vor den Spiegel.
»Wann hast du das letzte Mal dort hineingeschaut?«
Sie drehte den Kopf weg. Emmanouíl griff nach ihrem Kinn, hielt es fest und befahl: »Sieh dich an. Deine Haare hängen fettig herunter, haben keinen Schnitt und jeglichen Glanz verloren.« Er schob ihr eine Strähne aus der Stirn. »Deine Augen liegen in tiefen, dunklen Höhlen.«
»Lass mich los!« Thália versuchte, sich aus seinem Griff zu befreien. Er fasste nach ihren Fingern, hielt sie vor ihre Augen. »Die sind ganz rissig und aufgeweicht von diesem Chemiezeugs!« Sie stieß ihn fort, sodass er gegen die Toilette taumelte, und eilte auf die Tür zu. Er fasste sie am Ellbogen, riss sie zu sich herum.
»Du stinkst!« Dann hob er sie an den Hüften hoch, trug sie unter die Dusche und drehte den Hahn auf. Thália schrie hysterisch auf.
»Lass mich!« Sie versuchte, ihn mit Fäusten abzuwehren, aber sie hatte seine Kraft unterschätzt. Er drückte sie in die Ecke, zog die Brause aus der Halterung und hielt ihr den Wasserstrahl direkt ins Gesicht. Thália rutschte an den Kacheln entlang zu Boden, zog die Beine an, legte die Arme schützend über den Kopf und weinte bitterlich. »Hör bitte auf«, kam es wehrlos über ihre Lippen.

Emmanouíl ließ den Duschkopf fallen und sank erschöpft zu Boden. Thália drehte den Hahn zu. Sie zitterte am ganzen Leib und wagte nicht, ihren Mann anzusehen. Nur sein schweres Atmen war zu hören. Dann sagte er: »So geht es nicht weiter. Ich werde verrückt, wenn du ständig putzt, dich hängen lässt und nicht mehr vor die Tür gehst. Mir fallen selbst Anna gegenüber keine Ausreden mehr ein. Zum Glück kommt sie nicht zu dir rüber, wenn ich behaupte, dass du mit Grippe im Bett liegst und keinen sehen möchtest. Selbst zu ihrem Namenstag bist du nicht erschienen.« Er schüttelte den Kopf, richtete sich auf, streifte die nasse Kleidung ab und schlüpfte in den Bademantel, der an der Tür hing. Dann drehte er sich seiner Frau zu. »Komm da raus, du erkältest dich.« Ohne aufzuschauen, schüttelte sie den Kopf. Er trat näher, berührte ihren Arm, doch sie zog ihn ruckartig zurück. »Wir müssen reden. Komm jetzt bitte aus der Dusche.« Er strich sich durchs feuchte Haar. In dem Moment sah Thália auf und entdeckte tiefe Furchen auf seiner Stirn, in den Augen schimmerten Tränen. Vorsichtig erhob sie sich. »Geh raus, ich möchte mich ausziehen.« »Sei nicht kindisch. Ich kenne deinen Körper, auch wenn du in den letzten Monaten an Kilos zugelegt hast.« Er ging näher auf sie zu. »Es tut mir leid.« Er hob ihr Kinn. Sie sah ihn aus verweinten Augen an und nickte. »Ich geh ins Wohnzimmer. Wenn du umgezogen bist, komm bitte, damit wir uns hinsetzen und wie Erwachsene miteinander sprechen können. Es geht hier um unsere Liebe.« Er verließ den Raum.

Befreit atmete Thália auf. Dann zog sie sich langsam aus, lief nackt ins Schlafzimmer und schlüpfte in ihren abgewetzten Jogginganzug. Statt sich danach zu ihrem

Mann zu gesellen, ging sie jedoch zurück ins Badezimmer, hob die nassen Kleidungsstücke auf und schob sie in die Waschmaschine. Dann machte sie sich daran, das Wasser auf dem Boden aufzuwischen.

»Warum dauert das so lange?«, hörte sie ihn rufen, hielt jedoch in ihrer Arbeit nicht inne. Auf einmal stand er hinter ihr. Sie sah auf, und sein kühler Blick traf sie. Er schüttelte angewidert den Kopf. »Du hast den Ernst der Lage nicht kapiert«, kam es resigniert über seine Lippen. Dann drehte er sich um, ging ins Schlafzimmer. Thália scheuerte die Duschkabine blank. Kurze Zeit später hörte sie, wie die Haustür ins Schloss fiel. Sie lehnte sich an die Wand und fing an zu weinen.

Wie soll ich ihm erklären, dass ich mich selbst nicht gegen den Putzwahn zur Wehr setzen kann? Der Kurztrip im Frühjahr hatte die erhoffte Schwangerschaft nicht gebracht. Der Sommer ist an uns vorbeigeplätschert, Emmanouíl hat die meiste Zeit in den Tavernen verbracht, und nun ist schon das Jahresende in Sicht. Immer, wenn der Gedanke in mir unerträglich wird, wieder nicht schwanger geworden zu sein, hilft nur das Saubermachen gegen den Schmerz. Während dieser Zeit vergesse ich alles um mich herum. Sie riss Toilettenpapier von der Rolle und schniefte hinein. Dann wischte sie sich mit dem Handrücken die Tränen aus dem Gesicht, stand auf und betrachtete ihr Spiegelbild. Es stimmt, ich sehe abscheulich aus! Ist das der Grund, dass Emmanouíl in den letzten zwei Wochen keine Lust auf Geschlechtsverkehr hatte und ständig vorgab, müde zu sein? Ich muss etwas dagegen tun, denn ohne Sex werde ich nicht schwanger. Sie kühlte ihr Gesicht mit Wasser, dann fasste sie einen Entschluss. Mit dem nächsten Bus fahre ich in die Stadt und lasse mir eine neue Frisur verpassen. Ein wenig Gesichtspflege und Maniküre würden auch nicht schaden.

22. Kapitel

Thália besah sich ihre Fingernägel, die in einem satten Rotton schimmerten. Ein glitzerndes Steinchen war auf den kleinen Fingern modelliert. Die zuvor rissigen Hände fühlten sich weich und geschmeidig an. Sie schielte beim Vorübergehen in ein Schaufenster, und ohne die Auslage zu beachten, lächelte sie zufrieden ihr Spiegelbild an. Der modische Kurzhaarschnitt ließ sie jünger aussehen. Erst dann nahm sie die Vitrine wahr, in der Dessous ausgestellt waren. Unauffällig sah sie sich um, ob nicht gerade ein Nachbar sie dabei beobachtete. Sie wollte keinen weiteren Dorfklatsch provozieren. Schnell öffnete sie die Ladentür. Ein gut besuchtes Geschäft. Eine Couch und ein paar Stühle waren besetzt. Bei Thálias Eintreten unterbrachen die Kundinnen ihre Gespräche und blickten sie an. Die Verkäuferin kam aus einer Nische heraus auf sie zu.
»Kalispéra«, grüßte sie. »Ich komme sofort zu Ihnen, einen Moment bitte. Schauen Sie sich ruhig um.«
Mit einem mulmigen Gefühl im Magen und dem Eindruck, dass die Augen der Frauen in ihrem Rücken brannten, schlenderte Thália zum Ständer und suchte nach ihrer Größe. Sie atmete erleichtert auf, als die Anwesenden sich weiter unterhielten und sie Kaffeetassen klappern hörte; gleich fühlte sie sich viel entspannter. Sie probierte verschiedene Modelle an, bis

sie sich für einen schwarzen Spitzeneinteiler mit passenden Strapsen und Strümpfen entschied. Das Modell betonte ihre Taille, die Körbchen zauberten pralle Brüste. Thália besah sich von allen Seiten und stellte zufrieden fest, dass sie einem Vamp glich.

Als sie aus dem Bus stieg, entdeckte sie ihren Mann in Dimítris' Taverne. Er stand mit dem Rücken zu ihr an der Theke, vertieft in ein Gespräch mit Ilías. Es war zu kühl, um bei der Jahreszeit draußen zu sitzen. Im Schatten der Mauer schlich sie sich vorbei und hoffte, dass niemand sie sah. Zügig ging sie nach Hause, entledigte sich ihrer Jacke, der Taschen und steuerte sofort das Badezimmer an. Zum Duschen verwendete sie das zuvor erworbene Moschusöl. Nach dem Abtrocknen schlüpfte sie in die Dessous, ging ins Schlafzimmer, löschte das Oberlicht und knipste die Nachttischlampe an.
Zu grell!, entschied sie und kramte ein buntes Seidentuch aus der Schublade, schob es über den Lampenschirm. Das ist schön, freute sich Thália. Gerade in dem Moment hörte sie, wie sich der Schlüssel im Schloss drehte. Mit klopfendem Herzen nahm sie auf dem Bett eine verführerische Pose ein, die sie in einem Kinofilm gesehen hatte. Leicht auf der Seite liegend, die Beine angewinkelt und auf einen Arm gestützt. Dann schloss sie halb die Augen und setzte ein kokettes Lächeln auf. Emmanouíl wankte ins Zimmer. Sich an der Stuhllehne festhaltend, versuchte er, seine Kleidung abzustreifen. Er würdigte sie keines Blickes und schaffte es gerade so, sich ohne zu fallen auf seine Bettseite zu legen. Er drehte ihr den Rücken zu. Kurz darauf erklang ein leises Schnarchen. Das darf nicht wahr sein, dachte Thália und rüttelte an seiner Schulter. Er

rührte sich nicht. Sie versuchte es ein weiteres Mal, ohne Erfolg. Enttäuscht rutschte sie unter die Decke und löschte das Licht.

Am frühen Morgen erwachte Thália durch einen sanften Kuss auf die Lippen. Sie blinzelte und sah, dass ihr Mann sie aus bewundernden Augen musterte, während er die Bettdecke gänzlich wegschob. Dann führte er ihre Hand zu seinem harten Glied. Sie umfasste es. Ohne zu sprechen und als würden sie sich das erste Mal lieben, erkundeten sie ihre Körper, bis sie nach einem gemeinsamen Höhepunkt erschöpft voneinander ließen. Emmanouíl drehte sich auf die Seite und zog sie an sich, sodass sie in der Löffelchenstellung lagen.
»Wieso hast du mich gestern nicht darauf aufmerksam gemacht?«, flüsterte er, während er ihr Ohrläppchen liebkoste.
»Ich hab es versucht.«
»War vielleicht ein Gläschen Wein zu viel.« Er streichelte über ihren Bauch; seine Finger verfingen sich in ihrem dunklen Dreieck. Thálias Blick fiel auf den Wecker. Sie hatte völlig vergessen, vor dem Einschlafen den Alarm zu stellen. »Es ist bereits nach acht!«
»Verdammt, der Busfahrer wird den Postsack an der Haltestelle abstellen, wenn ich nicht da bin.« Sofort sprang er auf, suchte seine Sachen zusammen und verschwand im Bad. Thália rekelte sich zufrieden im Bett und schloss für einen Moment die Augen. Prompt entstand ein Bild. Sie als Mutter mit Baby auf dem Arm.
»Ich muss los. Später machen wir da weiter, wo wir aufgehört haben.« Er küsste sie auf die Stirn, und bevor sie antworten konnte, war er schon verschwunden. Sie zog aus der Schublade den Kalender und zählte

nach. Dieses Mal muss es geklappt haben. Es sind die fruchtbaren Tage. Vergnügt stand sie auf und nahm sich vor, Anna zu besuchen.

23. Kapitel

»Ich schaffe das nicht mehr«, klagte Anna, als sie von der Feldarbeit nach Hause kamen. Müde ließ sie sich in den Sessel fallen. Ilías setzte sich ihr gegenüber.
»Meinst du die Arbeit oder meinen brummigen Vater?«
»Beides. Auf jeden Fall sind mir seine freundlichen Worte zum Namenstag inzwischen klar geworden. Seit Anthí mit ihrem Mann in Chaniá lebt, mache ich ihre Arbeiten mit. Von wegen aufteilen! Ich komme mir wie eine billige Magd vor, die er herumkommandieren kann.« Unruhig wippte sie mit den Beinen.
»Ich helfe dir, so gut ich kann.« Ilías schenkte sich einen Rakí ein.
»Sofern du da bist. Dein lieber Herr Vater schickt dich ständig zum Ziegenhüten in die Berge. Das hat er gut eingefädelt. Merkst du nicht, dass er versucht, uns auf diesem Weg auseinanderzubringen? Gib mir auch einen Schnaps.«
Ilías reichte ihr sein Glas. »Ich dachte, es läge am Zuwachs der Herde.«
»Denkst du, ich bilde mir das alles nur ein?« Auf ihrer Stirn bildeten sich Falten. Sanft strich Ilías über ihr Haar, dann verließ er das Zimmer. Anna machte sich daran, das Abendessen vorzubereiten.
Schade, dass Anthí nicht mehr bei uns ist. Seit der

Bekanntgabe ihrer Verlobung hatte sie sich zu einer schönen jungen Braut gemausert. Auf einmal trug sie bunte, eng anliegende Kleidungsstücke, die ihre zierliche Figur betonten. Dass sie die Sachen all die Jahre in ihrer Aussteuerkiste versteckt hatte! Bei dem Gedanken schüttelte Anna den Kopf. Flugs setzte sie die Kartoffeln auf. Dann zog sie aus dem Regal ein Album und sah sich Anthís Hochzeitsfotos an. Siebenhundertdreißig Gäste waren gekommen. In den Vorgärten hatten riesige Kessel auf Feuerstellen gestanden, in denen Spaghetti mit Hackfleischsoße zubereitet wurden. Auf dem Dorfplatz hatten sich unzählige Tische und Stühle aneinandergereiht. Bis in die frühen Morgenstunden hinein war die Braut bewundert und dem Bräutigam ob seiner guten Wahl zugeprostet worden. Am nächsten Tag war Anthí nach Chaniá in ihr neues Zuhause abgereist. »Das war ein herrliches Fest.« Ilías war hinter sie getreten. Er roch frisch nach Duschgel.
»Und reich an Gästen.«
Er bückte sich, umarmte sie und flüsterte ihr ins Ohr: »Wenn wir beide heiraten, werden es mehr sein.«
»Das wirst du mir nicht antun, oder?« Sie versuchte, sich aus seiner Umarmung zu befreien. Er hielt sie fest.
»Doch, da musst du durch.«
»Erdrück mich nicht, sonst werden wir das nie gemeinsam erleben.« Prompt ließ er sie frei. Anna stand auf. »Pass auf, dass die Kartoffeln nicht überkochen; ich geh ins Bad und mach mich frisch, dann können wir bald essen.« Im Schlafzimmer wickelte sie sich in den Bademantel. Plötzlich hörte sie ein Poltern, das aus dem Wohnzimmer kam.
Lámbros? Als sie aufgeregte Stimmen vernahm, öffnete sie die Tür einen Spaltbreit.

»Komm schnell, Junge, deine Mutter ist in der Küche umgefallen.« Schon schlug die Eingangstür zu.
Da muss etwas passiert sein! In Windeseile zog sie sich wieder an. Ein zischendes Geräusch hielt sie zurück, als sie gerade hinaus in den Vorhof treten wollte. Die Kartoffeln! Hastig stellte sie die Flamme aus.

Außer Atem stand sie in Lámbros' Haus. Ilías und sein Vater hatten Sofía auf die Küchenbank gelegt. Sie hechelte.
»Habt ihr die Ambulanz gerufen?«, fragte sie leise.
»Alle Wagen sind im Einsatz, wir müssen sie selbst nach Ágios Nikólaos bringen.« Ilías rannte nach draußen.
Anna nahm ein Handtuch, tauchte es in kühles Wasser und betupfte damit die Stirn der Kranken.
»Versuch, ganz ruhig und tief ein- und auszuatmen.«
Sofía öffnete die Augenlider und hielt sich eine Hand aufs Herz. Anna schluckte. Schnell schob sie mehrere Kissen aus dem Wohnzimmer unter Sofías Beine, um den Kreislauf zu stabilisieren. Das stoßartige Atmen beunruhigte sie. Ob sie einen Herzinfarkt hat? Lieber Gott, bitte lass ihr nichts geschehen, betete sie und warf einen Blick auf Lámbros, der, bleich im Gesicht, seine Frau nicht aus den Augen ließ.
»Mach, Junge, mach!«, schrie er durchs Fenster in die Gasse.
»Was brüllst du denn so rum, Lámbros, ist etwas passiert?«, hörte Anna Emmanouíl rufen.
»Sofía ist in der Küche umgefallen, wir bringen sie ins Krankenhaus. Ich denke, es ist der Kreislauf. Heute ist es ganz schön heiß.«
Gemeinsam trugen sie die Kranke aus dem Haus. Anna legte einen Schlafsack auf der Ladefläche aus. Darauf

betteten sie Sofía und deckten ein dünnes Laken über sie. Anna ließ sich an ihrer Kopfseite nieder. Ruckartig setzte sich der Wagen in Bewegung. Einige Dorfbewohner waren auf sie aufmerksam geworden und bekreuzigten sich, als sie an ihnen vorbeifuhren.

Auf Zehenspitzen schlich Anna zum Krankenbett. Da lag Sofía mit bleichem Gesicht. Ihre Augen waren geschlossen und schwarz umrandet. Durch zahlreiche Kabel war sie mit verschiedenen Maschinen verbunden. In der Hand steckten Kanülen. Anna strich ihr leicht über die Finger.

Sogleich öffnete Sofía die Lider. Mit der freien Hand gab sie Anna ein Zeichen, sich zu ihr herunterzubeugen.

»Anna«, flüsterte sie, »kümmere dich um Lámbros.«

»Mach dir keine Sorgen, bald bist du wieder auf den Beinen.«

Die Kranke schüttelte den Kopf. »Versprich mir, dass du dich um meinen Mann kümmerst. Bitte, Anna.«

»Ich verspreche es.«

»Du bist eine starke Frau und die Richtige für meinen Sohn. Ich liebe dich.«

Es kam Anna vor, als umspiele Sofías Lippen ein Lächeln. Kurz darauf schloss sie die Augen. Anna wischte sich Tränen aus dem Gesicht und blieb noch einen Moment still sitzen.

Warum hat sie das gesagt? Sie wird gesund, oder?

Dann schweifte ihr Blick zu den Maschinen; eine davon zeichnete den Herzschlag auf. Alles in Ordnung, sie schläft nur. Beruhigt stand sie auf und verließ die Intensivstation.

Tag und Nacht verbrachten Ilías und sein Vater am Krankenbett. An den Wochenenden kam Anthí aus Chaniá und hielt Wache. Anna kümmerte sich um den Garten und fuhr in die Berge, um die Ziegenherde zu füttern. Sie hatte Thália überreden können, ihr in der schwierigen Lage zur Hand zu gehen und wies die Freundin beim Ernten des Gemüses an.
Ihr fiel auf, dass die sonst so gesprächige Thália ungewöhnlich ruhig schien; aber sie führte es auf Sofías Erkrankung zurück. Gerade war Anna dabei, Sofías Haus aufzuräumen, als das Telefon klingelte. Sie schrak zusammen.
»Parakaló«, sprach sie in den Hörer.
»Anna, meine Mutter ist friedlich eingeschlafen. Geh zu Emmanouíl und bitte ihn, dir beim Ausräumen der Küche zu helfen«, hörte sie Ilías' Stimme sagen.
»Nein«, schrie Anna, »sie wird wieder gesund!«
»Sei tapfer. Mutter wird im Haus aufgebahrt, die Beerdigung ist morgen Nachmittag. Anthí habe ich angerufen, sie kommt heute zu uns.« Das Herz schlug Anna bis zum Hals, sie war unfähig, ein Wort herauszubringen. Sie legte den Hörer auf, sank zu Boden und weinte. Als es an der Tür klopfte, reagierte sie nicht. Auf einmal stand Emmanouíl im Zimmer und bückte sich zu ihr herunter.
»Was ist?«, fragte er und hob ihr Kinn an.
»Sofía, Sofía ...«, stotterte sie.
Emmanouíl nickte und sie wusste, er hatte sie verstanden. Dann half er ihr aufzustehen. »Setz dich und beruhig dich erst mal.«
»Sie bringen Sofía nach Hause.« Anna deutete mit der Hand auf die Bank und den Tisch. Der Freund ging aus dem Haus. Kurze Zeit später kam er mit einem Nach-

barn zurück. Unverzüglich räumten sie gemeinsam die Küche aus. Stellten Stühle für die Totenwache an der Wand auf, trugen den Tisch ins Wohnzimmer. Anna beobachtete das Geschehen, als würde es nicht wirklich stattfinden. Sie fühlte sich, als wäre sie vor dem Kamin abgestellt und vergessen worden. Thália kam angelaufen und brachte sie ins Wohnzimmer. »Setz dich.« Die Freundin drückte sie in den Sessel.
»Ich hab Angst.«
»Wovor?«
»Ich hab noch nie einen toten Menschen gesehen.« Anna schnäuzte sich.
»Du brauchst dich vor Sofías Körper nicht zu fürchten. Sie hat dich geliebt und würde dir nie etwas Böses tun wollen. Bei uns ist es Sitte, die Verstorbenen zu Hause aufzubahren, um uns von ihnen gebührend zu verabschieden.« Thália setzte sich neben Anna und zog sie in den Arm.
»Die Verwandten müssen benachrichtigt werden. Am besten, du fängst mit denen in Athen an, sie haben eine längere Anreise.«
Anna ging in den Flur und zog aus der Schublade ein Register. Gemeinsam mit Ilías' Mutter hatte sie es vor Anthís Hochzeit angelegt. Es war Sofías Idee, dass Anna ihr dabei half und somit die vielen Verwandten mit Namen und Wohnort kennenlernte.
»Du schaffst das.« Thália holte das Telefon von der Anrichte und stellte es vor sie auf den Tisch. Anna wischte sich die Tränen aus dem Gesicht und wählte die oberste Nummer. Im Hintergrund hörte sie die ersten Dorfbewohner, die ihren Weg ins Haus fanden. Anna sah, dass die Frauen fertige Speisen und Kuchen mitbrachten und sie auf der Küchenzeile abstellten.

Einige Stunden später kamen Ilías und sein Vater heim. Lámbros' Wangen waren eingefallen, er sah um Jahre gealtert aus. Stumm drückte Anna ihn an sich. Selbst geschockt, fielen ihr nicht die richtigen Worte ein. Dann ging sie zu ihrem Freund und legte den Kopf an seine Brust.

»Der Wagen mit Mutter wird gleich da sein.« Kurz darauf stellte der Leichenbestatter Kerzen im Raum auf. Ilías, Lámbros, Emmanouíl und der Nachbar trugen den offenen Sarg herein. Bei Sofías Anblick verlor sich Annas Angst. Stumm betete sie. Die Verstorbene hatte ein Lächeln auf den Lippen. Sie war in ihr Sonntagsgewand gekleidet, das Haar ordentlich nach hinten gekämmt und mit einer Spange hochgesteckt. Anna beschlich das Gefühl, als würde sie jeden Moment aufstehen, ihre Schürze vom Haken nehmen und zu kochen anfangen. Schlagartig wurde ihr bewusst, dass dieses Bild jetzt nur noch in ihrer Erinnerung existieren würde. Sie dachte an Sofías letzte Worte an sie: ›Ich liebe dich. Kümmere dich um Lámbros.‹ Sofía hatte gespürt, dass sie nicht mehr nach Hause kommt. Ihr Herz hatte einfach aufgehört zu schlagen. Sie war erst vierundsechzig Jahre alt gewesen. Warum? Warum!, schrie es in Anna. Hätte ich sie bloß gezwungen, im Frühjahr bei der langanhaltenden Grippe zum Arzt zu gehen. Doch nein, sie wollte nicht, dabei hatte sie bestimmt eine Lungenentzündung, die die Herzmuskelschwäche verursacht hat.

Ihr Blick ruhte auf Sofía. Dabei nahm sie kaum wahr, dass die Dorfbewohner zahlreich ins Haus kamen, um abwechselnd Totenwache zu halten.

24. Kapitel

»Es wird Zeit, dass ich nach Chaniá fahre«, sagte Anthí, die Anna half, ihre und Ilías' Habseligkeiten zurück ins Familienhaus zu schaffen.

»Ich weiß nicht, wie ich das alles ohne dich bewältigen soll.« Anna blickte sich nach Anthí um. Seit drei Wochen war sie nun hier und hatte überall mitgeholfen. Zusammen stellten sie den letzten Karton in der Küche ab und ließen sich erschöpft auf der Bank nieder.

»Du siehst selbst, mit deinem Vater ist nicht gut reden. Er vergräbt sich in seiner Trauer. Ich verstehe ihn ja, mir fehlt Sofía ebenso. Für Ilías und mich allein ist es aber schlicht zu viel Arbeit. Und dein Vater sitzt den ganzen Tag entweder in der Küche oder geht zu Onkel Manólis in die Taverne. Es kümmert ihn nicht, ob wir zurechtkommen. Schiebt alles von sich weg.«

»Ich mache uns Kaffee.« Anthí holte die Dose aus dem Schrank.

»Für mich auch«, warf Ilías ein, der gerade mit einem Arm voll Stühlen ins Haus stolperte. »Das waren die letzten Sachen.«

Ob es eine gute Idee war, wieder bei Lámbros einzuziehen? Neben der Feldarbeit waren zwei Haushalte jedoch nicht zu schaffen. Erstaunlicherweise hatte er dem Umzug sofort zugestimmt. Anthí reichte ihr eine Tasse.

»Morgen fahre ich. Nachdem ich endlich eine Anstellung auf dem Gemüsemarkt gefunden habe, kann ich nicht ständig von der Arbeit fernbleiben. Im Notfall komme ich zurück.«

»Was bleibt uns anderes übrig, als es allein zu schaf-

fen? Ich bin froh, dass Thália mich hin und wieder unterstützt«, seufzte Anna.
»Fragt doch Vater, ob er eine Hilfe einstellt.«
»Hab ich gemacht. Er hat natürlich gleich auf stur geschaltet«, gab Ilías zur Antwort.

Die Nächte waren kühler geworden. Ilías zog eine dünne Decke aus dem Regal und legte sich ins Bett. Einen Stapel Handtücher in den Schrank räumend, meinte Anna: »Ein Glück, dass wir schönes Wetter hatten, ich konnte unsere gesamte Wäsche erledigen. Dein Vater hat sich beschwert, dass ihm die Socken ausgehen. Ach Ilías, mir ist das alles zu viel. Ich fühle mich schlapp, noch bevor ich aufgestanden bin.« Erschöpft setzte sie sich aufs Bett.
»Das kommt daher, dass wir in den letzten Wochen alles allein bewirtschaftet haben. Früher waren wir zu fünft!«
»Mit ist oft übel.«
»Lass dich lieber im Krankenhaus untersuchen. Soll ich mitkommen?«
»Nein, einer muss sich um die Tiere in den Bergen kümmern. Ich nehme den Bus, damit du das Auto hast, um zu den Ziegen zu kommen.« Kraftlos lehnte sie sich an den Bettpfosten.
»Mein Vater möchte mir die Ländereien überschreiben.«
»Wie bitte?!«
»Seit Mutters Tod interessiert ihn die Landwirtschaft nicht mehr. Anthí bekommt das Haus und ich die gesamten Grundstücke. Er hat einen Notartermin gemacht und möchte die behördlichen Dinge hinter sich bringen.«

»Müssen wir hier ausziehen?«
»Solange Vater lebt, nicht. In der Zukunft werden wir ihn finanziell unterstützen und für ihn sorgen. Bist du damit einverstanden?«
»Viel ändert sich damit nicht, außer, dass dir die Ziegenherde, der Garten und die Olivenhaine offiziell gehören.«
»Wäre dir lieber, ich würde darauf verzichten?«
»Natürlich nicht. Ob du sie jetzt oder in einigen Jahren übernimmst, spielt im Grunde keine Rolle.«
Bleischwer fühlten sich ihre Beine an, als sie aufstand, um das Abendessen vorzubereiten.

»Das kann nicht sein!«, behauptete Anna.
»Sie sind in der fünften Schwangerschaftswoche«, sagte der Arzt und lächelte ihr freundlich zu.
»Aber ich habe meine Periode ...«
»... einen Monat nicht bekommen«, unterbrach der Gynäkologe.
»Vor lauter Trauer um Sofía und wegen der vielen Arbeit ist mir das gar nicht aufgefallen.«
»Wir sehen uns in vier Wochen zum Ultraschall.« Der Arzt verabschiedete sich und verließ das Behandlungszimmer. Anna rührte sich nicht. Schwanger! Ich bin schwanger! Eine Assistentin kam herein und schreckte sie aus ihren Gedanken auf. Langsam schritt Anna aus dem Raum, zum Krankenhausausgang. Vor der Tür atmete sie tief durch. Vorsichtig strich sie sich über den Bauch. Ich bin schwanger. Ilías und ich werden Eltern! Plötzlich stellte sich das Glücksgefühl ein. Fröhlich ging sie den Berg hinunter in die Stadt, schlenderte an den Geschäften vorbei, bis hin zur Busstation.
Soll ich Ilías anrufen und ihm die freudige Mitteilung –

nein, lieber möchte ich ihm dabei in die Augen sehen.
»Sie strahlen aber, junge Frau!«, meinte ein alter Grieche, der sich am Wartehäuschen neben sie stellte.
»Ich habe gerade erfahren, dass ich ein Kind erwarte.«
»Oh, das ist eine gute Nachricht. Ich wünsche Ihnen alles Gute!« Der Bus kam und Anna stieg ein. Gedankenverloren legte sie den Kopf an die Scheibe, während der Fahrer das Gefährt durch die engen Straßen von Ágios Nikólaos lenkte. Auf der Hauptverkehrsstraße kamen Bedenken in ihr hoch. Wir sind nicht verheiratet und haben keine eigene Wohnung. Lámbros wird toben. Hör auf, Anna! Es ist ein Kind der Liebe. Der alte Brummbär soll ja nicht wagen, irgendetwas dagegen zu haben. Wie wird Ilías reagieren? Auf der einstündigen Fahrt malte sie sich verschiedene Szenarien aus.

»Und, was hat der Arzt gesagt?«, fragte Ilías, sobald er zur Küche hereinkam.
»Ein wenig Eisenmangel, daher kommt die Abgeschlagenheit. Ich habe mir in der Apotheke Tabletten besorgt.« Anna versuchte, beiläufig zu klingen.
»Und warum strahlst du so?«
Sie ging auf ihn zu, legte die Arme um seinen Hals und flüsterte ihm ins Ohr: »Wir bekommen ein Baby.«
»Was?!« Ilías hob sie hoch und drehte sich mit ihr im Kreis.
»He!«, sie schlug leicht auf seine Schulter, »lass mich runter, schwindlig ist mir schon genug.« Er setzte sie vorsichtig ab, hielt sie jedoch an den Händen fest. »Ist das wirklich wahr?«
»Ja.«
»Ich werde Papa!« Tränen glitzerten in seinen Augen. Ihr Herz machte vor Freude einen Sprung. Alles ist gut.

Wütend schob Lámbros den Teller von sich. »Das hat sie hervorragend inszeniert!«
»Was redest du denn da, Vater?«
Sofort verging Anna der Appetit. Sie legte die Gabel nieder und vergrub die geballten Hände im Schoß.
»Jetzt, wo die Grundstücke notariell auf dich überschrieben sind, kommt Anna daher und behauptet, schwanger zu sein. Da siehst du es selbst, dass sie es nur auf dein Vermögen abgesehen hat.« Lámbros' hasserfüllter Blick bohrte sich in sie hinein.
Das lass ich mir nicht gefallen!
»Es reicht!« Sie sprang auf. »Was bist du für ein abscheulicher Tyrann!«
»Reg dich bitte nicht auf«, versuchte Ilías, sie zu beruhigen.
»Dein Vater unterstellt mir, dass ich aus purem Eigennutz schwanger geworden bin!« Mit der Hand strich sie über ihren Bauch, als wollte sie ihr Ungeborenes beschützen. »Ich bin wegen meinem Unwohlsein zum Arzt gegangen. Niemals im Traum hätte ich erwartet, schwanger zu sein!«
»Glaubst du im Ernst, ich nehme dir dieses naive Getue ab?!«, unterbrach Lámbros sie.
»Verdammt, wenn du es genau wissen willst, ich habe täglich die Pille geschluckt! Der Arzt meinte, es könnte passiert sein, als ich Durchfall hatte. Ach, was rechtfertige ich mich vor dir? Ich bin schwanger und denke nicht daran, dir den Gefallen zu tun, das Kind abzutreiben oder aus Ilías' Leben zu verschwinden. Hast du mich verstanden, Lámbros?«
Sie stützte sich mit den Händen auf den Tisch und beugte sich mit blitzenden Augen vor. Lámbros wich zurück.
»Finde dich damit ab, dass ich bei deinem Sohn blei-

be. Ich werde alles darum geben, dass unser Kind gesund zur Welt kommt.« Wutschnaubend verließ sie den Raum.

25. Kapitel

»Ich komme!«, rief Thália, als stürmisch an die Haustür geklopft wurde, und schmiss den B-Test hastig in den Mülleimer. Wütend schritt sie aus. Bevor sie öffnete, legte sie sich die Worte zurecht, die sie dem Störenfried an den Kopf werfen wollte – schluckte sie jedoch sofort herunter, als sie eine aufgewühlte Anna vorfand, die sich ihr in die Arme warf und bitterlich weinte. Reflexartig zog sie die Freundin an sich und mit ins Haus. Mit dem Fuß gab sie der Tür einen Stoß, die daraufhin laut zuschlug. Im Wohnzimmer schob sie Anna auf die Couch und setzte sich neben sie.

»Was ist denn passiert?«, fragte Thália mit beruhigender Stimme und strich ihr übers Haar.

»Ich bin schwanger und…«

Einem Messer gleich stachen die Worte in Thálias Herz. Das Satzende bekam sie nicht mehr mit. Sie schluckte bitter.

Anna ist schwanger! Sie ist nicht mal verheiratet und bekommt ein Kind. Verdammt, wieso ist sie schwanger?! Ich habe das Recht, schwanger zu sein!, schrie es in ihr.

Unbewusst rückte sie von Anna ab, deren Kopf auf ihrer Schulter ruhte und nun zur Seite fiel. Erschrocken sah die Freundin auf.

»Bist du *auch* dagegen?«, schluchzte Anna. Thália saß da wie zur Salzsäule erstarrt. Die Leere in ihr ließ sie erschaudern und eine Gänsehaut, die wie Nadeln stach, zog über ihren Körper.

»Was hast du?« Anna wischte sich die Tränen ab. »Bitte sprich mit mir.«

Thália hörte das Flehen in ihrer Stimme und atmete tief durch. Sie faltete die Hände, um so ihr Zittern unter Kontrolle zu halten.

»Ich freue mich für dich«, kam es stockend über ihre Lippen. Sie traute sich nicht, Anna in die Augen zu schauen, aus Angst, diese würde die Lüge dort ablesen können. Dann räusperte sie sich und sagte: »Ich dachte, es wäre etwas Schlimmes passiert, als ich dich wie ein Häufchen Elend vor der Tür stehen sah.« Ihr Hals war trocken, doch sie wagte mit ihren kraftlosen Beinen nicht, aufzustehen, um sich ein Glas Wasser zu holen.

»Schön, dass du dich für mich freust.« Anna drückte sie kurz an sich. »Lámbros hat mir eine schreckliche Szene gemacht. Er stellt mich als Erbschleicherin hin.« Sie erhob sich, ging im Raum auf und ab und erzählte, was geschehen war. Mit vorgetäuschter Fassungslosigkeit folgte Thália ihr mit den Augen und hörte halbherzig zu. Erleichterung spürte sie erst, als Emmanouíl nach Hause kam. Anna begrüßte ihn.

»Ich geh zurück in die Taverne und lass euch alleine.«

»Nein, warte. Ilías wird sich wundern, wo ich bleibe. Danke, Thália.«

»Schon gut«, antwortete sie und atmete tief durch, als die Tür zufiel. Dann ließ sie ihren Tränen freien Lauf.

»Meine Güte, was ist denn passiert? Habt ihr euch gestritten?« Ihr Mann setzte sich neben sie und legte den Arm um ihre Schulter.

»Sie ist schwanger. Und ich nicht! Gerade vorhin habe ich einen Schwangerschaftstest gemacht, und ich spüre ein Ziehen im Unterleib, dass ich die Periode bekomme. Verdammt nochmal! Ich halte es nicht mehr aus!« Sie schrie ohne Unterbrechung. Er umfing sie fest.

»Ruhig, Thália.« Sie stieß ihn von sich.

»Was glaubst du, wie schwer das für mich ist? Meine beste Freundin erwartet ein Kind. Das ertrag ich nicht!« Sie riss an ihren Haaren. Emmanouíl ergriff ihre Hand.

»Bitte, tu dir nicht weh!«

Sie wich zurück, hieb mit den Fäusten auf ihren Brustkorb und kreischte: »Ich bin eine Versagerin! Ich wünsche mir seit Jahren ein Kind, und Anna wird mal eben so schwanger! Jeden Tag mitzuerleben, wie ihr Bauch wächst, das mache ich nicht mit.«

»Was hast du vor?«

»Ich ziehe zu meinen Eltern – und du kommst mit!«

»Das geht nicht, ich habe hier meine Arbeit.« Thália ging auf die Knie, rutschte mit gefalteten Händen auf ihn zu.

»Bitte, Emmanouíl, bitte!« Sie las die Angst über ihr Verhalten in seinem Gesicht. Da sackte sie in sich zusammen, krümmte sich und schaukelte schluchzend hin und her. Kaum nahm sie wahr, dass er sich neben sie hockte und beruhigend auf sie einredete. Nach einiger Zeit fasste sie sich. Sah ihn an. Ihre Traurigkeit spiegelte sich in seinen Augen.

»Wir werden einen Weg finden«, flüsterte er, hob sie hoch, trug sie ins Schlafzimmer und legte sie aufs Bett.

»Schlaf ein wenig, morgen sieht alles ganz anders aus.«

Erschöpft ließ Thália zu, dass er sie entkleidete und zudeckte.

Als der Wecker klingelte und Emmanouíl sich den Schlaf aus den Augen rieb, schloss Thália bereits den gepackten Koffer.
»Ich fahre mit dem Bus nach Milátos.« Ihr Mann streckte sich. »Überleg es dir nochmal.« Er stand auf, trat auf sie zu. Sie hob die Hand und signalisierte damit Abstand.
»Ich kann nicht. Dass Anna schwanger ist, zerreißt mir das Herz!«
»Du siehst mitgenommen aus. Wie willst du deinen Eltern dein plötzliches Auftauchen erklären?«
»Das ich wegen Annas Schwangerschaft nicht im Dorf bleiben kann«, antwortete sie über die Schulter und trug das Gepäck in den Flur. Emmanouíl schlappte hinter ihr her.
»Was soll ich Anna sagen? Wenn Lámbros ihr die Schwangerschaft vorwirft, wird sie eine Freundin an ihrer Seite brauchen. Bitte, bleib hier. Du wirst eines Tages auch schwanger sein, wir werden eine Familie gründen. Es dauert eben einfach ein wenig länger bei uns.«
»Geh ins Bad, ich mache uns einen Kaffee«, erwiderte sie und ließ ihn im Flur stehen.
Emmanouíl hob Thálias Sachen auf den Pick-up, während sie einstieg. Plötzlich sah sie, dass Anna vor ihrem Haus die Blätter von der Straße kehrte.
Das hat mir gerade noch gefehlt.
Thália sah auf die Uhr. Für den Umweg durchs Oberdorf war es zu spät, sie würde den Bus verpassen. Nun hatte Anna sie entdeckt und kam auf den Wagen zugelaufen. Thália kurbelte das Fenster herunter.
»Fährst du in die Stadt?«, fragte Anna, während sie sich auf den Besen stützte.

»Zu meinen Eltern.«
»Ist etwas passiert?«
»Mutter hat mich gebeten, zu kommen.«
»Davon hast du gar nichts gesagt.«
Thália räusperte sich.
»Es blieb mir keine Zeit nach deiner freudigen Nachricht.« Die letzten Worte kamen geflüstert heraus; tapfer unterdrückte sie die Tränen.
»Emmanouíl, es ist spät. Fahr los«, sagte sie schnell und richtete sich dann an Anna: »Ich melde mich.« Dann stieß sie ihren Mann in die Rippen, damit er endlich den Wagen startete. Im Rückspiegel sah sie, wie die Freundin ihr nachwinkte. Sie selbst war unfähig, die Hand zum Gruß zu heben, denn sie versuchte krampfhaft, Haltung zu bewahren.
»Kannst du meinen Vater anrufen, dass er mich auf der Hauptstraße abholt, damit ich nicht die sechs Kilometer ins Dorf laufen muss?«, bat sie Emmanouíl beim Aussteigen.
Er nickte und stellte den Koffer neben sie.
»Bitte bleib hier. Wir stehen das gemeinsam durch.«
Thália schüttelte heftig den Kopf.

»Was ist passiert, Kind?«, fragte die Mutter, als Thália aus dem Bus stieg. Ihr Vater saß im Auto und achtete auf den Verkehr. Thália tat gelassen.
»Ist es nicht erlaubt, euch zu besuchen?« Sie umarmte Eléni. Dann verstaute sie ihr Gepäck im Kofferraum und grüßte den Vater herzlich. Auf der Fahrt zum Elternhaus unterhielt Ioánnis die beiden Frauen mit Dorfgeschichten. Hin und wieder fing Thália von der Mutter einen besorgten Blick auf, sie verhielt sich jedoch still. Nach einem Anstieg ging es bergab und Mi-

látos breitete sich vor ihnen aus. Thália sah hinaus in die Landschaft. Die wenigen Häuser des Dorfes zogen sich an der Küstenstraße entlang. Das Meer schien unruhig, denn weiße Kronen schäumten an Land. Thália kurbelte das Fenster hinunter. Der Wind fuhr ihr ins Haar. Ihr Blick ruhte auf der Weite des Meeres. In der Ferne machte sie ein Fährboot aus. Kurz vor der Hafeneinfahrt kämpfte ein Fischerboot gegen die raue See. Dann schloss sie für einen Augenblick die Augen und spürte den kühlen Luftzug auf ihrem Gesicht.
Der Vater stoppte den Wagen vor der Haustür. Die Mutter brach ihr Schweigen und sagte: »Ioánnis, kannst du im Krämerladen Obst besorgen?« Er nickte und machte sich sofort auf den Weg. Eléni schob die Tochter in die Küche.
»Hast du Krach mit deinem Mann?«, platzte sie heraus.
»Anna ist schwanger!«
»Und?«
»Ich ertrage es nicht!«, schrie Thália und sah ins erschrockene Gesicht der Mutter, die sich hastig bekreuzigte.
»Kind, versündige dich nicht!« Sie zog die Tochter auf die Bank, strich sanft über ihren Arm, und Thálias Pforten öffneten sich, sie brach in bitterliches Weinen aus.
»Sie hat kein Recht auf eine Schwangerschaft. Sie ist ledig!«
Die Mutter bekreuzigte sich ein weiteres Mal.
»Sei vernünftig. So etwas darfst du nicht einmal denken, geschweige denn aussprechen.«
Ioánnis kam mit Tüten in der Hand zurück. Thália sah, wie ihre Mutter ihm mit einem Wink zu verstehen gab, sie allein zu lassen.

»Aber Mutter, ich wünsche mir seit langem ein Kind. Anna bestimmt nicht. Das ist unfair!«
»Sieh mich an und hör mir genau zu: Wenn es an der Zeit ist, dann wirst auch du ein Kind empfangen.«
»Ich will es *jetzt*!«
»Thália, das geht nun mal nicht immer so, wie wir es uns wünschen. Vielleicht hat der liebe Gott etwas anderes mit dir vor«, versuchte die Mutter zu trösten.
»Und was?« Eléni zuckte mit den Schultern.
»Das weiß nur Er allein.« Thália atmete tief durch und versuchte, sich zu beruhigen.
»Wasch dir das Gesicht. Dann geh in die Kirche und bete.«

Das Haus der Eltern lag nicht weit vom Gotteshaus entfernt. Dieses befand sich im Zentrum der Tavernen und strahlte auf einem kleinen Straßenabschnitt dem Vorbeigehenden Harmonie entgegen. Aus Naturstein erbaut, strömte das Gemäuer Kühle aus. Thália fröstelte, als sie den Innenraum betrat. Sie zündete eine Kerze an und steckte sie in den Sand neben die anderen brennenden Lichter. Weihrauchduft schwebte in der Luft. Sie kniete sich mit dem Gesicht zum Heiligtum nieder, faltete die Hände und senkte demütig den Kopf.
»Lieber Gott, sei nicht böse auf mich, dass ich Anna ihre Schwangerschaft neide. Ich wünsche mir schon lange ein Kind. Und jedes Mal, wenn ich feststelle, dass ich nicht schwanger bin, fährt ein Schmerz durch mich hindurch, den ich kaum ertrage. Ich liebe Emmanouíl, er wäre ein guter Vater, und ich würde alles tun, dass es unserem Kind an nichts fehlt. Bitte, lieber Gott, hilf mir und verzeih mir meine trüben Gedanken. Amen.«

Sie blieb noch einen Moment länger knien, dann erhob sie sich, küsste die in der Kirche aufgestellte Ikone und bekreuzigte sich. Als sie vor die Tür trat, war der Himmel bedeckt, und dunkle Wolken zogen auf. Die ersten Regentropfen trafen Thália, bevor sie das elterliche Haus erreichte. Im Flur streifte sie die Schuhe ab, verschwand in ihrem Zimmer und zog schnell die nasse Kleidung aus. Ein würziger Duft stieg ihr in die Nase, und nachdem sie Jeans und einen Pullover übergezogen hatte, ging sie in die Küche. Plötzlich verspürte sie Hunger.
»Geht es dir besser?« Eléni schaute in den Ofen, in dem ein Lammbraten schmorte.
»Ich fühle mich ein wenig erleichtert.«
»Ruh dich die nächsten Tage aus. Komm zur Besinnung, damit du gestärkt zurückfahren und Anna zur Seite stehen kannst. So wie ich Lámbros kenne, wird er es ihr schwer machen.«
»Ich kann dir nichts versprechen, aber ich werde es versuchen.«
»Denk dran, Freunde helfen sich in jeder Situation. Du könntest mit Anna über dein Empfinden sprechen.«
»Vielleicht.«
Ioánnis kam herein und machte aus seinem Hunger keinen Hehl. Schnell deckte Thália den Tisch, und die Mutter schnitt den Lammbraten auf.

26. Kapitel

Lámbros verbot die Heirat im Trauerjahr seiner Frau. Seit dem Vorfall beschränkte Anna den Wortaustausch mit ihm aufs Notwendigste. Sie kochte, wusch seine Wäsche, half ihrem Freund bei der Olivenernte und im Garten. Ilías holte sich Arbeitskräfte aus der Stadt, damit sie die Oliven nicht allein ernten mussten. Sein Vater ließ sich bedienen, nörgelte an ihrer Kochkunst herum und beschwerte sich über ihre Arbeiten im Haushalt.

Hart bekam Anna seine Abneigung zu spüren. Hin und wieder ertappte sie ihn jedoch dabei, wie er auf ihren Bauch schielte, der sich langsam zu wölben begann. Ganz besonders Thália stand ihr in diesen schweren Tagen bei. Anna hatte eine Veränderung an ihr festgestellt, nachdem die Freundin von den Eltern zurückgekehrt war. Wenn Anna das Gespräch darauf brachte, wich Thália ihr aus. Fast täglich fragte sie Anna nach ihrem Befinden und ging oft zum Beten in die Kirche.

Jeglicher Versuch von Emmanouíl und Thália, Lámbros umzustimmen, die Heirat zu erlauben, schlug fehl. Der schnell gealterte Mann ließ sich nicht erweichen.

»Ilías, ihr müsst heimlich heiraten«, sagte Emmanouíl, als sie zu Gast in seinem Haus waren.

»Wie soll das gehen?«

»Nicht kirchlich, sondern bei der Stadtverwaltung. Oder willst du später zum Gericht gehen, um beantragen zu müssen, als Vater von Annas Kind anerkannt zu werden? Das sind unzählige Behördengänge. Und du bist dem ständigen Getratsche der Leute ausgesetzt.«

»Meinst du, der Bürgermeister von Sitía wird schwei-

gen, wenn wir uns dort das Jawort geben?«, konterte Anna.
»Besser in einer anderen Stadt. Ihr werdet einen Weg finden. Hauptsache, es geschieht vor der Geburt eures Kindes«, meinte Thália, die bis jetzt stumm dem Gespräch gefolgt war.

Unter dem Vorwand, mit den Freunden einen Ausflug nach Réthymnon zu machen, heirateten Anna und Ilías im Beisein ihrer Trauzeugen.
»Schade, ich darf nicht einmal den Ehering tragen«, meinte Anna traurig, als sie vor das Rathaus traten.
»Wichtig ist, dass wir uns lieben. Dafür brauchen wir keine materiellen Symbole.« Ilías zog seine Braut in die Arme und gab ihr einen Kuss. Gemeinsam kehrten sie in eine Taverne am Hafen ein, genossen frischen Fisch und stießen auf ihre Heirat an.

Weihnachten stand vor der Tür. Anna, im vierten Monat schwanger, bückte sich, um den Olivenzweig vom Pick-up zu ziehen.
»Das Zeugs kommt mir in diesem Jahr nicht ins Haus!«, brüllte Lámbros, der gerade aus Manólis' Taverne nach Hause kam. Sein Atem schlug Anna entgegen; er roch nach Schnaps.
Sie stemmte die Hände in die Hüften. »Nun ist es aber genug. Mit deinen ständigen Meckereien machst du mir das Leben zur Hölle!«
»Sei still, die Nachbarn hören uns!«
Schon öffneten sich die Türen der Häuser gegenüber, und die Bewohner stellten sich schweigend im Kreis um sie.
»Du wirst mir Weihnachten nicht nehmen! Niemals!«

Aus dem Augenwinkel sah sie, dass Thália ihr aufmunternd zunickte.

Daraufhin zog Lámbros sie am Ärmel ins Haus und sagte: »Mach das nie wieder! Ich möchte nicht, dass die Nachbarn im Dorf tratschen, ich sei kein guter Vater.«

»Schau dir deinen verbissenen Gesichtsausdruck mir gegenüber mal im Spiegel an. Du bist ein guter Vater zu Ilías, zu Anthí, doch mich behandelst du wie Abschaum. Du wirst mir meinen Weihnachtsbrauch nicht austreiben. Nie und nimmer lass ich ihn mir nehmen!«, schrie sie, stürmte aus dem Raum und verschanzte sich im Schlafzimmer.

»Niemals! Niemals!«, sagte sie laut. Ich durfte im Trauerjahr weder meinen Geburtstag noch meinen Namenstag feiern. Ich musste heimlich heiraten! Weihnachten lass ich mir nicht nehmen. Sofía würde mich verstehen. Sie hat mich geliebt, so, wie ich bin. Schnell wischte sie sich die Tränen aus dem Gesicht und ging zurück in den Flur. Sie sah, dass Lámbros auf der Bank saß und sich die Pfeife stopfte.

»Bevor Sofía starb, gab ich ihr das Versprechen, mich um dich zu kümmern.« Sie atmete tief durch. »Du machst es mir ziemlich schwer, mein Wort zu halten.«

»Um mich kümmern? So etwas wäre meiner Frau nie in den Sinn gekommen!«

»Du bist wirklich nicht mehr zu retten. Was würdest du denn ohne Ilías und mich machen? Hä! Herumsitzen und vergammeln.«

»Pass auf, was du sagst!« Er schmiss die Pfeife auf den Tisch, kam auf sie zu und erhob drohend die Hand.

»Du willst eine schwangere Frau schlagen?«

»Halt, Vater!« Ilías griff nach seinem Arm. »Was ist denn in dich gefahren?«

»Frag nicht mich, frag die!« Lámbros zeigte mit dem Finger auf Anna.
»Setz dich, Vater, oder geh raus.« Ohne ein Wort zu sagen, ließ sich Lámbros auf der Bank nieder, nahm die Pfeife in den Mund und zog heftig daran. Dann sprach er: »Sie behauptet, deine Mutter hätte sie gebeten, sich um mich zu kümmern.«
»Das stimmt. Mutter hat mich vorher gefragt, ob es mir recht ist.«
Anna sah, wie Lámbros in sich zusammensank.
»Ich kann es nicht glauben«, kam es flüsternd über seine Lippen.
Er weint. Trifft es ihn so hart, dass Sofía mich mochte und mir vertraute? Was soll ich denn noch machen, damit er sieht, dass ich nicht seine Feindin bin?
Ilías zog sie mit sich aus dem Zimmer, ohne den Vater eines weiteren Blickes zu würdigen. Er half Anna, den Olivenzweig in einen Eimer mit Sand zu stellen.
»An Heiligabend schmücken wir ihn gemeinsam«, versprach er.

Im Weihnachtspaket der Eltern lag ein kleiner Edeltannenzweig. Mit einer Kordel hängte Anna ihn, geschmückt mit selbstgebastelten Strohsternen, am Küchenfenster auf. Die Geschwister hatten ihr einen Rekorder geschenkt und eine Kassette mit Weihnachtsliedern aufgenommen. Freudig lauschte sie den Klängen und summte.
Beim Stöbern in Sofías handgeschriebenem Kochbuch war sie auf ein Fischrezept gestoßen und bereitete dieses am Heiligen Abend zu. Mit großer Sorgfalt filetierte sie den Fisch und dünstete ihn in einer Weißwein-Tomaten-Soße mit frischen Kräutern. Sie hoffte, Lámb-

ros damit versöhnlich zu stimmen. Festlich deckte sie den Tisch, legte Walnüsse, Mandarinen und kleine Olivenzweige als Dekoration zwischen die Teller. Gespannt wartete sie auf Lámbros' Reaktion und betete, dass er nicht wieder knurrte.

»Wir fangen an, sonst zerkocht der Fisch noch. Es riecht so lecker«, sagte Ilías und hob den Topfdeckel.

»Denkst du, er will nicht mit uns essen?«

»Er ist in Onkel Manólis' Taverne, ich habe ihn heute Nachmittag dort sitzen sehen. Ich denke, er wird da bleiben.« Ich habe mir selbst etwas vorgemacht, als ich dachte, er würde mit uns den Heiligen Abend verbringen. Dieser sture alte Esel!

Anna schüttelte den Kopf, als könne sie damit die trüben Gedanken vertreiben. Nach dem Abendessen stellte sie die Reste in den Ofen. Kurz darauf spazierten sie zum Gotteshaus. Bei ihrer Rückkehr fand sie die Fischplatte leergegessen auf dem Tisch vor.

Hatte er also Hunger. Anna knipste das Licht aus und ging ins Schlafzimmer. Ilías hatte die Kerzen am Olivenzweig angezündet, die den Raum sofort in harmonisches Licht tauchten. Dann öffneten sie die Geschenke und hörten dabei Weihnachtslieder.

»Im nächsten Jahr werden wir zu dritt sein«, flüsterte sie, und Ilías zog sie sanft in seine Arme.

27. Kapitel

An einem heißen Junitag erblickte Natalía das Licht der Welt. Zärtlich küsste Anna ihre Tochter auf die

Stirn. Ich kann mich an ihr nicht satt sehen. Ungeduldig wartete sie auf Ilías' Rückkehr, der sich zuhause hatte frischmachen wollen. Keinen Schritt war er in den letzten zehn Stunden von ihrer Seite gewichen. Überglücklich hatte Ilías gestrahlt, als er seine Tochter nach der Geburt auf dem Arm hielt. Anna sah sich im Krankenzimmer um, das sie mit vier weiteren Frauen teilte. Kein Bild schmückte die weißen Wände. An den Fensterläden blätterte die Farbe ab, die Deckenlampe flackerte. Das macht nichts. Mein größter Glanz ist meine Kleine. Anna summte leise. Kurz darauf hörte sie Natalías gleichmäßige Atemzüge. Es klopfte an der Tür und Ilías kam herein.

»Pst, sie ist gerade eingeschlafen.«

Überrascht schaute sie auf den Weidenkorb, den ihr Mann hereintrug. Er war gefüllt mit Früchten, Gemüse, Olivenöl, Honig, Wein und Rakí.

»Hast du Angst, dass ich nicht genügend zu essen bekomme?«, witzelte sie. Ilías stellte die Mitbringsel auf dem Tisch ab. »Das ist ein Geschenk für den Arzt, der bei der Geburt dabei war. Die Schwester sagte, er würde bald nach dir schauen, dann überreiche ich es ihm.« Die Frauen im Zimmer redeten wild durcheinander und lobten den jungen Vater für seine Aufmerksamkeit. Beglückt trat Ilías ans Bett und streichelte der Tochter sanft über den Arm.

»Und dein Vater?«

»Er kann es kaum abwarten, seine Enkelin kennenzulernen. Ist es dir recht, wenn ich ihn hereinhole?«

»Da fragst du noch?« Anna lächelte und setzte sich im Bett auf. Schnell schob Ilías ihr ein Kissen in den Rücken. Natalía gab einen Seufzer von sich und winkte träge mit dem Händchen. Hoffentlich ist Lámbros

nicht enttäuscht, dass es ein Mädchen ist. Er hat sich bestimmt einen Enkelsohn gewünscht. Schon stand er im Türrahmen. Schlagartig wurde es still im Raum. Jeder wartete gespannt auf die Reaktion des Großvaters. Vorsichtig kam er auf Anna zu.
»Das ist Natalía, deine Enkelin.« Stolz hob sie ihm die Tochter entgegen. Dem Großvater sah man an, dass er sich hilflos fühlte. Er warf Ilías einen unsicheren Blick zu. Der verstand sofort, nahm Natalía in den Arm und reichte sie seinem Vater. Als wäre er auf der Stelle festgeklebt, erstarrte Lámbros. Dann begann er, leise mit der Enkeltochter zu sprechen. Die junge Mutter bemerkte, dass seine Augen dabei leuchteten.
Ein Glück. Anna wünschte sich, all die Unstimmigkeiten zwischen ihnen würden von nun an begraben sein. Lámbros ging im Zimmer auf und ab, wiegte Natalía im Arm und sang ihr ein griechisches Lied vor, in das die Frauen sofort mit einstimmten. Anna beobachtete die Szene. In Griechenland wissen sie, jedem Anlass eine festliche Nuance zu geben, dachte sie und lächelte.

Nach einer Woche hielt Natalía in ihrem Zuhause Einzug. Der frischgebackene Vater trug sie im Babykorb hinein. Ungeduldig wartete der Großvater in der Küche. Ruckzuck verschwand die Pfeife in der Jackentasche. Anna staunte nicht schlecht, als sie eine handgeschnitzte Kinderwiege mitten im Raum vorfand.
»Wo habt ihr die her?« Sie kniete sich nieder und strich mit der Hand über die aufwändige Verzierung.
»Die hat mein Vater in den letzten Tagen und Nächten fertiggestellt. Schau, dort ist der Name unserer Tochter eingeschnitzt.« Ilías zeigte darauf. Anna trat auf Lámbros zu und umarmte ihn. »Danke für das

wunderschöne Geschenk!« Sie bemerkte, dass seine Wangen sich röteten. Verlegen strich er sich über den langen Bart und setzte sich auf die Bank. Ilías bettete seine Tochter in die Wiege.

»Lass mal, Junge, das ist meine Aufgabe.« Schnell erhob Lámbros sich und gab dem Sohn einen kleinen Hieb in die Rippen. Dann beugte er sich über die Wiege. »Nicht wahr, Natalía, dafür ist der Opa da.« Er zog sich einen Stuhl heran, ließ sich nieder und begann, sie mit gleichmäßigen Bewegungen zu schaukeln.

»Vater hat noch eine Überraschung für dich«, sagte Ilías und zog Anna mit sich ins Wohnzimmer. Dort stand auf der Anrichte ein Fernsehapparat.

»Für mich?« Anna hüpfte aufgeregt von einem Fuß auf den anderen. »Aber wieso?«

»Er sagt, dort würden hin und wieder Sendungen ausgestrahlt mit Diskussionen über Kindererziehung. Er hat sie in Onkel Manólis' Taverne in den letzten Monaten verfolgt.« Er schaltete den Apparat ein.

»Ich kann es nicht glauben. Nun seid ihr all die Jahre ohne einen Fernseher ausgekommen …«, fing sie an, wurde aber von ihrem Mann unterbrochen.

»Wir hätten vielleicht schon früher einen angeschafft, doch die Preise sind nicht ohne für so ein Ding, und Vater genoss es, in der Taverne zu sitzen, weil er mit den Dorfbewohnern beim Schauen darüber diskutieren konnte.« Er schaltete zwischen den wenigen Programmen hin und her. Anna ging in die Küche und fiel Ilías' Vater um den Hals.

»Danke, du hast mir mit der Wiege und dem Fernseher eine große Freude bereitet.«

»Lass mal, es war notwendig. Dann brauche ich nicht zum Nachrichten-Sehen in die Taverne zu gehen. Jetzt,

wo Natalía da ist, werde ich die meiste Zeit mit ihr verbringen, schließlich wirst du auf dem Feld mithelfen. Die Weintrauben sind in wenigen Wochen reif. Ich hab jetzt bereits Anfragen von den Tavernen im Umkreis bekommen. Und unser Wein neigt sich dem Ende zu, vom Rakí ganz zu schweigen«, zählte er auf.
Anna spürte, wie Kälte sie überfiel. Das darf nicht wahr sein! Ich bin gerade aus dem Krankenhaus gekommen, er verwöhnt mich mit großen Geschenken, und woran denkt er dabei wirklich? Dass ich bald wieder auf dem Feld stehe und Trauben ernte. Enttäuscht ging sie zurück ins Wohnzimmer. »Was hast du?«, fragte Ilías.
»Dein Vater hat mir gerade zu verstehen gegeben, dass er auf seine Enkelin aufpassen wird, während ich die Weintrauben ernte. Toller Opa!«, kam es sarkastisch über ihre Lippen.
»Er kann seine Gefühle einfach nicht so zeigen. Glaub mir, er ist stolz, dass er Großvater ist, und hat mir ans Herz gelegt, dass wir bald heiraten sollten.«
»Er ist damit einverstanden, dass ich, die ja eigentlich hinter seinen, nun ja, deinen Ländereien her ist, dich kirchlich ehelichen werde? Weiß er überhaupt, dass wir schon verheiratet sind?« Sie ging zum Fenster und schaute hinaus. Langsam wurde es düster.
»Ihr seid was?!« Lámbros war ins Zimmer gekommen.
»Reg dich nicht auf, Vater.«
»Ihr habt hinter meinem Rücken geheiratet?«
»Ich wollte nicht, dass Natalía unehelich auf die Welt kommt«, sagte Ilías und erzählte dem Vater von der Fahrt nach Réthymnon.
»Solange ihr nicht kirchlich geheiratet habt, seid ihr für mich keine Eheleute.«
Ohne eine Reaktion abzuwarten, sprach er weiter:

»Natalía weint, vielleicht hat sie Hunger.« Er ging zurück in die Küche und hob sie aus der Wiege, um sie Anna zu reichen.
»Ich stille sie im Schlafzimmer.«

28. Kapitel

Thália sah hinaus in die Dunkelheit. In Annas Schlafzimmer brannte Licht. Sie konnte die Umrisse der Freundin, die etwas auf ihren Armen trug, erkennen. Natalía, dachte sie und wandte den Blick ab, hinauf zu den Berggipfeln. Der zunehmende Mond spendete nicht genügend Helligkeit, um sie zu erkennen. Ihre Augen verweilten auf der Stelle, an der sich die Kirche in den Bergen befand, und sie überlegte, bei besserem Wetter zu Fuß dorthin zu wandern.
»Du kommst nicht mehr drum herum, du musst Anna zu ihrer Tochter beglückwünschen.« Emmanouíl war hinter sie getreten und legte ihr sanft die Hand auf die Schulter. Sie schluckte.
»Es fällt mir schwer. Du könntest zu ihr gehen und weiterhin behaupten, dass meine Darmgrippe nicht besser geworden ist.«
»Wie lange willst du dich noch im Haus verstecken? Irgendwann wirst du zu ihr gehen müssen. Sie ist deine Freundin.«
»Ich weiß.« Sie drehte sich zu ihm um. Trotz ihrer breiten Hüften wirkte Thália in letzter Zeit mager. Keinen Appetit zu haben oder nach dem Essen Übelkeit zu verspüren, gehörten seit Natalías Geburt zu ihrem

Alltag. Bis zum letzten Tag vor der Niederkunft hatte Thália der Freundin hilfreich zur Seite gestanden. Doch als Anna ins Krankenhaus fuhr, versagten Thálias Kräfte. Jeglicher Versuch, den Mut aufzubringen, um zu Anna zu gehen, verließ sie an der Haustür.
»Geh«, sagte Emmanouíl und reichte ihr das Geschenk fürs Baby. Thália wich zurück. »Morgen früh.« Sie wandte sich ab und verließ das Haus. Ihr Weg führte sie durchs Oberdorf hinauf zur Kirche. Ein Knarren durchbrach die Abendstille, als sie die schwere Holztür öffnete. Thália kniete sich auf den Betonboden und suchte Kraft im Gebet.
In der Nacht fand sie keinen Schlaf. Andauernd stellte sie sich neue Horrorversionen vor, wie sie reagieren würde, wenn sie Natalía das erste Mal zu Gesicht bekäme. Sie könnte in einen Schreikrampf verfallen oder wütend auf Anna einschlagen und sie beschimpfen, weil sie schwanger geworden war. Nicht ein einziges Mal kam ihr der Gedanke, dass sie sich für Anna freuen könnte.
Zerschlagen schleppte sie sich am Morgen aus dem Bett und bereitete den Kaffee für ihren Mann zu. Ihr selbst war nicht danach; sie trank hastig zwei Glas Wasser, um den bitteren Geschmack im Mund loszuwerden. Nach erfrischend herbem Duschgel riechend, kam Emmanouíl in den Raum. Thália schlug der Duft auf den Magen. Sie hielt sich die Hand vor den Mund, lief ins Badezimmer und übergab sich in die Toilettenschüssel. Emmanouíl trat hinter sie und strich sanft über ihren Rücken.
»Geht's wieder?« Sie nickte und wusch sich das Gesicht mit kaltem Wasser. »Du musst es hinter dich bringen, dann wird es dir besser gehen. Ganz sicher«, sagte er.

»Ich habe Angst. Was ist, wenn Anna mir anmerkt, dass ich neidisch auf ihr Baby bin?«
»Du bist kein Monster, das anderen Frauen ihr Kind nicht gönnt. Glaub mir. Das spielt sich nur in deinem Kopf ab. Vielleicht sind es die weiblichen Hormone, die dir einen Streich spielen.« Sie lächelte gezwungen.
»Ich wusste nicht, dass du Medizin studiert hast.«
»Wichtig ist, dass wir uns verstehen und lieben. Eines Tages werden auch wir eine Familie haben.« Er hob ihr Kinn. Unter Tränen nickte sie ein weiteres Mal.
»Ich muss zur Arbeit. Kommst du zurecht?«
»Ja.«
Nachdem er das Haus verlassen hatte, ging Thália unruhig in der Wohnung auf und ab. Immerfort führte sie ihr Schritt zum Küchenfenster, von dem aus sie Annas Wohnung sehen konnte. Ich kann nicht zu ihr gehen. Sie knetete die Finger, bis sie ihr wehtaten. Sie hatte das Gefühl, ein Ameisenhaufen krabbele ihr über den Körper. Sie schluckte trocken, biss sich auf die Lippen und schmeckte Blut. Ihr Atem wurde schwerer, die Beine verloren zunehmend an Kraft. Sie nahm auf der Küchenbank Platz, sprang jedoch, wie von einer Hornisse gestochen, sofort wieder auf und setzte den Rundgang durchs Haus fort. Vor dem Schlafzimmerspiegel zeigte sie ihrem Gegenüber drohend die Faust.
»Du musst jetzt zu Anna rüber und sie zu ihrer Tochter beglückwünschen! Hast du verstanden?« Kaum waren die Worte ausgesprochen, schrie sie hysterisch auf. Sie begann, mit den Fäusten auf sich einzuschlagen, ohne den Schmerz zu spüren. Nach einiger Zeit verließ sie die Kraft und sie glitt erschöpft am Schrank entlang zu Boden. Dort blieb sie liegen und döste für einen Moment weg. Die Kirchturmglocke erklang und riss

Thália aus ihrer Lethargie. Als wäre es ein Zeichen von oben gewesen, erhob sie sich. Ich gehe zu Anna!, sagte sie, strich ihr Kleid glatt. Im Badezimmer rieb sie sich kühles Wasser ins Gesicht und legte ein leichtes Make-up auf, um die Spuren der Tränen zu überdecken. Mit dem Geschenk in den Händen schritt sie aus der Wohnung. Lieber Gott, steh mir bei!

Thália war gerade im Begriff, vor Annas Gartentor kehrtzumachen, als Lámbros die Haustür öffnete. Ihre Blicke trafen sich.

»Geht es dir besser?«, fragte er. Sie senkte den Kopf und nickte. »Anna wird sich freuen, dir endlich ihre Tochter vorstellen zu dürfen.« Er öffnete das Gatter und bat sie herein.

»Vielleicht schläft Natalía und ich störe«, kam es flüsternd über ihre Lippen. Insgeheim hoffte sie, Lámbros würde dies bestätigen.

»Zier dich nicht«, sagte er stattdessen und gab ihr einen freundschaftlichen Schubs Richtung Tür. Als Thália sich umblickte, war von Lámbros nur noch ein Stück Haarschopf auszumachen. Dann verschwand er ganz in der Dorfgasse.

Sie schluckte trocken, ihre Hände und Beine zitterten. Tränen stiegen auf. Um sie zu unterdrücken, kniff sie sich fest ins Bein. Genau dort, wo sich seit ihren Faustschlägen blaue Flecken gebildet hatten. Vor Schmerz stöhnte sie auf.

Auf der letzten Stufe atmete sie mehrfach tief ein und aus. Du schaffst das! Du schaffst das!, flüsterte sie sich selbst Mut zu. Dann hob sie die Hand und klopfte. Sie hatte das Gefühl, die polternden Schläge ihres Herzens wären lauter als ihr zaghaftes Anklopfen.

»Ich komme«, vernahm sie Annas Stimme. Panik stieg

in Thália hoch. Sie drehte sich auf dem Absatz um, bereit zur Flucht, doch die Tür wurde bereits geöffnet.
»Thália!«, rief Anna erfreut. »Endlich bist du die lästige Grippe los. Du bist ganz schön schmal geworden!«
Thália zögerte kurz, bevor sie sich in Annas geöffnete Arme wagte. Die Umarmung tat ihr gut. Über Annas Schulter hinweg konnte sie die Wiege sehen. Sie hielt den Atem an und bekam gar nicht mit, dass ihre Freundin sie am Ärmel hineinzog.
»Natalía ist gerade aufgewacht«, sagte Anna und hob die Kleine hoch. Dann drehte sie sich zu ihrer Freundin, die wie angewurzelt dastand. Thália überlegte ernsthaft, ob sie überhaupt fähig wäre, jemals wieder ein Wort zu bilden, geschweige denn in der Lage, sich fortzubewegen.
»Darf ich dir meine Tochter Natalía vorstellen?«
Thália wagte nicht, das Baby anzuschauen, aus Angst, sie würde es Annas Arm entreißen und mit ihm davonlaufen. Stattdessen hielt sie den Blickkontakt mit ihrer Freundin, die meinte: »Natalía, das ist Thália, meine beste Freundin.« Dann hob sie das Kind Thália entgegen, deren Arme schlapp herunterhingen. Das Geschenk glitt aus ihren Händen zu Boden.
»Ist etwas?«, fragte Anna, die ihr das Baby immer noch entgegenhielt.
Erst jetzt reagierte Thália und sagte: »Ich traue mich nicht, sie zu nehmen, sie sieht so zerbrechlich aus.«
»So sehen alle Neugeborenen aus. Ich hatte am Anfang auch Angst, ich könnte etwas falsch machen, wenn ich sie auf den Arm nehme.« Anna trat lächelnd auf Thália zu. Diese überlegte, ob sie noch zurückweichen könne, aber ihre Beine setzten den Befehl nicht um. Mechanisch hob sie die Arme und ließ sich Natalía hineinle-

gen. In dem Moment, als sie den warmen Körper des Babys spürte, machte sich ein Gefühl der Wonne in ihr breit und verdrängte die aus Neid entstandene Panik. Thália wiegte das Baby und ging im Raum umher. Leise summte sie ein Kinderlied – und verliebte sich auf Anhieb in die strahlend blauen Augen, die ihr entgegensahen.

29. Kapitel

Natalía schlief in den ersten Monaten wenige Stunden am Stück. Anna war ständig müde. Überrascht stellte sie jedoch fest, dass Lámbros sich rührend um die Enkelin kümmerte. Ohne ihrer je überdrüssig zu werden, schaukelte er sie stundenlang in den Schlaf.
»Leg dich hin«, sagte er eines Tages, als Anna sich beim Kochen kaum noch auf den Beinen halten konnte.
Sie gähnte: »Ich muss das Mittagessen vorbereiten.«
Er schritt auf sie zu, nahm sie an den Schultern und drehte sie zu sich um.
»Kartoffeln kann ich schälen und kochen. Fleisch ist von gestern übrig. Das stell ich später zum Aufwärmen in den Ofen.«
»Wird dir das nicht zu viel? Schließlich ist da noch Natalía. Hunger dürfte sie für die nächsten Stunden nicht haben, aber die Windeln müssten gewechselt werden.«
»Ich habe meine eigenen Kinder gewickelt«, erwiderte er und schob sie in den Flur. »Leg dich hin. Wenn mein Sohn vom Feld kommt, steht das Essen auf dem Tisch. Schlaf du dich erst mal aus, sonst brichst du uns

noch zusammen. Bist sowieso noch zierlicher geworden, als du eh schon warst. Ich verspreche, dich sofort zu wecken, wenn Natalía einen Muckser von sich gibt.« Beruhigend zwinkerte er ihr zu.
»Danke.« Wenige Minuten später schlief Anna tief und fest.

An einem regnerischen Vormittag kramte Anna in der Schublade. Ein Foto fiel ihr in die Hände, es zeigte sie als Siebenjährige. Im Sonntagskleid, vor Freude strahlend und ihre neue Puppe fest im Arm haltend, stand sie vor dem festlich geschmückten Tannenbaum. Sofort verfiel sie in Tagträume. Sie wünschte sich, gemeinsam mit ihrer Tochter über den Kölner Weihnachtsmarkt zu spazieren und im Dom eine Kerze anzuzünden.
Für einen Moment schloss sie die Augen. Sie stellte sich vor, wie sie den Kinderwagen über die Hohestraße schob, dabei die Auslagen der Kaufhäuser betrachtend. Besonders schön war es in der vorweihnachtlichen Zeit, wenn die Großstadt mit Fantasielandschaften bunt dekoriert und mit aus Tannenästen gebundenen Girlanden geschmückt war. Ganz genau erinnerte sie sich an die Lichterketten, die den künstlichen Schneezauber reflektierten und einen geheimnisvollen Schein auf die ausgestellte Märchenwelt warfen. Kinder drückten ihre Nasen an den Scheiben platt und verfolgten mit großen Augen die Bewegungen der Puppen.
Bei derartigen Spaziergängen hatte Anna regelmäßig ein Hungergefühl überfallen und sie hatte ihre Schritte in Richtung der Gaststätte Früh gelenkt. Dort hatte sie prinzipiell rheinischen Sauerbraten und Kartoffelknödel mit Rotkohl bestellt und es sich gut schmecken lassen. Zum Abschluss hatte sie immer ein Glas Dun-

kelbier getrunken. Unbewusst fuhr Anna sich mit der Zunge über die Lippen.

»Hast du Hunger?«

»Uh«, schrak sie auf, »Ilías! Ich habe gar nicht bemerkt, dass du hereingekommen bist.«

»Wo warst du mit deinen Gedanken?«

Ohne Zögern sagte sie: »Ich möchte mit Natalía nach Köln, um den Heiligen Abend mit meinen Eltern zu verbringen. Es liegt mir viel daran, dass sie ihre Enkelin kennenlernen. Seit Papas Arbeitslosigkeit ist die Chance gering, dass sie jemals hierherkommen.«

»Im Winter gibt es keine Direktflüge, bis Düsseldorf musst du zwei Mal umsteigen. Und wie kommst du von dort nach Köln?«

»Meinen Koffer gebe ich in Heráklion auf, der geht durch, und Papa kann mich in Düsseldorf abholen.«

»Auch bei Glatteis? Nein, Anna. Natalía ist erst sechs Monate alt. Ich darf gar nicht daran denken, was euch alles passieren könnte. Flieg im kommenden Frühjahr.« Getrieben von Nervosität ging er aus dem Wohnzimmer in die Küche, riss das Fenster auf und atmete tief durch. Sonnenstrahlen fielen herein. Anna schaute in die Wiege. Das grelle Licht ließ Natalía blinzeln, die durch die lauten Stimmen wach geworden war. Mit den Fäustchen rieb sie sich die Augen.

»Aber dann ist nicht Weihnachten.«

»Man hört euch bis auf die Straße. Streitet ihr?«, fragte Lámbros, der eben eintrat.

»Nein, Vater.«

»Wenn ihr mich fragt, ich bin dagegen, dass meine Enkelin nach Deutschland fliegt.« Damit schritt er brummend zur Wiege, hob die nun weinende Natalía heraus und versuchte, sie zu beruhigen.

Hat er vor dem Fenster gestanden und gelauscht?, dachte Anna und sagte: »Halt dich bitte da raus. Das ist eine Angelegenheit zwischen deinem Sohn und mir.«
»Reiß dich zusammen. Hörst du nicht, dass die Kleine weint?«, mahnte Lámbros.
»Hättest du nicht herumgebrüllt, würde sie jetzt noch schlafen!« Anna stapfte wütend aus der Küche.
... obwohl ich gegen Lámbros ungerecht war, schließlich haben Ilías und ich Natalía aufgeweckt. Warum muss er sich auch ständig einmischen? Warum können die beiden nicht verstehen, wie viel es mir bedeutet, den Heiligen Abend mit meinen Eltern zu verbringen? Ich werde in die Stadt fahren und mir ein Ticket besorgen. Mit Wucht schüttelte sie die Decken aus.

30. Kapitel

»Was regst du dich auf? Das ist Ilías' und Annas Angelegenheit. Misch dich da nicht ein«, mahnte Emmanouíl, als seine Frau ihm ihre Bedenken über Annas Vorhaben anvertraute. Sie saßen im Wohnzimmer. Müde von der Olivenernte, wollte er in Ruhe die Nachrichten verfolgen. Doch er hatte den Fernseher kaum eingeschaltet, da lag ihm seine Frau schon mit Annas Reise in den Ohren. Er machte das Gerät aus, goss sich ein Glas Wein ein und nahm sich eine Handvoll Erdnüsse.
»Natalía ist viel zu klein. Doch Anna stellt sich stur, ich kann überhaupt nicht mit ihr darüber reden.«
»Dann lass es.«
»Lass ich nicht!« Thália sprang von der Couch auf.

»Wie kannst du so seelenruhig deine Nüsse knabbern, wenn die Frau deines besten Freundes versucht, ihrem Kind Unmögliches zuzumuten?!«
Emmanouíl schüttelte den Kopf. »Sag mal, steigerst du dich da nicht in etwas hinein?«
Thália konterte: »Würdest du mich mit unserem Kind fliegen lassen?«
»Nein.«
»Siehst du? Und was ist so anders daran, dass du bei Annas Vorhaben dermaßen gleichgültig bist?« Sie blitzte ihn an.
»Es ist nicht mein Kind. Und auch nicht *deins*!«, betonte er. Sie runzelte die Stirn.
»Soll das heißen ...«
»Du kümmerst dich zu viel um Natalías Wohlergehen«, fiel er ihr ins Wort. Verdutzt sah sie ihn an. Kurz darauf ging sie aus dem Raum, stellte sich ans Küchenfenster. Sah hinüber zu Annas Heim. Eine Mutter kann nicht einfach ihr Kind einer solchen Gefahr aussetzen ... oder? Dann stutzte sie. Vielleicht denkt Anna als Mutter anders als ich, die Frau, die sich sehnlichst ein Kind wünscht. Sie sah, dass Anna, ihre Tochter im Arm haltend, ihr zuwinkte. Die Freundin hatte das Fenster geöffnet und bedeutete ihr herüberzukommen. Ihr erster Impuls war, sofort zu ihr zu laufen. Doch dann kamen ihr Zweifel. Es wird Streit geben, dachte sie, hob den Telefonhörer, wählte Annas Nummer.
Als die sich meldete, sagte Thália: »Ich kann jetzt nicht. Ich bin müde von der Ernte.« Nach dem kurzen Gespräch setzte sie sich neben Emmanouíl auf die Couch, der in der Zwischenzeit den Fernseher wieder eingeschaltet und die Weinkaraffe geleert hatte.
»Hast du das Gefühl, ich würde mir zu viele Gedanken

um Natalía machen?«, kam es fast flüsternd über ihre Lippen. Er stellte den Ton aus.
»Was hast du gesagt?«
»Ob du denkst, ich sollte besser nicht mehr zu Anna gehen.«
»Warum nicht?«
»Wegen Natalía.«
»Kannst du dich deutlicher ausdrücken?« Er setzte sich auf, und Thália spürte seinen verwunderten Blick, der auf ihr ruhte. Sie sah, dass seine Augen verschwommen glänzten; der Wein zeigte seine Wirkung.
»Wieso werde ich nicht schwanger?«
»Ich weiß nicht«, sprach er leise, rückte näher und zog sie an sich. »Vielleicht verpassen wir immer und immer wieder die fruchtbaren Tage? Oder du bist nicht fortpflanzungsfähig.«
»Ich?!« Sie stieß ihn von sich.
»Na *ich* bestimmt nicht! Bei mir ist alles in Ordnung!«
»Und woher weißt du das? Hast du heimlich einen Test gemacht?« Sie hielt die Luft an und spürte Unwohlsein in sich aufkommen.
»Du glaubst nicht im Ernst, ich würde in einer Kammer Hand an mich legen und dabei in Pornoheften blättern, um meine Spermien untersuchen zu lassen! Nein, komm bloß nicht auf so eine Idee! Ich bin zeugungsfähig, oder spürst du nicht, was ich ständig für eine Masse in dich reinbollere?!« Thália hielt sich die Ohren zu.
»Hör auf, wie redest du mit mir? Du hast wohl zu tief ins Glas geschaut.« Sie sprang auf, doch er hielt sie am Ärmel fest. »Bleib du ruhig hier, ich kann dir beweisen, dass mein Zeugs gut ist. Los, zieh dich aus, damit wir es hier und jetzt treiben können.« Er drückte sie tiefer

in die Kissen. Sie wehrte sich mit aller Kraft gegen sein Gewicht, schaffte es, sich zu befreien und rutschte von der Couch herunter. Als sie versuchte, von ihm wegzukriechen, hielt Emmanouíl sie an den Beinen fest, zog sie zurück. Sie stieß zu, traf seinen Kopf, sodass er aufschrie und losließ. Schnell stand sie auf und lief ins Schlafzimmer, knallte die Tür zu, verriegelte sie. Außer Atem lehnte sie sich an das kühle Holz. Emmanouíl hämmerte mit den Fäusten dagegen.

»Mach auf! Ich werde dir zeigen, wie ich dir ein Kind beschere!«, lallte er. Sie rutschte mit dem Rücken am Türpfosten entlang zu Boden, schlang die Arme um ihre Knie und weinte bitterlich. Irgendwann verebbten seine Flüche.

31. Kapitel

In der Nacht war die Insel von einem Unwetter heimgesucht worden. Äste und Steinbrocken lagen auf den Straßen. An manchen Stellen floss das Regenwasser wie ein kleiner Bach in die Gräben. Anna stand windgeschützt am Wartehäuschen und hielt ihre Tochter im Arm.

Wenn der Bus nicht bald kommt, verpasse ich den Flug. Sie sah zu Ilías, der die Hände in den Taschen vergraben hatte. Nervös ging er auf und ab. Er stieß mit dem Fuß einen Stein an, der weit entfernt im Olivenhain landete.

»Sei nicht so grimmig«, bat sie. Abrupt blieb er stehen. »Du bist unvernünftig. Schau dir die Witterung an.

Wahrscheinlich hat der Bus durch die Unwetterschäden Schwierigkeiten, pünktlich herzukommen. Natalía könnte sich bis dahin eine Erkältung zuziehen. Und es ist bei weitem kein Flugwetter!«
»Ich habe sie gut eingepackt.«
»Ich bitte dich! Überleg es dir. Ist egal, wenn wir das Geld fürs Ticket verlieren. Ich möchte nicht, dass dir oder meiner Tochter etwas passiert.«
»Du hättest mitkommen können.«
»Dann wäre es trotzdem stürmisch! Und wer würde sich um die Tiere kümmern? Vater stellt sich stur und lässt mich allein ackern. Nachdem wir endlich unsere Herde vergrößert haben, ist die Arbeit für mich kaum zu schaffen. Bin ich froh, dass wir die Olivenernte hinter uns haben.«
»Die Ländereien gehören dir, er hat kein Recht mehr zu bestimmen, ob du Arbeiter einstellst oder nicht.«
Ohne darauf einzugehen, setzte Ilías hinzu: »Und deine Mithilfe fällt für drei Wochen aus.« Er strich sich eine Haarsträhne aus dem Gesicht.
»Du redest wie dein Vater. Ich bin nur eure Magd.« Sie wandte sich von ihm ab.
»Entschuldige, so habe ich das nicht gemeint.« Schnell schlang er die Arme um seine Liebste, drückte sie zärtlich an sich. »Ich mache mir halt Sorgen.«
Der Bus bog um die Ecke. Ilías schob das Gepäck in den Stauraum.
»Soll ich Natalía halten?«, fragte er, nachdem sie Sitzplätze gefunden hatten. Anna reichte ihm die Tochter.
»Ich freue mich, dass du uns nach Heráklion begleitest.« Sie lehnte den Kopf an seine Schulter.
»Ich vermisse euch schon jetzt«, flüsterte er.
Die Reise ging los. Des Öfteren wich der Busfahrer ab-

gebrochenen Ästen und Gestein aus. Nach drei Stunden Fahrt hatten sie den Flughafen erreicht. Ein kräftiger Wind fegte über das Gebäude. Bis ins Innere war das Klappern der Hinweisschilder und anderer metallener Gegenstände zu hören, als würden sie jeden Moment aus ihrer Verankerung gerissen. Sie stellten sich am Olympic Airways-Schalter an. Passagiere diskutierten über die Wetterbedingungen. Anna spürte Ilías' Anspannung, er knetete den Koffergriff. Dann wurde eine den Flug nach Athen betreffende Ansage durchgegeben.

»Nicht weinen, Anna«, bat Ilías.
»Ich hab mich so darauf gefreut.« Sie setzte sich niedergeschlagen auf einen Fels am Straßenrand.
»Steh auf. Es ist nass und zu kalt«, mahnte Ilías, der versuchte, Natalía vor den Windböen zu schützen.
»Sei froh, dass Olympic Airways den Flug gestrichen hat. Die dunklen Wolken am Himmel verheißen nichts Gutes.« Ein entwurzelter Strauch fegte an ihnen vorbei. Endlich bog ein Bus um die Kurve.
»Der fährt nach Ierápetra. Den nehmen wir. Dann steigen wir in Ágios Nikólaos aus und warten auf den Bus Richtung Sitía. Besser, als hier zu stehen!« Auf sein Handzeichen hin stoppte der Fahrer. Schnell reichte Ilías seiner Frau die Tochter und verstaute das Gepäck. Anna ließ sich auf einem Fensterplatz nieder und schaute betrübt hinaus. Warum habe ich mich bloß von Ilías überreden lassen, als die Angestellte der Fluggesellschaft fragte: ›Möchten Sie morgen oder an einem anderen Tag Ihren Flug in Anspruch nehmen oder das Ticketgeld zurück?‹ Nun haben wir die Drachmen in der Tasche, und ich fliege nicht zu Weihnachten nach

Köln. Tränen glitzerten in ihren Augenwinkeln. Auf dem Nebensitz beruhigte Ilías seine Tochter.
»Nimm es bitte nicht so schwer. Bei dem Sturm hebt kein Pilot freiwillig von der Insel ab. Und ihr hättet in Athen und Thessaloniki zwischenlanden müssen.«
»Na und? Heißt nicht, dass es überall stürmisch gewesen wäre«, gab Anna trotzig zurück.
»Kannst du nicht einsehen, dass es zu gefährlich ist?«
Bis nach Ágios Nikólaos sprach Anna kein weiteres Wort mit ihm, sondern hing stumm ihren Gedanken nach. Lámbros wird schadenfroh sein. Sie sah sein freudiges Gesicht bereits vor ihrem inneren Auge.

Am nächsten Morgen hatte sich das Unwetter gelegt. Auf den Gipfeln der hohen Berge lag eine Schneedecke. Die Dorfgassen waren übersät mit ausgerissenem Buschwerk. Trotz Nieselregen kehrten die Bewohner vor ihren Grundstücken. Viele nahmen einen Wasserschlauch zur Hand, um den Schlamm wegzuspülen.
Auch an Lámbros' Haus war der Sturm nicht spurlos vorübergezogen. Im Vorgarten lag ein umgestürzter Granatapfelbaum. Die Fernsehantenne baumelte verbogen vom Dach herab, zwei Fensterläden hingen nur noch an einem Scharnier, und der Verschlag mit den Ölvorräten stand unter Wasser. Anna legte Holzscheite nach und stocherte im Kamin. Damit die Wärme nicht entweichen konnte, hatte sie von innen Decken an die Türschwellen gelegt. Sich die Hände reibend, trat Lámbros ins Zimmer.
»Meine Güte, da hat uns der Winter aber richtig erwischt. Zum Glück hat der Sturm nachgelassen. Eisfüße hab ich, die Stiefel sind durchnässt.«
»Zieh sie aus, ich stell sie zum Trocknen vor den Ka-

min.« Lámbros reichte sie ihr. Danach nahm Anna den Mopp und wischte den Dreck auf, den ihr Schwiegervater beim Eintreten hinterlassen hatte.
»Solange es regnet, schaffen wir es nicht, den Schlamm aus der Vorratshütte zu kehren. Die Erde am Hang ist weich und wird endlos heruntergespült. Sollten wir jetzt Besuch bekommen, die würden denken, hier leben Zigeuner. Das Wohnzimmer steht voller Ölkanister, Körbe mit Gemüse und Kartoffeln.«
»Bei anderen wird es nicht besser aussehen. Außerdem sind bei dir und in unserem Schlafzimmer die Fenster undicht. Sie müssen gekittet werden. Ich hab bald keine trockenen Tücher mehr zum Vorlegen.«
»Das kann Ilías machen.« Lámbros zog die Pfeife aus der Jacke, steckte sie sich in den Mund. Wenn Natalía sich im Raum befand, kaute er darauf herum, ohne sie anzuzünden. »Schau dir meine Enkelin an, die verschläft das ganze Chaos.« Die Wiege war nah an den Kamin gerückt worden, damit Natalía die Kälte nicht zu spüren bekam.
»Ein Glück. So habe ich Zeit und kann Ordnung schaffen.«
»Machst du mir einen Kaffee?«, fragte er. Anna nickte.
»Bin ich froh, dass ihr nicht geflogen seid.«
Anna zuckte zusammen und spürte, wie Heimweh sie übermannte. Sofort verließen sie ihre Kräfte. Einem Roboter gleich nahm sie das Brikí zur Hand, schöpfte zwei Löffel Pulver hinein und füllte es mit Wasser auf. Anschließend stellte sie es auf die Gasflamme und rührte den Kaffeesatz um.
»Anna«, rief Lámbros, »es läuft über!«
Erschrocken stellte sie die Flamme aus, schüttete den Rest in eine Tasse und reichte sie dem Schwiegervater.

»Setz dich mal zu mir.« Er klopfte mit der Hand neben sich auf die Bank. Sie kam seiner Aufforderung nach.
»Auch wenn du viel zu tun hast, so merke ich doch, dass du mit deinen Gedanken gar nicht bei der Arbeit bist. Du denkst an deine Familie in Deutschland. Hab ich Recht?«
Anna nickte und sah ihn traurig an.
»Ich weiß, wie sehr du dich auf die Reise gefreut hast. Doch stell dir vor, wenn dir bei dem Unwetter etwas zugestoßen wäre. Ich darf gar nicht daran denken!« Er schlürfte seinen Kaffee. Anna saß bewegungslos und brachte kein Wort heraus, die Tränen schnürten ihr die Kehle zu.
»Ich habe mit dem Popen gesprochen, er wird am Heiligen Abend die Kirche ab zwanzig Uhr für eine Stunde offen lassen. Du kannst dann dort hinein«, bemerkte Lámbros ruhig.
»Bitte?«
»Nun, ich dachte mir, wenn du schon nicht an Weihnachten mit deiner deutschen Familie zusammen sein kannst, dann sollst du wenigstens die Möglichkeit haben, in die Kirche zu gehen.«
»Danke, das ist lieb von dir.«
»Beim Nachbarn auf dem Berggrundstück habe ich einen grünen Baum entdeckt. Keine Tanne, aber vielleicht würde er dir besser gefallen als ein Olivenzweig.« Wieder zog er an der kalten Pfeife. Anna sah ihn erstaunt an und spürte leichten Zweifel in sich aufkommen. »Du warst immer dagegen.«
Er winkte ab. »Lass mal gut sein, Anna. Ich möchte nicht, dass die Mutter meiner Enkelin traurig ist. Das ist nicht gut fürs Kind.« Er zeigte auf die Wiege, in der die Kleine seit Stunden friedlich schlief.

»Und ich habe mich umgehört, ob es einen Bauern gibt, der Gänse züchtet, doch leider habe ich keinen gefunden. Wir könnten einen Truthahn kaufen.« Lámbros schenkte Rakí aus der auf dem Tisch stehenden Karaffe ein. Danach schälte er eine Mandarine und reichte beides Anna. Automatisch steckte sie sich ein Stück Frucht in den Mund und nippte am Schnaps.
»Ich weiß gar nicht, was ich sagen soll«, sprach sie mit vollem Mund und spürte, dass ihre Wangen glühten.
»Was hältst du davon, wenn du den Weihnachtsbaum hier drinnen aufstellst?« Anna rückte näher und umarmte ihn fest.
»Danke. Das hätte ich mir nie träumen lassen, dass du mir das erlaubst. Ich möchte, dass Natalía etwas von meinem Weihnachten erfährt. Auch wenn sie jetzt noch zu klein ist.« Sie drückte Lámbros einen Kuss auf die Wange. Danach sprang sie auf und drehte sich überglücklich im Kreis.
Sie sah, dass der Schwiegervater schmunzelte und sich den Bart glatt strich. Dann sagte er: »Aber getauft wird Natalía griechisch-orthodox.«
»Keine Angst. Sie ist hier geboren und soll im landesüblichen Glauben aufwachsen.«

Am Heiligen Abend trug Lámbros den Ast einer Föhre ins Haus.
»Schaut!« Entzückt klatschte Anna in die Hände. »An den Zweigen hängen kleine Zapfen!«
Gemeinsam mit Ilías schmückte sie ihn. Zwischendurch sah sie für einen Moment zum Schwiegervater hinüber. Hoffentlich bereut er seine Einwilligung nicht, dachte sie und machte sich wieder ans Dekorieren. Plötzlich erklang leise im Hintergrund ein weihnachtliches Lied.

Anna drehte sich um. Lámbros hat den Kassettenrekorder angemacht! Erleichterung machte sich in ihr breit. Nun hob der Opa vorsichtig die Enkelin aus der Wiege, ließ sich mit ihr auf der Bank nieder und schaukelte sie im Arm. Anna stellte ein Räuchermännchen auf und zündete es an. Bald verteilte sich das Tannenaroma im Raum und mischte sich mit dem Duft der Speisen. Im Ofen brutzelte der Truthahn. Apfelrotkohl köchelte auf der Gasflamme. Anna schloss die Augen und sog den weihnachtlichen Duft tief ein. Erst als sie einen sanften Plumps vernahm, sah sie wieder auf. Der Engel lag am Boden. Ilías versuchte, ihn wieder auf dem Ast zu platzieren, doch er fiel ein weiteres Mal herunter.

»Stell ihn auf den Kaminsims«, sagte Lámbros.

»Und die Bilderrahmen?«, fragte Anna.

»Bis auf Sofías Foto kannst du alle aufs andere Regal bringen. Neben Sofía stellst du den Engel auf. Das hätte sie gemocht.« Er räusperte sich, und Anna bemerkte, dass seine Augen feucht schimmerten.

»Sie ist auf ewig in unseren Herzen«, flüsterte sie.

»Da hast du Recht.«

Ilías entwirrte derweil das Kabel der Lichterkette. Anschließend verzierte er den Ast damit.

»Soll ich sie einstecken?«

»Ja, gerne.« Sogleich verwandelte sich der Raum in einen Ort der Wärme und Harmonie. Aus dem Wohnzimmerschrank holte Anna das gute Geschirr und deckte den Tisch festlich ein. Kristallene Weinkelche hatte sie nicht, deshalb putzte sie die Wassergläser mit einem Küchentuch, bis keine Flecken mehr zu sehen waren. Auf die Tischmitte stellte sie eine rote Kerze und bat Lámbros, sie anzuzünden. Dann lief sie ins Schlafzimmer und kam mit einer kleinen Tüte zurück.

»Lámbros, so sieht ein echter Weihnachtsbaum aus.« Sie hielt ihm die Servietten entgegen, auf denen ein geschmückter Baum abgebildet war.
»Gibt es die hier zu kaufen?« Er nahm ein Papiertuch in die Hand.
»Nein, die haben mir meine Eltern per Eilpost geschickt. Das Weihnachtspaket wird erst im nächsten Jahr ankommen. Eigentlich wäre ich ja jetzt ...« Sie stockte und schaute auf die Uhr. »Der Truthahn ist fertig, wir können essen«, sagte sie schnell und vertrieb die trüben Gedanken. Ilías räumte die leeren Schachteln der Christbaumkugeln in einen Karton und trug ihn in den Flur. Lámbros stand auf, bettete seine schlafende Enkelin in die Wiege und wusch sich die Hände. Dabei fragte er: »Kann ich dir helfen, Anna?«
»Magst du den Truthahn tranchieren?«
»Aber sicher.« Flink griff er nach dem Messer und einer Gabel. Kurze Zeit später saßen sie in gemütlicher Runde am festlich gedeckten Tisch.
Ist mir heiß, dachte Anna und fühlte mit den Händen die Wangen. Dann prostete sie ihrem Ehemann und Schwiegervater zu.
»›Frohe Weihnachten‹ sagt man bei uns.«
»Kalá christoújenna«, antworteten die Männer gleichzeitig.

»Hat es dir gefallen?«, fragte Ilías, als sie später nebeneinander im Bett lagen.
»Ja, fast wie früher bei uns zuhause.« Sie atmete tief durch. »Und dein Vater war richtig nett, und am besten gefiel mir die Überraschung mit dem grünen Ast.«
»Nur unsere Kleine hat den Heiligen Abend verschlafen«, flüsterte Ilías.

»Das macht nichts, sie wird noch viele Weihnachten erleben.« Für einen Moment war nur das Knistern der letzten Funken im Küchenkamin zu hören. Sie ließ den Abend in Gedanken Revue passieren.
»Anna«, flüsterte Ilías.
»Mhm…?« Sie spürte, wie er sich aufsetzte. Er knipste die Nachttischlampe an und wühlte in der Schublade. Dann beugte er sich zu ihr herüber.
»Was ist?«
»Möchtest du endlich offiziell meine Frau werden?« Er öffnete ein Kästchen, in dem auf einem blauen Kissen zwei Eheringe steckten.

32. Kapitel

»Thália, du kannst dir nicht vorstellen, wie sehr ich mich freue, dass meine Eltern und Geschwister heute dabei sind!«
»Ich bin nicht blind«, scherzte die Freundin. Anna stellte sich vor den Spiegel. Ein wenig fremd fühlte sie sich schon im Hochzeitskleid. Als sie sich drehte und von allen Seiten betrachtete, raschelte die Schleppe über den Betonboden. Silberstrahlend schmückte ein Reif das hochgesteckte Haar, Sofías Brautdiadem. Lámbros hatte ihr das Schmuckstück vor ein paar Tagen überreicht und Anna gebeten, es zu tragen.
»Du siehst wunderschön aus«, sagte Thália, die ihr beim Ankleiden half.
»Denkst du, ich werde Ilías gefallen?« Sie drehte sich zur Freundin um, die ihr in den letzten Monaten noch

mehr ans Herz gewachsen war. Viele Stunden hatten sie zusammen verbracht, unzählige Einladungskarten versandt, das Kleid gemeinsam ausgesucht, die Vorbereitungen und Bestellungen für das Festessen getroffen.
»Er wird verzaubert sein.« Thália zupfte eine Falte am Kleid glatt.
»Endlich hat meine Familie Ilías und unsere Tochter kennengelernt.«
Bevor die Freundin etwas darauf erwidern konnte, klopfte es und Lámbros rief: »Es ist Zeit, der Pope wartet.«
Anna öffnete die Tür – und stellte fest, dass Lámbros vor lauter Staunen keinen Ton herausbrachte. Doch bald schon fing er sich.
»Na, das ist ja mal eine bezaubernde Braut. Und bald bist du meine Schwiegertochter.« Er straffte sich.
Die bin ich längst, mein Lieber, dachte Anna.
Unerwartet gab er ihr einen Kuss auf die Wange.
»Ich gehe vor, dein Vater wird dich bis zur Kirche begleiten. Und ich passe auf, dass Ilías keine weichen Knie bekommt, wenn er dich sieht.« Er lächelte. Kurz darauf war er verschwunden. Anna ging ins Wohnzimmer. Ihrem Vater entwich ein Pfiff. Die Mutter zog das Taschentuch aus dem Ärmel und trocknete sich die Tränen. Annas Schwester hatte Natalía an der Hand, die seit einer Woche die Welt mit ersten, noch etwas unsicheren Schritten erkundete. Sie trug ein weißes Kleidchen. Denn nicht nur die Hochzeit, auch Natalías Taufe sollte gefeiert werden. Taufpatin war Anthí. Selbst im siebten Monat schwanger, freute sie sich über ihre Aufgabe.
Dann machte sich die Gesellschaft durch die Dorfgassen auf den Weg zur Kirche. Die Häuser sahen wie ausgestorben aus; kein Bewohner saß in der Taverne,

stand vor der Tür oder sah aus dem Fenster, als sie vorbeigingen. Sie stiegen die kleine Anhöhe zur Kirche hinauf. Thália hob das Brautkleid an, damit es nicht über den Boden schleifte. Bald darauf sah Anna, dass sich alle Dorfbewohner vor dem Gotteshaus versammelt hatten. Sie klatschten. Anna spürte ihren schnellen Herzschlag; sie schluckte, damit sie nicht vor lauter Aufregung juchzte. Dann sah sie Ilías. Er stand auf der Schwelle zur Kirche, seine Augen ruhten auf ihr.
Walter führte seine Tochter auf den Bräutigam zu. Ilías begrüßte den Schwiegervater mit einer leichten Verbeugung, woraufhin Walter ihm Annas Hand reichte. Ilías küsste seine Braut. Dann schritt das Brautpaar gemeinsam zum Heiligtum im vorderen Bereich der Kirche, wo der Pope sie erwartete, gefolgt von den engsten Verwandten. Erst nach einem wiederholten mahnenden Blick des Popen, der mit der feierlichen Handlung beginnen wollte, ließ Ilías von seiner Braut ab und schaute zu ihm nach vorn.
Die Gäste unterhielten sich angeregt während der Zeremonie, sodass Anna sich teilweise nur mühsam auf die Worte des Popen konzentrieren konnte. Immer wieder segnete er sie, ließ sie seinen heiligen Ring und die vergoldete Bibel küssen. Dann führte er sie dreimal um den eigens für die Zeremonie aufgestellten kleinen Holztisch, der mit Ikonen, Kerzen, Blumen und Süßem dekoriert war. Dabei wurden sie reichlich mit Reis beworfen. Anna hatte das Gefühl, die Segenswünsche würden kein Ende nehmen, doch ihr Herz war voller Freude. Sie schaute zu Ilías hinüber, der sich Reis aus den Haaren strich. Der Pope kam auf sie zu, legte seine Hände auf ihre und Ilías' Stirn und segnete sie als Mann und Frau. Dann sprach er ihnen seine Glück-

wünsche aus. Sogleich drängten sich Verwandte um das Brautpaar, um es hochleben zu lassen.
Unterdessen wurde das kelchartige Taufbecken hereingetragen. Am Rand des Beckens standen drei dünne Kerzen, die mit rosafarbenem Tüll umwickelt waren. Der Tisch wurde mit neuen Kerzen, Blumen und Süßem eingedeckt, in der Mitte lag die Bibel. Ihr Einband war mit massivem Gold verziert und glänzte im Licht der Kronleuchter. Ähnlich kostbar wie die Bibel war ein kleines, kunstvolles Fläschchen, gefüllt mit geweihtem Wasser. Ein großes weißes Handtuch, zartrosa bestickt, lag für den Täufling bereit, Olivenöl, eine Schere, Seife und ein kleines Handtuch für den Popen daneben.
Die Anwesenden bildeten einen engen Kreis um den Tisch und den Popen. Anthí nahm den Ehrenplatz ihm gegenüber ein. Anna stand neben ihr und hielt Natalía auf dem Arm. Der Pope fing an, die Liturgie zu singen; dabei zeigte er das Buch Gottes herum und segnete die Christengemeinde mit Weihrauch. Die Gäste bekreuzigten sich des Öfteren. Symbolisch umrundeten der Pope und Anthí den Tisch. Dann wurde die Patin dreimal gefragt: »Bist du gläubig?«
»Ja.«
Und genauso oft musste sie das Vaterunser beten. In der Zwischenzeit entkleidete Anna ihre Tochter vor den Augen der anderen. Ein Helfer schüttete warmes Wasser ins Taufbecken. Der Pope hatte eine Schürze angelegt und segnete, die Ärmel hochgekrempelt, das Wasser mit einem Tropfen Öl, das er aus Anthís Händen in Empfang genommen hatte. Er vermengte es mit einem Schuss Weihwasser. Anna überreichte ihm Natalía, die sofort anfing, ihr Gesicht zu verziehen. Kurz

darauf folgte ein Protestschrei. Der Pope versuchte vergeblich, sie zu besänftigen, führte die Handlung dabei fort, indem er sie dreimal ordentlich ins Wasser tauchte. Anschließend wurden ihr drei Locken abgeschnitten und symbolisch über einer Kerze am Taufbecken verbrannt. Während sich der Pope die Hände mit der Seife über dem Taufbecken wusch, wurde Natalía in neue Gewänder gekleidet, welche die Taufpatin mitgebracht hatte.

Als die Kleine die warme Stimme ihrer Patin vernahm, verstummte sie. Stolz präsentierte Anthí das neue Mitglied der Christengemeinde. Die Patin legte Natalía ein goldenes Kettchen mit einem Kreuz an. Nach dem letzten Segensspruch, Weihrauch schwebte in der Luft, drängten sich die Gäste um das Kind. Jeder wollte Natalía an sich drücken. Anschließend wurde an jeden der Anwesenden eine kleine Gabe verteilt, die traditionell aus einem Tüllsäckchen mit süßen Mandeln und einem Anhänger mit Kreuz bestand.

Danach ging es hinunter zum Dorfplatz. Dort befanden sich ausreichend Sitzgelegenheiten für die Gäste. Teller mit Vorspeisen sowie Karaffen, gefüllt mit Wein, Rakí und Wasser, hatten die Helfer bereits auf die Tische gestellt, sodass die Gäste sofort zugreifen konnten. In einem Vorgarten standen vier riesige Kochkessel, in denen der erste Gang, Spaghetti mit Hackfleischsoße, zubereitet wurde.

Das Brautpaar bahnte sich einen Weg durch die Menge. Jeder wollte sie umarmen, küssen und ihnen Glück auf ihrem gemeinsamen Weg wünschen. Anthís Mann hatte Natalía auf den Arm genommen, damit sie im Gedränge nicht unterging. Auch ihnen wurden zur Taufe Glückwünsche ausgesprochen. Hin und wieder warf

Anna einen Blick auf ihre Tochter, die langsam unruhig wurde. Endlich hatten sie es bis zu ihrem Tisch geschafft, der mit roten und weißen Rosen dekoriert war. Eltern und Geschwister hatten ihren Platz bereits eingenommen. Es dauerte eine Weile, bis sich auch die übrigen Gäste gesetzt hatten. Dann stand Lámbros auf und nahm das Mikrofon der Lyramusikgruppe in die Hand.

»Liebe Gäste, auf das Brautpaar und meine getaufte Enkelin Natalía!« Er hob das Glas Wein an und prostete in die Runde. »Einen guten Appetit.«

Kurz darauf wurde das Nudelgericht aufgetragen. Zahlreiche Jugendliche halfen beim Servieren, sodass alle Geladenen gleichzeitig bewirtet werden konnten. Annas Mutter saß neben ihrer Tochter und stupste sie leicht an. »Ich war nicht auf solch eine Menschenmasse gefasst. Davon hast du mir am Telefon nichts erzählt. Sag mal, wer hat das alles organisiert?«

»Ilías, Thália, ihr Ehemann und ich. Besonders Thália ist von Haus zu Haus gegangen und hat gefragt, wer helfen möchte.«

»Niemals hätte ich gedacht, dass so viele Gratulanten kommen.«

»Wenn alle Tische besetzt sind, dann werden es an die tausend sein. Schau in die Gassen oder die Hauptstraße hinunter, dort stehen unzählige Autos; obendrein sind die meisten mit dem Bus oder Taxi angereist.«

»Das kostet ein Vermögen«, flüsterte die Mutter.

»Ein Geschenk von Lámbros.«

»Soso …« Mehr kam nicht über Elfriedes Lippen.

Musik erklang. Das Gespräch wurde durch die Lautstärke der Instrumente unterbrochen.

»Wir müssen bald tanzen, oder?«, fragte Anna Ilías

und spürte, wie aufgeregt sie deswegen war. Thália hatte ihr in den letzten Monaten die Schritte verschiedener Volkstänze beigebracht, jedoch fürchtete Anna sich vor der Öffentlichkeit und spürte ein Grummeln in der Magengegend.
Doch es blieb ihr nicht viel Zeit, sich Gedanken zu machen, denn schon ergriff der Bräutigam ihren Arm und führte sie auf den freien Platz zwischen all den Tischen. Das Brautpaar tanzte kurz allein, dann erhoben sich die Gäste und schlossen sich ihnen an. Sogleich fühlte sich Anna wohler, achtete auf die Füße der anderen, damit sie keinen Schritt ausließ. Die kretischen Rhythmen wurden flotter und die Gäste klatschten im Takt der Musik. Drei Dorfjungen, hoch bepackt mit Tellerstapeln, gerieten in die Menge. Im Nu war das Porzellan zerbrochen. »Ópa!«, schallte es lautstark durch die Gassen.
Nach dem Hauptgang, der im Bäckereiofen zubereitet worden war und aus Lamm mit Kartoffeln in Zitronenöl und Salat bestand, reichten die Helfer verschiedene traditionelle Hochzeitssüßigkeiten. Größtenteils waren sie von den Dorfbewohnern in der letzten Woche zubereitet worden. Nach dem Anschneiden und Verteilen der fünfstöckigen Hochzeitstorte zogen Ilías und Anna von einem Tisch zum anderen, um mit allen persönlich anzustoßen. Manches Mal blieben sie kurz stehen und wechselten ein paar Worte mit den Gästen. Lámbros gesellte sich zu den Musikern und sang mit ihnen kretische Volkslieder. Bis in die frühen Morgenstunden dauerte die Feier.
Müde und erschöpft ließ sich Anna auf die Couch fallen, streifte die Schuhe von den Füßen.
»Was für ein Fest!« Sie sah zu Ilías hinüber, der aus

dem Schlafzimmer kam, in das sich Anthí bereits vor Stunden mit Natalía zurückgezogen hatte. Beide schliefen tief und fest.

»Bist du glücklich?«

»Mit dir immer.« Sie zog ihn an der Krawatte zu sich und gab ihm einen Kuss. Aus dem Jackett holte Ilías kleine Geldumschläge und reichte sie Anna. »Die hat man mir zugesteckt.«

Lámbros kam ins Zimmer. »Nicht nur dir, mein Junge!« Er hielt den traditionellen weißen Stoffsack hoch. »Hier sind noch mehr drin.«

»In der Küche ist vor lauter Geschenken kein Platz mehr. Es wird Tage dauern, bis wir alles ausgepackt und verstaut haben«, stöhnte Anna. Sie legte die Füße auf den Tisch.

»Na, das müsste ich mir erlauben«, neckte Lámbros.

»Besser nicht.« Spaßeshalber setzte Anna einen grimmigen Blick auf. Lámbros reichte seinem Sohn und der Schwiegertochter ein Glas Wein. »Stoßen wir noch mal auf das Brautpaar an. Viele glückliche Jahre wünsche ich euch. So, wie ich sie mit Sofía erleben durfte. Sie wäre heute stolz und glücklich gewesen.« Schnell wischte er sich eine Träne aus dem Augenwinkel.

»Vielleicht ist es euch nicht aufgefallen, doch an unserer Tafel war ein Teller unbenutzt. Ich hatte ihn für Sofía aufgestellt, damit sie symbolisch dabei ist«, erklärte Anna.

»Das hast du gemacht?« Erstaunen stand Lámbros ins Gesicht geschrieben.

»Ich hoffe, du bist mir nicht böse und denkst, das sei Humbug.«

»Das war eine nette Geste von dir.«

»Wir danken dir, Lámbros, für dein großzügiges Ge-

schenk, uns eine solch große Hochzeit auszurichten.« Anna stieß mit ihm an.
»Danke, Vater.« Auf einen Zug trank Ilías sein Glas leer.
»Kinder, wozu sind Eltern da?« Anna sah, dass er seinen Blick verlegen abwandte. Kurz darauf zog sich das Brautpaar zurück, um zumindest einige wenige Stunden zu schlafen. Denn am Vormittag hieß es, die Stühle und Tische abzubauen und den fleißigen Helfern ein Fest auszurichten.

33. Kapitel

Annas Familie war in Emmanouíls Besucherhaus untergekommen. Frühmorgens stand Anna auf, erntete das Gemüse, zupfte Unkraut und bewässerte den Garten. Ihre Geschwister halfen ihr dabei, denn es interessierte sie, Annas Dorfalltag kennenzulernen. Und gemeinsam ging es schließlich flotter von der Hand. Freudig lachend kehrten sie nach vollbrachter Arbeit zur Familienunterkunft zurück. Anna wusch sich gerade die Hände im Bad, als plötzlich ein Schatten hinter ihr auftauchte.
»Mutter! Hast du mich erschreckt. Was bist du denn schon so früh auf den Beinen? Waren wir zu laut?«
»Die Hochzeit ist vorbei, und ich möchte mit dir reden. Wie hast du es hier bloß ausgehalten?!« Die Mutter zog Anna am Ärmel mit sich ins Haus. »Dein Vater hat seit unserer Ankunft nicht schlafen können. Die Sorgen um dich lassen ihm keine Ruhe.« Sie blieb kurz stehen und strich über die Anrichte. »Schau, jeden Tag eine

neue dicke Schicht Staub!« Sie hielt Anna ihre Finger entgegen, dann ging sie zum Fenster. »Hier zieht es rein, die sind undicht. Ich kann mir lebhaft vorstellen, wie du im Winter gefroren hast!«
Anna blieb wie angewurzelt stehen: »Was ist daran so schlimm? Gegen Kälte ziehst du dir einen Pullover mehr über. Und ein bisschen Staub kann man wegputzen.«
»Aber nicht das andere!«
»Was meinst du?«
»Du hattest genug mit den Vorbereitungen für die Hochzeit zu tun, wir wollten dich nicht beunruhigen.« Die Mutter setzte sich auf die Couch und gab ihrer Tochter ein Zeichen, es ihr gleich zu tun. Mit einem unguten Gefühl kam sie der Aufforderung nach.
»Nicht beunruhigen? Du meinst wohl eher, mir nicht vor Augen halten, dass ich im Dreck, arm und heruntergekommen lebe, was?« Sie sprang wieder auf.
»So habe ich das nicht gesagt.«
»Aber gedacht hast du es, oder nicht?« Anna ging in die Küche, holte sich ein Glas Wasser und trank es hastig leer.
»Du hast Sprachen studiert. Seit drei Jahren lebst du in diesem Dorf. Wir haben das Gefühl, dass du hier versauerst! Wir fragen uns, was aus unserer dynamischen Tochter, die die Welt erobern wollte, geworden ist!« Sie fuhr sich mit der Hand über die Stirn.
»Du sprichst immer von wir – ist Vater der gleichen Meinung?«
»Er hat mich gebeten, mit dir darüber zu reden.« Die Tür ging auf und der Vater samt den Geschwistern trat ein. »Seid ihr auch der Meinung, dass ich verkomme?« Sie ging auf ihren Bruder Peter und die jüngere Schwester zu, sah ihnen in die Augen.

»Geht's dir nicht gut?«, fragte Elke.
»Mutter hat mir gerade zu verstehen gegeben, dass ich nicht hierher gehöre. Ihr zufolge lebe ich im Elend und versauere.« Anna stampfte mit dem Fuß auf, Wut pochte in ihren Adern. »Seht ihr denn nicht, dass ich glücklich bin?!«
»Sieht eine glückliche Frau so aus?« Der Vater deutete auf ihren Körper.
»Wie sehe ich denn bitteschön aus?«
»Abgemagert. Deine Haare sind ausgebleicht, die Hände von der harten Arbeit ganz rau.«
»Das glaube ich nicht.« Sie stützte sich auf die Stuhllehne. »Ich kann mich an Fotos von Mutter erinnern, nach Peters Geburt, da war sie auch abgemagert, sah müde und erschöpft aus. Ist das nicht normal, wenn man ein kleines Kind hat? Abgesehen davon arbeite ich im Garten, da kriegt man nun mal rissige Hände«, sagte sie mit Ironie in der Stimme und ärgerte sich über ihre Rechtfertigung. Ich komme mir vor wie in einem Film, der sich ständig wiederholt. Vater, der herrisch ist, und Mutter, die ihm den Rücken stärkt. Obwohl man sich bei deren zierlicher Figur gar nicht vorstellen konnte, dass sie sich schützend vor ihren bulligen Ehemann stellte. Ihre Kindheitserinnerungen wurden schmerzlich wachgerüttelt. Ob sich die beiden nie ändern werden? Sie sollen mich einfach in Ruhe lassen! Der Vater kam auf Anna zu, fasste sie an den Schultern und drehte sie zu sich um.
»Wir machen uns Sorgen um dich.«
»Aber wieso?« Sie schüttelte ihn ab. »Meinst du, all meine Briefe wären voller Lügen gewesen? Ich habe euch geschrieben, wie gerne ich hier lebe und wie glücklich ich mit Ilías bin!«

»Deine Mutter und ich meinen es nur gut mit dir. Wir können dich finanziell nicht unterstützen.«

»Habe ich jemals Geld verlangt?«

»Nein. Aber du könntest einiges gebrauchen, damit du endlich ein richtiges Badezimmer, eine Heizung und Holzböden im Haus einbauen lassen kannst. Wenn dein Schwiegervater das schon nicht macht. Und neue Möbel wären auch an der Zeit.« Der Vater setzte sich neben seine Frau. Versteinert stand Anna vor ihnen und sah von einem zum andern.

»Lámbros hat die Hochzeit ausgerichtet. Denkt ihr, das war ein Pappenstiel für eintausend Gäste? Und das Haus gehört Anthí.« Verdammt, das hätte ich nicht sagen dürfen!

»Was?!« Der Vater sprang auf. »Ihr habt nicht mal eine eigene Wohnung? Was ist, wenn seine Schwester euch aus dem Haus wirft? Dann steht ihr auf der Straße oder müsst wieder in dieses winzige Haus ziehen, das kurz vor dem Zerfall steht.«

»Vater«, rief Anna, »das höre ich mir nicht länger an! Natürlich ist es nicht so komfortabel, wie ihr es gewohnt seid. Doch das bedeutet noch lange nicht, dass ich mich dabei schlecht fühle. Ich gebe zu, mit Emmanouíls Haus hatte ich am Anfang meine Schwierigkeiten, doch zum Schluss wäre ich am liebsten gar nicht mehr ausgezogen. Man kann sich an alles gewöhnen, es ist nur die Frage, was einem wichtig ist im Leben. Und für mich stehen an erster Stelle Ilías und unsere Tochter. Im Grunde ist es mir gleich, wo ich wohne. Hauptsache ist, wir sind zusammen. Und nun möchte ich nicht mehr darüber sprechen. Nehmt es hin, dass ich glücklich bin. Basta! Wenn wir etwas brauchen, werden wir es uns anschaffen.«

Ohne sich umzudrehen, ging sie aus dem Haus und schlug die Tür hinter sich zu.
So ein Mist!, dachte sie. Ich habe mich wahnsinnig darauf gefreut, endlich der Familie mein Leben im Dorf zeigen zu können. Sie sollten Ilías, Natalía, Lámbros und unsere Freunde kennenlernen. Müssten sie nicht stolz auf mich sein, dass ich einen Garten angelegt habe und die Ziegen hüte? Können sie nicht sehen, dass ich zufrieden bin? Stattdessen darf ich mir ihre Vorwürfe anhören. Als wenn ich davon in meinem Leben nicht schon genug abbekommen hätte. Früher mein Vater, und nun ständig Lámbros. Zum Glück habe ich davon niemals etwas in meinen Briefen erwähnt.
»Anna«, hörte sie jemanden rufen. Sie blieb stehen und drehte sich um. Peter kam auf sie zugelaufen.
»Willst du mir auch mein – ach so armseliges – Dasein vor Augen führen?« Sie machte sich auf eine niederschmetternde Antwort gefasst.
»Kann ich mit zu dir kommen?« Er lächelte sie freundlich an.
»Gerne.« Gemeinsam gingen sie ins Haus. »Kaffee?«, fragte Anna.
»Nicht zu stark, aber mit viel Zucker.« Sie machte sich daran, welchen zuzubereiten.
»Nimm dir das mit unseren Eltern nicht zu Herzen. Seit Monaten sind sie nicht gut drauf, eigentlich, seitdem Vater den Job verloren hat. In seinem Alter findet er keine Anstellung mehr. Er macht sich Vorwürfe, dass er als Buchhalter nicht früher die Entscheidung getroffen hat, die Firma zu wechseln. Schließlich konnte er aus den Bilanzen ersehen, dass der Betrieb auf einen Konkurs zusteuerte. Unsere Eltern streiten sich täglich, und immer dreht es sich um das leidige Thema

Geld. Elke hat es mir erzählt. Sie hat vor, in diesem Jahr auszuziehen, weil sie es bei ihnen nicht mehr aushält.« Er trommelte nervös mit den Fingern auf dem Tisch. Anna stellte die Tasse ab.

Warum soll ich ständig Verständnis für andere aufbringen?, ging es ihr durch den Kopf. Sie nahm neben Peter Platz und fasste Mut.

»Denkst du wie sie über mein Leben?«

»Nein, ich sehe, dass deine Augen vor Glück strahlen und du dein tägliches Auskommen gut im Griff hast. Hin und wieder beschleicht mich allerdings das Gefühl, dass das Zusammenleben mit Lámbros nicht besonders einfach ist.« Er lächelte.

»Da kannst du Recht haben. Er brummelt oft, doch tief im Innern hat er ein gutes Herz.«

»Und ab morgen wirst du uns die Insel zeigen.« Schlagartig wechselte Peter das Thema. »Wir holen den Mietwagen aus Ágios Nikólaos, dann können wir übermorgen in aller Früh losfahren.«

»Nun, viel hab ich selbst noch nicht zu sehen bekommen, ich war ständig mit der Gartenarbeit beschäftigt; deshalb freu ich mich, sie gemeinsam mit euch zu erleben. Hoffentlich sind die Eltern dann besser drauf als heute. Auf ein solches Gespräch werde ich mich nicht mehr einlassen!« Anna prostete dem Bruder zu. Der verdrehte die Augen, und sie lachte herzlich auf.

Mitten in der Nacht wachte Anna auf. Am schönsten in meiner Jugend waren die Winterferien. Vater hat sich Zeit genommen und ist mit uns Kindern an den weihnachtlich geschmückten Schaufenstern entlanggeschlendert. Fahrten in die verschneite Eifel zum Rodeln standen auf dem Programm, und lag kein Schnee, wanderten wir durch den Wald und sammelten Tannenzapfen. Richtig warm wird mir, wenn ich an die Weihnachtszeit denke. Warum konnte unsere Familie nicht auch den Rest des Jahres harmonisch miteinander leben?

34. Kapitel

Mit einem mulmigen Gefühl im Bauch schritt Thália über die Türschwelle in den Vorraum der Praxis. Modern und edel sah er aus. Eingerichtet mit schwarzer Ledergarnitur und einem Designertisch. Eine Frau saß auf der Couch. Sie sah kurz auf, grüßte. Thália nahm Platz, legte die Hände in den Schoß und betrachtete die Bilder an den Wänden. Verschiedene Blumenwiesen waren darauf zu sehen. Die Tür zum Behandlungsraum ging auf und die Arzthelferin kam heraus. Sie fragte Thália nach ihrem Namen und schickte die andere Frau hinein. Danach setzte sie sich an den Schreibtisch, der in einer Ecke des Raumes stand. Gleich bin ich dran. Was ist, wenn der Arzt mir nicht helfen kann? Was ist, wenn es keine Lösung für mein Problem gibt? Ihre Hände zitterten. Zur Ablenkung griff sie nach einer Zeitschrift und versuchte, sich auf den Artikel zu konzentrieren. Da ihr das nicht gelingen wollte, blätterte sie weiter. Auf den folgenden Seiten erschien Werbung für Schwangerschaftskleidung, Cremes, Geburtshilfen. Sie sah auf das Titelbild: Schwangerschaft und Geburt.

Das hat mir gerade noch gefehlt. Mit Schwung warf sie den Ratgeber Richtung Stapel. Er verfehlte sein Ziel

und landete auf dem Boden. Die Arzthelferin blickte sie missbilligend an.
»Entschuldigung«, flüsterte Thália. Schnell hob sie die Illustrierte auf und legte sie sorgfältig auf den Tisch. Kurz darauf bat der Arzt sie ins Sprechzimmer.
»Könnten Sie mir Hormone verschreiben, damit ich schwanger werde?«, platzte Thália heraus, sobald sie ihm gegenüber saß. Sie überreichte ihm eine Mappe. Einen ganzen Aktenordner füllten die Krankenhausuntersuchungen der letzten Jahre. Nachdem Thália das Gefühl beschlichen hatte, dass ihr die Ärzte dort nicht weiterhelfen konnten, hatte sie sich für diese Privatpraxis entschieden. Katerína aus ihrem Dorf hatte den Arzt in hohen Tönen gelobt.
Der Gynäkologe, sie schätzte ihn auf Mitte Dreißig, blätterte die Unterlagen durch. Sein Alter spielte bei ihrer Auswahl eine große Rolle. Sie hoffte, dass er neuartige Behandlungsmethoden anwandte. Nachdem er die Tests überflogen hatte, sagte der Gynäkologe: »Ich werde Sie erst einmal untersuchen. Bitte gehen Sie hinter den Raumteiler und machen Sie sich untenherum frei, dann nehmen Sie dort Platz.« Er zeigte auf den Behandlungsstuhl.
»Ich sehe in Ihrem Fall keine Indikation, Ihnen Hormone zu verschreiben. Sie sind jung, und die vorherigen Tests haben ergeben, dass Sie fruchtbar und gesund sind«, meinte er nach der Untersuchung.
Soll ich ihm von meinen Abtreibungen …? Nein!
»Gibt es ein anderes Medikament, das mir helfen könnte?«
»Wann hatten Sie Ihre letzte Periode?«
»Am Achtzehnten dieses Monats.« Der Arzt zog einen Kalender aus der Schublade und rechnete. »Gut. Dann

fangen Sie übermorgen an und versuchen, in den darauffolgenden sieben Tagen häufiger Geschlechtsverkehr zu haben. Das sind Ihre fruchtbaren Tage. Legen Sie ein Kissen unter Ihr Becken und bleiben Sie nach dem Akt ruhig liegen. Kleine Tricks, mit denen sich viele Frauen helfen.« Thália nickte. »Aber«, sprach er weiter, »es ist keine Garantie dafür, dass Sie schwanger werden. Das liegt in der Hand der Natur.«
»Das hätten Sie sich sparen können«, rutschte es ihr heraus.
»Bitte?« Der Gynäkologe runzelte die Stirn, sein irritierter Blick traf sie.
»Entschuldigung. Ich wünsche mir seit Langem ein Kind und finde keine Begründung dafür, dass es nicht klappt.«
»Sie entschuldigen, es warten andere Patientinnen auf mich«, sagte er, ohne auf Thália einzugehen, und rief die nächste Frau herein. Langsam erhob sich Thália. Im Vorzimmer bezahlte sie die Untersuchung bei der Sprechstundenhilfe und verließ das Haus.
»Der sieht mich nicht wieder!«, schimpfte sie und ging zur Bushaltestelle. Als sie in Tourlotí aus dem Bus stieg, hupte es und ein Wagen hielt neben ihr. Anna mit ihrem Bruder.
»Wo warst du?«, fragte die Freundin.
»In Ágios Nikólaos.«
»Bist du mit dem ersten Bus in die Stadt gefahren?«
»Ja.«
»Hätten wir das gewusst, dann hättest du mit uns zusammen zurückfahren können. Wir haben gerade den Leihwagen abgeholt. Warst du einkaufen?«
»Nein.« Thália versuchte, weiterzugehen.
»Was ist los?« Anna hatte sich aus dem Fenster gebeugt.

»Entschuldige, mir ist ein wenig übel. Ich will mich hinlegen.«
»Steig ein, wir bringen dich nach Hause.«
»Nein, mir hilft die frische Luft.«
»Bist du sicher? Es ist drückend heiß.«
»Es geht schon.«
»Gute Besserung!«, rief Anna und fuhr winkend weiter. Wenn Peter nicht dabei gewesen wäre, hätte ich Anna gesagt, was mich bedrückt, dachte Thália. Dann könnte ich endlich mit jemandem über meine Sorgen sprechen. Emmanouíl hört mir schon lange nicht mehr zu, wenn ich ihm vorjammere, dass ich schwanger werden möchte. Zum Glück ist er seit dem Winter nicht mehr grob zudringlich geworden. Ihn plagt das schlechte Gewissen, und dadurch haben wir fruchtbare Zeit verstreichen lassen. Könnte nicht er der Grund sein, dass ich nicht schwanger werde? Ich bin mir fast sicher. Doch ich kann Emmanouíl nicht sagen, dass ich schon zwei Mal schwanger war und damit bewiesen habe, dass es nicht an mir liegen kann. Mit schleppenden Schritten kam sie zuhause an und steckte den Schlüssel ins Schloss.
»Und, was hat der Arzt gesagt?«, überfiel Emmanouíl sie, der am Küchentisch saß und sich vom Nudelauflauf nahm, den sie am Vorabend zubereitet hatte. Während er es sich schmecken ließ, berichtete Thália ihm von dem Gespräch mit dem Arzt.
»Dann ist ja alles in Ordnung, wir müssen nur geduldig sein.«
»Möchtest du dich nicht mal untersuchen lassen?«, flüsterte sie.
Emmanouíls Kopf schoss in die Höhe. Aus seinen Augen funkelte Wut. Er hieb mit der Faust auf den Tisch,

der Teller hüpfte, kippte und die Nudeln breiteten sich auf dem Boden aus. »Fängst du schon wieder damit an!« Er sprang auf. Automatisch wich sie einen Schritt zurück.
»Entschuldige, es war nur eine Idee«, sagte Thália mit zittriger Stimme, aus Angst, er könnte wieder über sie herfallen.
Er kam auf sie zu. »Wir werden den ärztlichen Rat befolgen, dann wird es schon klappen.«
Thália stellte verwundert fest, wie schnell er sich wieder im Griff hatte. Sie nickte zustimmend. Er zog sie in die Arme, streichelte sanft über ihren Rücken.
»Magst du jetzt?«
»Ich würde lieber erst duschen. Außerdem hab ich Anna auf der Straße getroffen, sie bat mich, kurz zu ihr zu kommen«, log sie und traute sich nicht, ihm dabei in die Augen zu schauen.
»Aber heute Abend«, betonte er, ging ins Wohnzimmer und legte sich auf die Couch. Erleichtert atmete Thália auf. Nach den Worten des Arztes war sie nicht in romantischer Stimmung; abgesehen davon lag ihr der Schreck noch in den Gliedern von dem Moment, als ihr Mann mit der Faust auf den Tisch gehauen hatte.
Ich muss unbedingt mit Anna reden, sonst raste ich aus! Thália sah in Annas verdutztes Gesicht, als diese ihr die Tür öffnete. »Geht's dir besser? Komm rein.«
Natalía weinte im Hintergrund. Mit einem Mal schnürte es Thália den Hals zu, und nur schwer kamen die Worte: »Kümmere dich um deine Tochter« über ihre Lippen. Abrupt drehte sie sich um, lief zum Gartentor.
»Was ist denn mit dir los, Thália?« Ohne sich umzuschauen, rannte sie weiter den Berg hinauf zur Kirche. Erschöpft lehnte sie sich an die Holztür.

Lieber Gott! Es tut so weh!, schrie es in ihr. Dann ging sie ins Gotteshaus und betete, bis die Sonne am Horizont versank.

35. Kapitel

Elfriede und Walter hatten es sich gemeinsam mit ihrer jüngsten Tochter auf dem Rücksitz bequem gemacht. Peter schob sich auf den Beifahrersitz. Gerade im Begriff, den Wagen zu starten, drehte sich Anna zu den Eltern um.
»Ich möchte, dass wir den Ausflug genießen. Bitte keine weiteren Diskussionen über mein Leben.« Sie sah dem Vater flehend in die Augen.
»Du musst es wissen«, entgegnete er gekränkt.

Auf der Inseltour führte Anna die Familie zu Plätzen, die sie während der Semesterferien erkundet hatte. Zuerst zeigte sie ihnen Sitía. Die östlich gelegene Stadt hatte ihre Ursprünglichkeit noch nicht verloren. Der Tourismus befand sich erst im Aufbau. Im Fischerhafen lagen unzählige Boote und schaukelten im leichten Seegang. Tavernen, Cafés und hohe Palmen schmückten die Promenade. Nach einem Stadtrundgang fuhren sie weiter durch einen kargen Landstrich. Blitzartig stieg Anna auf die Bremse und würgte damit den Wagen ab, der ruckelnd zum Stehen kam. Sie lachte.
»Ist das nicht herrlich?« Sie befanden sich inmitten einer Ziegenherde.
»Meine Güte! Wo gibt's denn so was?!«, rief der Vater,

drehte das Fenster herunter und wedelte aufgebracht mit den Armen.
»Toll! Genauso hatte ich mir den Badespaß vorgestellt. Macht die Fenster zu, es stinkt«, schimpfte Elfriede, während sie sich die Nase zuhielt.
»In Köln bekommt ihr das nicht geboten«, mischte sich Peter ein. Der Hirte, ein halbwüchsiger Junge, schlug mit einem Stöckchen auf die knochigen Hinterteile der Tiere ein, die träge auswichen und damit die Straße freimachten. Kurz darauf ging es weiter. Bald fuhren sie durch spärlich bewohnte Gegenden und kamen wieder ans Meer. Anna lenkte den Wagen am Palmenstrand von Vaí vorbei Richtung Ítanos.
»Der Strand ist meist überfüllt«, sagte sie, nachdem Peter sie angestupst und darauf hingewiesen hatte, dass sie die Abfahrt verpasst hatten. Ungestört von anderen Urlaubern badeten sie in einer kleinen Bucht. Das Wasser kühlte ihre erhitzten Körper ab. Als hätte sie ihre Kindheit eingeholt, tobte Anna ausgelassen mit den Geschwistern. Übermütig tauchten sie sich gegenseitig unter. Später fielen sie erschöpft auf die Decke und ließen sich von der Sonne trocknen. Ihre Eltern standen gebückt am Ufer und suchten den Sand nach Muscheln ab. Als sie näher kamen, rief Anna: »Hat jemand Hunger?«
»Ja!«, jubelte Peter, und Elke nickte zustimmend. Schnell packte Anna das mitgebrachte Essen aus und verteilte Teller. Die Eltern setzten sich neben sie.
»Könnt ihr euch vorstellen, warum ich es genieße, hier zu wohnen?« Anna zeigte auf die Weite des Meeres. Mist, schalt sie sich im gleichen Moment, jetzt bin ich selbst wieder auf das Thema zurückgekommen.
Warum ist es mir wichtig, dass es ihnen hier gefällt? Ich

kann niemanden zu einer positiven Einstellung zwingen. Schon drangen die Worte des Vaters an ihr Ohr: »Das ist für einen Urlaub ja ganz schön, doch wenn ich mir vorstelle, täglich hier zu leben ... Auch die schöne Aussicht ändert nichts an meiner Meinung.« Walter griff sich ein Stück Brot und bestrich es mit Zazíki.
»Merkt ihr nicht, dass die Luft frei von Industriegestank ist?«
»Keine Fabriken, keine Arbeitsplätze. Keine Arbeitsplätze, kein Geld. Und ohne Geld ein ärmliches Leben in Behausungen, wo man das Gefühl hat, dass die Wände jeden Augenblick zusammenbrechen.« Walter stand auf. Anna schluckte bitter.
»Es ist besser, wenn du dir ein T-Shirt überziehst, du hast einen Sonnenbrand.« Elfriede zeigte auf Walters Schultern.
»Ach, das bisschen wird mir nichts ausmachen«, erwiderte er und schlenderte zum Wasser. Anna gesellte sich zu ihm.
»Sag mal, Vater, was ist eigentlich mit dir los? Früher warst du nicht so materiell eingestellt. Du hast uns Kindern beigebracht, dass wir mit Kleinigkeiten glücklich sein können. Was hat deine Einstellung so grundlegend geändert?«
Sie blieb stehen und wandte sich ihm zu. Er sah ihr in die blauen Augen. Dann senkte er den Blick. Gleichzeitig fuhr er sich mit beiden Händen durchs Haar, als würde er es trockenrubbeln wollen.
Anna spürte, dass es in ihrem Vater brodelte. Um ihm Zeit zum Antworten zu geben, gab sie sich beschäftigt. Sie bückte sich, hob einen handgroßen Stein auf und warf ihn ins Wasser. Mit einem Glucksen versank er.
»Das Haus muss verkauft werden. Mein Arbeitslosen-

geld reicht für die Kreditraten nicht aus, und unsere Ersparnisse sind nach dieser Reise aufgebraucht.« Anna erschrak, seine Stimme klang brüchig.
»Was?!«
»Pst«, er drehte sich zu seiner Frau um, »deine Mutter weiß nichts davon.«
»Wann hast du vor, es ihr zu sagen? Doch nicht erst, wenn ihr umzieht, oder?«
»Wäre es dir lieber gewesen, sie hätte zu deiner Hochzeit abgesagt?«
»Natürlich nicht. Gibt es keine andere Lösung?« Besorgt stellte sie fest, dass dem Vater trotz des leichten Sonnenbrands die Farbe aus dem Gesicht gewichen war.
»Ein Lottogewinn.« Anna sah, wie er krampfhaft versuchte, ein Lächeln hervorzubringen. »Deine Mutter möchte arbeiten gehen. Seit Jahren liegt sie mir damit in den Ohren. Aber da ging es um eine Freizeitbeschäftigung, nicht ums Hinzuverdienen.«
»Ich weiß, du bist dagegen«, entgegnete Anna, »denkst, Mutter hat genug Arbeit mit den Kindern und dem Haushalt. Aber bis auf Elke stehen wir inzwischen alle auf eigenen Füßen. Und Elke wird bestimmt bald ausziehen. Dann ist das Haus leer und Mutter könnte sich einsam fühlen. Vielleicht braucht sie einfach etwas für sich selbst, hast du mal darüber nachgedacht? Damit könnte das Haus gerettet werden.« Sie hielt die Füße ins kühle Wasser. Ein leichter Wind kam auf und trieb kleine Wellen an Land. Nach einer kurzen Bedenkpause nickte der Vater. »Sie möchte bei ihrer Freundin im Blumengeschäft aushelfen. Du weißt ja, deine Mutter ist kreativ veranlagt.«
»Das hat sich bei der Blumendekoration zur Hochzeit

wieder einmal bewiesen.« Sie legte die Hand auf seinen Arm. »Gib endlich nach. Du kannst nicht laufend versuchen, das Leben von Anderen zu beeinflussen, oder denken, nur deine Meinung ist die richtige.«
»Es steht dir nicht zu, deinem Vater Vorwürfe zu machen!« Mit forschem Schritt ging er weiter. Wenn ich jetzt noch etwas sage, wird ein bitterer Streit daraus. Dann ist der ganze Tag verdorben. Anna atmete tief durch. Dann schloss sie sich seinem Tempo an. Schweigend gingen sie nebeneinander her. Ein Felsen hielt sie davon ab, weiterzukommen.
»Vater«, sagte Anna. Er war im Begriff, zurückzugehen. »Warte, bitte!« Endlich drehte er sich um.
»Du bist mir eine Antwort schuldig. Hast du wegen deiner Existenzängste mir gegenüber so hart reagiert?«
»Wie du möchte ich niemals leben.« Ohne sie eines Blickes zu würdigen, entfernte er sich mit schnellen Schritten. Anna lehnte sich ans Gestein und unterdrückte die Tränen. Nach einer Weile hatte sie sich gefangen. Mit gesenktem Kopf schlenderte sie zurück zur Familie. Die Taschen waren bereits in den Wagen geladen. Sie warteten ungeduldig auf ihre Rückkehr. Anna zog sich ihr Sommerkleid über und schlüpfte in die Schuhe. Als sie im Auto saß, überkam sie das Gefühl, von der Stille erdrückt zu werden. Sie stellte das Radio an. Hin und wieder spürte sie Peters Blick auf sich ruhen. In Sitía kehrten sie in einer Taverne ein und genossen Mesédes, die traditionell griechischen Vorspeisen. Anna fühlte sich unwohl, stocherte in ihrem Essen herum und beteiligte sich kaum an der Unterhaltung. Auf Peters Frage, ob es ihr nicht gut ginge, gab sie Müdigkeit vom Toben im Meer vor. In ihrem Inneren brodelte es jedoch.
Gegen Abend chauffierte sie den Wagen über die Berge

zurück ins Dorf. Sobald sie die Haustür aufgeschlossen hatte und ihr die Stimmen von Ilías und der Tochter entgegenschallten, verloren sich die aufgekommenen Zweifel im Nu. Ihre Liebsten hatten es sich mit Kissen auf dem Boden gemütlich gemacht und spielten mit der Eisenbahn. Schnell schloss sie beide fest in ihre Arme.

Der Tag der Abreise war gekommen. Anna winkte dem Taxi hinterher, dann lief sie ins Haus.

»Deinen Gesang hört man bis auf die Straße. Bist du gar nicht traurig, dass deine Eltern abgereist sind?«, fragte Ilías, als er eintrat. Sie drehte sich um und gab ihm einen Kuss.

»Die drei Wochen waren schön, aber es reicht.« Dann wandte sie sich dem Topf zu und rührte im Reis herum.

»Es hat dir gereicht?« Er nahm sie an der Schulter. »Du hast mir in den letzten Jahren so oft in den Ohren gelegen, wie sehr du sie vermisst. Du hast dich wahnsinnig gefreut, dass sie zur Hochzeit kamen – und jetzt behauptest du, es sei genug?« Er runzelte die Stirn. »Da stimmt doch was nicht.«

»Lässt du mich bitte weiterkochen? Ich möchte nicht, dass der Reis anbrennt. Dein Vater kommt gleich. Er war in den Bergen bei den Ziegen und wird sicher hungrig sein. Ich freue mich, dass er hin und wieder hilft.«

»Der Reis wird noch Matsch, wenn du weiterrührst.« Ilías zeigte auf den Topf. »Du versuchst, das Thema zu wechseln. Damit kommst du bei mir nicht durch. Irgendwas ist vorgefallen, hab ich Recht?«

Kann ich es verantworten, ihn mit der Einstellung meiner Eltern über unser Dorfleben zu konfrontieren? Verdammt, sie hätten es einfach für sich behalten sollen. Das hat ganz schön an meinen Nerven gezehrt. Immer wieder diese Andeutungen und ihre festgefah-

renen Ansichten. Im Grunde bin ich selbst schuld, weil ich ständig versucht habe, ihre Meinung zu ändern. Zum Glück standen meine Geschwister mir bei.
»Ich warte auf deine Antwort.« Er stieß sie an. Vor Schreck ließ sie den Kochlöffel fallen, der scheppernd auf dem Boden landete.
»Entschuldige, ich hab nicht zugehört.«
»Rück mit der Sprache raus.«
»In ihren Augen leben wir primitiv. Bist du jetzt zufrieden? Hör auf, mich zu löchern. Schau lieber nach, ob unsere Tochter wach ist, dann können wir gleich zu Mittag essen.« Sie wusch den Löffel ab und rührte danach wieder im Reis. Dabei spürte sie Ilías' brennenden Blick in ihrem Rücken.
»Wir reden später.« Als seine Schritte sich entfernten, atmete Anna auf. Sie schaute in den Topf mit dem Stifádo. Zum ersten Mal hatte sie aus Sofías Kochbuch das Rindergulasch mit reichlich Zwiebeln und Tomatensoße nachgekocht.
Lámbros wird erstaunt sein, dachte sie und hörte ihn hereinkommen. Einen Augenblick später stand der Schwiegervater in der Küche.
»Das riecht lecker. Was gibt's?«
»Lass dich überraschen. Du kannst dich schon hinsetzen, ich bin gleich fertig.«
»Erst schau ich nach Natalía.« Mit schweren Schritten ging er aus dem Raum.
»Zieh die Schuhe aus«, rief sie ihm nach. »Ist viel zu heiß, sie bei diesen Temperaturen zu tragen.«
»Ein echter Hirte trägt auch bei vierzig Grad seine Stiefel«, tönte es aus dem Flur zurück.
Lámbros und sein sturer Kopf. Aber immer noch besser, als ... Hör endlich auf, darüber nachzudenken.

Schnell machte sie sich daran, den Tisch zu decken. Kurz darauf hörte sie Natalía, die versuchte, dem Großvater in ihrer Kindersprache etwas zu erklären. Ich hätte mir niemals träumen lassen, dass er so viel Zeit mit seiner Enkelin verbringt.
»Ich werde Natalía eine neue Windel anziehen«, rief er.
»Schön, wenn der Opa alles macht«, schmunzelte Ilías, streckte die Beine unter den Küchentisch und lehnte sich zurück. Anna beobachtete ihn.
»Sei mir nicht böse, ich möchte nicht darüber sprechen. Wichtig ist, dass ich mit dir und meinem Dorfleben glücklich bin.« Sie setzte sich auf seinen Schoß.
»Dann bin ich ja beruhigt.« Liebevoll küsste er sie.

36. Kapitel

Ein kühler Wind fegte an diesem Februartag von den Bergen her übers Dorf. Thália knöpfte die Jacke zu, zog das Tuch enger um den Kopf und ging zum Krämerladen. Sie musste vor der Tür warten, weil sich zu viele Bewohner im Inneren aufhielten. Sie bemerkte Anna, die in der hintersten Ecke vor der kleinen Käsetheke stand und Häppchen probierte. Thália ging vor der Tür auf und ab, weil ihr die Kälte in die Beine stieg.
Endlich kamen zwei Frauen aus dem Geschäft, blieben jedoch im Eingang stehen, um ihre Unterhaltung fortzusetzen. Thália grüßte und schob sich behutsam an ihnen vorbei ins Innere. Anna war gerade im Begriff, zu zahlen.
»Kaliméra, Anna. So viel Schokolade? Willst du das

ganze Dorf damit beglücken?«, witzelte sie und zeigte auf den Korb der Freundin.
»Die paar Tafeln schaffe ich alleine.« Anna zwinkerte ihr zu.
»Dann pass auf, dass deine Figur nicht aus den Fugen gerät.« Inzwischen waren die anderen Frauen auf das Gespräch aufmerksam geworden, und jede gab nun eine Dickmacheranekdote zum Besten. Anna packte die Einkäufe ein.
»Magst du einen Kaffee trinken gehen?«, fragte Thália.
»Ich warte vor der Tür.« Anna verabschiedete sich von den Anderen. Sie schlenderten zu Onkel Manólis' Taverne.
»Die Männer haben alle Tische in Beschlag genommen, da ist kein Platz für uns«, meinte Thália. »Wir könnten zu mir gehen.«
»Einverstanden. Lámbros und Ilías schauen nach unserer Kleinen. Die Bohnensuppe ist fertig. Somit hab ich Zeit.« Anna hakte sich bei ihr ein.
Ich werde Anna heute mein Herz ausschütten, dachte Thália und schloss die Tür auf.
»Hast du gerade geputzt? Es riecht nach Chlor.« Anna zog die Nase kraus.
»Geh schon mal ins Wohnzimmer, ich mach Kaffee.« Thália stellte ihre Einkäufe auf dem Küchentisch ab.
»Kamillentee wäre mir lieber, wenn du welchen hast.« Anna hielt sich die Hand vor die Nase. Erstaunt schaute Thália sie an.
»Sag mal, stinkt es wirklich so schlimm?« Die Freundin nickte heftig. Thália öffnete das Fenster. Anna stellte sich davor und atmete tief die kühle Luft ein.
»Du siehst ein wenig blass aus. Tut mir leid, ich merke gar nicht, dass es so stark nach Putzmittel riecht.« Sie

holte Tassen aus dem Schrank. »Ich lüfte im Wohnzimmer schnell durch.«
Flugs wandte sie sich ab, doch Anna hielt sie auf: »Wir können gerne in der Küche bleiben.« Sie setzte sich auf die Bank. Thália stellte Plätzchen auf den Tisch, sofort griff die Freundin zu.
»Hast du die selbst gebacken?«, fragte sie mit vollem Mund.
»Ja, nach einem Rezept von Emmanouíls Urgroßtante.«
»Lecker.« Schon nahm sich Anna einen zweiten. Thália beobachtete sie.
»Nachdem dir eben übel war, hast du jetzt einen guten Appetit.« Sie goss heißes Wasser über den Teebeutel und reichte Anna die Tasse.
»Ich glaub, du kannst die Fenster schließen. Wird langsam kalt.« Thália kam der Bitte nach.
»Ich bin heute morgen noch nicht dazu gekommen, das Feuer im Kamin anzuzünden.«
»Lass ruhig, die Kälte bin ich gewohnt, deshalb hab ich mir zwei Pullover übergezogen. Darunter ein T-Shirt und ein Unterhemd.« Anna lächelte.
»Ich dachte schon, du hättest zugenommen.« Thália setzte sich der Freundin gegenüber auf einen Stuhl.
»Hab ich auch.« Der Teller Plätzchen war in der Zwischenzeit leer geworden und Anna zog aus ihrem Einkaufskorb eine Tafel Schokolade.
»Hast du nicht gefrühstückt? Ich kann dir Brot, Käse und Tomaten anbieten.«
»Danke. Ich mag im Moment lieber Süßes. Nimm dir.« Anna hielt ihr den Riegel entgegen. Thália winkte ab. Kann ich mit Anna über meinen Kinderwunsch sprechen? Wird sie mich verstehen? Soll ich mich wirklich

Emmanouíls Verbot widersetzen? Ich kann es einfach nicht länger für mich behalten. Als sie gerade allen Mut zusammengenommen hatte, platzte Anna heraus: »Ich bin schwanger.«

Gallebitter stieß es Thália auf. Sich die Hand vor den Mund haltend, sprang sie auf. Sie lief ins Bad, um dort krampfhaft ins Becken zu spucken. Anna war hinter sie getreten.

»Sag mal, bist du auch schwanger? Weil es mir jeden Morgen so geht.« Mit einer Handbewegung bedeutete Thália ihr, sie allein zu lassen. Sie hörte, wie die Freundin leise die Tür hinter sich schloss und achtete darauf, dass sich deren Schritte auch wirklich entfernten. Mit Wucht riss sie das Handtuch vom Haken, der daraufhin scheppernd zu Boden fiel. Sie trat danach, sodass er in die Duschkabine knallte.

»Das kann jetzt nicht wahr sein! Nicht schon wieder!« Sie kniete sich auf den Boden, faltete die Hände. »Lieber Gott, bitte, mach, dass ich mich verhört habe.« Es klopfte an der Tür.

»Alles in Ordnung? Du bist seit einer halben Stunde da drin.« Thália atmete tief durch und presste ein »Ja« durch die zusammengebissenen Zähne hervor.

»Es ist gleich Mittag, meine Familie wird warten.«

»Ich komme.« Sie stand auf, fuhr sich mit kaltem Wasser durchs Gesicht und rieb es anschließend heftig ab.

»Kann ich dich alleine lassen?« Anna kam vorsichtig auf Thália zu. Die rückte einen Schritt ab. »Ja, mir war nur auf einmal übel. Wahrscheinlich war der Kaffee zu stark auf leeren Magen.«

»Ich dachte, du hattest gefrühstückt?«

Thália räusperte sich. »Anscheinend nicht genug.« Sie begleitete Anna nach draußen. »Wir reden ein anderes

Mal, ich muss mich hinlegen.« Anna nickte ihr zum Abschied zu. Nachdem die Tür hinter ihr ins Schloss gefallen war, rutschte Thália an der Flurwand zu Boden und starrte ins Leere. Stunden mussten vergangen sein. Plötzlich stand Emmanouíl vor ihr. Sie hatte ihn nicht reinkommen hören.
»Was ist?« Er kniete sich neben sie. Thália fühlte sich nicht in der Lage, zu antworten. Vorsichtig rüttelte er an ihrem Arm. Sie sah auf, und ihre Blicke trafen sich. »War dir schwindelig?«, fragte er besorgt. »Bitte, sprich mit mir. Sonst kann ich dir nicht helfen.« Er nahm sie in den Arm und drückte sie an sich. Erst da spürte Thália, wie sich die Erstarrung von ihr löste. Sie fing an zu weinen.
»Was ist denn passiert?« Er zog sie hoch. Ihre Beine gaben nach. Auf Emmanouíl gestützt, ging sie ins Wohnzimmer. Dort ließ er sie auf den Sessel nieder. »Du bist eisig kalt.« Schnell zog er die Decke über sie und rubbelte ihre Arme.
»Anna ist schwanger.«
»Bist du sicher?«
»Sie hat es mir heute Morgen gesagt.«
Er schob sie ein Stück zur Seite und setzte sich neben sie. Eng umschlungen verharrten sie in dieser Stellung, bis Thália sich beruhigt hatte und erschöpft einschlief.

37. Kapitel

Anna war gerade mit den Vorbereitungen fürs Osterfest beschäftigt, als Lámbros polternd in die Küche trat.

»Du bist und bleibst eine Deutsche! So wie du haben sie sich damals angeschlichen und unsere Mitmenschen ermordet!«
»Was hab ich denn getan, dass du derart ausfallend wirst?«
»Das fragst du noch?!«
»Ja.«
»Hinter meinem Rücken bist du schwanger geworden, und von wem habe ich es erfahren? Vom Postboten! Du hattest nicht einmal den Mut, es mir selbst zu sagen.«
»Aber es sollte eine Überraschung sein, Ilías und ich …«
»Vielleicht weiß er ja selbst noch nicht, dass du dir mit einem zweiten Kind noch mehr von seinem Erbe erschleichen willst.« Wütend stampfte Lámbros aus dem Haus. Die Tür fiel krachend ins Schloss. Kopfschüttelnd sah Anna ihm hinterher.
Was war denn in ihn gefahren? Seit Langem hatte er sich zurückgehalten, sie nicht mehr unter seinem Frust über den Zweiten Weltkrieg leiden lassen, und auf einmal brach alles wieder aus ihm hervor. Natalía fing an zu weinen. Sie saß im Kinderstuhl und spielte mit ihrer Puppe. Schnell hob Anna sie hoch und drückte sie an sich.
»Der Opa hat das nicht so gemeint.« Sie wiegte die Kleine, die sofort ihre Arme um Annas Hals schlang und den Kopf an sie lehnte. Um die Tochter abzulenken, zeigte sie auf die Fensterscheibe. Dort klebten Osterhasen und bunte Eier, die sie gemeinsam gebastelt hatten. Natalía zappelte. Sie wollte heruntergelassen werden. Anna stellte sie auf den Boden und schaute ihr nach, als sie aus dem Zimmer lief.
Es ist meine Schuld. Warum habe ich mich bei Thália

verplappert? Sie hat es ihrem Ehemann gesagt und der Lámbros. Aber es muss doch irgendwann mal gut sein mit den ständigen Anfeindungen!

Am Abend bat Ilías den Vater zum Gespräch. Widerwillig setzte der sich mit Anna an einen Tisch, nachdem er das Abendessen alleine im Wohnzimmer eingenommen hatte.

»Vater, es sollte eine Art Osterüberraschung werden, für die ganze Familie. Wir wollten verhindern, dass du es gleich allen am Telefon erzählst. Und das hättest du, oder?«

»Kann sein«, knurrte Lámbros, dann zog er die Pfeife aus der Tasche, stopfte sie und zündete sie an.

»Kannst du dir vorstellen, wie Anna sich fühlt, nachdem du sie so beschimpft hast?«

Anna beobachtete Lámbros. Der versuchte, ihrem Blick auszuweichen, senkte den Kopf und tat, als müsse er die Pfeife ein weiteres Mal anzünden.

»Vater, du kannst Anna nicht ständig das Leben schwer machen.«

Lámbros murmelte Unverständliches in seinen Bart.

Ob das eine Entschuldigung sein sollte?, dachte Anna und blieb skeptisch.

»Vater, hast du nichts darauf zu sagen?«

Er blieb stumm.

»Siehst du nicht, dass wir ohne Anna aufgeschmissen wären? Obwohl sie Natalía versorgt und ein zweites Kind unter dem Herzen trägt, bestellt sie den Garten ganz allein und kümmert sich um den Haushalt. Füllt, wenn Natalía schläft, Rakí, Wein und Öl in Kanister ab, malt Schildchen, damit wir es besser verkaufen können, und bereitet das gesamte Ostermahl vor. Seit

Tagen steht sie in der Küche. Backt zum ersten Mal unzählige Kalitsoúnia, deine von dir so geliebten Osterteigtaschen, damit du sie, wie zu Mutters Zeiten, an die Dorfbewohner verteilen kannst. Es macht ihr wirklich Freude, und was kommt von dir? Deine miese Einstellung zu den Deutschen! Und warum? Weil wir dir nicht gleich gesagt haben, dass Anna schwanger ist.«

»Ihre Arbeit ist das Mindeste für all die Ländereien, die sie sich erschleichen will!« Lámbros hob drohend den Hirtenstock.

»Du willst es nicht anders, Vater. Ich verbiete dir, meine Frau nochmals wegen ihrer Herkunft zu beschimpfen. Das dulde ich nicht! Da kannst du deinen Stock ruhig gegen mich erheben. Besser ist, wenn wir ausziehen, dann kannst du sehen, wie du allein zurechtkommst. Und die Ländereien gebe ich dir zurück.« Anna sah, dass Ilías' Worte den Vater hart trafen, sein Gesicht verlor jegliche Farbe. Sie zupfte ihren Mann am Hemd.

»Bitte, entzweie dich nicht mit deinem Vater.«

Brüsk drehte er sich zu ihr um.

»Ich möchte nicht, dass du noch länger unter seinen Vorwürfen zu leiden hast.« Dann wandte er sich wieder zum Vater. »Überleg dir deinen nächsten Schritt gut.«

Lámbros atmete tief durch, dann verließ er, auf seinen Stock gestützt, das Haus.

Ilías' Vater, der unermüdlich das Ostergebäck im Dorf verteilt hatte, ließ sich nach dem Fest selten zuhause blicken. Er verbrachte die meiste Zeit in Onkel Manólis' Taverne. Anna hörte ihn, wenn er zu später Stunde in die Küche schlich und sich am Kühlschrank zu schaffen machte. Sie sehnte sich nach Harmonie. Na-

talía fragte nach ihrem Opa, der sich auch von ihr zurückgezogen hatte. Die Eheleute zerbrachen sich den Kopf, um eine gütliche Lösung zu finden ... bis ihnen eines Tages ein Gedanke kam.
Nervös ging Anna von einem Raum in den anderen und wartete auf ihren Mann, der zusammen mit dem Vater zur Ziegenherde gefahren war. Dort wollte er ihm die Idee unterbreiten.
»Er hat wirklich zugestimmt?« Anna rüttelte Ilías an den Armen. »Kaum zu glauben.«
»Setz dich, du machst mich ganz nervös.« Er schob sie zärtlich aufs Bett. Anna plumpste auf die Decke.
»Nochmals, ganz langsam: Mein Vater hat mir sein Einverständnis gegeben, dass wir eine Etage aufstocken dürfen. Aber wir müssen mit Anthí sprechen, schließlich gehört das Haus offiziell ihr.« Vor lauter Freude klatschte Anna in die Hände.
»Dann würden wir unabhängig von ihm eine Wohnung haben und könnten uns trotzdem um ihn kümmern. Und ich mein Versprechen gegenüber Sofía halten.«
»Bist du zufrieden?«
»Ja. Hat er dich gefragt, womit wir das finanzieren?«
»Er hat sich gedacht, dass das Hochzeitsgeld unser Startkapital sein wird. Doch Anna, mach dir keine große Hoffnung, dass wir bald einziehen. Es wird ein paar Jahre dauern, bis alles fertig ist.«
»Ich weiß, das Geld reicht nicht aus. Doch wenigstens kann ich mich darauf freuen.« Sie sprang auf und hopste von einem Fuß auf den andern.
»Ich kann es mir richtig vorstellen. Wir werden ein ordentliches Badezimmer haben, mit einer Wanne und heißem Wasser. Große Fenster und einen offenen Kamin und ...«

»Anna«, unterbrach Ilías, »ganz ruhig. Denk dran, du bist schwanger.«
»Ja, schwanger, aber nicht krank. Freude ist gut fürs Baby.« Sie klatschte ein weiteres Mal in die Hände, dann setzte sie sich. »Jedes Kind kriegt ein eigenes Zimmer«, schwärmte sie weiter.
»Am besten, ich suche mir zusätzlich eine Nachtarbeit, um das ganze Geld dafür zu beschaffen.«
»Meinst du das im Ernst?«
»Schau, nach deiner Vorstellung brauchen wir zwei Kinderzimmer, ein Schlafzimmer, Küche, Flur, Badezimmer und Wohnzimmer.«
»Ja.«
»Tja, dann überleg dir mal den Berg Kosten, der auf uns zukommt.«
»Die Kinder könnten am Anfang zusammen in einem Zimmer schlafen. Möbel fürs Wohnzimmer werden später angeschafft. Wir sitzen eh die meiste Zeit in der Küche«, warf sie ein.
»Bist du sicher, dass du damit zufrieden sein wirst?«
»Zweifelst du etwa daran?«
»Nein.« Sie sah, wie sich eine Sorgenfalte auf seiner Stirn abzeichnete.

In der Nacht fand Anna keinen Schlaf, sie wälzte sich von einer Seite zur anderen. Schließlich stand sie auf und ging in die Küche.
Hat Ilías Bedenken? Hat mein Vater etwa Recht? Bin ich unzufrieden? Will ich daher so viele Zimmer, ein großes Badezimmer und tolle Möbel? Sie wärmte Milch auf und rührte Honig hinein. Fest umfasste sie die Tasse, als suche sie Halt. Lámbros schlappte in die Küche. Grußlos bereitete er sich einen Kaffee zu.

Dann schob er die Fensterläden auf. Die Morgensonne strahlte herein. Anna blinzelte. Sie warf einen Blick auf die Uhr, die auf dem Kaminsims stand.
Es ist sechs! Ich habe die ganze Nacht hier gesessen und nachgedacht. Erschöpft stand sie auf.
»Anna«, hörte sie Lámbros sagen, »setz dich wieder, wir müssen reden.«
»Bitte nicht, mir geht es nicht gut.«
»Doch, jetzt!« Sie ließ sich wieder auf den Stuhl fallen. Übermüdet blickte sie ihn an.
»Es wird dauern, bis ihr in eure eigene Wohnung zieht, und bis dahin müssen wir versuchen, miteinander auszukommen.« Er hielt inne.
»Und?«
»Ich war einfach sauer, dass ich nicht als erster von deiner Schwangerschaft erfahren habe.« Er zog seine Perlenkette aus der Tasche, ließ sie durch die Finger laufen. Anna beobachtete ihn stumm.
»Es tut mir leid«, sagte er nach einer Weile. Sie schaute ihm in die Augen.
»Lámbros, wie oft willst du dich noch bei mir entschuldigen, und bald danach wirfst du mir meine Abstammung wieder vor? Ich hab keine Kraft mehr dafür, und ich hab genug andere Sorgen.« Sie erhob sich.
»Ist was mit dem Baby?«
»Lass gut sein. Wir werden schon einen Weg finden, aber nicht heute.«
Du wärst der Letzte, dem ich von meinen quälenden Zweifeln erzählen würde.

38. Kapitel

Die Sonnenstrahlen wärmten Thálias Haut, als sie in Milátos am Strand entlangspazierte. Wenn sie sich nicht in ihrem Zimmer verkroch, verbrachte sie zahlreiche Stunden auf einem Felsvorsprung und schaute hinaus aufs Meer.

Damit kein Bewohner sie in ein Gespräch verwickeln konnte, beobachtete sie die Leute aus sicherer Entfernung beim Verrichten ihrer Einkäufe oder beim Távli-Spielen in den Tavernen. In guten Momenten schaffte sie es, in einem Buch zu lesen. Dann machte sie es sich auf der Hollywoodschaukel im Garten bequem, die im Schatten der Oleanderhecke stand. Neben ihr befand sich ein Kübel mit einer weiß blühenden Margerite. Hin und wieder zupfte sie eine Blüte ab. Drehte sie gedankenverloren zwischen den Fingern. Zu den Mahlzeiten stocherte sie im Essen. Kein Zureden der Mutter half, sie aus ihrer melancholischen Stimmung herauszulocken.

Schnell vergingen die Wochen, in denen sie bei den Eltern Geborgenheit suchte. Thália kehrte von einem ihrer einsamen Spaziergänge zurück und öffnete die Haustür. Als sie dabei war, die sandigen Schuhe abzustreifen, kam die Mutter auf sie zu. Thália erkannte den besorgten Blick, der sie ständig verfolgte.

»Kind, du bist seit drei Monaten hier. Zeit, dass du zurück zu deinem Mann fährst.« Heftig schüttelte Thália den Kopf.

»Ich will nicht.«

»Du kannst nicht jedes Mal deinen Mann und das Dorf verlassen, wenn Anna schwanger ist. Was soll sie von

dir denken? Sie ist deine beste Freundin. Als sie dir ihre Schwangerschaften anvertraute, bist du jedes Mal direkt am darauffolgenden Tag förmlich aus dem Dorf geflohen.« Die Tochter lehnte sich an die Küchenzeile und wischte sich Tränen aus dem Gesicht. »Meinst du, deine Freundin wird sich darüber keine Gedanken machen?«
»Sie ist schwanger, wer denkt da an Andere?«
»Kind, du versündigst dich schon wieder.« Die Mutter bekreuzigte sich. »Was glaubst du, wie lange Emmanouíl das mitmachen wird? Jedes Wochenende hierher zu kommen und ansonsten die Abende alleine zu verbringen? Vielleicht kommt er da auf den Gedanken …« Thália sah auf.
»Was willst du damit andeuten? Dass er sich eine andere Frau sucht?«
Ioánnis kam in die Küche.
»Frauengespräche?« Er schaute erst seine Tochter, dann seine Frau besorgt an. Eléni warf ihm einen Hilfe suchenden Blick zu. Er fuhr sich durchs schüttere Haar.
»Deine Mutter und ich sind der Meinung, dass es besser ist, wenn du nach Tourlotí fährst. Oder hast du vor, dich von Emmanouíl zu trennen?«
»Jetzt fängst du auch noch an. Mutter unterstellt ihm eine Geliebte und du denkst, ich würde ihn verlassen wollen!« Sie trat mit dem Fuß gegen den Schrank und brachte damit das Geschirr zum Klirren.
»Bitte, reiß dich zusammen.« Der Vater ließ sich auf der Bank nieder. Aus dem Obstkorb nahm er sich einen Apfel, biss hinein.
»Könnt ihr mich denn kein bisschen verstehen? Ihr seid schließlich meine Eltern!« Sie gestikulierte wild

mit den Händen. Die Mutter kam näher, versuchte, sie zu beruhigen.
»Wir lieben dich. Doch das heißt nicht, dass wir alles gutheißen, was du tust. Es gehört sich nicht für eine Ehefrau, den Mann so lange alleinzulassen.«
»Ach wirklich? Hast du daran gedacht, als du in Athen monatelang deinen Bruder gepflegt hast?«
»Gott hab ihn selig. Er brauchte unsere Hilfe.«
»Und ich nicht?« Thália's Stimme steigerte sich ins Hysterische.
»Du bist nicht krank, sondern kommst nicht damit zurecht, dass Anna schwanger ist und du nicht.«
»Verdammt, hältst du mir das nun auch noch vor?!«
Der Vater sprang auf: »So redest du nicht mit deiner Mutter.« Er hob die Hand und wies zur Tür. »Geh jetzt und komm erst wieder, wenn du dich beruhigt hast.«
Mit gesenktem Kopf trottete sie aus dem Raum. In ihrem Zimmer ließ sie sich aufs Bett fallen. Dann stieß sie einen Schrei aus, der durchs ganze Haus schallte. Danach fühlte sie sich ein wenig besser. Sie starrte zur Decke. Dort waren kleine Sterne, die sie als Jugendliche angeklebt hatte. Auch nach all den Jahren leuchteten sie in der Nacht.
Meine Eltern wollen mich nicht hier haben, dachte sie bitter. Wohin soll ich dann? Ich kann auf keinen Fall zurück ins Dorf. Annas Anblick würde mich …
Plötzlich klopfte es an der Tür.
»Lasst mich in Ruhe!«
»Emmanouíl ist gekommen, er parkt gerade den Wagen«, hörte sie die Mutter sagen. Thália setzte sich auf.
»Mitten in der Woche?« Die Mutter stand im Rahmen.
»Er sieht ziemlich bedrückt und müde aus. Ich hoffe, es ist nichts passiert.« Dann drehte sie sich weg, ging

zurück in die Küche. Mit schleppenden Schritten folgte Thália. Ihr Mann trat in den Raum, sah sie kurz an und nickte zum Gruß. Ioánnis gab seiner Frau einen Wink. Gemeinsam verließen sie das Haus.
»Wir müssen reden.«
»Du *auch*?! Mir reicht's für heute!« Er nahm sich ein Glas aus dem Schrank, füllte es mit Wasser, trank hastig. Dann baute er sich vor seiner Frau auf und sagte: »Ich mache es kurz. Entweder du kommst mit mir zurück ins Dorf, oder wir lassen uns scheiden.«
Thália schrak auf.
»Was?«
»Du hast mich schon verstanden.«
»Aber ...«
»Aber was? Gib mir bitte einen triftigen Grund, damit ich weiterhin auf dich warte.«
»Anna ist schwanger.«
»Und?«
»Es tut mir zu weh, sie in ihrem Zustand zu sehen.«
»Das haben wir alles schon einmal durchgemacht. Bis jetzt hatte ich Verständnis. Doch ich möchte nicht jeden Abend in der Taverne rumhängen, nur weil niemand zuhause auf mich wartet.«
»Du bist egoistisch.«
»Ich?« Thália nickte.
»Schau lieber in den Spiegel, dann siehst du, wer hier selbstsüchtig ist und anderen nichts gönnen kann. Anna hat übrigens täglich nach dir gefragt und macht sich Sorgen, weil du ihre Anrufe nicht beantwortest. Ich habe es satt, ständig eine Ausrede für dich zu erfinden.«
»Dann sag ihr die Wahrheit.« Emmanouíl winkte ab. »Wir haben ausgemacht, dass wir mit niemandem darüber sprechen, oder?«

»Du hast es befohlen.«
Er schüttelte den Kopf. »Dir ist nicht zu helfen.« Emmanouíl wandte sich ab und verließ die Wohnung. Er war gerade im Begriff, ins Auto zu steigen, als sie ihm hinterherlief. »Sieht man es sehr, dass Anna …?«
»Ja.«
Sie schluckte die Tränen hinunter. »Was soll ich machen?«
»Ich kann dir darauf keine Antwort geben. Du musst selbst wissen, was wichtig für dich ist. Ich fahre zurück.« Er öffnete die Tür, schob sich auf den Sitz. Ohne einen weiteren Blick düste er davon. Thália blieb mit verschleierten Augen auf der Stelle stehen, bis sie spürte, dass die Mutter den Arm um sie legte und sie mit sich ins Haus zog.
»Du musst zurück nach Tourlotí, sonst verlierst du deinen Mann.« Sie strich der Tochter übers Haar und setzte nach: »Und die Hoffnung auf ein eigenes Kind.« Dies kam jedoch nur flüsternd über ihre Lippen. Thália sah auf.
»Du hast Recht.« Sie umarmte die Mutter und versuchte, daraus Kraft für ihren nächsten Schritt zu schöpfen.

39. Kapitel

Mit dem letzten Bus kam Thália im Dorf an und hoffte, dass kein Bewohner sie sehen würde. Schnell huschte sie an Dimítris' Taverne vorüber, schlug den Weg durchs Oberdorf ein, um nicht an Annas Haus vorbeizukommen. Sie öffnete die Tür, stellte leise ihr Gepäck

im Flur ab. Aus dem Wohnzimmer schimmerte Licht, das vom Fernseher her kam.
Auf Zehenspitzen schlich sie dorthin und sah, dass Emmanouíl auf der Couch eingeschlafen war. Einen Moment lang beobachtete sie seine Atemzüge. Im Bett zog sie die Decke bis zum Kinn hoch, obwohl die Nächte wärmer geworden waren. Sofort fing sie an zu schwitzen, achtete jedoch nicht darauf und schlief erschöpft ein. Lautes Fluchen weckte sie auf. Verstohlen sah sie zur Tür und konnte den Schattenriss ihres Mannes ausmachen. Er kam humpelnd auf sie zu.
»Wieso hast du mich nicht geweckt?« Er setzte sich auf den Bettrand.
»Du hast tief und fest geschlafen.«
»Ich hätte mir das Genick brechen können, als ich im Dunklen im Flur über deinen Koffer gestolpert bin. Ich wollte mir ein Glas Wasser holen.« Versöhnlich strich er ihr eine Haarsträhne aus dem Gesicht. »Du bist so schön«, flüsterte er und beugte sich zu ihr herunter. Automatisch legten sich ihre Arme um seinen Hals.
»Du hast mir sehr gefehlt«, flüsterte er und knabberte an ihrem Ohrläppchen. Sofort spürte Thália die Hitze, die durch ihren Unterleib schoss. Sie zog ihn ganz zu sich herunter und ließ sich von seiner Zunge verwöhnen, die jeden Teil ihres Körpers zu erforschen schien. Im Morgengrauen schliefen sie erschöpft und eng umschlungen ein.

Thália schaute aus dem Küchenfenster und entdeckte Anna, die auf der Straße stand, vertieft in ein Gespräch mit der Nachbarin. Déspina saß vor der Tür und schälte Kartoffeln.
Anna scheint die Schwangerschaft gut zu bekommen,

dachte Thália und fuhr sich mit der Hand durchs Haar. Soll ich runtergehen? Nein, ich bin noch nicht bereit dazu. Doch ich möchte bei dem schönen Wetter vor die Tür. Was soll's! Wichtig ist, dass Emmanouíl mich liebt, und eines Tages werden auch wir eine Familie gründen. Oder haben wir den Grundstein schon vergangene Nacht …? Sie lächelte bei dem Gedanken daran. Ich darf die Hoffnung nicht verlieren!, sprach sie sich selbst Mut zu.

»Du bist zurück!« Anna winkte ihr freudig zu. Thália beschleunigte ihre Schritte, und schon fühlte sie sich fest von Annas Armen umfangen. Ihre Bäuche berührten sich und Thália spürte, wie Unwohlsein sie beschlich. Sie schluckte trocken. Anna hielt sie fest und schluchzte: »Endlich.«

In dem Moment wurde Thália bewusst, wie sehr ihr die Freundin gefehlt hatte.

»Lass dich ansehen.« Sie hielt Anna ein Stück von sich. »Steht dir gut!«

»Danke, ich fühle mich auch besser. In den ersten Wochen war mir ständig übel. Komm mit, ich mach uns Kaffee. Du musst mir alles erzählen, was du in den letzten Monaten gemacht hast.«

Nicht viel, dachte sie und hoffte, Anna würde ihr keine Vorwürfe machen, dass sie ihre Anrufe nie erwidert hatte. Im Garten spielte Lámbros mit seiner Enkelin. Als Natalía Thália sah, rannte sie los und ließ sich in ihre offenen Arme fallen.

»Da.« Die Kleine zeigte auf den Ball, der unter die Hibiskushecke gerollt war. Thália hob ihn auf und warf ihn ihr zu.

»Kannst du ein Weilchen mit ihr spielen?«, fragte Anna ihren Schwiegervater.

»Geht ihr ruhig plaudern.« Thália sah, wie er ihr zuzwinkerte.
»Nun erzähl«, sagte Anna und griff nach dem Kaffeepulver.
»Da gibt es nicht viel zu berichten.«
»Was hast du all die Monate bei deinen Eltern gemacht? Emmanouíl hat gesagt, dass es dir gut geht und du dich um sie kümmerst. Männer können so verschwiegen sein. War deine Mutter oder dein Vater krank?« Sie stellte die Tasse vor Thália ab, die sich räusperte und nicht wagte, der Freundin in die Augen zu sehen. Was soll ich ihr erzählen, ohne sie zu belügen? Um Zeit zu schinden, nippte sie am Kaffee. Anna setzte sich. »Und?«, bohrte sie nach. In dem Moment, als Thália antworten wollte, erklang ein Kreischen.
»Natalía!« Anna sprang auf, rannte vor die Tür. Thália folgte ihr. Der Großvater trug die Enkelin auf dem Arm.
»Sie ist gestolpert und hat sich das Knie aufgeschlagen. Es blutet.«
»Bring sie in die Küche und reinige die Wunde. Ich hol schnell die Salbe und einen Verband«, sagte Anna, dann wandte sie sich an ihre Freundin: »Ist es nicht komisch? Immer, wenn wir uns etwas Wichtiges erzählen wollen, kommt etwas anderes dazwischen.«
»Schicksal«, sprach Thália und dachte: ein Glück! Dann versuchte sie, Natalía zu beruhigen, indem sie ihr ein Lied vorsang. Dabei streichelte sie ihr sanft übers Haupt.

40. Kapitel

Im Frühjahr hatte die Familie auf Annas Anregung hin zusätzliche Felder für Mais und Bohnen angelegt. Die Ernte war ertragreich gewesen. Anna bot das Gemüse auf den Märkten der umliegenden Städte Sitía, Ágios Nikólaos und Ierápetra an. Da die Schwangerschaft weit fortgeschritten war, half ihr Schwiegervater dabei, die Kästen zu tragen und das Gemüse auszulegen. Dann machte er sich rar, verschwand in einer Taverne und tauchte erst zum Marktende wieder auf. Nach einer weiteren Aussprache, in der Lámbros sein Wort gegeben hatte, bei Äußerungen, die sich gegen ihre Herkunft richteten, Zurückhaltung zu üben, war die Harmonie in ihren Alltag zurückgekehrt.

Die eigenen Zweifel waren jedoch nicht erloschen. Anna stellte sich ständig die Fragen: Bin ich unzufrieden? War ich es tief im Inneren immer schon? Doch so sehr sie sich nach einer Antwort sehnte, sie fand keine. Ein Zwiespalt entstand in ihr, den sie verdrängte, indem sie sich noch mehr Arbeit aufhalste und auf die Märkte fuhr.

»Dein Stand ist leergekauft«, stellte der Schwiegervater fest und baute den Tisch ab.

»Langsam vergrößert sich mein Kundenstamm.« Anna freute sich insgeheim über die guten Einnahmen.

»Wie lange willst du noch auf den Markt gehen?« Lámbros zeigte auf ihren runden Bauch.

»Bis zur Geburt sind es noch zwei Monate. Ich könnte, wenn alles gut geht, bis Ende Oktober. Aber nur, wenn du mir weiterhin behilflich bist.« Sie räumte einen Eimer in den Wagen.

»Und danach? Du denkst hoffentlich nicht, dass ich ...«
»Das Herbstgemüse kannst du an die Tavernen im Dorf und den Krämerladen verkaufen.« Sie lächelte. Schnell glätteten sich die Falten auf Lámbros' Stirn. Er schob die letzten Kisten auf den Pick-up und schloss die Heckklappe.
»Dann mal los. Meine Enkelin wird froh sein, wenn sie nicht den ganzen Tag mit Ilías die Ziegen hüten muss. Ich habe ihr versprochen, dass wir sie auf dem Rückweg in den Bergen abholen.«
Ich kann mich glücklich schätzen, dass er ein so liebevoller Großvater ist, dachte Anna und strich sich über den Bauch.
»Meinst du, dieses Mal wird es ein Junge?« Aus den Augenwinkeln warf Lámbros einen Blick auf die wohlgerundete Form.
»Vielleicht. Der Arzt hat uns gefragt, ob wir es wissen möchten, doch wir lassen uns lieber überraschen. Bist du damit einverstanden?« Zur Antwort nickte der Schwiegervater, dann richtete er seine Aufmerksamkeit auf die Straße.

Die Trauben gärten seit Wochen in großen Plastikfässern und warteten darauf, verarbeitet zu werden. Ilías lag mit einer schweren Erkältung im Bett. Vorsorglich schob Anna den Nudelauflauf zum Warmhalten in den Ofen und richtete zwei Platten mit kalten Vorspeisen an. Sie wollte vorbereitet sein, wenn Gäste zum Rakíbrennen vorbeikämen. Dann ging sie in den Garten, um dem Schwiegervater zu helfen.
»Also, das geht jetzt aber zu weit.« Mit einem Ruck riss Lámbros ihr den leeren Kessel aus der Hand. »Bist du wahnsinnig?! Der ist viel zu schwer für dich.«

»Alleine schaffst du es nicht. Anthí hat auf die Schnelle nicht freibekommen, und um jemanden einzustellen, bist du zu stolz.« Schnaufend schob sie sich eine Hand in den Rücken.
»Kannst du nicht Emmanouíl bitten, uns zu helfen? Ihr seid doch befreundet.«
»Warum fragst du ihn nicht selbst? Du hättest dich in den letzten Tagen weniger in der Taverne aufhalten sollen, schließlich brütet dein Sohn seit Tagen eine Erkältung aus.« Plötzlich schrie sie laut auf, beugte sich nach vorne und hielt die Hände schützend vor den Bauch.
»Was hast du?« Lámbros kam eilig zu ihr und stützte sie.
»Die Wehen.«
»Jetzt? Aber es sollte doch erst …«
»Diskutier nicht mit mir. Los, lauf und hol Thália. Sie soll mich ins Krankenhaus bringen.«
»Sie passt auf Natalía auf, die kann dich nicht fahren.«
»Lámbros! Geh und hol endlich Hilfe! Und sag Ilías Bescheid.« Sie setzte sich auf einen Holzstapel, der für den Brennofen bereitlag. Nach einer Weile kam Ilías. Sie erkannte, dass es ihm Mühe bereitete, sich aufrecht zu halten.
»Es tut mir leid.«
»Ist schon gut«, stieß sie hervor, »geh zurück ins Bett, du hast Fieber.«
Er hielt Abstand und wartete, bis Emmanouíl und sein Vater Anna in den Wagen geholfen hatten. Als sie losfuhren, winkte er.

»Soll ich bei dir bleiben?« Lámbros lief neben dem Krankenbett her, das eilig in den Kreißsaal geschoben wurde. Er hielt Annas Hand und strich sanft darüber.

Als Antwort schüttelte sie den Kopf und biss sich auf die Unterlippe, um die aufkommenden Tränen zu unterdrücken. Kurz darauf schloss sich die Tür hinter ihr. Ilías, wärst du doch hier. Du könntest meine Hand halten. Doch die traurigen Gedanken verflogen sogleich, denn die nächste Wehe überrollte sie.
Jetzt heißt es arbeiten, dachte Anna. Die Eröffnungswehen zogen sich über viele Stunden hin. Als die Austreibungsphase und das Pressen einsetzten, war Anna längst erschöpft, obwohl jetzt ihre ganze Kraft gefordert war. Dreizehn Wehen musste sie durchhalten, dann waren sie und der Junge erlöst. Als Anna ihn das erste Mal im Arm hielt, weinte sie vor Schwäche. »Du hast es mir aber schwer gemacht.«

Nach wenigen Tagen durfte Anna mit ihrem Sohn, der nach seinem Großvater Lámbros genannt wurde, das Krankenhaus verlassen. »Was hat denn der stolze Opa mit dem Gynäkologen zu bereden?«, fragte Anna, als sie aus dem Zimmer kam. Ihr Schwiegervater stand im Flur und drückte dem Arzt die Hand.
»Er hat ihm Geld zugesteckt. Zum Dank, dass er ihm einen gesunden Enkel zur Welt gebracht hat«, antwortete Ilías, der inzwischen genesen war und die Liebsten nach Hause holen durfte. Stolz trug er seinen Sohn auf dem Arm.
»Ich fasse es nicht. Da schleppe ich mich monatelang mit seinem Enkel ab, und er dankt dem Doktor«, sagte Anna, konnte jedoch ein Schmunzeln nicht unterdrücken.
»Warte ab, bis du zu Hause bist. Vater hat sich nicht lumpen lassen.«

Was für eine Überraschung! Anna ging vorsichtig um die Badewanne herum. Sie stand auf ihren verschnörkelten Füßen mitten im Wohnzimmer. Auf was für Ideen Lámbros kommt. Die Handwerker hatten erst vor Kurzem angefangen, die Mauern des oberen Stockwerks hochzuziehen.

»Gefällt sie dir?«, fragte der Schwiegervater.

»Wunderschön. Danke!« Vorsichtig fuhr sie mit der Hand über den perlenweißen Wannenrand. »Es wird Monate, vielleicht Jahre dauern, bis wir sie ins Bad stellen können.«

»Wir tragen sie später in den Schuppen, Vater hat eine Ecke freigeräumt. Damit sie keine Schrammen abbekommt, legen wir Decken darüber.« Ilías nahm seinen Sohn aus dem Tragekorb. Verstohlen schaute Lámbros zu den beiden hinüber.

Anna entging der sehnsüchtige Blick nicht, und sie sagte: »Lass deinen Vater sich um seinen Enkel kümmern und komm mit mir zu Thália, ich möchte Natalía sehen. Sie muss sich schon fragen, ob ihre Mami sie nicht mehr lieb hat. Schade, dass sie wegen ihrer Erkältung nicht ins Krankenhaus kommen konnte.«

»Sie ist seit Tagen gespannt auf euch.« Ilías reichte dem Vater das Baby. Lámbros' Augen leuchteten, als er den Enkel auf dem Arm hielt und vorsichtig wiegte.

Endlich war die Familie wieder beisammen. Anna lehnte sich an die Küchenzeile und schaute sich im Raum um. Der Tisch war gedeckt. Natalía hatte dem Großvater Holzklötze gebracht. Nun hockten sie auf dem Boden und bauten einen Turm. Ihr Ehemann saß gemütlich auf dem Stuhl und schenkte sich einen Rakí ein. Vor dem Kamin stand die Wiege, in der Lámbros junior schlief.

Ich verstehe nicht, wie ich nur einen Moment an meinem Leben zweifeln konnte, dachte Anna. Was will ich mehr, als dass meine Familie gesund und glücklich ist?
»Soll ich später die Eisenwanne in die Küche stellen? Dann kannst du die Kinder baden«, sagte der Großvater und schaute Anna fragend an.
»Gerne.« Bin ich froh, wenn wir in unserer Wohnung fließend heißes Wasser haben. Sie stockte. Anna!, schalt sie sich. Noch vor einer Minute hast du vor Glück gesprüht, und schon lässt du deine Bedenken wieder die Oberhand gewinnen. Ihr wurde übel. Schnell lief sie ins Bad und wusch sich das Gesicht mit kaltem Wasser. Dann blickte sie in den Spiegel.
Das sind die Hormone nach der Niederkunft. Kritisch blickte sie ihr Spiegelbild an. Nein, das stimmt nicht, die Bedenken waren bereits vor der Geburt da. Und durch das Telefonat mit meinem Vater sind sie wieder an die Oberfläche gekommen.
»Bald platzt das Haus aus allen Nähten, und ihr habt noch einen Mund mehr zu stopfen!«, hatte er erwidert, als sie ihm freudig mitteilte, dass er einen Enkelsohn hatte. Diese Bitterkeit in ihm. Wieder ließ sie sich kaltes Wasser übers Gesicht laufen, als könne sie damit die harten Worte wegspülen. Ich muss aufhören, mich ständig verunsichern zu lassen. Sie strich sich eine Strähne aus der Stirn und kehrte in die Küche zurück. Im Türrahmen hielt sie inne und beobachtete für einen Moment die Familie. Ich bin glücklich! Schnell machte sie sich daran, das Essen auf den Tisch zu bringen.

41. Kapitel

Thália spürte die Augen ihrer Mutter auf sich gerichtet. Sie saßen sich am Küchentisch gegenüber. Natalía hockte auf Thálias Schoß und biss in ihr Brot. Der Honig lief an ihrem Finger herunter, schnell schob sie ihn in den Mund.

»Warte, ich wisch dir die Hände sauber.« Thália tauchte den Zipfel der Serviette ins Wasser, dann rieb sie dem Kind vorsichtig die Finger ab. Die Kleine juchzte auf.

»Ich bewundere dich«, meinte Eléni und schlürfte Kaffee. Erstaunt sah Thalia auf.

»Wieso?«

»Nachdem es dir so schlecht ging wegen Annas ... – nun, du weißt schon, ich möchte es nicht vor der Kleinen aussprechen –, kümmerst du dich liebevoll um sie.« Das Mädchen tauchte den Zeigefinger ins Honigglas und leckte ihn ab.

»Na hör mal«, schimpfte Thália lächelnd, »ich hab dir gerade die Finger sauber gemacht.« Natalía sah sie aus schelmischen Augen an und griente. Dann wurde sie unruhig und wollte vom Schoß herunter.

»Zug holen«, sagte sie, und sobald sie Boden unter den Füßen verspürte, rannte sie ins Wohnzimmer.

»Es macht mir Freude, mit den Kindern zu spielen. Und ich bin froh, dass Anna mir erlaubt hat, ihre Tochter heute Nacht hier schlafen zu lassen. Die Taufvorbereitungen halten sie ganz schön auf Trab.«

»Du wärst eine gute Mutter.« Eléni wischte sich schnell eine Träne aus dem Gesicht.

»Das glaube ich auch. Doch solange ich nicht schwanger werde, gebe ich mich vorerst damit zufrieden, dass

Anna mir vertraut und ich auf die Kinder aufpassen darf, wenn sie im Garten das Unkraut zupft. Ich schau mal, was Natalía anstellt.«
Eléni nickte, dann machte sie sich daran, den Tisch abzuräumen und das Geschirr zu spülen.

Thálias Eltern waren eigens zu Lámbros' Taufe aus Milátos angereist. Sie weilten bereits eine Woche im Haus der Tochter. Gemeinsam unterstützten sie Anna beim Backen und den Vorbereitungen des Festmahls. Ioánnis und Emmanouíl waren am frühen Morgen zu Ilías hinübergegangen. Sie halfen ihm, in Onkel Manólis' Taverne die Stühle an ihre Plätze zu stellen und Tische zurechtzurücken, damit die Frauen sie später eindecken konnten. Thália hatte sich angeboten, in der Zeit auf Natalía und ihren Bruder Lámbros aufzupassen.
Es klopfte an der Tür.
»Ich geh schon«, rief Eléni. »Guten Morgen, Anna.«
Anna trug ihren Sohn auf dem Arm. Natalía war auf die beiden aufmerksam geworden. Sie stürzte auf ihre Mama zu. Sofort zappelte der Junge und wollte abgesetzt werden. Mit wackligen Schritten trollten er und seine Schwester sich ins Wohnzimmer, wo sie sogleich begannen, mit der Eisenbahn zu spielen.
»Guten Morgen, Anna.« Thália gab ihr einen Kuss auf die Wange. »Du siehst ziemlich fertig aus.« Anna strich sich eine Haarsträhne aus dem Gesicht. Ihr Kittel zeigte Kochspuren.
»Mein Sohn hat heute Nacht, wahrscheinlich vor lauter Aufregung, kein Auge zugemacht. Ilías hat sich irgendwann auf die Couch verzogen, nachdem ich Lámbros zu uns ins Bett geholt hatte. Wir sind erst im Morgengrauen eingeschlafen.«

»Ich leg die beiden später hin, vielleicht schlafen sie vor dem Kirchgang noch ein wenig. Solltest du auch«, meinte Thália.
»Magst du einen Kaffee?«, fragte Eléni.
»Gern.«
Sofort machte sie sich daran, ihn zuzubereiten, und ließ die Freundinnen im Zimmer mit den spielenden Kindern zurück.
»Mir ist heute Morgen beinahe der Kuchen angebrannt«, meinte Anna.
»Oje! Das hätte noch gefehlt. Schließlich hast du dir vorgenommen, die Torte zur Taufe selbst zu backen und nicht beim Bäcker zu bestellen.«
»Aber es ist ja nochmal gutgegangen. Verzieren werde ich sie später.« Eléni brachte die Tasse und reichte Plätzchen.
»Danke.« Anna griff sich eins und tunkte es ins Getränk. »Ich bin nicht mal zum Frühstücken gekommen. Gleich geht's rüber zum Tische-Eindecken.«
»Ich komme mit«, bot Eléni an.
»Schön«, sagte Anna und wandte sich dann an ihre Freundin, »und du darfst auf meine Wildfänge aufpassen.« Sie lächelte.
»Das mache ich gerne. Die Linsensuppe hab ich gestern schon gekocht, so kann ich mich jetzt ausschließlich den Kleinen widmen. Und nach dem Mittagessen geht's ins Bett.« Sie beugte sich zu den Kindern hinunter. »Ja? Geht ihr nach dem Essen ein wenig Heia machen?«
»Kuck!«, rief Lámbros und hielt ihr die Lok hin. Natalía stand auf und kuschelte sich in Thálias Arm.

Nachdem Anna und Eléni das Haus verlassen hatten,

setzte sich Thália auf die Couch. Sie beobachtete die Kinder beim Spielen. Ach, seufzte sie innerlich, könnte ich doch auch zwei so liebe Kinder haben. Wie sehr würde ich sie verwöhnen. Sie atmete tief durch und spürte, dass ihr Tränen in die Augen stiegen. Schnell kniff sie sich in den Arm, bückte sich zu den Kleinen und machte die Laute einer Lokomotive nach. Die Kinder kreischten.

»Noch mal!«, forderte Natalía.

Die Stunden vergingen wie im Flug, und als ihre Eltern und Emmanouíl zurückkamen, schreckte Thália auf: »Ist es schon so spät? Ich hab vor lauter Spielen ganz vergessen, die Suppe warmzumachen.« Eléni winkte ab. »Das mach ich, kümmere du dich weiter um die Kinder.«

Nach dem Essen legte Thália sich mit den Kleinen aufs Ehebett. Jeweils ein Kind im Arm, las sie ihnen aus einem Bilderbuch vor. Nach kurzer Zeit waren nicht nur Lámbros und Natalía eingeschlafen, sondern auch sie selbst. Ein zufriedenes Lächeln lag um ihre Lippen.

Als sie zu Annas Haus hinübergehen wollten, um die Kinder festlich zu kleiden, hielt Eléni ihre Tochter am Arm zurück. Die schaute erstaunt in das ernste Gesicht der Mutter.

»Ist etwas passiert?«, flüsterte sie, um die Kinder nicht zu erschrecken.

»Ich habe mit deinem Vater gesprochen. Ein weitläufiger Verwandter von uns in Athen ist Spezialist für komplizierte Schwangerschaften. Wir möchten, dass du dich von ihm untersuchen lässt. Dein Vater und ich werden für die Kosten aufkommen. Wohnen könntest du bei den Großeltern. Sprich mit deinem Mann dar-

über. Thália«, die Mutter nahm sie an den Armen und sah ihr tief in die Augen, »du wärst eine gute Mutter. Ich kann dir nicht sagen, wie stolz ich auf dich bin, dass du dich mit einer solchen Hingabe um Annas Kinder kümmerst. Ich bin froh, dass wir die Einladung zur Taufe angenommen haben und ich das mit eigenen Augen sehen durfte.« Sie gab ihr einen Kuss auf die Wange und drückte sie fest an sich.
»Danke, Mutter.« Eléni rieb sich die Augen.
»So, jetzt aber genug der Gefühlsduselei. Ab zur Taufe.«

42. Kapitel

Obwohl sein Enkel bereits dreizehn Monate alt war, ließ Lámbros sich nicht davon abbringen, ihn auf den Arm zu nehmen. Stolz trug er ihn in die Kirche, an seiner Seite Peter, der die Taufkerze hielt. Natalía ging zwischen Anna und Ilías, die sich zusammen einen Weg durch die zahlreichen Gäste bahnten. Als der Pope das Kind segnete, sah Anna, dass sich ihr Schwiegervater Tränen aus dem Gesicht wischte.
Du überraschst mich immer wieder, Brummbär, dachte sie. Ein wahrer Vorzeigeopa. Wenn ich da an meinen Vater denke, der es nicht einmal in Erwägung gezogen hat, heute dabei zu sein … obwohl sein Sohn Taufpate ist, zusammen mit Lámbros. Anna sah sich in der Kirche um. Wenigstens sind meine Geschwister da. Sie winkte Elke zu, die mit ihrem Freund in der Nähe der Kanzel stand. Ilías' Schwester war mit ihrem Mann und Sohn aus Chaniá angereist. Auf Ze-

henspitzen schlich sich Emmanouíl durch die Gänge und fotografierte. Anna ließ von ihren Beobachtungen ab und verfolgte andächtig die Zeremonie. Ohne einen Muckser von sich zu geben, ließ Lámbros junior sich auskleiden, ins Wasser tauchen und salben.

Onkel Manólis' Taverne war eigens für den Anlass geschlossen worden. Blaue Ballons hingen von der Decke. Die Wände waren mit bunten Girlanden geschmückt. Geschäftig lief Onkel Manólis umher, verteilte Rakí, Wein und Wasser auf den Tischen. An der Stuhllehne des Taufkindes war ein gigantischer Luftballon festgebunden, der seinen Namen trug. Der Opa rannte hinter dem Kleinen her, der auf unsicheren Beinchen seine Schwester zwischen den Stühlen verfolgte. Diese steuerte auf ein gleichaltriges Mädchen aus dem Dorf zu. Als Lámbros seinen Enkel eingeholt hatte, hob er ihn schwungvoll hoch, stieß aber auf Gegenwehr.
»Gleich wird gegessen«, flüsterte der Großvater ihm zu und setzte ihn in den Kinderstuhl, während er über die Schulter nach der Enkelin rief. Er hob sie auf den Stuhl und gab zärtlich beiden einen Kuss auf die Stirn. Sofort fingen die Kinder an, mit dem Besteck zu spielen. Lámbros hatte Mühe, sie zu beruhigen. Da zog er aus der Tasche die Perlenkette und sprach leise auf die Kinder ein, die schlagartig ruhig wurden und dem Opa gebannt an den Lippen hingen.
Was er ihnen wohl wieder erzählt? Anna lächelte in sich hinein. Langsam brach der Abend an. Die Gratulanten waren gegangen. »Was für eine Taufe.« Peter streckte die Beine unter dem Tisch aus.
»Ich denke, es ist Zeit, meine Enkel ins Bett zu bringen.« Lámbros gähnte. »Sie reiben sich schon die Augen. Kein

Wunder, sie sind die ganze Zeit mit den anderen Kindern umhergewirbelt und haben Luftballons knallen lassen. Ich bin selbst ganz müde vom Hinterherlaufen.«
»Danke, Vater«, antwortete Ilías, »wir helfen derweil beim Aufräumen, damit Onkel Manólis die Taverne wieder für die Dorfbewohner öffnen kann.« Anna ließ sich neben ihrem Bruder nieder.
»Wo ist Elke mit ihrem Freund?« Sie sah sich im Raum um.
»Spazieren«, antwortete Peter, »unsere Schwester meint, sie hätte zu viel vom Gebäck genascht.« Er lachte laut auf. »Als ob sie davon jemals genug bekommen könnte.« Anna stimmte heiter in sein Lachen ein. Schon von Klein auf war Elke diejenige der Geschwister gewesen, die heimlich die Süßigkeiten aus dem Schrank mopste und dann bei den Eltern behauptete, sie sei es nicht gewesen. Oft hatten dann Anna und Peter die mahnenden Worte des Vaters abbekommen, doch die Schwester hatten sie kein einziges Mal verraten. Sie war die Jüngste von ihnen und musste behütet werden, hatten sie sich als Kinder geschworen.
»Bist du traurig, dass unsere Eltern nicht dabei waren?«, fragte Peter. Anna zuckte mit den Schultern. »Ich bin mir nicht sicher.«
»Durch Vaters neue Arbeitsstelle hätten sie locker für den Flug aufkommen können«, fuhr Peter fort. »Die Kosten für das Haus sind unter Kontrolle, und Mutters Einkommen legen sie auf die hohe Kante.« Er sah ihr in die Augen.
»Ich weiß, sie sparen für eine Weltreise, die sie seit Jahren planen. Oder?« Anna merkte, dass ihr Bruder mit der Antwort zögerte. Dann sprach er: »Im Grunde ist das richtig, – außer, dass sie das Geld für den Ur-

laub längst zusammenhaben. Es wäre genügend vorhanden gewesen, um herzukommen, doch …«

»Sie wollten nicht sehen«, unterbrach Anna, »wie armselig wir leben.«

»Aber hallo, von armselig kann ja wohl nicht die Rede sein!«, warf Elke ein. Anna drehte sich nach der Schwester um, die plötzlich hinter ihr stand.

»Keines von uns Kindern hat eine solche Taufe gehabt. Das waren mindestens hundert Gäste. Ich möchte gar nicht wissen, was euch das gekostet hat. Warum habt ihr so viele eingeladen?« Elke nahm ihren Geschwistern gegenüber Platz.

»Das ist Tradition, und Lámbros ließ es sich nicht nehmen, das kirchliche Ereignis groß zu feiern. Er hat das Fest ausgerichtet.« Im Stillen dankte Anna ihm dafür. So konnten sie ihr Erspartes in den Neubau stecken.

Der Termin für die Taufe war auf eine Woche vor Weihnachten gelegt worden. Anna hatte seinerzeit den Wunsch geäußert, gemeinsam mit der Familie Weihnachten zu feiern. Zum damaligen Zeitpunkt hatte sie jedoch mit der Anwesenheit ihrer Eltern gerechnet.

»Soll ich dir helfen?«, fragte Peter, der in die Küche trat.

»Setz dich und leiste mir Gesellschaft.« Anna bestrich den Truthahn mit Öl.

»Es riecht köstlich.« Elke und ihr Freund fanden sich ebenfalls ein. Anna schob den Hahn zurück in den Ofen und wischte sich die Hände an der Jeans ab. Dann drehte sie sich um, ihre Wangen glühten. »Unsere Eltern sitzen nun alleine in Köln vor dem Tannenbaum.«

»Mach dir darüber keine Gedanken. Das war ihre eigene Entscheidung«, meinte Peter.

»Ich freue mich sehr, dass ihr bei uns seid.« Sie drück-

te die Geschwister nacheinander an sich und schluckte schnell die aufkommenden Tränen herunter.
»Genug der trüben Gedanken.« Entschlossen steuerte Anna in Richtung Wohnzimmer und holte das Geschirr für besondere Anlässe aus dem Schrank. »Ich helfe dir.« Elke sprang auf.
Unterdessen machten es sich die Männer gemütlich, tranken Rakí und aßen Orangenstücke dazu. Der Großvater spielte mit den Kindern im Schlafzimmer. Anna hatte ihn darum gebeten, damit sie in Ruhe das Essen zubereiten konnte. Nachdem festlich eingedeckt war, nahm Anna die im Küchenschrank versteckten Geschenke für die Kinder heraus. Behutsam legte sie die Päckchen unter die künstliche Tanne, die ihre Geschwister aus Deutschland mitgebracht hatten. Sie betrachtete den Baum von allen Seiten. Hier und da hängte sie eine Kugel um, zupfte das Lametta gerade und platzierte den Engel wie im vorigen Jahr auf dem Kaminsims neben Sofías Foto.
Ein weiteres Mal hatte ihr Schwiegervater den Popen gebeten, am Heiligen Abend die Kirche geöffnet zu lassen. Nach dem Abendessen machte sich Anna deshalb, gemeinsam mit den Kindern, ihrem Mann und den Geschwistern auf den Weg dorthin.
Natalía hüpfte vor ihnen her und trällerte: »Alle Jahre wieder kommt das Christuskind auf die Erde nieder, wo wir Menschen sind.« Klein-Lámbros versuchte, mit seiner Schwester Schritt zu halten und stimmte in das Lied ein. Durch den Gesang angezogen, erschien manch ein Bewohner am Fenster und wünschte ihnen ein frohes Weihnachtsfest.

Hurtig liefen die Kinder die Kirchenstufen hinunter.

Je näher sie dem Zuhause kamen, desto langsamer wurden ihre Schritte jedoch.
»Mama, ob das Christkind schon da war?« Die Tochter schob ihre kleine Hand in Annas.
»Ja.« Sie spürte, wie der Sohn sich an sie drückte. Als sie in die Küche kamen, stand Lámbros neben dem Tannenbaum, beladen mit in Zeitungspapier eingewickelten Geschenken. Bei seinem Anblick wurde Anna ganz warm ums Herz. Das hätte ich mir nie träumen lassen, er nimmt Anteil an unserer deutschen Sitte. Natalía zupfte an Annas Jacke. Schnell bückte sich die Mutter und zeigte den Kindern, welches der bunten Päckchen wem gehörte. Ruckzuck rissen die Kleinen das Papier herunter. Kurz darauf erschallte Freudengeschrei im Haus. Lámbros hatte für die beiden aus Holz Tierfiguren geschnitzt, für die Frauen einen Kerzenständer, und die Männer bekamen eine Pfeife überreicht.
»Wann hattest du vor lauter Opa-Sein denn dafür noch Zeit?«, flüsterte Anna ihm zu, damit die Kinder nicht hörten, von wem die Geschenke kamen. Noch waren sie im Glauben, das Christkind habe sie gebracht.
»Ihr habt mich oft genug zum Ziegenhüten in die Berge geschickt.« Verlegen strich er sich über den Bart.

Um frische Luft zu schnappen, trat Anna für einen Augenblick vor die Tür. Sie sah zum klaren Himmel hoch, an dem unzählige Sterne funkelten.
»Ist was?« Lámbros war hinter sie getreten. Sie drehte sich um und fiel dem Schwiegervater um den Hals.
»Danke, dass du mit uns gefeiert hast, und für die Geschenke! Ich weiß, das hat dich bestimmt Überwindung gekostet. Mir bedeutet es viel.«
Er tätschelte ihren Rücken. »Ist schon gut, Kind.«

Am ersten Weihnachtstag kehrten sie gemeinsam in den Häusern ein, in denen der Namenstag von Emmanouíl gefeiert wurde. Ein weiteres Mal wurden Annas Geschwister mit einer griechischen Tradition bekannt gemacht. Zwischen Weihnachten und Neujahr zeigte Anna ihnen die Lassíthi-Hochebene. Auf den hohen Bergen, die sie umgaben, lag ein Hauch von Schnee. Ihre Freundin hatte sich bereit erklärt, Ilías beim Versorgen der Kinder zu helfen; so konnte Anna mit den Geschwistern nach Chaniá fahren und über Nacht bleiben. Der Schwiegervater nutzte die Gelegenheit und fuhr mit, um seine Tochter und den Enkel zu besuchen. Er ließ es sich nicht nehmen, sie durch die Altstadt seines Geburtsortes zu führen, und kehrte mit ihnen anschließend in einer Taverne am Hafen ein. Dort ließ er zahlreiche traditionelle Gerichte auffahren. Dabei erzählte er Geschichten aus seiner Jugend. Mit Verwunderung stellte Anna fest, dass er Fragen ihres Bruders, die den Krieg betrafen, geschickt auswich. Einmal sah der Schwiegervater kurz auf und zwinkerte Anna versöhnlich zu.

Auf der Rückfahrt war es still im Auto, Annas Geschwister und Lámbros waren eingenickt. Sie ließ den Tag Revue passieren und dankte Lámbros insgeheim dafür, dass er bei den Erzählungen über den Krieg seine Antipathie ihren Landsleuten gegenüber nicht gezeigt hatte.

In der Neujahrsnacht stießen sie zuversichtlich auf das Jahr 1989 an. Beim Anschneiden des Kuchens spielte das Glück Peter die zehn Drachmen zu. Wenige Tage später fand die harmonische Zeit mit den Geschwistern ein Ende.

Zum Abschied drückte Peter Anna fest an sich und flüsterte ihr ins Ohr: »Du hast die richtige Entscheidung getroffen. Ich beneide dich, hier zu leben.« Er gab ihr einen Kuss. Dieses Mal schmerzte Anna der Abschied. Ihr Mann drückte sie fest an sich: »Denen hat es so gut gefallen, die kommen im Sommer bestimmt wieder.«

43. Kapitel

Ein kühler Wind zog durchs Haus. Thália schloss das Fenster. Ungeduldig wartete sie auf Emmanouíls Rückkehr von der Arbeit. Seit Wochen schob sie es hinaus, mit ihm über den Vorschlag der Mutter zu sprechen, dass sie den Spezialisten in Athen aufsuchen sollte. Sie sah auf die Uhr.

»Verdammt, sonst ist er immer pünktlich. Ausgerechnet heute verspätet er sich. Hoffentlich verlässt mich nicht der Mut.« Sie strich ihr Gewand glatt. Für das Gespräch mit ihm hatte sie sich sorgfältig frisiert und ihr bestes Kleid angezogen. Zwar kam es unter der dicken Strickjacke nicht recht zur Geltung, doch solange ihr Mann noch nicht zuhause war, behielt sie die Jacke der Kälte wegen an. Im Kamin loderte ein Feuer; Thália legte einen Olivenast nach. Auf dem Herd hielt sie sein Lieblingsessen bereit: Tintenfisch mit Makkaroni. Es wird alles gut gehen!, munterte sie sich auf und rückte die Schüssel mit dem geriebenen Käse auf dem Tisch zurecht. Er wünscht sich ebenso sehr Kinder wie ich.

Die Tür öffnete sich. Schnell zog sie die Strickjacke aus, warf sie über die Stuhllehne und tat beschäftigt, indem sie die Soße umrührte. Er stellte sich hinter sie.

»Na, du siehst heute ja zum Anbeißen aus.« Schon lag seine Hand auf ihrem Po, er küsste sie spielerisch im Nacken. »Lecker«, meinte er dann und schaute in den Topf, »habe ich unseren Hochzeitstag vergessen? Oder deinen Geburtstag?«

»Wieso?« Sie hoffte, ihre Stimme würde gleichgültig klingen und das Zittern im Körper aufhören. Dann drehte sie sich zu ihm um.

»Du trägst dein bestes Kleid und hast mein Lieblingsessen gekocht.« Mit Schwung, sodass Thália ins Wanken geriet, zog er sie in seine Arme.

»Darf ich mich nicht unter der Woche mal hübsch machen?«

»Ist Eisprungzeit?«, flüsterte er ihr ins Ohr; seine Zunge kitzelte sie.

»Nein.«

»Komm, spann mich nicht auf die Folter, irgendetwas ist doch.« Er verstärkte die Umarmung, seine Lippen fanden die ihren. Gierig suchte seine Zunge den Weg in ihren Mund; sie stöhnte unwillkürlich. »Wieso bist du so verkrampft?«, meinte er auf einmal. Erst jetzt bemerkte sie selbst, wie angespannt ihr Körper war.

»Ich darf dein Essen nicht anbrennen lassen, wir können mit dem anderen gleich weitermachen«, redete sie sich heraus, drehte sich schnell um und stellte die Kochflamme ab. Schon lag seine Hand auf ihrer Schulter, drückte er den Unterleib an ihren Po. Thália spürte die Härte seines Gliedes.

»Essen kann ich später, erst vernasche ich dich.« Er ergriff ihre Hand und führte sie ins Schlafzimmer. Ich muss mit dir reden. So habe ich mir das nicht vorgestellt! Mühsam versuchte sie dennoch, sich auf sein Streicheln zu konzentrieren. Es gelang ihr kaum, ro-

mantische Gefühle in sich aufkommen zu lassen. Darum zog sie sich aus, legte sich aufs Bett und ließ ihn, ohne Vorspiel, in sich eindringen.
»Au!«, stöhnte sie.
»Entschuldige.« Er legte sich neben sie. »Was ist los?«
»Komm bitte wieder in mich.«
»Aber ...«
»Ich will es!« Er kam ihrer Aufforderung nach. Gleich ist es vorbei, dachte sie und täuschte Verlangen vor, indem sie verwegen stöhnte und ihn immer wieder ermutigte, heftiger zu werden.
Keuchend und vor Erregung zitternd, kam er schnell zum Höhepunkt. Erschöpft rollte Emmanouíl sich auf die Seite. Kurz darauf bemerkte sie an seinen gleichmäßigen Atemzügen, dass er eingeschlafen war. Sie stand auf, ging ins Bad. Duschte heiß und ausgiebig. Danach setzte sie sich an den Küchentisch. Schaute ständig auf die Uhr, in der Hoffnung, er würde bald wach werden.

»Nein«, schrie Emmanouíl, »auf gar keinen Fall! Sag mal, bist du noch bei Sinnen?!« Er ging aufgebracht im Zimmer auf und ab, gestikulierte wild mit den Armen.
»Bitte, vielleicht bringt uns das Gewissheit und wir müssen nicht Monat um Monat aufs Neue hoffen und warten«, meinte sie kleinlaut. Sie saß auf dem Stuhl, die Hände fest im Schoß gefaltet.
»Vergiss es. Deine Eltern sollen sich nicht in unser Leben einmischen!«
»Sie meinen es gut.«
Abrupt blieb er vor ihr stehen, legte die Hände neben ihren Schultern auf die Stuhllehne und beugte sich vor. »Sag mal, hörst du schlecht? *Ich* bin dein Mann!

Ich entscheide, ob du dich von einem Spezialisten untersuchen lassen wirst oder nicht. Ist das jetzt bei dir angekommen?«

»Bitte«, versuchte sie ihn zu besänftigen, »wir möchten gerne Kinder und es funktioniert einfach nicht. Wenn ich mich in Athen untersuchen lasse …«

»… spricht sich im Dorf herum, dass ich nicht fähig bin, dir ein Kind zu machen! Es wird schon genug hinter unserem Rücken darüber geredet. Am Ende willst du noch, dass ich mit nach Athen komme, um mein Sperma untersuchen zu lassen!« Er sah ihr in die Augen. Thália spürte, wie Hitze in ihr aufstieg.

»Das glaub ich jetzt nicht. Du hast wirklich damit gerechnet, dass ich mich da untersuchen lassen würde?! Hast dir gedacht, wenn es nur fernab von der Insel wäre, würde ich zustimmen? Es reicht! Wenn du noch ein einziges Mal mit diesem Thema ankommst, dann lasse ich mich scheiden! Und erzähle jedem im Dorf, es sei aus dem Grund, dass du frigide bist und ich es nicht mehr ertragen konnte.«

»Aber das ist gelogen.«

»Und was war das heute Mittag? Mir kam es vor, als hättest du alles einfach über dich ergehen lassen. Nun weiß ich auch, warum! Der ganze Aufwand mit Kleid und Tintenfisch. Pure Absicht, mich versöhnlich zu stimmen, damit ich dir erlaube, nach Athen zu reisen. Aber da hast du dich geschnitten.« Er riss die Jacke vom Haken und verließ das Haus. Die Tür fiel scheppernd ins Schloss. Thália schluchzte bitterlich auf. Nach einiger Zeit schlug die Traurigkeit in Wut um, sie hieb mit der Faust auf den Tisch.

»Ich will endlich ein Kind! Und mein Mann stellt sich mir in den Weg. Er bestimmt über mich! So habe ich mir mei-

ne Ehe nicht vorgestellt. Nein, mein Lieber, so nicht!« Sie sprang auf, öffnete das Fenster und sah Emmanouíl unten auf der Dorfstraße.
»Und ich werde trotzdem fahren!« Er drehte sich um und kam schnellen Schrittes zurück zum Haus. Die Tür flog auf, schon stand er mit erhobener Faust vor ihr.
»Treib es nicht zu weit.« Er griff sie am Arm, zog sie zu sich. »Mach mich nicht zum Dorfdeppen. Ich warne dich! Jetzt zieh dich an und komm mit, damit die Leute sehen, dass wir uns nicht gestritten haben. Los!« Er schubste sie ins Schlafzimmer. Wie in Trance griff Thália nach der Winterjacke und ließ sich von ihm aus dem Haus ziehen. Vor der Tür legte er den Arm besitzergreifend um ihre Hüfte und grüßte freundlich den Nachbarn. Als Thália nicht reagierte, kniff er sie in die Rippen und flüsterte: »Reiß dich zusammen, sonst erlebst du ein blaues Wunder!« Sie verzog den Mund zu einem Lächeln. Anna stand im Vorgarten und goss die Blumen, als sie vorbeigingen.
»Habt ihr Lust reinzukommen?«
»Wir wollten auf ein Glas Wein in die Taverne«, antwortete Emmanouíl.
»Wein kann ich euch auch reichen. Kommt, es ist kalt draußen, wir machen es uns vor dem Kamin gemütlich, und wenn ihr wollt, könnten wir Karten spielen. Die Kinder sind schon im Bett.« Einladend hielt sie die Tür auf. Thália blickte ihren Mann an und bemerkte, dass er mit sich kämpfte. Er sah sich auf der Straße um, dann zog er sie an sich, gab ihr einen harten Kuss auf die Lippen und sagte: »Bleib bei Anna, ich geh mal nachsehen, wer alles in der Taverne ist.«
Thália nickte. Dann zerrte er sie näher zu sich und flüsterte: »Pass auf, was du sagst.«

»Ja«, kam es gezwungen über ihre Lippen. Innerlich war sie froh, dass sie bei der Freundin bleiben konnte.
»Na, dann schick ich dir Ilías nach und wir machen uns einen Frauenabend. Hatten wir lange nicht mehr.«
Anna winkte Emmanouíl hinterher und zog die Freundin mit ins Haus. Thália spürte Annas skeptischen Blick.
»Habt ihr euch gestritten? Es war vorhin laut auf der Straße. Ich dachte, ich hätte deine Stimme gehört.«
Thália ging auf den Kamin zu und rieb die Hände über dem Feuer, um Anna nicht in die Augen schauen zu müssen. »Alles in Ordnung.«
»Dann ist gut.« Nichts ist gut!, schrie es in Thália, am liebsten hätte sie der Freundin ihr Herz ausgeschüttet. Doch die drohenden Worte ihres Mannes klangen in ihr nach und brannten in der Seele.

44. Kapitel

»Ach, wer hätte das gedacht!« Lámbros zog Anna in die Arme, drückte sie fest an sich: »Du gleichst mehr und mehr einer Einheimischen. Ein Kind nach dem anderen. So ist es recht.« Dann schob er sie ein Stück von sich und meinte besorgt: »Du bist ganz schön blass um die Nase. Fühlst du dich wohl? Überanstrengst du dich auch nicht?«
»Keine Sorge, ich passe auf uns auf.« Anna setzte sich an den Tisch. Sogleich fing sie an, im Haushaltsbuch zu blättern. Dort standen fein säuberlich aufgelistet die Einnahmen vom Markt und dem Direktverkauf. Gegenüber die Ausgaben.

»Das zweite Kinderzimmer sollte eingerichtet werden. Werdet ihr genügend Geld dafür haben?« Lámbros deutete auf ihre Aufzeichnungen. Geschwind rechnete Anna die Kolonnen zusammen.
»Es wird nicht reichen«, stellte sie seufzend fest. Ilías kam ins Zimmer.
»Zerbrichst du dir wieder deinen schönen Kopf wegen dem Bau?« Er stellte sich hinter sie und legte die Hände auf ihre Schultern.
»Uns fehlt es an allen Ecken und Enden.«
»Es wird sich ein Weg finden.«
»Du sagst das so einfach, doch durch die Schwangerschaft ist das schwer zu erreichen. Es hätte einfach nicht passieren dürfen.«
»So etwas möchte ich nicht von dir hören. Wir werden einen Teil der Ziegenherde verkaufen, sie ist eh zu groß geworden. Das reicht für die Ausstattung des Kinderzimmers. Und den Extra-Wohnraum verschieben wir bis nach der Olivenernte, die sicher mehr als im letzten Jahr einbringen wird.« Er ließ sich neben seiner Frau nieder.
»Ich habe ein wenig gespart, das könnt ihr für meine Enkel nehmen«, bot Lámbros an.
»Das verbrauch mal schön für dich! Oder willst du auf deine Tavernenbesuche verzichten?«, feixte Ilías.
»Junge, ich habe es ernst gemeint.«
»Danke, Lámbros. Dein Angebot in allen Ehren, doch Ilías und ich müssen es alleine schaffen.« Die Kinder kamen ins Zimmer gelaufen, kletterten auf Lámbros' Schoß und flüsterten ihm ins Ohr. Kurz darauf zogen sie den Opa mit ins Wohnzimmer, damit er ihnen beim Aufbau der Eisenbahn half.
Ich muss mir etwas einfallen lassen. Womit könnte ich

Geld hinzuverdienen, damit wir über die Runden kommen? Anna ging gedankenverloren ins Bad.
Bei der Hausarbeit sind mir schon immer die besten Ideen gekommen, dachte sie und griff nach den gebrauchten Handtüchern. Ich könnte Unterricht in Sprachen geben. Wie geh ich dabei am besten vor?
Sie kam mit ihren Überlegungen nicht weit, da sich bald trübe Gedanken einschlichen. Des Öfteren gab sich Anna die Schuld an der neuerlichen Schwangerschaft. Mist, dass ich die Pille nicht mehr vertrage. Ich hätte besser zweimal die fruchtbaren Tage nachrechnen sollen. Oder Kondome verwenden … doch das möchte Ilías nicht.
Sie erwischte sich dabei, dass sie sich weniger auf das Baby freute als bei ihren vorherigen Schwangerschaften. Kurz darauf bereute sie ihre Einstellung. Irgendetwas hatte sich verändert. Schlaflos in der Nacht, traute sie sich am Tag nicht, Ilías oder den Kindern in die Augen zu schauen, aus Angst, sie könnten darin erkennen, dass sie sich in einem Gefühlschaos befand, ohne genau zu wissen, warum.
Nach einigen Tagen intensiven Überlegens bot Anna dem Schuldirektor an, die Nachhilfestunden der Schüler im Fach Sprachen zu übernehmen. Schon bald fand sich eine kleine Gruppe, die sie am Nachmittag unterrichtete.

Es regnete in Strömen, als Anna und Ilías mit ihrem Sohn Aléxandros im Auto saßen. Durch seine Gelbsucht nach der Geburt war es ein längerer Aufenthalt im Krankenhaus geworden. Sie fuhren von Sitía über die Serpentinen nach Hause. Anna wurde übel. Sonst war sie die Strecke einmal die Woche zum Markt gefahren, und niemals hatte sich ein Rumpeln im Magen breitgemacht. Doch vor lauter Aufregung hatte sie keine innere Ruhe zum Frühstücken, gehabt.

»Nun mach nicht so ein Geheimnis daraus. Was für eine Überraschung hat dein Vater dieses Mal für mich?«, fragte sie, um sich abzulenken.

»Das darf ich dir nicht verraten.« Ilías konzentrierte sich auf den schlechten Straßenbelag. »Ganz schön gefährlich, die Strecke nach starkem Regen. Schau, wie viele Steine vom Abhang heruntergerollt sind. Und wenn man eine unübersichtliche Kurve hat, muss man gehörig aufpassen«, meinte er.

»Kein Wunder, es hat aus Kübeln gegossen und hört nicht auf.« Anna sah aus dem Fenster. Äste und Buschwerk fegten vor dem Wagen über die Straße. »Wir hätten besser den Sturm abwarten sollen.« Anna sah, dass sich eine Sorgenfalte auf Ilías' Stirn abzeichnete. »Bist du mir böse, dass ich dich gedrängelt habe? Ich hab es im Krankenhaus nicht mehr ausgehalten.« Sie zog eine Schnute, war sich jedoch bewusst, dass er sie nicht sehen konnte. Ihr Mann starrte geradeaus auf die Fahrbahn.

»Ich hoffe, wir kommen heil an.« Vorsichtig wich er einer Pfütze aus. »Wir können froh sein, dass nicht viele Autos unterwegs sind, so kann ich hin und wieder auf die Gegenfahrbahn ausweichen, wenn das Wasser auf unserer Seite zu hoch steht.«

Anna streichelte ihm kurz übers Bein, dann drehte sie sich um und schaute in den Kinderkorb. Aléxandros lag dort mit geschlossenen Augen, die Händchen zu Fäusten geballt, und bekam von all dem nichts mit.

Als sie in die Gasse einbogen, erblickten sie Lámbros, der im strömenden Regen auf der Straße stand.

»Denkst du, es ist etwas passiert?« Sie schaute zu Ilías hinüber.
»Nein. Eher ist er besorgt wegen der Fahrt bei dem Unwetter.«
Hoffentlich ist nichts mit den Kindern, dachte sie. Schon hielt Ilías den Wagen an.
»Kommt schnell«, drängte Lámbros und riss die Autotür auf. Dann zog er die Jacke aus und legte sie schützend über die Babytragetasche. Eilends verschwand er mit seinem Enkel in Richtung Haus. Ilías fuhr den Wagen in den Unterstand. Als Anna die Eingangstür öffnen wollte, stellte sie fest, dass diese verschlossen war. Sie klopfte. Plötzlich nahm Ilías ihre Hand und zog sie hinters Haus. Dort stiegen sie die Treppe zur oberen Etage hoch. Mit einem Strauß Feldblumen stand Lámbros im Flur.
»Herzlich willkommen in deinem neuen Zuhause, Anna.« Dann drückte er ihr die Blumen in die Hand und zog sie fest an sich.
»Wie habt ihr das geschafft?«, stieß sie erstaunt aus.
»Die Arbeiter, Vater und ich haben Tag und Nacht geschuftet, um rechtzeitig fertig zu werden.«
»Der Schreiner hat behauptet, die Küche erst in einem Monat liefern zu können.«
»Vergiss es, sie steht nun da. Thália hat die Schränke eingeräumt und die Zimmer dekoriert«, rief Lámbros.
Anna konnte ihr Glück kaum fassen. Im Kamin loderte ein Feuer, das Wärme in der Wohnung verbreitete. Der Mittagstisch war gedeckt, im Ofen brutzelte ein Braten. Auf dem Gasherd standen Töpfe, aus denen Dampf emporstieg und einen angenehmen Geruch im Raum verbreiteten. Sie rückte sich den Stuhl zurecht, doch Ilías schob sie in den Flur.

»Wer hat denn diesen schönen Schrank angefertigt?« Sie strich behutsam über die Verzierungen.
»Vater hat das gemacht. Komm mit, es gibt noch mehr zu bewundern.« Im Wohnzimmer warteten Thália und Emmanouíl.
»Was macht ihr denn hier?«
»Du kannst Fragen stellen.« Ilías gab ihr einen Kuss auf die Wange. »Ohne unsere Freunde hätten wir das Ganze nicht geschafft.«
Anna schlug die Hand vor den Mund; erst jetzt wurde ihr bewusst, dass der Raum fertig eingerichtet war. Vorsichtig schritt sie von einem Möbelstück zum anderen.
»Aber das ist ja…« Sie fuhr sanft über die Holzcouch.
»… aus Vaters Wohnzimmer. Er stellt sie uns solange zur Verfügung, bis wir uns eine eigene leisten können«, erklärte Ilías. Anna konnte die Freudentränen nicht mehr zurückhalten. Ihr Mann nahm sie in den Arm. »Nicht weinen.«
»Ich freue mich so sehr. Damit habe ich nicht gerechnet. Was habt ihr in den letzten Wochen hart gearbeitet! Und ich lag nur im Bett.«
»Halt!«, rief Lámbros.
Anna blickte auf.
»Du hast meinen Enkel zur Welt gebracht, das ist viel mehr wert als unsere Leistung.« Er trat zu ihr und legte ihr die Hand aufmunternd auf die Schulter. Anna atmete tief durch. Dann sah sie die Freunde an. »Habt ihr etwa noch mehr Überraschungen auf Lager?« Sie zog ihr Taschentuch aus der Jacke.
»Schau dich ruhig um, deine Wanne steht im Bad.« Ilías öffnete die Tür.
»Herrlich! Dann kann ich mich am Abend mit einem Schaumbad verwöhnen.« Vor lauter Aufregung bekam

sie Schluckauf. Sie ging ins Kinderzimmer, dort stand die Wiege, die Lámbros damals angefertigt hatte. In ihr schlief Aléxandros, sein Großvater hatte ihn hineingelegt.
Die Tür zum zweiten Kinderzimmer öffnete sich. Anthí kam mit Natalía und Lámbros auf sie zu. Anna kniete sich nieder, und die Kinder stürzten sich in ihre Arme.
»Na, wart ihr lieb zu eurer Tante?«, fragte sie. Beide nickten heftig. Sie drückte jedem einen Kuss auf die Stirn. Als Lámbros im Türrahmen erschien, liefen sie laut schreiend auf ihn zu und zogen ihn zu Aléxandros' Wiege.
»Geht's dir gut, Anthí?« Anna zeigte auf deren Bauch.
»Zwillinge«, gab diese zur Antwort und lächelte.

45. Kapitel

Als Anna Stimmen vor der Tür hörte, verkroch sie sich noch tiefer unter der Bettdecke. Lasst mich alleine.
»Ilías, mit Anna stimmt etwas nicht«, hörte sie Thália sagen.
»Meine Frau ist müde von all der Arbeit. Ich habe einen Helfer angeworben, der wird sie bei der Gartenarbeit unterstützen. Sie hat sich nach der Geburt reichlich viel zugemutet.«
»Du machst dir was vor. Seit zwei Wochen steht sie nur auf, wenn du darauf bestehst. Möchten die Kinder mit ihr spielen, schützt sie Müdigkeit vor und verschwindet im Bett. Dein Vater kocht und wäscht, weil Anna sich nicht um den Haushalt kümmert. Ich versorge eure

Kinder. Zum Glück bekommt Aléxandros die Flasche, ich glaube nicht, dass sie die Kraft hätte, ihn zu stillen. Den Nachhilfeunterricht hat sie bis auf Weiteres ausgesetzt. Bis jetzt haben wir und der Schuldirektor es stillschweigend hingenommen, aber so geht das nicht weiter.« Anna hörte, dass Besorgnis in der Stimme der Freundin mitschwang, doch sie empfand nichts dabei. »Ich werde sie wecken, damit wir zum Arzt fahren können.«

Die Klinke wurde heruntergedrückt. Schnell drehte Anna sich im Bett um und legte das Kissen über den Kopf. Jemand betrat das Zimmer, öffnete die Läden. Sonnenstrahlen durchfluteten den Raum.

»Anna«, hörte sie Ilías' Stimme von weit her, »magst du gar nicht aufstehen?« Er zog ihr das Kissen vom Gesicht. Sie blinzelte, dann öffnete sie langsam die Lider.

»Ich bin müde, lass mich schlafen.« Als sie sich wieder verkriechen wollte, hielt er sie fest.

»Anna, so geht das nicht weiter.«

»Lass mich in Ruhe.«

»Steh auf. Wir fahren ins Krankenhaus. Ich mache mir Sorgen.« Er atmete tief durch. Erst dann sah sie ihn an. Seine Wangen waren eingefallen, auf der Stirn hatte sich eine tiefe Falte eingegraben. An den Schläfen schimmerten die ersten grauen Strähnen. Wie ist Ilías so schnell gealtert?, fragte sie sich, obwohl sie spürte, dass es sie im Grunde nicht interessierte. Er soll mich schlafen lassen, ich bin müde – und kniff wieder die Augen zusammen, als könnte sie sich damit unsichtbar machen. Ilías rüttelte sie.

»Mach dich fertig, damit wir fahren können. Schau dich doch an, strähnige Haare und blass um die Nase. Und dass du den ganzen Tag im Schlafanzug durch die

Wohnung schleichst, ist nicht normal. Du lässt dich hängen, und das kann ich nicht mehr mit ansehen.«
Schweigend beobachtete Anna, wie er aufgebracht im Zimmer umherging.
Dann wandte er sich ihr zu, schrie: »Anna!« Sie merkte, das er dabei war, die Beherrschung zu verlieren. »Steh auf!« Er riss ihr die Bettdecke weg. Schwankend erhob sie sich und griff nach dem Bettpfosten.
»Soll ich dir helfen?« Ilías sprang ihr zur Seite. Barfuß und mit gesenktem Kopf ging sie wie in Zeitlupe auf den Flur hinaus. Dort traf sie auf Thália. Ohne sie anzuschauen, taumelte sie an ihr vorbei. Im Bad verriegelte sie die Tür, stützte sich aufs Waschbecken und sah in den Spiegel. Ein spitzes Gesicht blickte ihr entgegen, die Augen lagen tief und glanzlos in den Höhlen und waren schwarz umrandet.
Unheilbar krank! Meine Kinder werden ohne Mutter aufwachsen! Mechanisch strich sie sich die aufkommenden Tränen von der Wange. Wenn ich jetzt zum Arzt gehe, wird es zur Gewissheit. Ich habe Angst. Noch nie in meinem Leben hab ich mich so elend gefühlt. Als wäre ich meiner gesamten Energie beraubt. Ich möchte nur noch schlafen. Sind das nicht Symptome für Leukämie? Und daran bin ich selbst schuld. Es klopfte an der Tür.
»Anna«, hörte sie Ilías rufen, »du bist schon so lange da drinnen, brauchst du Hilfe?«
»Ich komme gleich.« Sie drehte das kalte Wasser auf und wusch sich die Tränen aus dem Gesicht.

Stumm saß Anna im Auto. Die Aussicht, die sie sonst immer so genossen hatte, ließ sie nun unberührt an sich vorüberziehen.

»Alles wird gut.« Ilías streichelte kurz über ihre Hand. »Sprich mit mir«, bat er, »ich ertrage dein Schweigen nicht mehr.« Sorge schwang in seiner Stimme mit. »Bist du mir böse, habe ich etwas falsch gemacht?«
Auf einmal brach es aus ihr heraus.
»Du? Was hast du damit zu tun, dass ich bald sterben werde! Das ist die Strafe dafür, dass ich mich auf Aléxandros nicht so sehr gefreut habe!«, schrie sie und fing bitterlich an zu weinen. Erschrocken lenkte Ilías den Wagen an den Straßenrand und hielt an.
»Wie kommst du auf den Gedanken, dass du sterben wirst?«
»Denkst du, es ist normal, wenn ich keine Kraft mehr zum Aufstehen habe? Ich bin krank – todkrank.« Sie sackte in sich zusammen.
»So was darfst du nicht einmal denken. Dir fehlen bestimmt nur Vitamine. Und für was solltest du bestraft werden? Aléxandros ist gesund und …«
»Ich wollte den Anbau. Ich habe nicht aufgepasst und bin erneut schwanger geworden. Ich bin schuld, dass wir so wenig Geld zum Leben haben. Und nur, weil ich eine Badewanne mit fließend heißem Wasser und für jedes Kind ein eigenes Zimmer haben wollte. Ich …«
Schnell zog Ilías sie in die Arme und drückte sie fest an sich.
»Was redest du denn da?« Er strich ihr sanft über den Rücken.
Es dauerte eine Weile, bis Anna sich beruhigt hatte und sie weiter in Richtung Ágios Nikólaos fahren konnten.
An der Anmeldung im Krankenhaus reihte sich Ilías in die Schlange der wartenden Patienten ein. Anna fühlte sich ausgelaugt und suchte nach einem Sitzplatz. Ihr kam es unendlich lang vor, bis ihr Mann den Zet-

tel mit der Patientennummer in der Hand hielt. Dann gingen sie durch den schmalen Gang zum Internisten. Vor dessen Tür warteten zahlreiche Patienten mit ihren Angehörigen. Ein Notfall wurde eingeliefert. Mit gesenktem Kopf lehnte Anna sich an die Wand, da kein Stuhl mehr frei war. Hin und wieder zupfte sie an der Nagelhaut und riss daran, bis es blutete. Lautes Reden ließ sie aufsehen. Ihr Mann diskutierte mit vier anderen Leuten vor der Arzttür, wer an der Reihe sei. Es sah aus, als wollten sie alle gleichzeitig über den Arzt herfallen. Offenbar hatte Ilías gewonnen, denn er kämpfte sich nun zu ihr durch und zog sie mit sich in den kleinen und stickigen Behandlungsraum. Außer dem Arzt befanden sich zwei Assistentinnen und drei weitere Patienten darin, die um ein Rezept baten. Die Arzthelferin wies Anna an, sich auf das Bett zu setzen, und machte ihr den Arm für die Manschette zum Blutdruckmessen frei.

Währenddessen beschrieb Ilías Annas Zustand. Ohne aufzusehen, beschäftigte sich der Arzt weiterhin mit dem Verschreiben von Medikamenten. Hinter dem letzten Patienten wimmelte die Helferin weitere Kranke ab, die bereits hereindrängten, und schloss die Tür. Der Internist hörte Annas Herz ab, tastete die Schilddrüse ab und schaute ihr in den Rachen. Danach schickte er sie zur Blutabnahme. Vor dem Labor erwartete sie eine weitere Schlange von Patienten. Anna setzte sich auf einen Stuhl, Ilías baute sich vor der Tür auf und reichte der Schwester die Arztanweisung. Wie in Trance ließ Anna alles über sich ergehen.

»Gegen zwei Uhr ist das Ergebnis fertig«, sagte die Schwester, nachdem sie Anna Blut abgenommen hatte, und rief den Nächsten herein.

»Wir gehen gegenüber ins Café und essen eine Käseteigtasche. Einverstanden?« Ilías führte sie am Arm hinaus auf den Vorplatz. Sie kamen an der zum Krankenhaus gehörenden Kirche vorbei. Er bekreuzigte sich. Mit Gewalt zwang sich Anna, die *tiropitá* herunterzuwürgen. Ständig schaute sie auf die Uhr und zählte die Minuten. Bald ist es soweit, dann werde ich erfahren, dass ich Blutkrebs habe.

Nachdem der Arzt die Auswertung überflogen hatte, sagte er: »Ihre Frau hat Eisenmangel, ansonsten ist das Ergebnis unauffällig. Ich werde ihr Tabletten verschreiben.«

»Und dann hört die Müdigkeit auf?«

Ilías stellte sich neben Anna, die einem Häufchen Elend gleich auf dem Behandlungsbett saß, die Hände fest im Schoß gefaltet, sodass die Knöchel sich weiß abzeichneten.

Der Arzt hat sich das Resultat zu lange angesehen, gleich rückt er mit der wahren Diagnose heraus! Sie schluckte die aufsteigenden Tränen hinunter.

»Die Müdigkeit wird durch etwas anderes hervorgerufen.« Der Arzt lehnte sich im Sessel zurück und schaute Anna an. Sein Gesichtsausdruck ist ernst.

Jetzt ist es soweit! Sie hielt den Atem an.

»Meiner Ansicht nach leidet Ihre Frau an einer postnatalen Depression.«

»Einer Depression?«

»Das kommt nicht selten vor. Fängt innerhalb eines Jahres nach der Geburt an. Ich möchte, dass Ihre Frau zu einem Psychologen geht, er wird ihr passende Medikamente verschreiben und eine Therapie mit ihr machen. Schon bald wird es ihr besser gehen.«

Bin ich überhaupt anwesend? Sie sprechen über mich,

als wäre ich Luft. Dabei sitze ich hier und warte auf mein Urteil.
Der Arzt stand auf und kam auf Anna zu. Sie sank in sich zusammen.
Jetzt wird es passieren! Ich werde sterben, weil ich mich nicht auf Aléxandros gefreut habe. Nur weil mir die ganze Zeit der Umbau und unsere Geldsorgen im Kopf herumschwirrten.
»Frau Manusáki, es kommt vor, dass Frauen nach der Geburt an einer Depression leiden. Oft wird diese durch Schuldgefühle hervorgerufen. Eine fachgerechte Behandlung kann Ihnen helfen, dass alles wieder wie früher wird.« Er vergrub die Hände im Kittel.
»Ich werde nicht sterben?«
»Nein, bald werden Sie wieder gesund sein.« Dann reichte er ihr zum Abschied die Hand und verließ das Sprechzimmer.

46. Kapitel

Thália hatte Annas Kinder zum Mittagsschlaf ins Bett gebracht. Unruhig schritt sie nun von einem Raum in den anderen, dabei wischte sie sich die Tränen aus dem Gesicht. Bis jetzt hatte sie das Weinen der Kinder wegen unterdrückt.
Komm endlich, Anna! Thália hörte ein Auto, das vor dem Haus anhielt. Hastig lief sie die Stufen hinunter und riss die Beifahrertür auf.
»Anna, mach! Wir müssen zur Dorfältesten. Maria liegt im Sterben.« Sie zog die Freundin am Ärmel aus

dem Wagen. Dann wandte sie sich an Ilías und sagte: »Die Kinder schlafen.«
»Langsam.« Er stieg aus. »Anna ist erschöpft. Besser, wenn sie sich hinlegt.«
»Dazu hat sie später Zeit genug. Wir müssen uns von Maria verabschieden, solange sie noch …« Thália schubste die Freundin vor sich her. »Sag mal, rührt dich das gar nicht, dass unsere Dorfälteste im Sterben liegt?«
»Willst du nicht wissen, was der Arzt gesagt hat?« Abrupt blieb Thália stehen und strich sich eine lose Haarsträhne aus der Stirn.
»Entschuldige, natürlich. Ich war nur voller Sorge, dass du zu spät kommst. Ich weiß ja, dass du Maria schätzt und dich sicher von ihr verabschieden möchtest. Was hat der Internist gesagt?« Anna sah sich um. Dorfbewohner zogen an ihnen vorbei.
»Nicht hier.«
»Du weißt nicht, was du willst!« Thália schritt weiter voraus. Bis auf die Straße standen die Leute, die meisten leise im Gespräch, vor dem Haus der Dorfältesten. Thália schlängelte sich durch die Menge und trat ins Zimmer der Alten. Sie lag mit geschlossenen Augen, die Hände gefaltet, im Bett.
»Ist sie …?« Thália sah zur Krämersfrau, die als Antwort den Kopf schüttelte. Erleichtert atmete Thália auf. Beim Anblick von Maria rollten erneut Tränen über ihre Wangen. Dann schaute sie sich nach Anna um. Thália näherte sich dem Bett und bedeutete ihr, neben sie zu treten. Eine Weile verharrten sie stumm, dann beugte sich Anna tiefer zu Maria.
»Danke, dass du mir in schwierigen Zeiten zugehört und mir gute Ratschläge gegeben hast. Verzeih mir, dass ich in den letzten Jahren nur für einen Plausch

auf der Straße Zeit für dich hatte. Leb wohl.« Sie strich sanft über Marias kühle Hand. Dann verließ sie hastig, ohne auf ihre Freundin zu achten, das Haus. Diese schüttelte verwundert den Kopf. Sie neigte sich nach vorn und betete stumm. Lange blieb sie in dieser Stellung. Dorfbewohner kamen und gingen. Zu später Abendstunde bebten die Lider der hunderteinjährigen Frau, dann wehte der letzte ihrer Atemzüge durch den Raum. Thália half beim Waschen der Verstorbenen und beim Anziehen des Totenhemdes.

Erschöpft öffnete Thália die Haustür. Ihr Mann saß im Wohnzimmer und verfolgte die Nachrichten. Sie ließ sich neben ihn auf die Couch fallen.
»Und?« Er stellte den Ton leiser.
»Sie ist sanft eingeschlafen.«
»Maria hat ein stattliches Alter erreicht und war nie krank. Noch nicht einmal zuletzt. So einen Tod wünsche ich mir auch.«
»Ich verstehe Anna nicht.«
»Warum?«
»Sie ist kurz da gewesen und dann, ohne mich eines Blickes zu würdigen, einfach wieder gegangen.«
»Was hat die Untersuchung in der Klinik ergeben?«
Thália zuckte mit den Schultern.
»Du weißt es nicht?«
»Sie wollte es mir nicht sagen.«
»Aha«, murmelte Emmanouíl. »Willst du nicht zu ihr hinübergehen? Vielleicht braucht sie deine Hilfe.«
»Ich bin gleich wieder zurück.«

Ilías bat sie herein.
»Anna hat sich hingelegt. Du kannst zu ihr gehen, sie

war bis eben wach.« Langsam schob Thália die Schlafzimmertür auf. Sofort sah die Freundin auf.
»Komm, setz dich zu mir.« Anna legte sich ein Kissen in den Rücken. »Ist Maria ...?«
»Ja.« Thália ließ sich auf der Bettkante nieder, fasste Annas Hand. »Sagst du mir jetzt, was die Untersuchung ergeben hat?« Anna berichtete.
»Ich wusste nicht, dass du Angst hattest zu sterben!«, sagte Thália entsetzt. »Wieso hast du nie mit mir darüber gesprochen?«
»Dazu fehlte mir die Kraft. Und ich habe mich geschämt.« Die Freundin rutschte näher und drückte Anna fest an sich, die laut aufseufzte.
»Wein' ruhig, das befreit.« Sie wiegte Anna wie ein kleines Kind. Als sich die dreifache Mutter beruhigt hatte, verabschiedete sich Thália. Es war spät geworden, und sie wollte von den frühen Morgenstunden bis zur Beerdigung am Nachmittag Totenwache an Marias Bett halten.

Der Vorhof war gefüllt mit Menschen, die in der Kirche keinen Platz mehr gefunden hatten. Ein Lautsprecher übertrug die Trauerandacht. Wind wehte sacht durch die engen Gassen, als Marias Sarg vom Gotteshaus zum Friedhof getragen wurde, auf dem die Dorfälteste ihre letzte Ruhestätte fand. Beim Herablassen des Sarges hielt Thália Annas Hand. Noch bevor sich der gesamte Trauerzug am Grab versammelt hatte, wurde die Marmorplatte darüber geschoben und die Kränze mit weißen Nelken daraufgelegt. In der Menge wurde Thália auf einen Mann aufmerksam, den sie im Dorf vorher noch nie gesehen hatte.
»Kennst du den Herrn?«, fragte sie, als sie mit Anna

am Friedhofsausgang stand und sich zu dem Fremden umblickte.
»Welchen?«
»Den im grauen Hemd. Als Einziger trägt er kein Sakko.«
»Nein. Du?«
»Leider nicht.« Thália stieg die Stufen zur Hauptstraße hinunter.
»Du bist verheiratet.« Anna kniff Thália in den Arm.
»Au! Spinnst du?«
»Na hör mal. Wir waren auf einer Beerdigung und du schaust dich nach einem anderen Mann um.«
»Gucken ist ja wohl erlaubt.« Sie lächelte, drehte sich um und hielt ein weiteres Mal Ausschau nach ihm. Der charmant aussehende Herr stand auf der Treppe. Er lächelte ihr zu. Verlegen sah sie weg und spürte, dass ihr Herz aufgeregt schlug. Was ist mit mir los? Anna hat Recht, warum interessiere ich mich für einen völlig Fremden?
»Dort sitzen unsere Ehemänner.« Sie zeigte zu Dimítris' Taverne hinüber. Sie gesellten sich zu ihnen. Thália versuchte, sich auf die Gespräche zu konzentrieren, doch ihre Gedanken schweiften wieder zu dem Unbekannten. Er verfolgte sie bis in ihre Träume. Als sie am Morgen erwachte, fantasierte sie beim Putzen weiter. Wer ist das? Woher kommt er? Ich bin verheiratet! Schwungvoll warf sie den Lappen ins Spülbecken und trat ans Fenster. Sie blickte auf die Straße. Der mysteriöse Mann spazierte geradewegs auf ihr Haus zu! Wärme stieg ihr in die Wangen. Plötzlich sah er hoch. Als wäre sie bei etwas Verbotenem erwischt worden, wich sie hastig einen Schritt zurück. Doch die Neugier siegte; auf Zehenspitzen versuchte sie, ihn nochmals auszumachen. Verdammt!

Er winkte. Sie wandte sich ab und ließ sich auf die Küchenbank fallen. Oje! Mein Herz wummert ganz schön. Der sieht echt toll aus mit seinem braunen Teint, der zu seinem Kurzhaarschnitt passt. Groß, schlank und ein anmutiger Gang.
Thália kam aus dem Schwärmen nicht mehr heraus. Vielleicht erhasche ich vom Wohnzimmer aus noch einen Blick auf ihn? Sie schlich ans Fenster, als hätte sie Angst, er könne sie hören, wenn sie fester aufträte. Nichts! Sie griff nach einem Staubtuch, dann öffnete sie das Fenster und tat beschäftigt. Dabei schaute sie die Straße rauf und runter.
Er war spurlos verschwunden. Schade, dachte sie. Ob ich ihn jemals wiedersehen werde?

47. Kapitel

Anna lag zusammengekrümmt auf dem Bett und weinte, als sie die Tür klappern hörte und gleich darauf Ilías' Stimme vernahm.
»Was ist denn los, Anna?« Er setzte sich auf die Matratze, strich ihr behutsam über den Rücken. Langsam drehte sie sich zu ihm um.
»Bei der heutigen Sitzung ist herausgekommen, woher meine dauernden Zweifel kommen.« Sie schluchzte.
»Und?«
»Vaters ständige Vorwürfe.«
»Aber Vater hilft uns die ganze Zeit, damit du dich im Alltag wieder zurechtfindest. Oder hat er wieder etwas gegen die Deutschen gesagt?«

»Ich rede von *meinem* Vater!« Ilías sah sie erstaunt an. »Das macht dich so fertig, dass du dadurch depressiv wirst?« Anna nickte.
»Er hat mir als Kind immer weisgemacht, dass seine Ideen, Anschauungen und Handlungen die einzig richtigen sind. Und dazu kommt seine negative Meinung über mein Leben hier im Dorf. Damit wurde der Stein ins Rollen gebracht.« Sie griff über Ilías hinweg zum Nachtkästchen, nahm ein Taschentuch heraus und wischte sich die Tränen ab. »Ich bin froh, dass Thália, Lámbros und du in den letzten Monaten zu mir gehalten habt. Ohne euch hätte ich es nicht geschafft.« Sie schmiegte sich an seine Brust. »Langsam setzt der Psychologe die Tabletten ab. In wenigen Wochen ist die Therapie beendet. Jetzt geht es darum, dass ich, wie er sagt, die ›Wurzel des Übels‹ beseitige. Aber wie soll ich das anstellen?«
Ilías schwieg eine Weile, dann antwortete er: »Du musst deinem Vater einen Brief schreiben.«
»Ach, Ilías, er würde ihn nicht verstehen.«
»Wir finden eine Lösung.«
Kurz darauf ergab es sich, dass Natalía und Lámbros gemeinsam mit dem Großvater Pilze gefunden hatten. Anna bereitete sie zum Abendessen zu; dabei kreisten ihre Gedanken unaufhörlich um die dringend notwendige Klärung. Und sie wusste, dass sie dabei ihrem Vater gegenüberstehen musste. Zum Glück erzählt Lámbros den Enkeln Anekdoten aus seinem Hirtendasein, dachte Anna, die blicklos im Essen herumstocherte. Ilías brachte die Kinder ins Bett und las ihnen eine Geschichte vor. Anna ging derweil ungeduldig im Schlafzimmer auf und ab. Sie wartete darauf, dass ihr Mann hereinkam. Kaum hatte er die Tür hinter sich

geschlossen, brach es aus ihr hervor: »Ich möchte zu meinen Eltern.«
Erstaunt sah Ilías sie an: »Du überraschst mich.«
»Die vergangenen Monate waren nicht einfach für mich. Ich muss nach Köln.«
»Du möchtest die Kinder und mich allein lassen?« Er zog sich aus, warf die Kleidung auf den Stuhl neben dem Bett und schlüpfte unter die Decke. »Ich mache mir genug Sorgen wegen der Olivenernte. Die Helfer konnten wir zum Glück bei meinem Vater unterbringen. Dadurch haben wir Kosten gespart. Der anhaltende Regen erschwert die Ernte ziemlich.«
»Hörst du mir eigentlich zu? Gibt es noch ein anderes Thema für dich als die Olivenernte?« Anna baute sich vor ihm auf: »Es geht hier ausnahmsweise um mich!«
»Das ist seit Aléxandros' Geburt so! Haben wir dir nicht zur Seite gestanden?« Ilías zog die Augenbrauen hoch. »Ich denke, diesmal bist *du* ungerecht, oder?«
Ohne auf die Vorwürfe einzugehen, fuhr Anna fort: »Du weißt, wie sehr ich eine Aussprache mit meinem Vater herbeisehne. Das geht weder am Telefon noch schriftlich. Dazu kommt, dass ich Heimweh habe, und ganz besonders liegt mir am Herzen, Weihnachten mit meiner Familie zu verbringen.« Sie faltete die Hände und hob sie ihm flehentlich entgegen. »Bitte!« Er setzte sich auf.
»So einfach ist das nicht. Du glaubst doch nicht im Ernst, wenn du mit deinem Vater redest, dass ihr danach den Heiligen Abend miteinander verbringt, als wäre nichts geschehen?«
»Zu Weihnachten herrschte bei uns immer Harmonie.«
»Das sind Illusionen. So wird das nicht laufen. Abgesehen davon ist deine Familie *hier*. Du hast drei kleine

Kinder, die brauchen ihre Mutter. Möchtest du, dass sie eines Tages zu Thália ›Mama‹ sagen?«

»Der Arzt hat klar gesagt, dass man für solche Depressionen selbst nichts kann, sie passieren einfach. Also stell mich nicht als Rabenmutter hin, wenn ich unter den Umständen zu meiner Familie reisen möchte. Jahrelang habe ich darauf verzichtet. Ich will hier raus!«

Sie merkte, dass ihn die Worte hart trafen; seine Augen verloren an Glanz.

»Bist du unglücklich?«

»Niemals will ich dich und die Kinder in meinem Leben missen. Doch ich bin acht Jahre lang nicht aus diesem Dorf herausgekommen. Durch die Krankheit sind alte Sehnsüchte in mir hochgekommen. Ich möchte meine Familie besuchen, mit meinem Vater reden und mir deutschsprachige Bücher kaufen. Ich habe Heißhunger auf ein Kasslerkotelett und Currywurst. Am meisten aber fehlt mir die weihnachtliche Atmosphäre.« Sie machte kurz Halt, um Luft zu holen, dann fuhr sie fort. »Bitte, versuch, mich zu verstehen und lass mich fliegen. Ich verspreche, wenn ich zurückkomme, dann bin ich wieder ganz deine alte Anna.« Als hätten die Worte ihr die letzte Kraft geraubt, ließ sie sich aufs Bett fallen und verschränkte die Arme im Nacken.

»Wie lange möchtest du bleiben?«

»Drei Wochen.« Sie biss sich nervös auf die Unterlippe.

»Ich weiß nicht, wie ich ohne dich auskommen soll. Es war schon schwer genug, als es dir nicht gut ging. Du wirst uns fehlen.« Dann beugte er sich zu ihr und nahm sie fest in die Arme. »Danke, Ilías.«

»Die Tür stand offen, ich bin einfach reingekommen«, tönte Thálias Stimme durchs Haus.

Anna reagierte nicht.
»Ist etwas passiert? Du bist kreidebleich«, fragte Thália besorgt, als sie Anna im Wohnzimmer vorfand, mit dem Telefonhörer in der Hand, den sie entgeistert anstarrte. Dabei schüttelte sie wie in Trance den Kopf. Als die Freundin ihr auf die Schulter tippte, schrie sie erschrocken auf. Schließlich legte sie den Hörer auf die Gabel. »Meine Eltern möchten nicht, dass ich zu Weihnachten komme. Ich hätte einen Mann und drei Kinder zu versorgen. Da würde ich hingehören. Zum Schluss meinte mein Vater: ›Du wolltest ins Ausland und in dieses Bergdorf. Spar dein Geld lieber, damit ihr ein Dach über dem Kopf und genug zu essen habt.‹ Dann hat er eingehängt.« Sie blickte in Thálias verdutztes Gesicht. »Und jetzt?«
»Bestimmt komme ich bei Peter unter.« Schon wählte sie seine Nummer. Ihr Bruder versprach, sich einige Tage freizunehmen, um sie auf alle Weihnachtsmärkte ringsum zu begleiten. Anna freute sich darauf, jedoch machte sich Empörung über die Reaktion der Eltern in ihr breit. Sie kniff verschwörerisch die Augen zusammen. Vater, du kommst mir nicht davon. Dieser Aussprache wirst du dich stellen müssen! Und diesmal werde ich mich nicht unterkriegen lassen!

»Du willst was?!« Lámbros zog die Tür zum Kinderzimmer hinter sich zu.
»Pst, die Kinder. Ich fliege nach Deutschland«, antwortete Anna leise. Lámbros zerrte sie am Ärmel mit sich in die Küche. Dort saß ihr Mann und pulte Kerne aus einem Granatapfel, um genüsslich darauf herumzukauen. Der Vater baute sich vor ihm auf.
»Du erlaubst Anna, eure Kinder alleinzulassen?«

»Ich kann sie nicht einsperren. Und wenn sie solches Heimweh hat, haben wir dann das Recht, ihr zu verbieten, die Familie zu sehen?«, antwortete er mit ruhiger Stimme.

»Familie? Sie will doch sicher nur wieder diesen Weihnachtsschnickschnack!« Er hieb mit der Faust auf den Tisch.

»Opa, bist du böse?«, fragte Natalía, die schüchtern um die Ecke lugte.

»Ach, der Opa hat sich nur ein bisschen geärgert.« Lámbros ging auf die Enkelin zu.

»Warum?«

»Du bist noch zu klein, um das zu verstehen. Möchtest du, dass ich mit euch spiele?« Schon hüpfte das Mädchen dem Großvater voran aus der Küche.

Lámbros drehte sich kurz um: »Wir reden noch«, flüsterte er mit düsterer Miene.

»Und jetzt?«, fragte Ilías. »Wenn Vater sich stur stellt, dann schaffe ich es auch mit Thálias Hilfe kaum, die Kinder zu versorgen. Wir können froh sein, dass sie sich überhaupt bereiterklärt hat, uns zu helfen.«

»Ich werde fliegen, egal, was kommt.« Mit Nachdruck legte Anna das Besteck in die Spüle und machte sich an den Abwasch. Als sie die letzte Tasse in den Schrank räumte, atmete sie tief durch. Die Wut war verpufft. Hausarbeit hilft mir, mich zu beruhigen. Bei nächster Gelegenheit werde ich Ilías noch mal auf meine Reise ansprechen. Tatsächlich aber kam er ihr zuvor.

Die Eheleute saßen auf der Couch, der Fernseher lief, keiner von ihnen achtete jedoch auf das Programm.

»Ich habe mit Vater gesprochen.« Ilías trank sein Glas in einem Zug leer.

»Wann?«

»Als ich im Stall nach den Tieren geschaut habe.«
Ungeduldig wartete Anna, dass er weitersprach. Er blieb jedoch still und goss sich Wein nach. Sein ernster Blick ließ sie den Atem anhalten.
»Ich soll die Scheidung einreichen und das alleinige Sorgerecht für die Kinder beantragen.«
Anna hatte das Gefühl, als würde ihr jemand das Herz herausreißen. Zum Schutz legte sie die Hand auf die Brust, zu geschockt, um etwas zu erwidern.
»Er habe schon damals gewusst, dass du nicht die Richtige für mich seist, und nur auf den Tag gewartet, an dem du die Koffer packst und gehst.« Wie Wasser schluckte er hastig den Rebensaft herunter.
»Es ändert nichts, wenn du dich betrinkst.« Sie nahm ihm das Glas aus der Hand.
»Willst du es mir verbieten?«
»Pst, die Kinder ...«
Er sprang auf. »Denkst du etwa an die Kinder, wenn du wochenlang abhaust?«
»Ich mache das nicht nur für mich. Mir fehlt die Ruhe und Geduld, mich richtig mit ihnen zu beschäftigen. Ich quäle mich täglich mit Gedanken wegen des Gesprächs, das ich mit Vater führen möchte – nein, muss! Ich habe Angst, dass ich die Kinder anbrülle, nur weil sie jauchzend durchs Haus laufen. Ich brauche eine kurze Auszeit, um seelisch und physisch zu Kräften zu kommen.«
»Hattest du die nicht seit Wochen? Und wer gibt *mir* diese Zeit?« Wütend stocherte er mit dem Eisen im Kamin.
»Du hast Recht.« Anna ging ins Schlafzimmer. Dort kroch sie unter die Decke und zog sie bis über den Kopf hoch. Dann ließ sie den Tränen freien Lauf. Vor lauter Erschöpfung schlief sie ein und bemerkte erst am Mor-

gen, dass Ilías auf der Wohnzimmercouch übernachtet hatte. Sie weckte ihn, indem sie die Fenster öffnete und die Helligkeit hereinließ. Er reckte sich.
»Kaliméra.«
»Guten Morgen.«
»Möchtest du reden?« Ilías leckte sich über die trockenen Lippen, fuhr sich durchs Haar. »Ich habe die ganze Nacht überlegt.« Er setzte sich auf.
»Und?« Ihre Hände zitterten. Das Aus unserer Ehe? Habe ich alles aufs Spiel gesetzt? Hör auf! Lass die dunklen Gedanken! Gespannt schaute sie ihm in die Augen.
»Komm mal her.« Er winkte sie zu sich. Anna ging langsam auf ihn zu.
»Flieg und genieß die Zeit. Die Kinder und ich werden hier auf dich warten.«
»Wirklich?«
»Ja.« Spontan fiel Anna ihm um den Hals. Ilías drückte sie fest an sich. Anna beschlich das Gefühl, als würde er sie nie mehr loslassen wollen.

48. Kapitel

Ausgerechnet jetzt!, dachte Thália, als sie aus den Augenwinkeln den Mann, von dem sie träumte, auf sich zukommen sah. Natalía hüpfte, zusammen mit Lámbros, freudig vor ihr her. Aléxandros saß im Kinderwagen, um dessen Lenkstange sich ihre Hände krampften. Drei Kinder! wird er denken und mich nicht grüßen. Wieder spürte sie ihren beschleunigten Herzschlag und senkte den Blick zu Boden.

»Kalispéra«, hörte sie ihn sagen. Sie sah auf – und direkt in seine dunkelbraunen Augen. Einen Moment lang hielt sie seinem Blick stand. Was für Augen … und seine Stimme! Sie nickte kurz, dann ging sie weiter, so schnell es ihre zittrigen Beine zuließen. Die Versuchung, sich umzudrehen, war groß, sie ließ es aber schließlich doch, aus Furcht, sich zu blamieren.
Toll, Anna! Du vergnügst dich in Köln und ich darf deine Kinder von der Schule abholen – und vermiese mir damit eine tolle Begegnung mit diesem Adónis.
»Tante Thália.« Natalía winkte sie zu sich. Sogleich verschwand ihr Unmut. Sie konzentrierte sich auf das Mädchen.
»Was ist?«
»Ich will einen Granatapfel!« Die Kleine zeigte auf einen Baum, an dem aufgesprungene Früchte hingen.
»Die sind nicht mehr gut. Schau, sie sind innen schon ganz trocken oder haben Würmer. Die Zeit der Ernte ist vorüber.« Sie pflückte einen von den Ästen und öffnete ihn.
»Igitt!«
Natalía schüttelte sich. Kleine weiße Maden fielen zu Boden. Sie sprang einen Schritt zurück.
»Super!« Lámbros kniete sich nieder und sammelte die Tierchen vorsichtig auf.
»Was hast du damit vor?«, fragte die Schwester mit angewidertem Gesichtsausdruck.
»Die leg ich dir ins Bett.« Er grinste und hielt ihr die mit Würmern gefüllte Hand unter die Nase. Sie kreischte auf.
»Ist etwas passiert?«, rief eine tiefe Stimme.
Thália zuckte zusammen; dann drehte sie sich um und sah, wie der Fremde im Laufschritt auf sie zukam. Vor

lauter Aufregung blieben ihr die Worte im Hals stecken. Da stand er schon neben ihr.
»Kann ich helfen?« Hastig schüttelte Thália den Kopf. Meine Güte! Wie wäre es mit antworten? Sie räusperte sich.
»Lámbros hat seine Schwester mit den Würmern erschreckt.«
»Ach so«, meinte er. »Dann ist ja alles in Ordnung.« Er bückte sich zu dem Jungen. »Als ich in deinem Alter war, habe ich die Mädchen in der Schule auch damit geärgert.«
»Echt?«
Der Mann nickte. »Darf ich mich vorstellen? Kósta Topalidis. Ich bin der Neffe und Erbe der verstorbenen Maria.« Thália verschluckte sich bei seinen Worten. Mein Adónis heißt Kósta!
»Und wer seid ihr?«, fragte er die Kinder.
»Ich bin Lámbros, meine Schwester Natalía und mein Bruder Aléxandros«, gab der Junge stolz zur Antwort.
»Und eure Mama, wie heißt die?«
»Anna«, antwortete Natalía, »doch die ist jetzt bei unseren Großeltern in Köln.«
Seine Gesichtszüge zeigten Unverständnis.
»Äh, ich bin Thália, Annas Freundin, und passe während ihrer Abwesenheit auf die Kinder auf.« Endlich hatte sie ihre Sprache wiedergefunden.
»Soso, das freut mich.« Er lächelte hinreißend.
Sofort spürte Thália, wie Hitze in ihre Wangen stieg, und sagte hastig: »Der Vater wartet auf sie.« Ruckartig setzte sie sich in Bewegung und ließ Kósta stehen.
»Schönen Tag. Vielleicht sieht man sich bald wieder!«, rief er ihnen hinterher. Die Kinder winkten ihm zu.
Vielleicht sieht man sich wieder, hat er gesagt, dachte

Thália und summte das Lied ›Ein Schiff wird kommen und bringt mir den Einen ...‹, bis sie vor Ilías' Haustür ankam. Er stand im Vorgarten. »Ihr kommt spät. Ist alles in Ordnung?« Ohne eine Antwort abzuwarten, hob er Aléxandros aus dem Kinderwagen.
»Schau mal, Papa, Würmer!« Lámbros hielt die wimmelnde Hand erneut seiner Schwester unter die Nase. Die schrie hysterisch auf und rannte die Stufen zur Wohnung hoch.
»Magst du einen Kaffee?«, fragte Ilías.
»Nein, ich muss kochen«, gab Thália vor, obwohl sie nur die Reste vom Vortag aufzuwärmen brauchte. Sie verabschiedete sich. In Gedanken ließ sie das Zusammentreffen mit Kósta nochmals aufleben und hatte das Gefühl, die letzten Meter zum Haus zu schweben.

Kaum hatte sie die Tür geöffnet, da baute sich Emmanouíl vor ihr auf. »Hast du die Uhrzeit vergessen?!« Im Nu fand sie sich in der Realität wieder. Sie hastete zum Herd, entzündete die Flamme, zog den Topf darüber. »Tut mir leid.« Erst jetzt legte sie die Jacke ab.
»Soll ich wegen Anna ständig auf mein Mittagessen warten?« Er setzte sich an den Tisch.
Das Essen hättest du dir auch selbst aufwärmen können, dachte Thália und antwortete: »Nein.«
»Ich habe nur zugestimmt, dass du auf ihre Kinder aufpasst, damit du nicht auf dumme Gedanken kommst.«
»Wie meinst du das?«, flüsterte sie, als fühle sie sich ertappt bei ihren Gedanken an Kósta.
»Du weißt schon!«, entgegnete er. Sie zuckte mit den Schultern.
»Athen! Hast du kapiert?« Er brach sich ein Stück Brot ab und kaute mürrisch darauf herum. Erleichtert

atmete Thália auf. Athen! Nicht Kósta. Ein Glück, ich dachte schon, er hätte mir etwas angemerkt. »Ist ja gut, ich fliege nicht zu dem Arzt aufs Festland, wenn du es nicht willst.«

»Ist mein Essen fertig?«

Emmanouíl, was ist aus unserer Liebe geworden?, dachte Thália und schöpfte schnell den Ziegen-Bohnen-Eintopf auf einen Teller.

49. Kapitel

Thália hieb sich mit der Hand gegen den Kopf, als würde das helfen, die Gedanken an Kósta herauszuschütteln. Nachts erschien er in ihren Träumen, am Tag spazierte sie durchs Dorf, in der Hoffnung, ihm zu begegnen. Ständig führten ihre Schritte an Marias, nun Kóstas, Haus vorbei. Vorsichtig lugte sie ins Fenster, um wenigstens einen Blick auf ihn werfen zu können, jedoch ohne Erfolg. Es sah aus, als würde niemand dort wohnen. Im Vorgarten sammelte sich das fallende Laub. Der Wind hatte es zusammengefegt. Sie holte Annas Kinder von der Schule ab und nahm den gleichen Weg, auf dem sie sich begegnet waren. Schnell übergab sie Ilías die Kleinen. Mit flottem Schritt entfernte sie sich dann Richtung Dorfausgang, um wie zufällig an Kóstas Unterkunft vorbeizukommen. Dieses Mal hatte sie Glück. Schon aus der Ferne sah sie ihn. Er war gerade dabei, die Blätter vor der Haustür zusammenzukehren.

Und jetzt? Ich muss doch irgendwo hingehen, sonst

fällt es auf! Aufgeregt knetete sie ihre Finger. Dann grüßte sie ihn freundlich und spazierte weiter zum Friedhof. Dort stieg sie die Stufen hoch und begab sich zu Marias Grab. Maria! Was soll ich denn nur machen?, flehte sie im Stillen und hoffte auf eine Antwort, die aus der Tiefe kommen würde. Ich bin verheiratet, doch dein Großneffe hat es mir angetan. Hat er dich früher niemals besucht? Auf einmal hörte sie Schritte hinter sich, die näher kamen. Das kann jetzt nicht wahr sein, oder? Sie wagte nicht, sich umzudrehen.
»Standen Sie meiner Tante nahe?«, hörte sie seine dunkle Stimme.
»Jeder im Dorf mochte sie«, kam es flüsternd über ihre Lippen. Thália war kaum fähig, ihre Nervosität zu überspielen. Sie pustete sich eine Strähne aus dem Gesicht. Dann drehte sie sich langsam zu ihm um – und versank in seinen Augen. Sie schluckte trocken, hielt jedoch seinem betörenden Blick stand.
»Ich würde gerne mehr über Maria erfahren. Leider habe ich sie niemals persönlich kennengelernt. Meine Großeltern sind vor vielen Jahren nach Frankreich ausgewandert. Anscheinend hatte es einen Erbstreit gegeben und der Kontakt zu Maria ist abgebrochen. Meine Familiengeschichte langweilt Sie wahrscheinlich.« Er hielt inne.
»Nein, erzählen Sie ruhig weiter.«
»Nachdem die Großeltern verstorben waren, zogen meine Eltern mit mir nach Athen. Meine Mutter hatte in einer Kiste ungeöffnete Briefe von Maria an ihre Mutter gefunden. Sie las sie. Danach stellte sie den Kontakt zu Maria her. Sie schrieben sich hin und wieder. So erfuhr ich, dass ich eine Großtante in einem Bergdorf auf Kreta hatte. Leider ergab es sich nie, dass

meine Eltern und Maria sich persönlich kennenlernten. Erst am Tag ihres Todes hat mich ein Notar angerufen und mir mitgeteilt, dass Maria gestorben sei und mich als Alleinerben in ihrem Testament eingesetzt habe. Ich buchte sofort einen Flug, um sie wenigstens ein einziges Mal zu Gesicht zu bekommen.« Er vergrub die Hände in den Hosentaschen und trat zurück.

»Sie war eine besondere Frau. Weise, einfühlsam, bescheiden und zufrieden mit ihrem Leben«, bemerkte Thália mit sanfter Stimme. Kósta stellte sich neben sie.

»Man schiebt es immer vor sich her, denkt, alles andere ist wichtiger als hierher zu fliegen und Maria zu besuchen. Sie muss einsam gewesen sein, so ganz ohne Familie.« Er fuhr sich mit der Hand durchs Haar, sodass sich die Locken an die Kopfhaut drückten.

»Da kann ich Sie beruhigen, einsam war sie ganz bestimmt nicht. Die Dorfbewohner gingen bei ihr ein und aus, und Maria war häufig in der Kirche anzutreffen. Viele suchten ihren Rat.« Er blieb stumm, sah in die Ferne. Thália warf einen Blick aufs Grab. Sie beugte sich vor und wischte vertrocknete Blätter von der Marmorplatte, als er plötzlich wieder zu sprechen anfing.

»Es kommt mir vor, als würden die Bewohner mich als Erbschleicher ansehen und hinter meinem Rücken reden.«

»Fremde im Dorf werden immer kritisch beobachtet. Aber Sie sind ja nur vorübergehend hier.« Thália verschränkte die Arme vor der Brust. Ein kühler Wind fegte über den Friedhof. Sie fröstelte und zog sich die Jacke enger um die Schultern.

»Ganz schön kühl geworden«, bemerkte er. »Darf ich Sie in die Taverne auf einen Tee einladen? Dort könnten Sie mir mehr über meine Großtante erzählen, und

es ist mit Sicherheit angenehmer.« Ohne ihre Antwort abzuwarten, ging er zum Ausgang.
»Tut mir leid, das geht nicht.«
Er drehte sich zu ihr um.
»Warum nicht?«
»Ich habe zu tun«, log sie. Die Wahrheit war, sie wollte sich nicht dem Dorfklatsch ausliefern.
»Schade. Nun, vielleicht ein anderes Mal.« Zum Abschied reichte er ihr die Hand. Als Thália sie schüttelte, durchzuckte ein Blitz, einem elektrischem Schlag gleich, ihren Körper. Hitze ergriff sie. Wenn ich ihn jetzt gehen lasse, dann werde ich ihn vielleicht niemals wiedersehen, dachte sie und räusperte sich. »Was halten Sie davon, wenn wir in der Kirche eine Kerze für Maria aufstellen? Wir könnten uns dort in, sagen wir…«, sie sah auf die Armbanduhr, »… in einer halben Stunde treffen.« Was machst du da?!
»Einverstanden. Bis gleich.«
Thália hetzte nach Hause. Was kann ich in kürzester Zeit zum Mittag zubereiten? Schließlich muss ich noch die Kinder von der Schule abholen. Sie überlegte, öffnete die Küchenschränke und schlug sie unentschlossen wieder zu. Mir bleiben fünfzehn Minuten! Verflixt, warum habe ich nicht ›in einer Stunde‹ gesagt? Sie durchforstete den Kühlschrank. Als sie die Lebensmittel durchging, kam ihr eine Idee. Pfannkuchen! Schnell nahm sie sechs Eier aus dem Pappkarton, Milch. Eine Schüssel, Mehl, Zucker und Salz holte sie aus dem Schrank. Eilig mischte sie die Zutaten und rührte den Teig an. Fertig. Die Masse stellte sie in den Kühlschrank. Im Flur schaute sie in den Spiegel, wischte sich übers Gesicht, strich die Haare glatt, verließ das Haus fluchtartig. Immer wieder musste sie ih-

ren Schritt drosseln, um nicht den Dorfbewohnern, die ihr auf dem Weg zur Kirche begegneten, aufzufallen. Hier und da grüßte sie in die Vorgärten oder Nischen, die zu den Wohnungen führten.
Außer Atem öffnete sie die schwere Pforte zur Kirche. Dort kniete er! Thália sah, dass die Jacke sich über seinem muskulösen Rücken spannte. Was für eine Erscheinung, dachte sie und tat sofort stumm Abbitte, dass sie solche Gedanken im Gotteshaus hegte. Sie stellte sich neben ihn und vertiefte sich, so gut es ging, in ein Gebet. Sie konnte sich jedoch nicht konzentrieren. Immer wieder schielte sie aus den Augenwinkeln zu ihm hinüber. Er war noch nicht auf sie aufmerksam geworden. Plötzlich erhob er sich und stieß mit ihr zusammen. »O! Entschuldigung. Ich habe Sie nicht kommen hören.« Thália nickte, dann deutete sie ihm an, ihr zu folgen. Sie ließ sich auf einem der Hochstühle nieder. Er nahm neben ihr Platz. »Was interessiert Sie am meisten zu Maria?«, fragte sie flüsternd.
»Alles.« Thália nickte, räusperte sich und fing an, zu erzählen. Innerlich war sie aufgewühlt; er hing förmlich an ihren Lippen und raubte ihr damit fast die Luft. Nach einiger Zeit beendete sie ihre Erzählung mit der Frage: »Werden Sie das Haus verkaufen?«
Er wiegte den Kopf, als würde er sich über seine Antwort nicht im Klaren sein. Dann sagte er: »Ich hatte es vor, doch nun nicht mehr.«
»Darf ich fragen, was Ihre Meinung geändert hat?«
»Sie!«
»Ich?!«, kam es zu laut über ihre Lippen. Hastig schaute sie sich in der Kirche um, doch sie waren alleine. »Ja, du, Thália.« Er legte sanft die Hand auf ihren Arm. Sie schreckte auf und zog den Arm zurück.

Meine Güte! Er bringt mich total aus der Fassung. Hat er mich gerade geduzt? Was fällt ihm ein!, dachte sie, und gleich darauf: Mein Name klang verführerisch aus seinem Mund. Sie schwieg beharrlich, blickte unverwandt zum Heiligtum.

»Du hast es mir schon auf Marias Beerdigung angetan«, flüsterte er ihr ins Ohr. Thália spürte, wie sich ihr der Hals zuschnürte. Worauf hatte sie sich da eingelassen? Sie hatte ihm doch nur von Marias Leben berichten wollen.

Durch Thálias Magen flatterten Schmetterlinge, die sie Lügen straften. Ich bin verheiratet!

»Du bist wunderschön.« Er legte die Hand ein weiteres Mal auf ihren Arm. Sie sprang auf. Das geht zu weit! Aber schön ist es ...

»Ich muss gehen.« Aus Angst, ihm zu verfallen, schaute sie ihm nicht in die Augen, sondern drehte sich schnell weg und bekreuzigte sich. Als sie die schwere Eisenklinke umfasste, stand er hinter ihr. »Werden wir uns wiedersehen?«

»Nein«, gab Thália zur Antwort und hoffte: Ja! Aufgewühlt eilte sie die Stufen hinab und lenkte ihre Schritte automatisch Richtung Schule, um Annas Kinder abzuholen. Routinemäßig grüßte sie die Dorfbewohner, die ihr begegneten. Sonst blieb sie oft für einen Plausch stehen, doch heute war sie nicht fähig, ein normales Gespräch zu führen, und gab Eile vor.

Ich darf ihn niemals mehr wiedersehen! Ich bin glücklich mit Emmanouíl verheiratet, wir wollen eine Familie gründen.

Glücklich? Sie schüttelte den Kopf. Nein, das ist eine Lüge, im Grunde ist in unserem Leben der Alltag eingekehrt. Wann höre ich denn mal ein nettes Wort von ihm? Schon lange nicht mehr. Oder eine liebe Geste, dass er mir eine Rose schenkt, und sei sie nur aus dem Vorgarten. Er erwartet von mir, dass das Essen pünktlich auf dem Tisch steht, das Haus soll sauber sein, aber nicht nach Putzmitteln riechen. Emmanouíl entscheidet bei jeglichem Schritt in unserem Leben für uns beide. Habe ich mir so eine Ehe vorgestellt?

Zweifel summten durch ihren Kopf und verdrängten die innige Liebe, die sie für ihren Ehemann empfand.

Was Kósta wohl für ein Mann ist, wenn er liebt?

»Tante, träumst du?« Natalía zog sie am Ärmel. Erst da bemerkte Thália, dass sie sich auf dem Schulhof befand.

Das Mädchen stand neben ihr, Lámbros stürmte gerade aus dem Gebäude. Sie lächelte die beiden an. Ich möchte auch Kinder! Das geht jetzt nur mit Emmanouíl. Wie lange würde es dauern, bis ich geschieden bin und eine ernsthafte Beziehung mit Kósta eingehen könnte? Nein! Mutter sein ist mir wichtiger. Ich werde ihn niemals mehr treffen! Soll er so schnell wie möglich nach Athen abreisen. Sie nahm den Kindern ihre Schulranzen ab, ließ sie vor sich herlaufen. Immer wieder schubste Lámbros die Schwester an, die ihn zu fangen versuchte. Ein Glück, heute kümmert sich Ilías' Vater um Aléxandros. Oder nein – eigentlich wäre es besser gewesen, ich hätte ihn bei mir gehabt. Nein! Dann wäre ich Kósta nicht begegnet und hätte nicht dieses Kribbeln empfunden. Daran ist ja nichts Verbotenes. Vielleicht führen uns unsere Weg noch mal zusammen. Sie atmete zufrieden auf und konzentrierte sich vorerst gänzlich auf die Kinder ihrer Freundin.

50. Kapitel

Ein kühler Wind pfiff auf der Domplatte. Anna zog sich den Schal enger um den Hals, holte die Handschuhe aus der Jackentasche und streifte sie über. Sie blickte zur Domspitze. Ich hatte ganz vergessen, wie hoch der Kölner Dom ist. Weiße Flocken wirbelten vom Himmel. Ewig her, dass ich Schnee auf der Haut gespürt habe. Beflügelt streckte sie die Arme empor und drehte sich im Kreis. Erst als sie Wortfetzen von stehen gebliebenen Passanten auffing, wurde ihr bewusst, dass sie sich nicht alleine auf dem Kirchvorplatz befand. Um nicht laut aufzujauchzen, hielt sie sich die Hand vor den Mund und schaute beschämt zum Boden. Kopfschüttelnd spazierten die Leute weiter. Eine Touristengruppe, ausgerüstet mit Kameras, kam aus dem Hauptbahnhof. Mit ein wenig Abstand folgte sie ihr, weil sie sich denken konnte, wohin es die Menge zog. Wenige Minuten später schlenderte Anna durch das Tannengirlandentor und betrat am Alter Markt den Weihnachtsmarkt. Er lag im Herzen der Kölner Altstadt, die ihr durch Wochenendausflüge bei Tag und in der Nacht vertraut war. Jetzt glänzte der Markt in bunten Farben. Sie hörte Musik. Vorbei an Buden mit Lebkuchen und Weihnachtsschmuck marschierte sie zielstrebig auf die Bühne zu. Dort trug ein Chor dem Publikum weihnachtliche Lieder vor. Schade, dass Peter heute keine Zeit hat, mich zu begleiten. Gedämpft summte Anna mit: »Leise rieselt der Schnee, still und starr ruht der See. Weihnachtlich glänzet der Wald, freue dich, ’s Christkind kommt bald.«
Aus dem Geriesel war nun dicker Schneefall geworden.

Es sah aus, als bewegten sich die Flocken im Rhythmus der Musik. Obwohl die Temperaturen unter dem Gefrierpunkt lagen, verspürte Anna Wärme in sich. Sie blickte in die Gesichter der anderen Besucher, von denen der eine oder andere laut mitsang. Einige nippten an ihrem Glühwein oder hatten sich beim Nachbarn untergehakt. Eine Zeit lang verharrte sie so. Plötzlich stieg ihr der Geruch von Frittiertem in die Nase. Sie schnupperte.
Reibekuchen! Die habe ich seit Jahren nicht mehr gegessen. Sie eilte in die Richtung, aus der der Duft kam. Du meine Güte. Das kann dauern, bis ich an der Reihe bin. Sie stellte sich am Ende der Menschenschlange an, die auf die beliebten Kartoffelpuffer wartete. Wie seit ihrer Kindheit ließ sie das Besteck liegen und rollte den Reibekuchen zusammen. Autsch, heiß! Sie schüttelte die Finger.
»Na, Sie müssen ja Hunger haben«, bemerkte ein Mann ihr gegenüber am Stehtisch. Freundlich lächelte er.
»Heißhunger.« Sie tauchte den Puffer in das Apfelmus. Herrlich lecker!
Als ihr Appetit gestillt war, schlenderte sie weiter zu den Weihnachtsbuden. Vor jeder blieb sie stehen und staunte über das reichhaltige Angebot. Mundgeblasene Weihnachtskugeln in jeder Größe, Spieluhren, Schmuck, Weihnachtsgebäck und Tannengestecke lagen aus. Bei der Bude mit hölzernem Kinderspielzeug kaufte sie für Natalía eine Puppenprinzessin im blauen Ballkleid, für Lámbros eine Lokomotive und für ihren Jüngsten bunt bemalte Bausteine. Glücklich nahm sie ihre Mitbringsel entgegen. An der Glühweinbude machte sie Halt, bestellte einen Becher. Um sich nicht die Zunge zu verbrennen, schlürfte sie vorsichtig am

würzigen Getränk. Dabei ließ sie interessiert den Blick durch den Stand wandern. Gruppen von Menschen standen zusammen, lachten und erzählten.

»Sagen Sie mal, verfolgen Sie mich etwa?«, hörte sie hinter sich eine Stimme. Anna drehte sich um und erkannte den Mann vom Reibekuchenstand. Sie lachte auf. »Oder Sie mich?!«

»Haben Sie etwas dagegen, wenn meine Frau und ich uns zu Ihnen gesellen?«

»Überhaupt nicht.« Anna rückte ein Stück zur Seite.»Entschuldigen Sie meine Neugierde, was haben Sie denn Feines gekauft?« Der Mann zeigte auf ihre Tüten.»Spielsachen für meine Kinder.«

»Sie gehen auf den Weihnachtsmarkt und der Mann darf auf die Kinder aufpassen, so ist es richtig«, meinte er humorvoll, dann prostete er Anna zu.

»Mein Mann und die Kinder sind auf Kreta geblieben«, erwiderte Anna und löste mit dieser Bemerkung ein längeres Gespräch aus. Auch von anderen Tischen gesellten sich Gäste zu ihnen und hörten angeregt ihren Erzählungen von der Insel zu. Plötzlich sah Anna auf die Uhr.

Schon so spät? Ilías wird auf meinen Anruf warten. Sie sah sich um.

»Gibt es irgendwo eine Telefonzelle?« Ihre neuen Bekannten begleiteten sie.

»Wir warten, und dann gehen wir gemeinsam zum Weihnachtsmarkt auf dem Neumarkt. Einverstanden?«, fragte der Mann. Anna nickte.

Heiter erzählte sie Ilías, welche Geschenke sie für die Kinder erworben hatte, und erkundigte sich, ob es allen gut ginge. Dabei erfuhr sie, dass Lámbros seine Meinung über eine Scheidung nicht geändert hatte und oft mit dem Sohn darüber diskutierte. Dies konnte im Moment jedoch ihre Freude über die Reise und den Weihnachtsmarkt nicht mindern. Gemeinsam schlenderte das Ehepaar mit Anna über den ältesten weihnachtlichen Markt der Stadt, inmitten des Kölner Einkaufsviertels, den Neumarkt. Bei den historischen Buden kamen sogleich nostalgische Gefühle in Anna hoch.

»Hier hat sich nichts verändert.« Mit schnellem Schritt steuerte sie auf ein Kinderriesenrad zu. »Mit dem bin ich oft gefahren. Und da«, sie zeigte auf einen Stand, »hat meine Mutter mir immer einen glasierten Apfel und Zuckerwatte gekauft.« Sie lief darauf zu. Kurze Zeit später biss sie kräftig in einen Apfel mit rotem Guss.

»Es macht mir Freude, Ihnen zuzusehen«, meinte der Mann schmunzelnd. Seine Frau nickte zustimmend. »Mit Ihnen fühlt man sich in die eigene Jugend versetzt. Sie können sich so herrlich über alles freuen. Das ist uns schon beim ersten Zusammentreffen aufgefallen. Selten sieht man jemanden mit so viel Appetit essen.« Die Frau drückte kurz Annas Arm.

»Schließen Sie mal Ihre Augen«, sagte Anna plötzlich, blieb stehen und kniff die ihren zusammen. »Und jetzt tief einatmen.« Sie blinzelte und erkannte, dass ihre Begleiter dem Wunsch nachkamen. Schnell schloss sie die Lider und atmete mehrmals hintereinander tief ein und aus.

»Der Duft!«, rief sie, »nur so riecht Weihnachten! Es gibt nichts Vergleichbares auf der gesamten Welt. Dieses traumhafte Aroma aus Zimt, Makronen, Backfisch, Tannengrün und gebrannten Mandeln!« Sie drehte sich im Kreis. Abrupt blieb sie stehen und spürte, dass Tränen sich in ihre Augen schlichen.

»Was haben Sie denn?« Die Frau sah sie besorgt an.

»Ich wünschte, ich könnte dieses Empfinden mit meinen Liebsten teilen.« Ihre Stimme bebte leicht.
»Sie sind jung und werden bestimmt einmal mit Ihren Kindern den Weihnachtsmarkt besuchen«, meinte der Mann.
»Wissen Sie, ich lebe gerne auf Kreta, doch die Weihnachtszeit fehlt mir. Ich bin froh, dass ich jetzt hier bin, obwohl ich meine Familie vermisse. Ich hatte Heimweh, und das ist nun gestillt. Und ich freue mich, Sie kennengelernt zu haben.« Anna reichte dem Ehepaar die Hand. Dann spazierten sie einige Zeit schweigend an weiteren Ständen vorbei, bis hin zum Ausgang. Dort verabschiedeten sie sich und entschwanden in verschiedene Richtungen.

Am Mittag des Heiligen Abends schlenderte Anna ein letztes Mal über den Weihnachtsmarkt. Einige Aussteller hatten bereits angefangen, ihre Buden abzubauen. Im Stillen nahm sie Abschied vom Glitzern und ihrem geliebten Weihnachtsduft.
Nach einem Gespräch mit Peter stimmten die Eltern zu, gemeinsam die Nacht von Christi Geburt zu feiern.
»Das ist aber eine Überraschung, Schwesterherz!«, rief Anna erfreut, als Elke ihr die Haustür öffnete. »Da reist du extra aus München an, und Peter hat mir nichts verraten.«
»Das konnte ich mir doch nicht nehmen lassen.« Elke drückte Anna an sich. Unvermutet herzlich begrüßte der Vater sie. Vorerst war das Telefongespräch vergessen. Anna spürte die Anspannung zwischen ihnen weiterhin. Bis zu dem Tag hatte sich keine Gelegenheit ergeben, die Eltern zu besuchen, und an den Festtagen wollte sie keinen Streit anfangen. Jetzt war es erst mal

an der Zeit, gemeinsam mit den Geschwistern den Tannenbaum zu schmücken. Anna schnupperte an einem Ast. Der riecht nach moosigem Wald. Behutsam nahm sie rote Kugeln aus dem Karton und hängte sie an die Zweige. Aus den Augenwinkeln bemerkte sie, dass ihr Vater auf dem Sofa saß und sie beobachtete. Die Mutter kümmerte sich um den Gänsebraten, dessen Duft bereits durch das Haus strömte. Anna konnte ihre Freude kaum zum Ausdruck bringen, oft beschlich sie das Gefühl, als müsse sie vor Glück zerspringen. Einzig des Vaters Blick betrübte sie, der hin und wieder auf ihr brannte.
Ich lass mir diese schönen Stunden nicht nehmen!
Nach all den Jahren der Abwesenheit von daheim verfolgte sie besinnlich die Andacht und hing an den Lippen des Pfarrers, als der die Weihnachtsgeschichte erzählte. Frohen Herzens sang sie die Lieder mit. Hin und wieder wischte sie sich eine Träne aus dem Augenwinkel.

»Komm mit ins Büro, Anna«, sagte der Vater, als sie zuhause in den Flur traten. Sie folgte ihm. Hinter sich schloss er die Tür.
»Wollen wir nicht jetzt gemeinsam die Geschenke öffnen?«, fragte Anna.
»Setz dich.« Sie kam seiner Aufforderung nach und ließ sich auf dem Stuhl vor dem Bürotisch nieder. Der Vater blieb stehen. Anna fühlte sich klein, als er von oben auf sie herabschaute, und ein ängstliches Gefühl stieg in ihr hoch.
Walter verschränkte die Arme vor der Brust.
»Warum kommst du nicht hierher zurück, wenn du so unglücklich bist?« Mit verdutztem Gesichtsausdruck sah Anna ihn an.

»Wie kommst du auf die Idee, ich sei unglücklich?«
»Du hast in der Kirche geheult.« Erstaunt brachte Anna für einen Moment keinen Ton heraus.
»Denkst du, ich bin blind?«
»Vater, das waren Freudentränen.«
»Ja, dass du hier bist! Und nicht in diesem Dorf!« Er lehnte sich an den Tisch. Anna stand auf, ging zum Fenster und schaute hinunter auf die Straße.
Es ist Weihnachten, ich möchte keinen Ärger. Doch nun hat er es von sich aus angesprochen, was soll ich machen?
»Anna, hol deine Kinder. Das Haus ist groß genug für uns alle. Sie bekommen eine gute Schulbildung, und du findest bestimmt Arbeit im Übersetzungsbüro. Deine Mutter kann auf die Kinder aufpassen.«
»Vater, hör auf!«, fiel sie ihm ins Wort. »Ich bin glücklich mit Ilías, den Kindern und im Dorf. Finde dich damit ab. Und weil wir gerade dabei sind: Ich möchte, dass du damit aufhörst, mir immer wieder einzureden, dass wir in ärmlichen Verhältnissen leben. Schau dich doch selbst in deinem Haus um, da ist auch nicht alles perfekt! In der Waschküche sind Kacheln von der Wand gefallen, der Balkon bräuchte neue Fliesen, eure Küche ist dreißig Jahre alt und ...«
»Was fällt dir ein, Anna?! Lenk nicht ab. Jeder sieht, wie unzufrieden du bist.« Er trat auf sie zu. »Sonst wärst du am Heiligen Abend bei deinen Kindern.«
Anna schluckte. Hat Vater etwa Recht? Nein! Lass dich nicht wieder verunsichern. Sie straffte die Schultern. »Ich gebe zu, dass mir das harmonische Zusammensein an den Festtagen fehlt, genauso wie ein Bummel über den Weihnachtsmarkt. Das bedeutet aber nicht, dass ich mit meinem Leben unzufrieden bin. Ganz im

Gegenteil. Und ich möchte nicht weiter mit dir darüber diskutieren. Darum gebe ich dir zum letzten Mal klar und deutlich zu verstehen: Hör endlich auf, mir alles, was ich liebe, niederzumachen! Es reicht mir! Du setzt mich mit deinen Vorwürfen ständig so unter Druck, dass ich an mir selbst zweifle, und das lasse ich nicht mehr zu. Ich möchte in Ruhe leben, wo und wie ich will!« Wütend stampfte sie auf.
»Ich hatte für dich ein besseres Leben geplant.« Walter gestikulierte wild umher.
»Für mein Leben bist du nicht verantwortlich. Kümmere dich um Mutter und dich selbst.«
Plötzlich wurde die Tür aufgerissen. Peter erschien im Rahmen. »Es ist Weihnachten, das Fest des Friedens, und ihr haut euch die Köpfe ein.«
»Halt dich da raus!«, schrie der Vater und zog mit dem Gebrüll prompt den Rest der Familie an. Peter stellte sich zwischen seine Schwester und den Vater und versuchte, beide zu beruhigen. »Es hat keinen Sinn. Anna ist bockig. Sie will die Wahrheit nicht hören.« Der Vater warf ihr einen zornigen Blick zu.
»Es reicht!«, mischte sich Elfriede ein und trat auf ihren Mann zu, »Walter, ich weiß, wie sehr es dich verletzt hat, dass Anna ins Ausland gegangen ist, doch du kannst ihr deshalb nicht ständig das Leben schwer machen. Sie möchte nun mal dort leben, mit Ilías und den Kindern. Es ist an der Zeit, dass du dich damit abfindest. Oder willst du sie ganz verlieren?« Sie sah ihn fragend an.
Walter strich sich durchs Haar. Die Uhr schlug zur vollen Stunde, ansonsten herrschte im Zimmer erdrückende Stille. Vor lauter Anspannung zitterte Anna, hielt jedoch seinem Blick weiterhin tapfer stand. Dann sagte sie: »Vater, ich habe in den letzten Monaten unter

Schuldgefühlen gelitten, weil ich nochmals schwanger geworden bin und wir den Bau zu zahlen haben. Ständig kam in mir deine Einstellung zu mir hoch.« Tränen rollten über ihre Wangen. Der Vater hob den Kopf.
»Anna, ich wusste nicht, dass es dir schlecht ging.«
»Ich habe mich nicht getraut, mit euch darüber zu sprechen. Ich litt an einer Depression, die durch die Schwangerschaft ausgelöst wurde. Dadurch bekam ich Heimweh.« Sie schluchzte laut auf. Ihr Vater kam einen Schritt näher und legte versöhnlich die Arme um sie. Dann strich er ihr übers Haupt.
»Es tut mir leid, Kind.« Anna sah, wie ihre Mutter leise die Geschwister aus dem Zimmer winkte.

»Los, Anna, schnell noch eine Currywurst und dann ab zum Flughafen. Es wird Zeit für dich, auf deine Insel zurückzukehren.« Peter schob sie zur Imbissbude. Er hatte extra einen kleinen Umweg gemacht. Anna sah auf den Rhein. Am gegenüberliegenden Ufer stand der Kölner Dom. Sie winkte.
»Hast du jemanden in den Booten erkannt?« Anna sah, dass Peter blinzelte, um besser ausmachen zu können, wen sie gegrüßt haben mochte. Containerschiffe lagen vor Anker.
»Ich habe mich vom Dom verabschiedet«, löste sie das Rätsel auf.
»Und hat er zurückgewunken?« Peter stupste sie in die Rippen. Anna sprang einen Schritt zurück.
»Hey, Vorsicht, ich esse gerade meine vorerst letzte Currywurst«, lachte sie, stach mit dem Holzstäbchen ins Endstück und tauchte ihre Pommes Frites in die scharfe Soße.
»Ich freue mich auf meine Kinder und Ilías«, sagte sie

mit vollem Mund, »meine Batterien sind aufgefüllt mit reichlich schönen Erinnerungen an Weihnachten. Davon werde ich meinen drei Sprösslingen lange erzählen.«
»Und von Currywurst.«
»Hör auf, ich kann gar nicht zählen, wie viele ich in den vergangenen Wochen gegessen habe.« Sie lachte laut auf.
Bald darauf fuhren sie weiter zum Düsseldorfer Flughafen. Der Abschied fiel kurz aus, da sie spät dran waren. Anna sputete sich, um zum Gate zu gelangen. Ihr Name war bereits aufgerufen worden.

Termingerecht landete das Flugzeug auf der Insel. Anna stieg die Stufen hinunter. In dem Moment, als sie griechischen Boden betrat, machte dem wehmütigen Zurückblicken die unbändige Freude auf die Familie Platz.
Zu Fuß folgte sie dem Personal, das die Gäste zum Hauptgebäude führte. Sofort fiel ihr Blick auf ihren Mann, der am Kofferband auf sie wartete. Glücklich lief sie auf ihn zu, warf sich in seine geöffneten Arme und drückte sich an ihn.
»Du hast mir gefehlt«, flüsterte er ihr ins Ohr und gab ihr einen Kuss. Mit festem Griff umschloss sie seine Hand. »Meine Güte, hast du Steine im Koffer? Ein Glück, dass das Band in der Ankunftshalle ist. Stell dir mal vor, du hättest ihn selbst tragen müssen.«
»Da sind Bücher, die Geschenke für euch und ein Kasslerbraten drin«, zählte sie auf.
»Du hast Lebensmittel mitgebracht?«
Anna setzte einen unschuldigen Blick auf. Er lachte, hob den Koffer an und ging Richtung Ausgang.

Als sie im Bus saßen, ließ Anna die Landschaft auf sich wirken. Das Erdreich war mit grünem Klee bedeckt. Hin und wieder durchdrang ein Sonnenstrahl die dichten Wolken. Das aufgewühlte Meer schlug in schäumenden Wellen an die Küste.
Anna lehnte den Kopf an die kühle Scheibe. »Schön, wieder hier sein.«
Kurz vor Tourlotí machte sich ein mulmiges Gefühl in ihr breit. Durch die Wiedersehensfreude hatte sie ganz verdrängt, dass sie eigentlich das Thema Lámbros hätte ansprechen müssen. Wird er mir eine Szene machen? Hat er Ilías zur Trennung überredet? Wartet mein Mann nur auf den richtigen Moment, es mir zu sagen? Aus den Augenwinkeln sah sie zu ihm hinüber. Seine Gesichtszüge waren entspannt, und ein Lächeln umspielte die Lippen. Ach, hör jetzt endlich auf, alles schwarz zu malen.
Ilías wird sich nicht scheiden lassen. Egal, was Lámbros sagt, ich werde darüberstehen. Was mir wichtig war, habe ich erreicht, die Aussprache und Versöhnung mit meinem Vater, Weihnachten im Kreis der Familie zu feiern, und neue Kraft habe ich auch geschöpft. Keiner kann mir was anhaben! Quasi um ihre Gedanken zu unterstreichen, straffte sie die Schultern und setzte sich aufrecht.

Natalía und Lámbros saßen in der Küche und spielten mit Memorykarten. Als die Mutter hereinkam, sprangen sie mit einem Freudengeschrei auf und warfen sich in ihre geöffneten Arme. Anna verlor unter dem Ansturm fast das Gleichgewicht. Sofort bombardierten die Kleinen sie mit Fragen: »Hast du den Weihnachtsmann gesehen? Hattest du Angst vor ihm? Hat er dir

etwas geschenkt? Hast du ihm von uns erzählt? Hat er dir Geschenke für uns mitgegeben?«, riefen sie durcheinander.
»Halt, nicht alles auf einmal. Ein wenig Geduld müsst ihr noch haben. Ich möchte erst euren Bruder und den Großvater begrüßen.« Lámbros reichte ihr Aléxandros, den er auf dem Arm hielt. Anna nahm ihren Jüngsten und gab ihm einen Kuss. Anschließend setzte sie ihn in den Kinderstuhl und sah zum Schwiegervater auf. Für einen Moment standen sie sich gegenüber. Anna versuchte, seine Einstellung ihr gegenüber an seinen Augen abzulesen. Er kam langsam näher.
»Ich habe meine Meinung zu deiner Reise nicht geändert!« Erst schluckte Anna, dann staunte sie. Lámbros' Gesichtsausdruck war sanft, er hatte Tränen in den Augen. Als würde er sich ertappt fühlen, drückte er sie schnell an sich und verschwand aus dem Zimmer.
Hat er vielleicht Angst gehabt, dass ich nicht wiederkomme? Und sein Groll? Hat Sofía nicht immer gesagt, im Herzen hat er einen weichen Kern, er kann es nur nicht zeigen?

51. Kapitel

»Bin ich froh, dass du wieder da bist!« Freudestrahlend drückte Thália die Freundin an sich.
»War es anstrengend mit den Kindern?«
»Ein wenig schon«, gab Thália zu und ließ sich auf Annas Küchenbank nieder. »Wie war es bei deiner Familie?«

Anna stützte sich auf der Rückenlehne des Stuhls ab und machte ein betrübtes Gesicht.
»Erzähl, was ist passiert?«, bohrte Thália nach.
»Da gibt es nicht viel zu berichten. Vater ist und bleibt bei seiner Einstellung meinem Dorfleben gegenüber. Schwamm drüber.« Sie wischte mit der Hand über den Tisch, als könne sie damit die negativen Erinnerungen auslöschen. »Du kannst dir nicht vorstellen, wie schön es auf den Weihnachtsmärkten war!« Und Anna begann, von ihren dortigen Besuchen zu schwärmen. Thália sah, wie die Augen der Freundin zu strahlen begannen. Auf ihren Wangen zeigten sich rote Flecken. Das nimmt ja kein Ende!, dachte sie und sagte: »Wie geht es deinen Geschwistern?« Damit unterbrach sie Annas Begeisterungssturm.
»Entschuldige. Ist bestimmt langweilig für dich, wenn ich von den Märkten erzähle. Peter geht es gut. Und stell dir vor, Elke ist zu Heiligabend aus München angereist, um mit uns zu feiern.« Sie ging ins Wohnzimmer und kam mit einer bunten Tüte zurück. »Ich habe dir eine Kleinigkeit mitgebracht.«
»Danke.« Erfreut nahm Thália das Geschenk entgegen.
»Das ist 4711, Echt Kölnisch Wasser. Zum Erfrischen.«
Thália roch daran und versuchte, ihr Gesicht nicht zu verziehen. Nicht ganz mein Geschmack, dachte sie und zwang ein Lächeln auf ihre Lippen.
»Danke.« Sie versenkte das Fläschchen in der Handtasche.
»Deine Kinder werden mir fehlen«, versuchte sie, das Thema zu wechseln.
»Wirklich? Ich dachte, es wäre hin und wieder nicht ganz einfach mit ihnen gewesen«, meinte Anna und bereitete Kaffee zu.

»Und trotzdem habe ich die Zeit genossen.«
Anna drehte sich zu ihr um. »Das freut mich. Es war für mich eine enorme Erleichterung zu wissen, dass die Kleinen bei dir in guter Obhut sind. Ach, Thália, die Zeit in Köln hat mir gut getan. Ich fühle mich für den Alltag hier im Dorf gestärkt.« Sie stellte eine dampfende Tasse vor ihr ab. »Und was gibt es bei dir Neues?«
»Nichts«, kam es etwas zu schnell über ihre Lippen. Thália senkte den Kopf, aus Angst, Anna könne von ihren Augen ablesen, dass dies nicht ganz der Wahrheit entsprach.
»Kein Dorfklatsch?«
Thália schüttelte den Kopf und schlürfte ihren Kaffee. Außer dem Mann vom Friedhof, aber leider kann ich dir davon nichts erzählen, du würdest mir die Leviten lesen. Vielleicht zu Recht, doch im Moment ist in meiner Ehe eine Abgestumpftheit eingetreten, die ich kaum noch ertrage.
»Warum bist du so still?«, unterbrach Anna ihre Gedanken.
»Ich hab überlegt, ob es nicht doch etwas zu berichten gibt.«
»Und?«
»Nein. Entschuldige, ich muss los, Essen zubereiten.«
»Die Männer, sie wollen immer pünktlich den Teller vorgesetzt bekommen«, witzelte Anna.
Wenn du wüsstest, Anna. Emmanouíl ist in Sitía auf einem Lehrgang, er kommt heute Mittag nicht nach Hause. Ich habe ein Rendezvous mit Kósta.
Schnell lief sie nach Hause und zog sich um. Eigentlich viel zu kalt, bei dem Wetter in einem Kleid herumzulaufen, doch Kósta soll einen guten Eindruck von mir haben. Das ist zu übertrieben, dachte sie, als sie sich

im Spiegel begutachtete. Das Kleid schmiegte sich wie eine zweite Haut eng an den Körper und reichte gerade mal bis zur Hälfte ihrer straffen Schenkel. Der gewagte Ausschnitt offenbarte den Ansatz der Brüste. Schnell entschied sie sich für legere Jeans, einen Rollkragenpullover und die Winterjacke. Mit den Händen fuhr sie sich durchs Haar und zog den Lippenstift nach. Das muss reichen. Schon schloss sich die Tür hinter ihr und sie eilte durchs Oberdorf hinauf zur Kirche.

Nicht zum ersten Mal hatten sie sich dort verabredet. Gleich am nächsten Tag, nach dem Treffen auf dem Friedhof, hatte Kósta ihr auf dem Weg zur Schule aufgelauert und sie um eine Verabredung gebeten. Es war zu verlockend gewesen, um abzusagen. Hinter der Kirche fanden sie zusammen. Von dort aus konnten sie über die Weite des unter ihnen liegenden Meeres schauen und waren geschützt vor neugierigen Blicken der Bewohner aus dem Dorf. Kósta stand wie verabredet auf dem Vorplatz. Ein Strahlen machte sich auf seinem Gesicht breit, als er sie erblickte.

»Ich hatte befürchtet, du würdest nicht kommen«, meinte er.

»Ich hatte zu tun«, antwortete sie außer Atem vom steilen Anstieg. Sie drückten sich in die hinterste Ecke der Kirchenmauer, um nicht doch von jemandem beobachtet zu werden.

»Es ist schön, dich zu sehen«, sagte Kósta. »Ich habe eine Überraschung für dich.«

»Zeig!«

»Das geht nicht, ich kann sie dir nur sagen.«

»Und?« Sie spürte, wie ihre Wangen vor Aufregung zu glühen anfingen.

»Ich werde mich im Dorf niederlassen. Dieses ewi-

ge Hin und Her zwischen Athen und Kreta geht auf die Dauer einfach nicht. So wäre ich täglich in deiner Nähe.« Er war im Begriff, sie an sich zu ziehen, doch Thália schreckte zurück.
»Du willst herziehen?«
»Spricht etwas dagegen?«
»Äh, ich ... Wovon willst du leben?«
»Ist es nicht vor allem wichtig, dass wir zusammen sein können? Du wirst dich von deinem Mann trennen.«
»Halt!«, unterbrach Thália ihn. »Also ...«
»Was? Du fühlst dich zu mir hingezogen, und ich mich zu dir. Oder?« Seine dunkelbraunen Augen blitzten, auf der Stirn bildete sich eine tiefe Falte. »Seit Wochen pendle ich zwischen der Insel und dem Festland, damit wir uns heimlich sehen können. Dabei darf ich mich mit schüchternen Küssen von dir begnügen. Das reicht mir nicht mehr aus, kannst du das nicht verstehen? Ich möchte dich ganz für mich haben!« Thália wandte sich erschrocken ab. Sie ging zum Begrenzungszaun und blickte hinunter auf das kleine Fischerdorf, das an der Meereszunge lag.
Natürlich fühle ich mich zu ihm hingezogen ... doch reicht das aus, meine Ehe zu beenden? Wollte ich nicht nur ein wenig Beachtung und Flirterei? Geht mir seine Entscheidung, im Dorf ansässig zu werden, zu weit? In dem Moment, als sie Kósta eine Antwort geben wollte, hallten laute Schritte über den Kirchplatz.
»Verdammt, Thália!«, schrie ihr Ehemann und kam wutschnaubend auf sie zu. Er baute sich vor Kósta auf. »Lassen Sie meine Frau in Ruhe! Komm, wir gehen nach Hause.«
Er schnappte ihre Hand und zog sie mit sich davon. Ohne sich nach dem Verehrer umzublicken, ließ sie

sich davonzerren. Auf der Dorfstraße angekommen, zischte Emmanouíl: »Reiß dich jetzt zusammen und mach, dass es aussieht, als würden wir uns auf einem gemütlichen Spaziergang durchs Dorf befinden. Wir reden zu Hause!« Besitzergreifend legte er den Arm um ihre Taille.

Thália zitterte am ganzen Körper. Die Tür fiel hinter ihnen ins Schloss. Emmanouíl stieß sie in die Küche, drückte sie auf die Bank nieder.

»Was hast du dir dabei gedacht?!« Er erhob die Hand. Sie duckte sich und legte die Arme schützend über den Kopf. Dann bemerkte sie, dass ihr Mann sich von ihr abgewandt hatte und gegen den Stuhl trat, der polternd zu Boden fiel. Wie versteinert beobachtete sie die Szene. Die Haare standen ihm vom Kopf ab, sein Gesicht färbte sich krebsrot, die Augen blitzten zornig. Thália spürte, wie sehr er um Fassung rang. Ihr Mann hob den Stuhl auf und ließ sich auf ihm nieder.

»Hast du mir nichts zu sagen?« Sie blickte ihm in die Augen und las nun Verzweiflung darin.

»Bist du nicht in Sitía auf einem Lehrgang?«

»Sag mal, bist du noch bei Sinnen? Oder hat dir dieser Adónis das Gehirn weich geklopft?« Er schlug mit der Faust auf den Tisch und sie erkannte, dass seine kurzzeitig ruhige Fassade bereits wieder zu bröckeln anfing. Sie schluckte.

Was soll ich ihm sagen?

»Wie lange läuft das schon? Das ganze Dorf weiß es, nur ich, der ahnungslose Ehemann, erfährt es zum Schluss!«

»Das ganze Dorf?«

»Wenn sich der Krämer nicht verplappert hätte, wäre ich jetzt noch ahnungslos!«

»Es tut mir leid«, flüsterte sie und senkte den Kopf.

Mit den Fingern spielte sie nervös an den Knöpfen ihrer Jacke.

»Du bist mir eine Erklärung schuldig!«

»Es ist nichts passiert.«

»Was?! Das nennst du nichts passiert?!«

»Ich hab mich halt mit ihm getroffen, mehr nicht.«

»Da soll ich mich nun drüber freuen und wahrscheinlich auch noch dankbar sein, dass du dich *nur* mit ihm getroffen hast! Ja?« Ungläubig schüttelte er den Kopf.

»Was soll ich dir denn sagen? Du glaubst mir ja eh nicht.« Kurz sah sie auf, doch sein durchdringender Blick ließ sie hastig den Kopf wieder senken. Was hab ich bloß gemacht?

»Dann werde ich ihn zur Rede stellen!« Er sprang auf, zog die Schublade auf, nahm ein Messer heraus und war mit einem Satz an der Tür.

»Nein!«

Er drehte sich zu ihr um. Sie stand dicht hinter ihm.

»Lass ihn in Ruhe. Es ist alles meine Schuld.« Plötzlich spürte sie, dass Tränen über ihre Wangen liefen.

»Du nimmst ihn auch noch in Schutz! So viel bedeutet er dir.« Emmanouíls Körper sackte in sich zusammen, schlaff hingen die Arme runter. An seiner Haltung erkannte Thália, wie sehr sie ihn mit diesen Worten verletzt hatte. Schwer fiel er auf den Stuhl zurück, stützte die Ellbogen auf den Tisch und vergrub den Kopf in den Händen. So hatte sie ihren Mann noch nie erlebt. Ängstlich strich sie ihm übers Haar.

»Lass!«

»Bitte.«

Er schüttelte den Kopf und Thália hörte, dass er leise weinte. Sie setzte sich neben ihn. »Ich wollte dich nicht verletzen. Es war nur …«

»… dass ich dir nicht genüge«, vollendete er den Satz.
»So ist es nicht.«
»Dann erklär es mir.« Er drehte sich zu ihr. Thália erkannte die Betroffenheit, den Kummer, den sie ihm zugefügt hatte.
»Alles fing mit Marias Beerdigung an.«
»So lange schon? Meine Güte, bin ich blind gewesen.«
»Du hattest mir verboten, zum Arzt nach Athen zu fliegen. Dabei wünsche ich mir nichts sehnlicher, als Mutter deiner Kinder zu werden.«
»Nun hast du ja einen neuen Mann für deine Nachkommen gefunden.« Sein Sarkasmus traf sie hart.
Thália nahm allen Mut zusammen: »Schau mich an.«
Er kam ihrer Bitte nach.
»Ich möchte die Kinder mit dir!« Sein linkes Auge begann zu zucken. »Kannst du mir verzeihen?«
Sie legte die Hand bittend auf seinen Arm. Er atmete tief durch.
»Ich bin mir nicht sicher. Erst möchte ich alles erfahren. Lass nichts aus!« Und sie berichtete von ihren Treffen mit Kósta, die hinter oder in der Kirche stattgefunden hatten. Zuerst, weil er mehr über seine verstorbene Großtante wissen wollte, doch bald hatte er Thália gestanden, dass er sich in sie verliebt hatte, und war so oft, wie es sich beruflich einrichten ließ, ins Dorf gekommen. Sie erwähnte die Küsse, die sie mit Kósta ausgetauscht hatte und wie sehr er ihr geholfen hatte, den kinderlosen Alltag zu überstehen. Nur auf Annas Sprösslinge aufzupassen, hatte ihr nicht mehr ausgereicht. Sie war mit ihrem tief liegenden Schmerz oft an ihre Grenzen geraten und verzweifelt.
»Wieso hast du nie mit mir darüber geredet?«
»Du hast mir schon länger nicht mehr zugehört. Ich

habe das Gefühl, ich falle von einem Extrem ins andere. Erst die verrückte Putzerei, dann habe ich ständig fluchtartig das Dorf verlassen, wenn Anna schwanger war, und zum Schluss die Sache mit Kósta. Ich weiß nicht mehr weiter.« Sie rieb sich die Tränen aus dem Gesicht.

Da spürte sie Emmanouíls Hand, die sanft über ihren Rücken strich.

»Dann bin ich nicht ganz unschuldig an allem. Ich habe nicht gemerkt, wie sehr du darunter leidest, keine eigenen Kinder zu haben.«

Sie schluckte, sagte dann: »Wie soll es weitergehen?«

Er presste mit einem Seufzen die Luft aus den Lungen, fuhr sich mit der Hand durchs Haar.

»Ich bin mir nicht sicher.«

Fest die Hände ineinander verschlungen, saßen sie dicht beieinander. Die Dämmerung zog ins Zimmer. Keiner der beiden wagte, aufzustehen, um die Beleuchtung anzuschalten. Als ihre Umrisse nur noch schattenhaft auszumachen waren, brach Emmanouíl die Stille. »Flieg nach Athen, bleib dort eine Zeit bei deinen Großeltern und geh zum Arzt. Es muss doch einen Weg geben, dass wir beide eine Familie gründen können.«

Überrascht sah Thália auf, doch im Dunkeln konnte sie seine Augen nicht erkennen. In die Stille hinein fragte sie: »Bist du dir ganz sicher?«

»Nein. Aber ich liebe dich«, hörte sie ihn antworten.

»Ich liebe dich auch. Vielleicht sollten wir es noch mal alleine versuchen, bevor ich zum Arzt fliege.« Sie stand auf, und statt die Beleuchtung einzuschalten, zog sie aus der Schublade eine Kerze und das Feuerzeug. Kurz darauf sah sie in die Augen ihres Mannes, die Hoffnung widerspiegelten.

»Ja, wir lassen uns ein wenig Zeit«, flüsterte er und zog sie in seine Arme.

52. Kapitel

Seit zwei Jahren bereits gab Anna in der Schule von Tourlotí privaten Nachhilfeunterricht in Englisch. Nach einiger Zeit hatte es sich herumgesprochen, dass sie auch der französischen Sprache mächtig war, und die Anfragen häuften sich. Eine Lehrerin machte sie darauf aufmerksam, dass es in verschiedenen Dörfern europäische Einwanderer gab, die gerne die griechische Sprache lernen wollten. Anna legte die hinzugekommenen Lehrgänge in die Abendstunden, wenn die Kinder schliefen. In einer alten Kaffeedose, die sie im Bettkasten aufbewahrte, sammelte sie ihre Einnahmen heimlich für Flugtickets. Eines Tages wollte sie ihren Wunsch wahr machen und mit der gesamten Familie in Köln Weihnachten feiern. Keine Mühe scheute sie und freute sich monatlich über den Zuwachs an Drachmen. Ihr Ziel lag jedoch noch in weiter Ferne.

Das Haus war voller Mütter mit ihren Kindern. Anna verteilte Kuchen. Mädchen und Jungen liefen zwischen den Beinen der Erwachsenen umher. Ausgelassen jauchzten und kreischten sie. Lámbros zupfte seine Mutter am Ärmel. Sie beugte sich zu ihm hinunter.
»Die Hose kratzt«, flüsterte er ihr ins Ohr.
»Gefallen dir deine feine Hose und das Hemd nicht?«
Er schüttelte kräftig den Kopf.

»Na gut, dann zieh Jeans an.« Anna gab ihm einen liebevollen Klaps auf den Po, dann ging sie in die Küche, um frischen Kaffee aufzugießen. Ilías saß mit dem Vater auf der Bank.

»Seid ihr vor uns Frauen geflüchtet?«

»Wir wollten vor den Kindern keinen Schnaps trinken.« Lámbros goss sich einen Rakí ein.

»Sicher?« Anna lächelte die beiden Männer an. »Die Zeit ist wie im Flug vergangen. Wann sind die Kinder so schnell groß geworden? Natalía geht schon in die dritte Klasse, und Lámbros wurde heute eingeschult. Zum Glück hat unser Kleinster noch zwei Jahre Schonzeit.« Lässig strich sie sich eine Strähne aus der Stirn.

»Daran merke ich, dass ich langsam alt werde«, entgegnete Lámbros.

»Aber ein rüstiger Alter. Ohne deine ständige Hilfe würden wir gar nicht zurechtkommen.«

Der Schwiegervater winkte ab: »Lass gut sein. Es macht mir mehr Freude, mit den Kindern zu spielen, als mit den Rentnern in der Taverne herumzuhocken und ständig dieselben alten Geschichten zu hören.« Er kramte seine Pfeife aus der Tasche, stopfte sie. Anna machte sich daran, Gebäck auf einem Teller auszulegen.

»Níkos aus Athen verkauft seinen alten Citroën Visa. Sag mal, Anna, was hältst du davon, wenn wir den Wagen nehmen?« Ilías nippte am Glas.

Anna drehte sich um: »Wir?«

»Du gibst in Sfáka Sprachunterricht und wärst nicht ständig auf den Bus angewiesen, wenn ich mit dem Pickup unterwegs bin.« Anna goss den Kaffee in die Kanne.

»Müssen wir jetzt darüber reden? Wir haben Gäste.«

»Ich bringe die Sachen rein und du setzt dich mal kurz

zu deinem Mann.« Schon nahm Lámbros ihr das Tablett aus der Hand und verschwand. Anna zog den Stuhl hervor. »Haben wir genügend Geld dafür? Die Raten für den Umbau sind zu begleichen.«
Hat er herausgefunden, dass ich heimlich spare? An das Geld möchte ich nicht gehen. Da stelle ich mich stur! »Níkos ist mit einer monatlichen Ratenzahlung einverstanden.« Er weiß nichts von meiner Kaffeedose. Anna atmete erleichtert auf.
»Das werdet ihr schaffen«, meinte Lámbros, als er wieder ins Zimmer trat, »und Níkos bringt den Wagen heute extra von Athen mit.« Anna sah Ilías erstaunt an.
»Heute?«
»Nun, ich wollte dich eigentlich überraschen.«
»Das ist dir gelungen.«
In dem Moment hupte es vor der Tür. Ilías sah aus dem Fenster. »Níkos ist da.« Er winkte.
»Ohne meine Zustimmung hast du ein Auto gekauft.«
»Nicht böse sein. Es ist für dich. Damit du öfter in die Stadt fahren kannst. Findest du das nicht gut?«
»Ich mach mir halt Sorgen wegen der Kosten, die auf uns zukommen. Versicherung, Steuer und Benzin – können wir uns das leisten?«
»Wenn nicht, dann verkaufen wir ihn wieder.« Ilías zog sie an der Hand mit sich.
»Und, gefällt er dir?«, fragte er. Anna begutachtete den Wagen von allen Seiten.
Nun ist der Citroën da, ich kann es nicht ändern. Aber, mein Lieber, ich mache es dir nicht einfach, dachte Anna und setzte eine undurchdringliche Miene auf.
»Ziemlich alt.« Zum Glück war der Athener Freund außer Hörweite und bekam ihre abwertenden Worte nicht mit. Und schon setzte sie nach: »Einhundert-

achtzigtausend Kilometer hat er auf dem Buckel und ist mal gerade zwanzig Jahre alt, aber wenigstens fällt er noch nicht auseinander.«
»Sei nicht so ironisch, freu dich lieber!«
»Und das Ganze zu einem Spottpreis von einer halben Million Drachmen«, sie tippte sich mit dem Finger an die Stirn, als würde sie angestrengt nachdenken, »das sind umgerechnet dreitausend Mark. Wenn wir Glück haben, steigt er im Wert. Mit anderen Worten, ein wahrer Oldtimer und eine gute Geldanlage.« Ihr fiel es schwer, ernst zu bleiben. Ilías kam auf sie zu und schlug ihr kameradschaftlich auf die Schulter.
»Dass du immer etwas zu meckern hast, anstatt dich zu freuen, dass wir einen fahrbaren Untersatz haben, der über die Stadtgrenze hinausgelenkt werden darf.«
»Viele Dorfbewohner werden vor Neid erblassen, wenn ich im Schneckentempo durchs Dorf sause. Ich glaube nicht, dass er mit seinen vierzig Pferdestärken mehr zu bieten hat«, neckte sie weiter.
»Du bist ziemlich überheblich.« Anna erkannte an seinem betrübten Blick, dass er jedes Wort ernst meinte. Schnell legte sie die Arme um seinen Hals und zog ihn an sich. »Ich habe nur Spaß gemacht. Ich wollte dich ein wenig für dein eigenmächtiges Handeln büßen lassen. Natürlich freue ich mich.«
»Und du hast nicht noch mehr auszusetzen?«
»Im Moment nicht. Schade, dass ich Thália den Wagen nicht vorführen kann.«
»Sie fehlt dir, hm?«
»Ziemlich. Auch wenn sie erst einen Monat in Athen ist. Ich habe sie gestern angerufen und sie sagte, sie wüsste nicht, wann sie zurückkommen würde.«
»Geht es den Großeltern so schlecht?«

»Ich weiß nicht. Irgendwie habe ich das Gefühl, sie wollte nicht darüber sprechen. Was hältst du von einer Spritztour mit den Kindern?«, wechselte sie flott das Thema.
»Ohne Versicherung geht das nicht. Ich gehe später zu Dimítris und schließe einen Vertrag ab. Dann können wir morgen losfahren. Einverstanden?« Er gab ihr einen Kuss auf die Nase.

Nach einem strengen Winter folgte ein mildes Frühjahr, und Anna freute sich auf die Feldarbeit, obwohl die vergangenen Monate die Glieder ermüdet hatten und die Kälte ihr in die Knochen gedrungen war. Der morgendliche Schmerz bereitete ihr Sorgen. Natalía und Lámbros waren in der Schule. Aléxandros spielte im Badezimmer. Gerade versuchte er, mit den Holzklötzen in der Wanne einen Staudamm zu errichten. Anna beobachtete ihn dabei, wie er das Bad unter Wasser setzte. Dann hörte sie den Schwiegervater die Stiegen emporkommen und riss sich von ihrem Schleusenbauer los.
»Warum gehst du so gebückt?«, fragte Lámbros.
»Mir tun die Knochen weh, ich werde langsam alt.« Sie stellte ihm einen Teller mit Spiegeleiern hin.
»Das ist die harte Arbeit auf dem Feld. Ich kann mich gut daran erinnern, Sofía klagte oft über Schmerzen in den Knien oder im Rücken. Nach den ersten Sonnenstrahlen hörten sie auf.« Sein Blick glitt hin zum Kamin. Dort stand, wie in seiner Wohnung, ein Bild der geliebten Frau.
»Sie fehlt mir«, meinte Anna.
»Und mir erst. Auch wenn mich die Nachbarin täglich anhimmelt.« Er sah auf und lächelte. Seine Zahn-

stummel kamen zum Vorschein. »Aber ich hab nun mal Sofía in mein Herz geschlossen. Nun ja ... ich wäre abends nicht immer allein.« Verlegen griff er zur Tasse und vergrub sein Gesicht darin. Anna setzte sich zu ihm. »Du fühlst dich allein? Obwohl du die ganze Zeit bei uns bist und dich um deine Enkel kümmerst?« Sie sah ihn erstaunt an.

Er räusperte sich.

»Nun, die Kinder sind morgens in der Schule und der Kleinste wird im nächsten Jahr eingeschult – und dann?« Er sah sie fragend an.

»Du bist fünfundsiebzig. Meinst du nicht, es wäre schön, auszuruhen und Zeit für sich zu haben?«

»Es ist mir jetzt schon langweilig. Und wenn ich dann abends vor dem Flimmerkasten sitze, schlafe ich sofort ein.« Anna überraschte die Offenheit, die er ihr gegenüber an den Tag legte.

»Und? Hast du dir etwas überlegt?« Anna schälte einen Apfel für ihn.

»Was würdest du davon halten, wenn ich den Marktstand übernehme? Du hast schließlich genug Arbeit im Garten. Und bei den Hausaufgaben kann ich den Kindern mit meinen sechs Schuljahren nicht helfen. Dann ist da noch dein Sprachenunterricht. Ist das nicht alles ein wenig zu viel für dich?«

»Du hast dich ständig davor gedrückt, das Gemüse zu verkaufen.«

»Ich könnte es gemeinsam mit Déspina machen«, platzte es aus ihm heraus. »Mit unserer Nachbarin?« Daher weht der Wind! Ilías' Vater liebäugelt mit der Nachbarin. Deshalb steht er dauernd vor der Haustür und klaubt die trocknen Blätter von der Hecke. Seit Längerem hatte Anna ihn dabei beobachtet und sich gefragt, warum er dabei ständig verstohlen aufs Nachbarhaus schielte. Nun war es ihr klar: Er hoffte, dass die rüstige Rentnerin ihn sehen würde und sich auf einen Plausch mit ihm einließe.

»Und wie hast du dir das vorgestellt?« Nur schwer konnte Anna ein schelmisches Grinsen unterdrücken und schob sich daher schnell ein Apfelstück in den Mund.

»Déspina fühlt sich zu jung, um gar nichts zu tun. Sie hat keine Familie. Oft hat sie davon gesprochen, wie schön sie es findet, dass ich von euch Kindern und Enkeln in Beschlag genommen werde. Damit sie mehr Abwechslung hat, wollte ich ihr den Vorschlag machen, gemeinsam auf die Märkte zu fahren.«

»Und somit zwei Fliegen mit einer Klappe schlagen. Du lernst sie näher kennen und sie hat eine Aufgabe.«

»Naja.« Verlegen strich er sich den Bart glatt.

»Ich denke, das ist eine gute Idee. Und mir würde es helfen. Ich weiß nicht, wann Thália aus Athen zurückkommt. Sonst hat sie mir stets mit den Kindern geholfen.«

Lächelnd hielt sie ihm die Hand entgegen. Prompt schlug Lámbros ein.

»Das hätte ich nicht von dir gedacht«, sagte er.

»Warum?«

»Weil die Deutschen eigentlich nicht ...« Plötzlich wurde er sich seiner Worte bewusst und hielt inne.

»Ich dachte, das Thema wäre vom Tisch!« Aufgebracht stürmte Anna aus dem Zimmer.

»Es tut mir leid!«, rief er ihr hinterher.

Es tut dir leid! Da öffnet er sich mir gegenüber, um gleich darauf alles wieder in den Dreck zu ziehen. Kann er die Vergangenheit nicht endlich ruhen lassen? Verdammt noch mal, es tut weh! Wütend trat sie mit dem Fuß gegen die Anrichte, um gleich darauf vor Schmerz aufzuschreien. Aléxandros kam angelaufen. Vor Schreck fing er an zu weinen. Anna saß auf dem Boden und rieb sich die schmerzende Stelle.

»Hol Opa, ich glaube, ich habe mir den Fuß gebrochen.« Sie versuchte, ihrem Sohn mit einem Lächeln die Angst zu nehmen, dass seiner Mama etwas Böses passiert sei. Aufgeregt kam der Schwiegervater angelaufen.

»Verzeih mir, Anna.«

»Opa, hast du Mama wehgetan?«, fragte Aléxandros mit großen Augen.

»Ja ... also nein ...«

»Nein, der Opa hat der Mama nicht wehgetan. Deine Mama hat sich am Schrank gestoßen.« Dann richtete sie das Wort an Lámbros. »Du musst mich zum Krankenhaus bringen.«

»Aber Ilías hat den Pick-up.«

»Nimm den Visa.« Dann sah sie auf die Uhr, die auf der Anrichte stand. »Die Kinder haben heute früher frei. Was machen wir jetzt?«

»Hast du etwas dagegen, wenn ich sie zu Déspina bringe?« Fürsorglich schob er ihr ein Kissen in den Rücken, damit sie sich an den Schrank lehnen konnte.

»Vielleicht kann sie die Kinder aus der Schule abholen. Glaubst du, sie schafft das?«, fragte sie besorgt. Er nickte. In ein Küchenhandtuch wickelte er Eisklümpchen und legte den Umschlag vorsichtig auf Annas Fuß. Danach verließ er hastig die Wohnung.

Hoffentlich fällt er nicht die Stufen runter, dachte Anna und ärgerte sich über ihre eigene Dummheit. Ich sollte doch langsam über Lámbros' Herkunftswahn stehen!

»Mama.« Der Jüngste hatte sich neben sie gesetzt und

kuschelte sich in ihren Arm. Sie spürte, dass er zitterte. »Du brauchst keine Angst zu haben, der Mama geht es gut.«
Kurze Zeit später kam Lámbros mit der Nachbarin zurück, die sich sofort um den Kleinen kümmerte und fragte, wann sie die Kinder aus der Schule abholen müsse. Nachdem alles geklärt war, stützte Anna sich auf den Schwiegervater und hinkte die Stufen hinunter.

Am späten Nachmittag kamen sie aus Sitía zurück. Lámbros hatte den Wagen gerade angehalten, als sein Sohn auch schon an der Beifahrertür stand und sie aufriss.
»Geht's dir gut?«
Anna nickte, dann sagte sie: »Unkraut vergeht nicht. Nur verstaucht. Ich hatte Glück im Unglück.«
»Wie ist das passiert? Aléxandros sagt, Vater hätte dir wehgetan.«
»Ich …«, setzte Lámbros an.
»Ich hab mir den Fuß an der Anrichte gestoßen«, sagte sie schnell, merkte jedoch, dass Ilías ihr nicht glaubte. Er warf seinem Vater einen kritischen Blick zu.
»Es ist alles in Ordnung«, sagte Anna und hoffte, dass ihr Mann damit Ruhe gäbe. Er half ihr in die Wohnung, während Lámbros den Wagen in den Verschlag fuhr.
»Das ist aber nett von dir, Déspina«, sagte Anna und zeigte auf den gedeckten Tisch.
»Die Kinder haben bereits gegessen. Ilías wollte auf euch warten.« Déspina trug die Speisen auf. Lámbros staunt ebenfalls nicht schlecht, stellte Anna fest, als er in die Küche kam. Sie beobachtete, dass er schnell ins Bad huschte und sich die Hände wusch. Als er zurückkam, kämmte er sich durchs Haar und strich sich das Hemd glatt, bevor er am Tisch Platz nahm.

Wie ein verliebter Jüngling! Anna merkte, dass sie sich trotz des Geschehens am Vormittag für ihn freute.

Von dem Tag an wurde Déspina fest in die Familie integriert. Gemeinsam mit Lámbros fuhr sie auf den Markt und sprang im Haushalt ein, wenn Anna unterrichtete. Mit der Zeit blühten die beiden Älteren förmlich auf, als wäre der zweite Frühling für sie ausgebrochen. Die Rentnerin brachte Lámbros' Wohnung auf Vordermann, nähte neue Gardinen und Tischdecken, stellte frische Blumen in die Zimmer.
Wegen der Verletzung traute Anna sich nicht, selbst Auto zu fahren, darum bot der Schwiegervater sich an, sie nach Sfáka zu bringen, damit der Unterricht nicht ausfiel. Er wartete in einer nahegelegenen Taverne auf sie. Anna spürte, dass er damit etwas gutmachen wollte. Doch sie traute dem Frieden nicht. Dachte sie darüber nach, überkam sie Traurigkeit. Lámbros' innere Einstellung hatte sich in den dreizehn Jahren, in denen sie zusammen lebten, nicht grundlegend gewandelt. Ich werde wohl nicht erleben, dass er sich dahingehend ändert. Langsam gab sie die Hoffnung auf.

53. Kapitel

Thália ging ziellos durch die Straßen des Athener Vorortes. Der ständige Lärmpegel der Stadt belastete sie. Schraubte sich in ihren Kopf, sodass es ihr schwerfiel, nicht die Hände auf die Ohren zu legen. Motorengeräusche donnerten bis in ihren Magen, der sich zusam-

menzog und ihr Krämpfe bescherte. Sie kam gerade an einer Metzgerei vorbei. Automatisch schaute sie in die Auslage. Im Schaufenster hingen Ziegen und Lämmer kopfüber an Haken. Eine kleine Blutlache hatte sich auf dem Boden gebildet. Sie würgte und hielt sich die Hand vor den Mund. Schnell schritt sie weiter und lehnte sich an einen Baum, der am Straßenrand stand. Ein Hund hob gerade das Bein. Sein Herrchen entschuldigte sich mit einem aufgesetzten Lächeln. Thália nickte leicht.
Das wäre mir so was von egal, wenn der Hund mich bepinkelt hätte, dachte sie. Alles wäre besser, als... Sie schluchzte laut auf und ließ sich am Baumstamm herab zu Boden sinken. Zu deutlich erinnerte sie sich an das Gespräch mit dem Arzt in der gynäkologischen Spezialklinik.

»Ich kann es kaum glauben. Meine Regel ist ausgeblieben. Ich bin seit wenigen Tagen über die Zeit und würde gerne heute bei Ihnen einen Schwangerschaftstest machen.« Thália sah den Arzt erwartungsvoll an.
»Das würde mich freuen, aus Ihrer Krankenakte ersehe ich, dass Sie seit Jahren einen Kinderwunsch hegen«, sagte der Gynäkologe und drückte auf die Lautsprechertaste. Eine weibliche Stimme erklang. »Bringen Sie Frau Papadáki in den Ultraschallraum, zuvor eine Urinprobe für einen Schwangerschaftstest.«
Kurz darauf öffnete sich die Tür und die Assistentin bat Thália, mitzukommen. Sie reichte ihr einen Becher und zeigte ihr den Weg zur Toilette.
»Wenn Sie danach bitte in den gegenüberliegenden Raum kommen, zum Ultraschall.«
Nachdem Thália der Schwester den nun gefüllten Testbecher zurückgegeben hatte, verschwand diese so-

fort hinter einer Tür mit der Aufschrift ›Labor‹. Thália drehte sich zur nächsten Tür. Sie ließ sich auf dem Stuhl vor dem Schreibtisch nieder. Nervös wartete sie auf das Ergebnis. Plötzlich trat der Arzt ein.
»Bitte legen Sie sich auf die Liege.« Nachdem der Gynäkologe das Gel auf ihrem Bauch verteilt hatte, wartete Thália angespannt auf seinen Kommentar. Je länger er schwieg, desto nervöser wurde sie. Sie drehte den Kopf nach rechts, um den Bildschirm auszumachen.
Sag endlich, dass ich schwanger bin! Als Spezialist sollte er das doch auf Anhieb erkennen. Die Untersuchung zog sich für sie unendlich in die Länge. Unaufhörlich drückte der Arzt auf irgendwelche Knöpfe, als würde er ein Grundstück ausmessen. Ab und zu rauschte die Maschine, warf dann ein Foto aus.
Darauf werde ich gleich zum ersten Mal mein Kind sehen. Thália schluckte die aufkommenden Freudentränen trocken herunter. Und was Emmanouíl dazu sagen wird! Seit vier Wochen bin ich in Athen. Merkwürdig, dass ich nicht sofort einen Untersuchungstermin bekommen habe. Doch eigentlich zum Glück! Zuvor hätte der Arzt nicht erkennen können, dass ich schwanger bin. Aber heute! Mach, ich will endlich Gewissheit haben, dachte sie, war aber zu ängstlich, den Arzt bei seiner Analyse zu unterbrechen. Was Anna dazu sagen wird. Sie weiß ja noch nicht einmal, dass ich mir so sehnlichst Kinder wünsche. Bis jetzt konnte ich mich damit herausreden, dass ich mich um meine Athener Großeltern zu kümmern habe. Und morgen kommt Emmanouíl übers Wochenende her. Ob ich es so lange aushalte, ihm die Neuigkeiten zu verheimlichen? Ich glaube nicht. Abrupt schreckte der Arzt sie aus ihren Gedanken auf, indem er ihr ein graues Papier reichte.

»Bitte wischen Sie sich damit das Gel ab und nehmen dann auf dem Stuhl Platz. Ich komme gleich wieder.«
»Bin ich schwanger?«
»Ich möchte erst auf die Auswertung des Urintests warten.« Thália nickte. Na, der versteht es, einen auf die Folter zu spannen. Egal, ich habe so viele Jahre auf diesen Moment gewartet, da kann ich auch noch ein paar Minuten länger aushalten. Auf dem Tisch stand ein Bilderrahmen. Thália drehte ihn zu sich um. Dort strahlten ihr fünf Gesichter entgegen. Der Arzt mit Frau und Kindern.
Bis jetzt habe ich solche Bilder nur mit Annas Kindern gesehen, sie schmücken meinen Kaminsims, doch bald ... Sie stellte den Rahmen wieder an seinen Platz. Ich kann es kaum erwarten!
Plötzlich ging die Tür auf und der Arzt kam herein. Er setzte sich auf den Lederstuhl, sah seine Patientin an und sagte: »Es tut mir leid, Frau Papadáki.« Es waren nur wenige Worte, aber sie bewirkten, dass Thálias Illusionen wie ein Ballon zerplatzten. Die nächsten Worte vernahm sie nur aus weiter Ferne. Das Letzte, was er sagte, war: »Das Ausbleiben Ihrer Regel kann eine psychische, aber auch eine organische Ursache haben. Um Gewissheit zu erhalten, schlage ich Ihnen eine Gebärmutterspiegelung vor. Damit können wir sichergehen, dass keine organische Ursache vorliegt. Sind Sie damit einverstanden?« Während der Arzt in einem Kalender blätterte, nickte Thália mechanisch.
Nicht schwanger! Nicht schwanger! Es bereitete ihr große Mühe, nicht einfach aus dem Zimmer zu rennen.
»In zwei Wochen hätte ich einen freien Termin für Sie.«
»Danke.« Der Arzt reichte ihr einen Notizzettel. Sie schleppte sich aus der Klinik.

»Kann ich Ihnen helfen?«, fragte ein älterer Mann, auf seinen Stock gestützt, und berührte Thália an der Schulter. Erschrocken sah sie auf und warf ihm einen leeren Blick zu.
»Entschuldigen Sie, ich wollte Sie nicht ... Ich habe Sie bereits mehrfach angesprochen, aber sie haben nicht reagiert. Brauchen Sie Hilfe?«
Thália schüttelte den Kopf und sah sich verwirrt um. Sie hockte auf dem Boden vor einem Baum. »Nein.« Danach raffte sie sich auf und ließ den Mann stehen, ohne sich weiter um ihn zu kümmern. Sie stolperte über eine lose Gehwegplatte, fand jedoch schnell ihr Gleichgewicht wieder.
In ihr brodelte es. Sie trat mit dem Fuß gegen das lose Stück Pflaster und hatte damit einen Grund, ihren Schmerz herauszuschreien. Sie sah sich um. Aus dem kleinen Supermarkt an der Ecke war gerade eine Frau herausgekommen, die sie irritiert ansah. Humpelnd setzte Thália ihren Weg fort. Doch wohin sollte sie gehen? Zu den Großeltern wollte sie nicht zurück, die würden sie sofort mit Fragen löchern. Es hatte sie bereits reichlich Kraft gekostet, ihnen zu erklären, warum sie überhaupt einen Spezialisten aufsuchen wollte. In ihrer Generation sei man damals schwanger geworden oder eben nicht, hatte die Oma geantwortet und damit das Thema beendet. Der Großvater hatte mit gesenktem Kopf zugehört und nicht einen Ton von sich gegeben. Thália vermutete, dass es ihm peinlich war, und legte es nicht auf ein erneutes Gespräch an.
Sie streifte weiter ziellos durch die Gassen und fand sich plötzlich vor einem Schulhof wieder. Pause, die Kinder spielten Fußball oder aßen ihr Brot. Thálias Hände krampften sich um den Gitterzaun, der das Ge-

lände umgab. Ungeachtet der Tränen, die ihre Wangen herunterrollten, beobachtete sie wie durch einen Schleier die fröhlichen Kinder und fragte sich wieder einmal: Warum?

»Entschuldigen Sie, darf ich fragen, wen Sie suchen?«, sprach sie ein Mann auf der anderen Seite des Zauns an. Thália zuckte zusammen. Wortlos drehte sie sich um und lief davon. Ich kann unmöglich den ganzen Tag heulend durch die Stadt rennen. Sie zog ein Taschentuch aus der Handtasche, wischte sich damit über die Augen. Schluss jetzt!

An der nächsten Ecke entdeckte sie ein Café und lenkte ihre Schritte dorthin. Sie bestellte einen griechischen Kaffee und schaute aus dem Fenster über die belebte Straße. Die Autos reihten sich aneinander, im Schneckentempo krochen sie voran. Zwischendurch heulten die Maschinen frisierter Motorräder auf, die sich an den Autos vorbeidrängten, als würde ihnen die Zeit fehlen, sich hinten einzureihen. Oft kamen sie den parkenden Fahrzeugen dabei gefährlich nahe.

Thália sah, dass ein Rollerfahrer den Spiegel eines Autos abknickte und einfach weiterfuhr. Fußgänger drängelten sich zwischen dem stockenden Verkehr über die Fahrbahn. Eine Mutter mit drei Kindern kam am Café vorbei. Zwei davon, offensichtlich Zwillinge, saßen in einem gemeinsamen Wagen, einen Jungen hielt die Mutter an der Hand und versuchte, auf dem schmalen Gehweg weiterzukommen. Thália hörte die Frau fluchen, da ein Fahrer gerade auf dem Bürgersteig parkte und sie daran hinderte.

Deine Sorgen will ich haben, dachte Thália und winkte dem Kellner. Dann nahm sie allen Mut zusammen und ging zurück zum Haus der Großeltern. Sie wollte Em-

manouíl anrufen, um ihm vom Gespräch mit dem Arzt zu berichten. Oder sollte sie sich gedulden, bis er am Wochenende kam?
Sie entschied sich fürs Warten, um sich selbst Zeit zu geben, mit der neuen Situation klarzukommen. Plötzlich fiel ihr ein, dass sie der Großmutter versprochen hatte, Orangen zu besorgen. Sie ging zurück zum Obstladen an der Ecke.
Zu Hause angekommen, setzte sie eine freundliche Miene auf. Sie war erstaunt, dass die Oma sie nicht fragte, wie der Termin beim Arzt gelaufen sei. Obwohl es Thália einen kurzen Stich versetzte, war sie froh darüber und dankte ihr im Stillen. In zwei Wochen wird die Gebärmutterspiegelung gemacht, danach wird der Arzt mir sagen, dass alles in Ordnung ist und mir zu einer Schwangerschaft verhelfen. Ganz sicher!, machte sie sich Mut und fing an, sich auf das Wochenende mit Emmanouíl zu freuen.

54. Kapitel

Endlich brachen die Sommerferien an! Drei Monate absolute Freiheit. Aber damit auch zwölf Wochen, in denen die Kinder beschäftigt werden wollten. Anna versprach Natalía, mit ihr und den Jungs in den Wasserpark zu fahren, aber sie solle das Geheimnis ihren Brüdern noch nicht verraten. Der Aqua Splash lag außerhalb von Chersónissos, sodass sie den gesamten Tag unterwegs sein würden.
»Morgen fahren wir zu den tollen Rutschen!«, flutsch-

te es ein paar Stunden später prompt aus der Tochter Mund. Schnell schlug sie die Hand davor, doch es war zu spät. Ihr Bruder Lámbros war aufmerksam geworden.
»Mama, stimmt das?«, fragte er sogleich.
»Ja.«
»Super!« Er verschwand blitzartig aus dem Zimmer, um die Neuigkeit auch dem dritten Geschwisterkind mitzuteilen.
»Tut mir leid, Mama«, flüsterte Natalía.
»Ist nicht schlimm, wir hätten es ihnen am Abend eh gesagt.« Sie strich der Tochter beruhigend übers Haar. »Bei den vielen Männern im Haus war es doch lustig, ein paar Stunden ein Geheimnis für uns Mädchen allein zu haben«, lächelte sie, und ihre Tochter sah stolz drein.

Der Großvater stiefelte in die Küche und ließ sich auf der Bank nieder. Mit dem Taschentuch trocknete er sich die Schweißperlen von der Stirn.
»Junge, Junge, ganz schön heiß geworden.«
»Aber Vater ...« Anna hielt inne.
Ich habe ihn niemals zuvor Vater genannt!
Sie sah verstohlen zu ihm hinüber und bemerkte seinen verdutzten Gesichtsausdruck. Sie räusperte sich.
»Du hast deine Hirtenstiefel und die Weste an. Ist doch klar, dass du ins Schwitzen kommst.« Aus dem Kühlschrank holte sie frisch zubereitete Zitronenlimonade, goss sie in ein Glas und reichte es dem Schwiegervater.
In einem Zug trank der die kühle Köstlichkeit aus.
Während er sich mit dem Handrücken den Mund abwischte, meinte er: »Kannst mich ruhig ›Vater‹ rufen.«
Ist er mir in all den Jahren näher gekommen als mein leiblicher Vater? Auch wenn er ständig rumknurrt und

mir meine Abstammung vorwirft? Sie lächelte still vor sich hin.

»Was amüsiert dich denn beim Kartoffelschälen?« Lámbros war neben sie getreten. Er öffnete die Kochtöpfe. Tief sog er den Duft ein. »Ich hab jetzt schon Hunger. Geflügel in Tomatensoße. Hast du genügend Knoblauch ans Huhn getan?« Er griff nach einem Löffel und tauchte ihn in die Soße.

»Sag mal, was ist denn in dich gefahren?«, neckte Anna.

»Wieso?« Er blies, dann probierte er. Genussvoll leckte er sich die Lippen. »Ein wenig mehr Salz, dann stimmt's.«

»Wann bist du denn Kochprofi geworden? Hat Déspina etwas damit zu tun?« Anna wusch die Kartoffeln ab.

»Wie kommst du denn darauf?« Abrupt drehte er sich um und setzte sich wieder hin. Während Anna die Erdäpfel in dünne Scheiben schnitt, beobachtete sie Lámbros aus dem Augenwinkel. Er zog sich die Weste aus, legte sie auf die Bank und strich sich den Bart glatt. Verlegen! Wenn er sich ertappt fühlt, fummelt er immer an seinem Bart herum.

»Wirst du Déspina heiraten?« Lámbros verschluckte sich, räusperte sich geräuschvoll.

»Was?«

»Nun, das geht jetzt schon eine ganze Weile mit euch. Wäre es nicht angebracht, in einem Haushalt zu leben?«

»Es sind eineinhalb Jahre.«

»Und? Willst du noch länger in wilder Ehe hausen?«

»Sei du mal ganz ruhig«, unterbrach er sie, »wer war denn unverheiratet schwanger?« Er hob die Augenbrauen.

»Du wolltest ja nicht, dass wir heiraten.«

»In einem Trauerjahr werden keine Feste gefeiert.«

»Ach, Lámbros, es bringt nichts, über die Vergangenheit zu diskutieren. Du weichst damit nur vom Thema ab. Hast du vor, Déspina zu ehelichen oder nicht?« Sie sah ihm in die Augen. In dem Moment stürmte Lámbros herein.
»Opa!«, rief er, »Morgen fahren wir zu diesem tollen Rutschendings!«
»Wohin?« Der Großvater zog ihn in die Arme. An seiner Reaktion erkannte Anna, wie erleichtert er über die Unterbrechung war.
»Zum Aqua Splash«, gab sie zur Antwort.
»Da müsst ihr ziemlich weit fahren.«
»Wir werden den ganzen Tag unterwegs sein. Ilías und du, ihr könnt Déspina bitten, für euch zu kochen.« Anna lächelte schelmisch und gab ihm damit zu verstehen, dass das Thema für sie nicht vom Tisch war.
»Mach du dir mal um uns keine Gedanken«, antwortete Lámbros mürrisch, und Anna wusste, dass sich seine Worte nicht aufs Essen bezogen. Sie stellte eine Pfanne mit Öl auf die Flamme und ließ es heiß werden, um danach die Kartoffeln zu frittieren. Im Hintergrund hörte sie, wie der kleine Lámbros sich begeistert mit dem großen über Rennautos unterhielt.

»Viel Spaß heute!«, flüsterte Ilías, der sich im Morgengrauen auf den Weg zur Schafherde machte.
»Muss ich schon aufstehen?«, fragte Anna, ohne die Lider zu öffnen.
»Kannst liegen bleiben.« Er strich ihr sanft übers Haar. Kurz darauf hörte Anna, wie sich leise die Tür schloss. Sie kuschelte sich in die Kissen und schlief sofort wieder ein. Plötzlich wurde sie durch lautes Geschrei aufgeschreckt.

»Mama! Steh auf!« Natalía rüttelte sie. Anna blinzelte und sah die Kinder fertig angezogen vor dem Bett stehen. Sie stützte sich auf die Ellbogen.
»Na, ihr drei. Ich wünschte, ihr würdet es während der Schulzeit so schnell aus dem Bett schaffen.« Gleichzeitig zerrten die Kinder an Annas Armen.
»Los, Mama!«
Für den Ausflug packte sie die am Vortag zubereiteten Speisen – einen griechischen Kartoffelsalat, Hackfleischbällchen, Melone und Wasser – in den Weidenkorb. Aus dem Schrank zog sie Handtücher und Decken, die Natalía und Lámbros ohne Diskussion zum Auto trugen. Als Anna vor die Tür trat, fand sie den Schwiegervater vertieft in ein Gespräch mit seiner Angebeteten. Sie passen gut zusammen, dachte sie und verstaute die restlichen Sachen im Kofferraum.
»Fahr vorsichtig! Denk dran, es sind viele Touristen unterwegs, die kennen sich hier mit den Straßen nicht aus«, rief Lámbros und winkte ihnen hinterher.
»Mach ich!« Kurz drückte Anna auf die Hupe. Die Kinder brachen prompt in ausgelassenes Kreischen aus. Die ganze Fahrt über malten sich ihre Abkömmlinge aus, wer als Erster von der Rutsche schlittern durfte, und überlegten sich Wasserstreiche.

Nach zwei Stunden Fahrt erreichten sie den Park. Aufgeregt sprangen die Kinder aus dem Auto und hüpften dem Eingang entgegen.
»Wartet«, rief Anna. »Ihr könnt die Decken und Handtücher tragen.«
»Och, Mama!«, maulte Natalía, und die Brüder schlossen sich ihr an. Mit hängendem Kopf und lustlos baumelnden Armen kamen sie langsam zurück.

»Ich kann nicht alles allein schleppen.« Anna gab jedem ein Teil in die Hand. Sie schulterte den Proviantkorb.
Kaum hatte Anna den Eintritt bezahlt, stürmten die Kinder auf die Wiese und suchten sich einen Platz nahe den Rutschen unter einer Palme, die ausreichend Schatten spendete. Sie warfen die Decken achtlos auf die Erde, rissen sich förmlich die Kleider vom Leib und waren im Begriff, den Wasserspaß zu beginnen.
»Nicht so hastig!« Anna winkte sie zurück. Die Tochter stampfte mit dem Fuß auf und verschränkte die Arme vor der Brust.
»Immer hältst du uns auf!«
»Erst mal einreiben.« Die Tochter sprang nervös von einem Bein aufs andere. Lámbros fischte in der Tasche nach der Sonnencreme, indem er den gesamten Inhalt einfach ausleerte.
»Geht das auch etwas manierlicher?«, mahnte Anna. Im Inneren freute sie sich, dass die Kinder Spaß an ihrem Ausflug hatten und kaum zu bändigen waren.
»Mach, Mama, die sind schon auf der Rutsche!« Aléxandros verzog das Gesicht, als Anna ihn eincremte.
»Fertig.« Sie gab ihm einen Klaps auf den Po. »Ab mit dir. Und schön aufpassen!«
Während ihr Jüngster davonstürmte, zog Anna ihr Wickelkleid aus, sortierte die Sachen der Kinder in die Tasche und legte die Decken ordentlich hin. Nachdem sie sich selbst ausgiebig eingecremt hatte, machte sie es sich gemütlich. Kein Wölkchen trübte den strahlendblauen Himmel.
»Ist das schön, mal in Ruhe die Sonne zu genießen.«
»Völlig Recht haben Sie«, hörte sie jemanden sagen. Anna erschrak; sie war sich nicht bewusst gewesen, ihre Gedanken laut ausgesprochen zu haben. Sie blin-

zelte und erkannte neben sich eine Frau. Anna schätzte sie in ihrem Alter; sie setzte sich auf und grüßte.
»Meine Jungs sind auf und davon«, sagte die Frau, »ich heiße Zenovía.«
»Anna, sehr erfreut.«
»Möchten Sie einen Frappé? Eiskaffee ist bei den Temperaturen gerade richtig.« Die junge Frau band sich ein buntes Tuch um die weiblich runden Hüften.
»Gerne.« Anna erhob sich und folgte ihr zur kleinen Taverne. Sie stellten sich in der Warteschlange an.
»Ich glaube, es ist besser, wenn wir den Kaffee mitnehmen, damit wir unsere Kinder im Auge behalten können«, meinte Anna und zahlte. Ruckzuck freundeten sich die Kinder untereinander an. Es stellte sich heraus, dass Zenovía mit ihrer Familie aus Mirsíni stammte. Das Dorf lag fünf Minuten Autofahrt von Tourlotí entfernt.
»Mama, ich hab Hunger«, erklärte Natalía und plumpste klatschnass auf die Decke. Schnell reichte Anna ihr ein Handtuch.
»Trockne dich ab, sonst machst du alles feucht.«
»Dafür bin ich zu hungrig.« Anna beugte sich über sie und rieb sie trocken. »Dreh dich um.« Die Tochter gehorchte und Anna rubbelte ihr über den Rücken. Laut kreischend kamen ihre Brüder mit Zenovías Jungen angerannt.
»Halt.« Anna hob gebieterisch die Hand. Abrupt blieben die beiden stehen. »Erst abtrocknen.« Lámbros warf sich das Handtuch locker um die Schulter und war in Sekundenschnelle fertig. Aléxandros ließ sich von der Mutter helfen.
»Können wir uns Pommes holen?«, fragte Lámbros und kramte in der Tasche nach der Geldbörse.

»Und was ist mit den Sachen, die ich mitgebracht habe?« Anna sah ihre Kinder an. Die Tochter zog eine ihrer berühmten Schnuten.
»Áris und Giórgios dürfen Pommes essen und wir nicht!«
»Kommt ihr mit?« Zenovía war zu ihnen herübergekommen.
»Ich habe Kartoffelsalat, Hackfleischbällchen und Wassermelone mitgebracht. Zum Wegwerfen ist es mir zu schade.«
»Mama, ich will patátes.« Lámbros zog an ihrem Arm.
»Ich hab eine Idee«, sagte Zenovía, »du nimmst die Sachen mit. Die Kinder bekommen ihre patátes und essen dazu Hackbällchen. Und ich mach mich mit dir über den Kartoffelsalat her. Einverstanden?« Fünf Kinderaugenpaare sahen sich gegenseitig an, als würde eine geheime Verschwörung vor sich gehen.
»Ja, Mama?«, fragte Natalía.
»Na dann los!« Ein Freudengebrüll erscholl, und die Sprösslinge rannten los zur Taverne. Als die Mütter die Kleinen einholten, hatten diese bereits einen Platz gefunden. Ungeduldig klopften sie mit den Zeigefingern auf den Tisch und fanden schnell einen gemeinsamen Rhythmus. Der Kellner kam, um die Bestellung aufzunehmen. Er zückte den Block. Wild durcheinanderrufend, gaben die Kinder ihre Wünsche ab. Anna fasste am Ende alles zusammen und erhielt dafür einen dankbaren Blick von der Bedienung. Als der junge Mann gegangen war, packte Anna den Kartoffelsalat und die Hackbällchen auf den Tisch. Hastig griffen die Kinder zu, ohne auf die gebratenen Kartoffeln zu warten.
»Und danach geht's wieder auf die Rutsche. Dieses Mal werde ich auf dem Bauch hinunterrutschen«, er-

klärte Natalía mit vollen Backen und streckte die Arme einem Vogel gleich aus.
»Danach wird erst einmal ausgeruht. Mit vollem Magen geht man nicht ins Wasser.«
»Mama!«, schallte es aus drei Mündern gleichzeitig.
»Da hat eure Mutter Recht. Wir haben Spiele dabei«, zwinkerte Zenovía.
»Aber Mama, Schiffe versenken kann man nur zu zweit spielen, und Backgammon auch«, meinte Giórgios.
»Haben wir Karten mit, Mama?«, fragte Lámbros. Anna nickte. »Super. Dann können wir zu fünft spielen.«
»Ich lese lieber in meinem Pferdebuch.« Natalía trank von der Limonade.
Im Nu waren die Fritten verschlungen, die Gläser geleert, und Anna schnitt die Wassermelone auf.
Nach der Ruhepause tummelten sich die Kinder wieder im Wasser. Gerade hatten es sich Anna und Zenovía gemütlich gemacht, als sie einen gellenden Schrei hörten. Beide schossen hoch. Aléxandros kam an der Hand von Giórgios auf sie zugehumpelt. Anna lief ihnen entgegen. »Was ist passiert?« Sie bückte sich zu ihm hinunter und sah sich seinen Fuß an. Er weinte und drückte sich an sie.
»Hat dich etwas gestochen?« Anna hob ihn auf den Arm.
»Eine Wespe.« Aléxandros zog die Nase hoch. Nun kamen die anderen Kinder angelaufen. Anna trug ihren Sohn zur Decke und wickelte ihn ins Badetuch. Dann holte sie aus der Kühltasche Wasser und goss es über seinen Fuß, an dem sich bereits eine rote Schwellung zeigte.
»Natalía, lauf in die Taverne und hol Essig.« Sofort spurtete die Tochter los und kam kurz darauf mit einer Flasche zurück. Anna hatte unterdessen Aléxandros'

Fuß abgetrocknet. »Es wird ein wenig brennen, doch danach geht's dir gleich besser.« Sie sah ihm in die vom Weinen geröteten Augen.
»Au!« Aléxandros schluchzte bemitleidenswert auf.
»Lámbros, reich mir bitte einen Kühlakku aus der Tasche.« Eilig kam ihr Sohn der Aufforderung nach. Anna legte den Eisblock auf die Stichstelle und wickelte ein Handtuch darum. »Ist schon besser, hm?« Aléxandros schluckte, dann nickte er. »Später wird das ganz doll jucken. Ich hab zu Hause eine Salbe dafür.« Sie strich ihm übers Haar. Nach einer halben Stunde tobten die Kinder wieder im Wasser, jegliche Aufregung und der Schmerz waren vergessen.

Die Dämmerung brach an und die Mütter riefen zum Aufbruch.
»Warum müssen wir jetzt schon fahren?«, nörgelte Natalía, die sich nur widerwillig anzog.
»Es wird langsam dunkel.«
Bis zum Parkplatz protestierten die Kinder, dann fingen sie an, Fangen zu spielen. Anna und Zenovía tauschten ihre Telefonnummern aus und versprachen, sich gegenseitig zu besuchen. Mit Mühe schafften es die Mütter, ihre Kinder zu bändigen. Nach mehrfachen Fehlversuchen saßen sie endlich im Auto. Anna drehte den Schlüssel im Schloss. Der Motor gab ein röchelndes Geräusch von sich. Ein weiteres Mal versuchte sie es und zog den Choke. Doch auch das brachte nicht den gewünschten Erfolg.
»Mach, Mama, die anderen warten an der Ausfahrt auf uns«, drängelte Lámbros.
»Tut mir leid, wir können nicht los.« Da klopfte Zenovía an die Scheibe.

»Was ist?« Anna zuckte mit den Schultern.
»Ich weiß nicht, er springt nicht an.«
»Hast du genug Benzin?«
»Ich habe auf der Hinfahrt vollgetankt.« Sie drehte wieder am Schlüssel und trat die Kupplung durch.
»Mist!«, schrie sie, während sie frustriert aufs Lenkrad schlug.
»Vielleicht ist die Batterie leer«, meinte Zenovía, »hast du ein Starthilfekabel?«
Anna schüttelte den Kopf.
»Ich könnte dich abschleppen.«
»Das ist ganz schön weit«, gab Anna zu bedenken. »Hast du das schon mal gemacht?«
»Nicht selbst, aber ich hab mal mit im Auto gesessen, als mein Mann einen Kollegen abgeschleppt hat. Seitdem haben wir immer ein Seil dabei.« Zenovía holte es aus dem Kofferraum.
»Traust du dir das zu?« Anna war sich nicht sicher, ob sie selbst dazu fähig war.
»Was kann schon passieren?« Zenovía brachte ihr Auto in Position. Dann verband sie die Fahrzeuge mit dem Abschleppseil. Das sieht richtig professionell aus, dachte Anna und spürte, dass ihr das Sicherheit gab.
»Anna, ich denke, es ist besser, wenn die Kinder bei mir mitfahren, damit du dich konzentrieren kannst und nicht von ihrem Geplapper abgelenkt wirst.« Zenovía rieb sich die staubig gewordenen Hände am Badetuch ab. Anna sah auf die Uhr. Es war spät geworden, Ilías würde bereits beunruhigt sein, und vor ihnen lagen zwei Stunden Fahrt.
Habe ich nicht am Morgen irgendwo ein Telefon gesehen? Sie blickte zum Eingang und sah, dass dort eines an der Wand hing.

»Ich rufe schnell zu Hause an. Vielleicht solltest du deinem Mann Bescheid sagen.«

»Dímos ist fischen, er kommt erst im Morgengrauen nach Hause.« Schon lief Anna zum Telefon, kam jedoch bereits kurz darauf zurück. »Es hat sich weder bei uns noch bei meinem Schwiegervater jemand gemeldet. Vielleicht sind sie in die Taverne gegangen. Die Nummer kenne ich nicht auswendig.«

In der Zwischenzeit hatte Zenovía die Kinder in ihren Wagen umsteigen lassen.

»Dann mal los.« Vorsichtig zog Zenovía an, bis sich das Seil straffte. Kurz darauf setzte sich der Citroën in Bewegung.

Hoffentlich geht das gut! Anna betete im Stillen.

Die ersten Kilometer waren einfach zu bewältigen. Ihre Kinder winkten ihr durch die Heckscheibe zu. Sobald sie auf die Hauptstraße Richtung Ágios Nikólaos abbogen, setzte starker Verkehr ein. Sooft es möglich war, fuhren sie auf dem Standstreifen, um den Eiligen Platz zu machen. Angespannt saß Anna hinter dem Lenkrad und achtete darauf, dass sie nicht zu nah auf Zenovías Stoßstange auffuhr. Die anderen Autos flogen an ihnen vorbei.

»Die fahren doch bei Weitem schneller als die erlaubten neunzig!« Anna biss sich nervös auf die Unterlippe. Ein schwarzer Mercedes überholte sie.

»Pass doch auf, du Idiot! Kannst du nicht mehr Abstand halten? Du streifst ja bald meinen Kotflügel!« Sie zeigte ihm den Vogel. »Wenn das so weitergeht, landen wir im Graben. Sehen die denn nicht, dass wir die Warnblinkanlage anhaben? Ständig dieses Aufleuchten und Hupen!« Anna versuchte, sich durch tiefes Ein- und Ausatmen zu beruhigen. Fast jede Minute schaute sie auf den Kilometerstand und rechnete, wie weit es noch bis nach Hause war.

Oh je! Im Scheinwerferlicht machte Anna die Umrisse von Ilías und dem Schwiegervater aus. Sie saßen auf der Bank im Vorgarten. Sie atmete tief durch. Da kann ich mich auf etwas gefasst machen! Im letzten Augenblick bemerkte sie, dass Zenovía den Wagen angehalten hatte. Abrupt stieg sie auf die Bremse. Unmittelbar vor Zenovías Stoßstange kam sie zum Stehen.
Das ist noch mal gut gegangen. Sie zog die Handbremse an. Mit zittrigen Fingern und sich ihrer Erschöpfung bewusst, öffnete sie die Autotür. Die Kinder rannten schon auf Vater und Opa zu.
»Das war super!«, hörte sie Lámbros rufen. Aufgeregt durcheinanderplappernd, erzählten die Kinder vom erlebnisreichen Tag. Langsamen Schrittes und die Augen auf den Schwiegervater gerichtet, ging Anna auf die kleine Gesellschaft zu. Bin ich blöd? Wieso habe ich eine solche Angst vor Lámbros' Reaktion? Weil du es aus der Vergangenheit nicht anders kennst, gab sie sich selbst zur Antwort, doch das beruhigte sie nicht im Geringsten. Zenovía rief unterdessen ihre beiden Kinder, die mit Annas Kindern Fangen spielten, und verabschiedete sich.
»Willst du nicht mit hochkommen und etwas trinken?«, fragte Anna.
»Ein anderes Mal.«
»Danke für deine Hilfe.« Anna schaute dem Auto nach, bis es um die Ecke bog. Dann drehte sie sich zu Ilías um. »Für die Kinder war es das reinste Abenteuer. Schau, sie sind total aus dem Häuschen.« Lámbros und Ilías schoben das Auto an die Straßenseite.

»Ich schau morgen mal nach der Batterie.« Ihr Mann legte den Arm um sie. »Du zitterst ja.« Er schob sie ein Stück von sich und sah sie besorgt an. Langsam stiegen sie die Stufen hoch. Unter Freudengeschrei stürmten die Kinder vor ihnen ins Haus, geradewegs in ihre Zimmer, deren Türen krachend ins Schloss fielen. Ausgelassenes Gelächter und Wortfetzen über den Tag im Park schallten heraus.

»Komm, Kind.« Lámbros winkte Anna zu sich. »Setz dich hin. Das war bestimmt anstrengend, die ganze Strecke lang darauf zu achten, dass alles gut geht.« Er schob sie auf die Bank, dann schenkte er Rakí ein. »Hier, trink, der wird deinen Nerven gut tun.«

Ungläubig schaute Anna ihm nach, als er den Raum verließ und zu den Kindern ging.

»Was ist los, Anna? Du hast kein einziges Wort gesagt, seitdem du zuhause bist. Hast du dir wehgetan?« Ilías ließ sich ihr gegenüber auf dem Stuhl nieder. Anna schüttelte den Kopf. »Ist es der Schock?«

»Es ist dein Vater.«

»Was hat er denn gemacht?«

»Nichts.«

»Nun lass dir nicht jedes Wort aus der Nase ziehen.«

»Ich hatte solche Angst, er würde mir Vorwürfe machen. Als ich euch auf der Straße stehen sah, da ist es mir eiskalt über den Rücken gelaufen. Ich dachte, er würde wieder von Scheidung anfangen. Dabei konnte ich überhaupt nichts dafür, dass der Motor nicht ansprang. Ehrlich nicht, er sprang einfach nicht mehr an.« Sie stützte die Arme auf den Tisch und legte erschöpft den Kopf hinein.

»Nun beruhige dich. Vater kam von Déspina, sie hatten zusammen zu Abend gegessen und sich gewundert, dass ihr noch nicht zurück wart. Wir haben uns Sorgen gemacht. Er hat mit mir vor der Haustür gewartet. Nicht ein einziges böses Wort fiel über dich. Also, du kannst ganz beruhigt sein. Eine Autopanne kann halt mal passieren.«

»Aber sonst war er immer ekelig zu mir, wenn ich etwas gemacht habe, was ihm nicht passte.«

»Redet ihr von mir?« Lámbros war in die Küche gekommen. Anna sah erschrocken auf.

»Setz dich, Vater. Magst du einen Rakí?« Ilías griff nach der Karaffe.

»Anna, ich bin froh, dass ihr alle heil zurückgekommen seid. Warum sollte ich dir Vorwürfe machen?« Er nippte am Schnaps.

»Weil du sonst ...«

»Jamas, Anna, auf die Gesundheit. Und vergiss die Vergangenheit.« Auffordernd hielt er ihr sein Glas zum Anstoßen entgegen.

55. Kapitel

Um in der Nähe seiner Frau zu sein, hatte Emmanouíl sich vorübergehend zu einem Postamt nach Athen versetzen lassen. Sie hatten eine möblierte Zwei-Zimmer-Wohnung in der Gegend der Großeltern gemietet. Seit sechs Tagen ging Thália nicht mehr vor die Tür. Schien die Sonne in den Raum und ließ die Staubkörnchen tanzen, zog sie die Gardinen vor, um das Gefühl zu haben, sich gänzlich von der Umwelt zurückgezogen zu haben.

Die Enttäuschung saß tief, nachdem der letzte Schwangerschaftstest wieder negativ ausgefallen war. Die Hoffnung auf ein Kind verließ sie mehr und mehr. Dabei hatte sie alles getan, was nötig gewesen war.

Vor einigen Wochen, nach der vaginalen Sonografie, kam der Arzt mit einem ernsten Gesichtsausdruck ins Behandlungszimmer zurück, um Thália den Befund mitzuteilen. Bei seinem Anblick krampfte sich ihr Magen zusammen. Intuitiv legte sie die Hand darüber und rieb die Stelle sanft. Sie blieb jedoch ruhig und versuchte, in den Augen ihres Gegenübers Zuversicht zu erkennen.
Sobald er sich gesetzt hatte, sprach der Doktor: »Ihr Gebärmutterkanal ist durch Narben verschlossen. Das kann zum Ausbleiben der Regel führen und eine gewünschte Schwangerschaft verhindern.« Er legte Thália Bildaufnahmen vor und versuchte, sie ihr mit einfachen Worten zu erklären: »Hier sehen Sie die Verwachsungen.« Thália erkannte nichts. Tränen verschleierten ihr die Sicht. Sie ließ den Arzt reden.
Erst als er am Ende seiner Erläuterungen angekommen war und sich entspannt zurücklehnte, sah sie auf, wischte sich schnell über die feuchten Wangen und fragte: »Kann man etwas dagegen tun?« Sie kniff sich ins Bein, um nicht wieder anzufangen zu weinen.
»Wir können froh sein, dass sich Ihre Regel wieder eingestellt hat. Das ist gut, somit läuft der Zyklus trotz Verwachsungen normal. Aus meiner persönlichen Sicht wäre es besser, wenn Sie nicht schwanger würden, weil es zu einer Risikoschwangerschaft kommen könnte. Doch ich wäre kein Spezialist geworden, wenn ich nicht den Wunsch meiner Patientinnen nach ei-

nem Kind verstehen würde und dabei helfen will, ihn zu erfüllen. In Ihrem Fall wäre es möglich, dass wir die Verwachsungen operativ entfernen. Dieser Eingriff ist nicht ohne Risiko und bietet keine Sicherheit auf eine spätere Schwangerschaft. Nach der OP würde ich zur Unterstützung, damit ein erneutes Wachstum verringert wird, für einige Monate ein hoch dosiertes Östrogen verschreiben.«

»Und dann kann ich schwanger werden?«

»Ich sagte schon, dafür kann ich Ihnen keine Garantie geben. Durch den Eingriff kann ich sehen, wie stark die Verwachsungen vorangeschritten sind, kann versuchen, sie, wenn möglich, zu entfernen. Und dann ist monatelanges Warten angesagt, ob die Operation erfolgreich war.« Er faltete die Hände vorm Bauch. »Besprechen Sie es mit Ihrem Mann und überlegen Sie, ob Sie sich diesem Eingriff unterziehen möchten. Ich mache Sie nochmals darauf aufmerksam: Auch nach erfolgreicher Therapie ist eine erschwerte Schwangerschaft nicht auszuschließen.« Thália nickte. »Haben Sie noch Fragen?«

»Wodurch können solche Verwachsungen entstehen?«

»Um es einfach zu erklären: Wenn bei Ausschabungen zu stark gekratzt wird.« Thália hatte das Gefühl, als würde sich ein Metallring um ihr Herz legen und es zusammendrücken. Sie hielt den Atem an. Zum Glück war der Arzt in ihre Akte vertieft und blätterte darin. »Bei Ihnen kann ich es nicht genau sagen, weil aus Ihren Unterlagen kein Eingriff dieser Art hervorgeht.« Erst dann sah er wieder auf. Thália versuchte, sich zu sammeln. In ihrem Kopf wirbelten die Gedanken umher.

Soll ich ihm von meinen Abtreibungen … Ich habe bis jetzt geschwiegen! Er würde es Emmanouíl sagen,

meine Ehe dadurch zerbrechen – und damit wäre es endgültig aus, Mutter zu werden! Nein! Das darf auf gar keinen Fall passieren. Ich muss dieses Geheimnis weiterhin hüten, vielleicht wird es ja durch die Behandlung zu einer Schwangerschaft kommen.
»Bin ich krank?«, fragte sie stattdessen.
»Wir haben einige Tests durchgeführt und haben nichts gefunden. Möchten Sie sonst noch etwas wissen?«
»Nein.«
Darauf erhob sich der Arzt und reichte ihr zum Abschied die Hand: »Sie geben mir bitte Bescheid, ob Sie sich für einen Eingriff entscheiden. Ich wünsche Ihnen einen guten Tag.« Dann war er auch schon aus dem Zimmer, und Thália ließ sich erst einmal im Stuhl zurückfallen. Wischte sich den Schweiß von der Stirn. Die Assistentin kam herein, um den Raum für die nächste Patientin vorzubereiten. Thália stand auf, grüßte und verließ die Klinik. Draußen setzte sie sich auf eine Holzbank nahe dem Eingang. Sie wartete auf Emmanouíl, der sie nach der Arbeit abholen wollte. Wie sage ich es meinem Mann?, dachte sie und fürchtete, sich in ein Lügennetz zu verstricken.

Nach einem intensiven Gespräch entschieden die Eheleute sich für die Operation, die nach weiteren fünf Wochen erfolgte und gut verlief. Anschließend fand die Behandlung mit dem Östrogen statt. Emmanouíl wurde von Tag zu Tag nervöser, er wünschte sich zurück ins Dorf und nahm nur seiner Frau zuliebe den Lärm und Gestank der Großstadt in Kauf. Auch die Arbeitsbedingungen machten ihm zu schaffen. Er musste unter einem Chef arbeiten, der sich anscheinend vorgenommen hatte, ihm täglich das Leben zur Hölle zu machen.

Schnell ging fast ein Jahr ins Land, die Therapie schlug nicht an und Thália saß ein weiteres Mal für eine vaginale Sonografie im Wartezimmer. Emmanouíl hielt ihre Hand. Er hatte ihr zuvor klargemacht, dass er bald wieder nach Tourlotí ziehen würde; um seine Versetzung hatte er bereits gebeten.

»Aber du kannst mich doch nicht alleine in Athen lassen!« Thália verstärkte den Druck auf seine Hand.

»Vermisst du denn kein bisschen unser Zuhause, Anna und ihre Familie?«, fragte er mit besorgtem Blick.

»Doch, aber ein Kind mit dir ist mir wichtiger als alles andere.« Die Assistentin rief ihren Namen auf. Thália gab ihrem Mann einen Kuss und folgte der Schwester ins Behandlungszimmer.

Aus und vorbei!

Sie vergrub sich tiefer unter der Bettdecke. Sie war wieder bei den Großeltern eingezogen, nachdem Emmanouíl zwei Tage nach einer erneuten Gebärmutterspiegelung in sein Heimatdorf abgereist war. Den Befund hatte sie vor wenigen Stunden erhalten: Niemals eigene Kinder!

Es klopfte.

»Das Abendessen ist fertig«, hörte sie den Großvater sagen. Langsam öffnete sich die Tür.

»Ich bin zu müde.«

»Aber du hast seit heute Morgen nichts mehr zu dir genommen, du musst doch Hunger haben«, sagte er, und Thália sah seinen besorgten Blick. Sie richtete sich auf, steckte sich ein Kissen in den Rücken.

»Ich fühle mich nicht ganz wohl.«

»Chrissoúla kann dir einen Tee zubereiten, vielleicht hilft er dir.« Leftéris drehte sich um und rief seiner

Frau zu, sie möge bitte Wasser aufsetzen. Dann ließ er sich auf dem Bettrand nieder. »Was bedrückt dich?«
Mein Gewissen!
»Der Arzt gibt mir nicht viel Hoffnung auf ein eigenes Kind.« Sie schniefte. Der Großvater umfasste mit seiner altersfleckigen Hand die ihre.
»Es wird eine Lösung geben, du musst Geduld haben.«
»Ich warte schon so lange.«
»Du bist stark und wirst auch weiterhin durchhalten. Wann sollst du wieder in die Klinik?«
»Wenn mein Mann und ich uns zu einem weiteren operativen Eingriff entschieden haben.«
»Werdet ihr das denn?« Sie zuckte mit den Schultern. »Ich muss Emmanouíl erst einmal von dem heutigen Gespräch berichten. Er war vorhin zu beschäftigt in der Post.« Chrissoúla kam mit einer Tasse Tee herein. Ihre Hand zitterte, als sie der Enkelin das Getränk reichte. Dann setzte auch sie sich hin, und zu dritt sprachen sie in Ruhe über den nächsten Schritt. Die Großeltern versuchten trotz ihrer altmodischen Einstellung, zu helfen. Ihre Stimmen beruhigten Thália, sodass sie schließlich aufstand und mit ihnen gemeinsam zu Abend aß.

»Ich bin gegen eine weitere OP. Dann müssen wir eben damit leben, dass wir keine Kinder haben werden«, erklärte Emmanouíl am Telefon, und Thália wischte sich wieder einmal die Tränen von den Wangen.
»Aber ich möchte unbedingt noch einen Versuch. Bitte!«
»Es wird wieder einige Monate dauern, und dann? Ich möchte nicht in Athen wohnen. Mir gefällt es hier im Dorf. Abgesehen davon kann ich wieder in Ruhe schla-

fen und frische Luft atmen. Unser Eheleben kann sich nicht ständig nur um das Kinderkriegen drehen. Ich möchte dich als meine Partnerin in alltäglichen Dingen um mich haben und abends neben dir einschlafen«, machte er seinen Standpunkt deutlich.
»Lass mir ein wenig Zeit, mich zu entscheiden.« Sie hoffte auf seine Zustimmung, die prompt erfolgte.
»Danke. Wir telefonieren morgen wieder. Ich liebe dich«, beendete sie das Gespräch und legte den Hörer auf.

56. Kapitel

»Danke, dass du mich mitnimmst.« Anna stieg zu Zenovía in den Wagen. Innerhalb des letzten Jahres hatte sich eine innige Freundschaft zwischen den beiden Frauen entwickelt. »Dieses Ereignis wollte ich mit dir teilen.« Zenovía legte den ersten Gang ein; schon fuhr sie langsam durch die engen Gassen auf die Hauptstraße Richtung Ágios Nikólaos.
»Die Straße ist ziemlich belebt«, bemerkte Anna.
»September, nach Mai eine der beliebtesten Reisezeiten für die Touristen.«
»Kannst du dich noch an letztes Jahr im September erinnern?«
»Was meinst du?« Zenovía bekreuzigte sich beim Vorbeifahren an der Kirche von Plátanos.
»Das Feuer. Schau«, Anna deutete auf den Wegrand, »hier sind die verkohlten Bäume und Sträucher und die Ausläufer des Feuers noch immer zu erkennen.«

»Ich erinnere mich.«
»Ein Glück, dass der Wind gedreht hat und damit die Flammen von den Löschfahrzeugen vor dem Gipsberg gestoppt werden konnten. Ansonsten hätte es sich unaufhaltsam durch die Olivenhaine gefressen. Und die Luft! Wir hatten damals Südwind. Da fiel einem das Atmen auch ohne die Hitze der Feuerwand schwer genug.«
Beide Frauen hingen ihren Gedanken nach. Die Vegetation der Landschaft wechselte von verkohlten Bäumen und Sträuchern zu weiß und rot blühenden Oleanderbüschen. Durch sie hindurch schimmerte die Bucht von Thólos.
Dort hat Ilías mich gefragt, ob ich zu ihm auf die Insel ziehe. Anna rechnete nach. Meine Güte, wie lange das schon zurückliegt. Überrascht schüttelte sie den Kopf.
»Was ist?«, fragte ihre Freundin.
»Ich habe gerade festgestellt, dass ich schon fünfzehn Jahre auf der Insel lebe.«
»Bereust du es?«
»Nicht einen Tag.«
Anna hörte in sich hinein. Gehörten die früheren Zweifel wirklich der Vergangenheit an? Ja!
Langsam durchfuhr Zenovía das Dorf Kavoúsi. »Hier passe ich immer auf. Die Alten achten oft nicht auf die Autos beim Überqueren der Straße.«
»Da sagst du was«, stimmte Anna zu. Am Ortsausgang gab die Freundin wieder Gas.
»Ist es nicht komisch«, meinte Anna, »nach all den Jahren fahre ich heute zum ersten Mal in einen großen Supermarkt. Nun, viel kaufen wir eh nicht im Krämerladen, da wir genug Gemüse und Obst anbauen. Ziegen- und Schaffleisch haben wir selbst und den Rest

besorge ich uns beim Dorfmetzger. Doch weißt du, Zenovía, hin und wieder fehlt mir, was ich gerne in Deutschland gegessen habe. Zum Beispiel Kasslerbraten oder Spargel«, endete sie.

»Spargel? Den findest du im Frühjahr zwischen Disteln und anderem Gestrüpp.«

»Ich weiß. Die Stängel gebe ich klein geschnitten ans Omelett, wenn ich welchen finde. Oft laufe ich daran vorbei.« Anna lachte. »Vielleicht kann ich dir im Supermarkt zeigen, wie der Spargel aussieht, den ich mag. Es wird ihn bestimmt in Gläsern geben.« Zenovía nickte. Den Rest der Fahrt verbrachten sie schweigend.

Ein Supermarkt! *Chalkiadákis* soll er heißen. Anna rutschte aufgeregt auf dem Sitz hin und her. Ihre Freundin kurvte durch die engen Straßen von Ágios Nikólaos.

»Soll er mitten in der Stadt sein?« Anna hielt nach beiden Seiten Ausschau.

»Ich halte an und du fragst.« Zenovía setzte den Blinker. Kurz darauf stoppte sie den Wagen und löste damit hinter ihnen ein Hupkonzert aus. Anna kurbelte das Fenster herunter und fragte den älteren Herrn, der am Straßenrand auf einem Stuhl saß, vertieft in eine Zeitung. Zur Antwort schüttelte der Mann den Kopf. Der Fahrer im Auto hinter ihnen schimpfte. Zenovía stieg aus. Dann ging sie auf den Hintermann zu. Anna drehte sich um, damit sie die Situation beobachten konnte. Heftig gestikulierte der Mann. Im Laufschritt kam die Freundin zurück, stieg ein und bog links ab.

»Was hat er gesagt?«

»Ich habe ihn nach dem Supermarkt gefragt. Er sagte, hier links, dann geradeaus und nach ein paar Metern soll er auf der rechten Seite sein.«

»Du hast Nerven, der war doch völlig außer sich.«

»Wieso, ich hab mich landestypisch verhalten, oder nicht? Wer hält denn hier mal nicht mitten auf der Straße, um ein wenig zu plaudern? Wir hatten schließlich einen triftigen Grund dazu.«
»Hast ja Recht. Ich bin mit unserem Auto noch nie in die Stadt gefahren. Doch wenn der Supermarkt verspricht, was ich mir erhoffe, könnte sich das ändern.«
»Dann mal rein ins Kaufvergnügen.« Zenovía steuerte auf den Eingang zu. Vor ihnen öffnete sich die Schiebetür. Anna schob den Wagen über die Schwelle und stand vor den Obst- und Gemüseregalen.
Champignons! Ewig ist das her, dass ich die gegessen habe. Sie schaute auf den Preis.
Oh! Die sind ziemlich teuer. Anna legte sie zurück ins Regal und ging weiter. Ach, egal. Ich hab extra Geld von meinem Gesparten mitgenommen.
»Bist du fündig geworden?«, frage Zenovía, die eine Ananas in der Hand hielt. Anna nickte und zeigte auf ihre Errungenschaft.
»Die Pilze findest du im Frühjahr auf den Wiesen«, neckte die Freundin.
»Die hier sind irgendwie anders.«

Nach ausgiebigem Begutachten der Waren verließen die Freundinnen das Geschäft, bepackt mit unzähligen Tüten, die sie im Kofferraum verstauten.
»Wieso sind wir nicht früher darauf aufmerksam geworden? Den Supermarkt gibt es doch nicht erst seit diesem Jahr, oder? Auf jeden Fall sieht er nicht gerade neu eröffnet aus«, meinte Anna.
»Es hat ein wenig gedauert, bis es sich bis in die Dörfer herumgesprochen hat.«
Beim Auspacken erzählte Anna Ilías aufgeregt von

ihrem Einkaufsbummel. Auch schwärmte sie von einem Café, in das sie eingekehrt waren. Es befand sich oberhalb des Süßwassersees, auf dem Fischerboote vor Anker lagen. Von dort breitete sich vor ihnen das wunderschöne Panorama der Stadt mit dem Meer im Hintergrund aus.
Im Hafen lag ein Passagierdampfer, und Ausflugsboote machten sich auf die Tour zur Leprainsel, Spinalónga. Bis hoch zu ihrem Platz konnten die Freundinnen die Ansagen in verschiedenen Sprachen von den Schiffen hören.

»Könnten wir beide mal abends in die Stadt fahren?« Anna schmiegte sich in Ilías' Arm.
»Wenn Vater auf die Kinder aufpasst.«
»Wann soll das sein?« Lámbros kam in die Küche.
»Wir würden gerne an einem Abend mal nach Ágios Nikólaos«, antwortete der Sohn, dann setzte er sich und schenkte jedem ein Glas Wein ein.
»Bist du durch deinen heutigen Bummel auf den Geschmack gekommen?« Lámbros sah die Schwiegertochter aus zusammengekniffenen Augen an. Sie schluckte. Jetzt wird er toben, schoss es ihr durch den Kopf. Sie nickte leicht. Unter seinem strengen Blick knabberte plötzlich das schlechte Gewissen an ihr, vom hart ersparten Geld für die Kölnreise im Supermarkt einiges ausgegeben zu haben.
»Richtig so. Die jungen Leute sollen etwas unternehmen und nicht ständig zuhause herumsitzen.« Lámbros prostete den beiden zu.
Kaum zu glauben, er hat sich mir gegenüber im vergangenen Jahr wirklich zu seinem Vorteil entwickelt. Ob der Kontakt zu Déspina ihn sanfter gestimmt hat?

Anna stand auf und gab ihm einen Kuss auf die Wange.
»Na, na, lass gut sein.« Er wischte sich übers Gesicht.
»Sag mal, Vater: Du und Déspina …« Schelmisch blitzten Ilías' Augen auf.
»Was willst du genau wissen, mein Sohn? Wann wir heiraten?« Ilías nickte.
»Bald.«
»Echt?« Vor lauter Überraschung hatte Annas Stimme einen schrillen Klang angenommen. Ihr Mann sprang auf.
»Ich könnte brüllen vor Lachen bei euren verdutzten Gesichtern!« Lámbros schlug sich mit der Hand aufs Bein. »Das war ein Witz. Wenn wir heiraten sollten, sag ich euch zuerst Bescheid, einverstanden? Bis dahin hört endlich auf, mich ständig damit zu löchern.«
»Einverstanden! Jamas!« Ilías hob sein Glas in die Runde.

57. Kapitel

Der Herbst zog mit Regen und Windböen ein. Täglich kehrte Anna die roten Blüten und trockenen Blätter der Bougainvillea im Vorgarten zusammen. Häufig gesellte sich Déspina zu ihr. Ließ das Wetter es zu, setzten sich die beiden Frauen zum Plauschen auf die Holzbank oder schnippelten die geernteten Bohnen fürs Einkochen. Vorbeigehende Dorfbewohner blieben am Gartenzaun stehen und mischten sich in das Gespräch ein. Des Öfteren bildete sich in kurzer Zeit eine kleine Ansammlung von Menschen. Frauen holten ihren

Stuhl vor die Haustür und machten Handarbeiten. Der alte Mann aus der Nebengasse brachte frisch gepressten Orangensaft und verteilte ihn in Pappbechern, eine Frau reichte Gebäck herum. In solchen Momenten genoss Anna ihr Dorfleben, und die quälenden Zweifel gehörten zur Vergangenheit.

Die Olivenernte war im vollen Gange. Eigens dafür hatte Ilías, gegen den Willen seines Vaters, zwei albanische Hilfskräfte eingestellt. An den Wochenenden halfen Lámbros, Aléxandros und Natalía mit. Eifrig lernten sie das Handwerk und stellten sich geschickt dabei an. Anna blieb derweil zu Hause, kümmerte sich um den Garten, den Haushalt und erarbeitete neuen Lehrstoff für ihre Sprachschüler. Sie saß am Küchentisch, blätterte in den Unterlagen. Sorgfältig bereitete sie sich auf den Unterricht vor. Katerína, Emmanouíls Cousine, wollte Italienisch erlernen. Erst kürzlich hatte sie sich in einen Italiener verliebt. Sie war Annas erste Schülerin für diese Sprache.
Ein Hupgeräusch drang von der Straße herauf. Sie schaute aus dem Fenster. Der Schwiegervater winkte und bedeutete ihr, sie möge abladen helfen. Déspina und er waren vom Markt in Ágios Nikólaos zurückgekommen. Sie eilte die Stufen hinunter.
»Den Rotkohl bekommen wir schlecht verkauft. Seit Wochen nimmt ihn uns keiner ab«, brummte Lámbros. »Bis zum Wochenende können wir ihn nicht aufbewahren.«
»Ich koche ihn ab und friere ihn ein.«
»Wie viele Jahre willst du denn davon essen?« Lámbros stellte eine volle Kohlkiste ab.
»Wenn ihr mir helft, geht das schnell.«

»Lass gut sein.«
»Aber du magst Weißkohl. Fast täglich bereite ich davon Salat zu. Und Dolmádes, deine geliebten Weißkohl-Reis-Taschen, kann ich genauso gut mit Rotkohl machen.«
»Das möchte ich nicht.« Er stapelte die Behälter aufeinander.
»Schade«, entgegnete sie und trug den Kohl in die Küche. Dann machte sie sich daran, das Gemüse abzukochen. Schon bald roch es süßsäuerlich im gesamten Haus. Zwischendurch schob Anna Lammbraten mit Kartoffeln in den Ofen, nachdem sie die Zutaten mit Zitronenöl übergossen hatte. Obwohl die Außentemperaturen in den letzten Tagen gefallen waren, wischte sie sich bald mit dem Handrücken den Schweiß von der Stirn.
»Kann ich helfen?« Anna drehte sich um.
»Déspina, ich hab dich gar nicht hochkommen hören.«
»Du bist ganz vertieft in deine Arbeit. Ich schneide das Gemüse klein«, bot Lámbros' Freundin an.
»Dann komm ich mit dem Kochen nicht nach. Dafür reichen die Feuerstellen nicht aus. Ich setz schnell den nächsten Topf auf, danach mache ich uns einen Kaffee.«
Anna kam mit der dampfenden Tasse. »Mit Zucker?«
»Nein, in meinem Alter passe ich auf, dass ich nicht zu viel Süßes zu mir nehme.«
Déspina griff nach einem Keks.
»Sag mal, Anna«, sprach sie mit vollem Mund, »was sind das denn für leckere Plätzchen?« Sie zog den Teller näher zu sich heran.
»Das ist Spritzgebäck«, Anna zeigte darauf, »und die anderen Kokosmakronen.«
»Jetzt probiere ich die Makronen. Zum Glück habe ich

auf den Zucker im Kaffee verzichtet.« Sie lächelte, und ihre Zahnstummel wurden sichtbar.

Dass sich die älteren Leute nicht die Zähne richten lassen, ging es Anna durch den Kopf. Sie beobachtete, wie ihr Gegenüber den Keks in den Kaffee tunkte, um ihn weicher zu machen. Auf der einen Seite kann ich es verstehen. Keine Krankenkasse übernimmt die Kosten für den Zahnarzt und die Renten sind zu gering, als dass man für Zahnersatz selbst aufkommen könnte. Ich jedenfalls brächte es nicht fertig, mit halbem Gebiss herumzulaufen, und schon gar nicht würde ich es wagen, zu lächeln. Aber wer weiß, was ist, wenn ich in ihr Alter komme. Vielleicht kann ich mir dann auch keinen Zahnarzt leisten.

»Lecker«, sagte Déspina, »hat Lámbros die schon probiert?«

»Nein. Was der Bauer nicht kennt...« Anna hielt inne, als ihr Gegenüber abwinkte.

»Ich kenne ihn. Stell dir vor, letztens habe ich Briám gekocht. Du weißt schon, Auberginen, Zucchini, Paprika, Zwiebeln in Tomatensoße, abgeschmeckt mit Knoblauch, im Ofen zubereitet.« Anna nickte, und Déspina fuhr fort: »Auf einmal taucht der gnädige Herr neben mir auf, hebt seinen Riecher, schnüffelt herum und sagt: ›Das esse ich nicht.‹ Auf meine Frage nach dem Warum antwortet er: ›Es duftet nicht nach Knoblauch. Wenn Sofía das Gericht zubereitet hat, roch es bis vor die Haustür danach.‹« Déspina lächelte.

»Mein Schwiegervater und seine kleinen Macken. Aber sag, hat er es wirklich nicht gegessen?«

»Nachdem er aus der Küche verschwunden war, fiel mir auf, dass der Knoblauch unverarbeitet auf der Spüle lag. Ich muss gestehen, die Nachbarin kam zum

Plaudern vorbei, da habe ich tatsächlich vergessen, ihn hinzuzugeben. Das habe ich dann schnell nachgeholt. Nachdem sich der Geruch in der Wohnung verteilte hatte, kam Lámbros zurück und behauptete, er habe mächtigen Hunger.« Sie wischte sich die Lachtränen aus den Augen. In der Zwischenzeit war der Kohl aufgekocht. Zum Abkühlen füllte Anna ihn in eine große Plastikschüssel.
»Ich lasse dich in Ruhe werkeln. Danke für den Kaffee.« Déspina stand auf und steckte sich zwei Makronen in die Schürzentasche.
»Für den Nachmittagskaffee«, sagte sie und stieg vorsichtig die Stufen hinunter.
Nichts Süßes! Anna sah ihr lächelnd nach.
Das Gefrierfach war bis oben hin ausgefüllt. Anna drückte die Tür zu und beschloss, im nächsten Jahr keinen Rotkohl mehr anzupflanzen. In den folgenden Wochen verschenkte sie den Kohl an die Dorfbewohner, die ihre Kaninchen und Hühner damit fütterten.
Anna blätterte im Kochbuch. Gerne würde sie einen Stollen backen, doch dafür fehlten ihr Zitronat, Orangeat und Marzipan.
Schade, dass ich an diese Sachen bei der Bestellung an meine Eltern nicht gedacht habe. Jetzt würde ein Paket nicht mehr rechtzeitig ankommen. In zwei Wochen ist Weihnachten. Und ausgerechnet in diesem Jahr wollte ich es besonders schön haben. Die Kinder sind größer, verstehen besser. Gerne hätte ich ihnen die Weihnacht nähergebracht, wie ich sie aus meinen Kindertagen kenne. Nicht nur die Religion, sondern auch das Kulinarische.
Sie ging zum Regal an der Küchenwand. Von dort nahm sie ein Foto herunter, strich leicht darüber. Es zeigte

ihre Kinder bei einem Schulausflug im Herbst. Ich kann es kaum glauben – Natalía ist zwölf, Lámbros zehn und Aléxandros schon sieben Jahre alt. Natürlich glauben sie nicht an den Weihnachtsmann. Ich bin mir sicher, sie wissen, wer die Geschenke unter den Olivenzweig legt. Doch wäre es nicht schön, ihnen einen richtigen Tannenbaum zeigen zu können? Und Stollen. Leider gibt es die Zutaten nicht auf der Insel. Es sei denn, ich habe das Geschäft noch nicht ausfindig gemacht.
Sie stellte das Bild zurück. Schlenderte zum Fenster und schaute in die Ferne. Eines Tages werde ich mit meinen Lieben nach Köln fliegen und ihnen den Weihnachtsmarkt zeigen. Schnell drehte sie sich um, ging ins Schlafzimmer und zog im Schrank hinter den Bettlaken eine kleine Blechdose hervor. Öffnete sie und leerte den Inhalt auf die Kommode. Dann zählte sie. Einhundertzweiundzwanzigtausend Drachmen! Sie sprang auf und drehte sich übermütig im Kreis. Für fünf Jahre Sparen nicht schlecht. Umgerechnet wären das rund sechshundert Mark! Plötzlich hörte sie Schritte, die sich dem Zimmer näherten. Geschwind stopfte sie das Geld zurück und ließ die Dose hinter dem Wäschestapel verschwinden.
»Was machst du da?«, fragte Ilías.
»Nichts.«
»Du lügst. Das sehe ich dir an der Nasenspitze an.« Er tippte darauf. »Was für ein Geheimnis verbirgst du vor mir?« Hitze stieg in Annas Wangen.
»Wie kommst du darauf?« Er ging auf sie zu und schob sie langsam zur Seite. Als er im Begriff war, die Schranktür zu öffnen, stemmte sie sich mit ihrem Gewicht dagegen.
»Aha! Siehst du. Ich habe Recht.« Er zog sie an sich

und gab ihr einen Kuss. Mit der freien Hand grapschte er am Schrank herum.
»Lass das!« Ruckartig befreite sich Anna aus der Umarmung.
»Warum wirst du auf einmal böse, ich mache doch nur Spaß.«
Was soll ich ihm sagen? Die Wahrheit oder eine Lüge, dass ich sein Weihnachtsgeschenk dort aufbewahre? Ilías nahm ihr die Entscheidung ab.
»Du versteckst mein Geschenk. Ich schau nicht rein, versprochen.« Anna atmete erleichtert auf.
»Lass dich überraschen.« Damit schob sie ihn aus dem Zimmer.
Das ist noch mal gut gegangen. Wüsste mein Liebster, dass ich Geld vor ihm verstecke, fände er sofort eine Verwendung dafür. Wenn ich eine halbe Million zusammen habe, dann schaue ich nach Flügen. Ach, wäre das schön, wenn mein Wunsch in Erfüllung ginge!
Anna malte sich aus, gemeinsam mit ihrer Familie über die Domplatte zu spazieren. Sie ging zurück in die Küche.
»Hörst du mir überhaupt zu? Wo bist du mit deinen Gedanken?«, fragte Ilías, der sich in der Zwischenzeit einen Rakí eingeschenkt hatte und dabei war, eine Orange zu schälen.
»Was?«
»Woran hast du gedacht? Du hast gelächelt.« Er steckte sich ein Stück Frucht in den Mund.
»An Weihnachten.«

58. Kapitel

Thália stieg aus dem Auto und schloss leise die Tür, als hätte sie Angst, dabei überrascht zu werden, dass sie zurück im Dorf war. Sie stand auf der Straße, zog das Kopftuch tiefer ins Gesicht. Die Dunkelheit gab ihr ein wenig Sicherheit, nicht direkt von den Nachbarn erkannt zu werden. Die Straßenlaternen leuchteten spärlich die Gasse aus. Aus der Ferne hörte sie Stimmen, die aus Manólis' Taverne herüberklangen. Während ihr Mann das Gepäck von der Ladefläche holte, ging sie durchs Gartentor und strich mit der Hand über den Stamm der Bougainvillea, der sich rau und trocken anfühlte.

Das Geräusch eines Autos kam näher; schnell huschte Thália ins Haus, schlug die Tür zu und lehnte sich erschöpft dagegen. Was mache ich hier? Warum bin ich nicht in Athen geblieben? Dort ist mein Platz, um meinen Traum gemeinsam mit Emmanouíl zu verwirklichen. Sie blickte in den hell erleuchteten Flur, horchte. Mein Heim ist grausam still. Kein Kindergeschrei. Nicht einmal das gewohnte Ticken der Uhr auf dem Kaminsims war zu hören, wahrscheinlich hatte ihr Mann vergessen, sie aufzuziehen.

Ich muss hier raus! Hastig öffnete sie die Haustür – um sie im gleichen Moment wieder zu schließen.

Nein, das geht nicht, die Nachbarn würden auf mich aufmerksam werden und mich mit Fragen überhäufen. Was soll ich ihnen denn sagen? Dass ich keine Kinder bekomme, weil ich sie in meiner Jugend … Verdammt! Sie schlug mit der Faust auf die Kommode. Der Laut schallte durch den Flur.

»Was ist?«, rief Emmanouíl.

»Nichts!« Sie ging ins Schlafzimmer, wo er gerade den Koffer abstellte.
»Schön, dass du wieder hier bist.« Er zog sie vorsichtig an sich. Mechanisch ließ sie sich in seine Arme fallen.
»Es war die richtige Entscheidung«, flüsterte er ihr ins Ohr und drückte sie fester an seinen Körper.
»Ich bin mir nicht sicher.« Sie löste sich aus der Umarmung. »Du musst mir versprechen, wenn ich mich eines Tages für einen Eingriff entscheide, dann wirst du mich dabei unterstützen. Versprichst du es mir?« Sie fühlte sich wie ausgelaugt, doch sie gab die Hoffnung auf ein eigenes Kind nicht auf.
»Es fällt mir schwer. Jede Operation ist eine Belastung für deinen Körper. Schau dich an.« Er half ihr aus dem Mantel und drehte sie zum Schrankspiegel. »Sieh mal, wie schmal du geworden bist. Anna wird dich kaum wiedererkennen. Ich mache mir Sorgen. Du musst zu Kräften kommen.«
Sie versuchte, ihrem Spiegelbild zuzulächeln, doch es gelang ihr kaum. Längst hatte sich eine große Leere in ihr ausgebreitet, entsprechend dünn war ihr Nervenkostüm. Am liebsten würde sie sich für immer im Bett vergraben, um nichts mehr zu hören und zu sehen. Doch sie hielt sich vor Augen, wie schlimm es für sie damals gewesen war, als Anna sich nach Aléxandros' Geburt verkrochen hatte. Darum schleppte sie sich täglich mit letzter Kraft aus dem Bett.
»Magst du rüber zu Anna gehen?«
In dem Moment wurde Thália bewusst, dass er sich noch im Zimmer befand.
»Ich bin müde von der Reise. Morgen werde ich sie besuchen.«
»Gut, dann leg dich hin und ruh dich aus. Soll ich

dir etwas zu essen machen?« Trotz ihrer Schwermut überraschte Thália sein Angebot. In all den Jahren ihrer Ehe war so etwas nie vorgekommen. Ein Lächeln huschte über ihre Lippen.
»Ein Brot mit Tomaten wäre schön.«
»Sofort.« Er drehte sich auf dem Absatz um. Sie hörte, wie er die Schränke aufriss und versuchte, das Abendessen zu organisieren. Thália streifte die Schuhe ab, stieg in die Pantoffeln und folgte ihm in die Küche. Vom Fenster aus schaute sie zu Annas Haus hinüber. Es war dunkel hinter den Fenstern. Ein längst vergessenes warmes Gefühl zog durch ihren Körper. Sie spürte, wie sehr ihr die Freundin gefehlt hatte, und freute sich auf das Wiedersehen. Auf einmal merkte sie, dass sie mehr Hunger als nur auf ein Tomatenbrot hatte.
»Kannst du Spiegeleier dazu braten?«
»Natürlich! Setz dich an den Tisch.«
Ganz überrascht von seiner Fürsorglichkeit, gab Thália ihm einen Kuss auf die Wange, dann setzte sie sich auf die Bank und wartete geduldig auf ihre Mahlzeit.

Bevor die Sonne aufging, stand Thália am Fenster und schaute hinaus auf die Berge. Eine dicke Wolkenbank hatte sich über die Gipfel gelegt. Sie fröstelte und rieb sich die Arme. Dann ging sie in die Küche und schaute auf Annas Haus. Die Holzläden waren zugeklappt, kein Licht schimmerte hindurch.
Thália machte sich daran, ein Feuer im Kamin zu entzünden. In der Nacht war sie von quälenden Träumen heimgesucht worden. Nicht zum ersten Mal fand sie sich am Ende vor dem Richtertisch wieder. Wie ein kleines Häufchen Elend stand sie dort mit hochgezogenen Schultern, den Kopf gesenkt, und wartete auf ihr

Urteil: Schuldig in allen Anklagepunkten. In dem Moment, als der Richter mit dem Hammer auf den Tisch schlug, war der Traum zu Ende und sie schreckte auf.
Warum habe ich die Kinder damals nicht ausgetragen? Wäre es wirklich so schlimm gewesen, sie ohne Vater großzuziehen?, fragte sie sich, um gleich darauf selbst zu antworten: Ja, im Fischerdorf Milátos schon! Dabei stocherte sie im Feuer herum, damit es zu lodern anfing.
Und wenn ich nach Athen gegangen wäre? Warum ist mir diese Möglichkeit nie in den Sinn gekommen? Dort hätte ich meine Kinder großziehen können, und wer weiß, vielleicht wäre ich nicht lange allein geblieben, sondern hätte einen Mann an meiner Seite gefunden, der mich und die Kinder liebt. Oder vielleicht sogar den Vater des Kindes? Nein, der nicht, der war kurz nach der Liaison nach Amerika ausgewandert, ohne eine Anschrift zu hinterlassen. Und die zweite Schwangerschaft... Es war nur eine Nacht gewesen, in der sie sich hingegeben hatte, nach einem ausgiebigen Fest bei Freunden.
Meine Güte, ich schäme mich dafür. Sie schüttelte heftig den Kopf, eine ihrer neuesten Angewohnheiten.
»Na, was ist?«, hörte sie Emmanouíl sagen. Sie schrak hoch, das Kaminbesteck fiel ihr aus der Hand. Thália drehte sich um und sah ihren Mann an. Der wuschelte sich mit der Hand durchs Haar und gähnte dabei. Sie hielt kurz den Atem an, dann sagte sie, ohne ihn anzusehen: »Nichts Besonderes.«
»Danach sah es mir aber nicht aus.« Er zog sie in die Arme und drückte sie fest an sich. »Ich bin froh, dass du hier bist. Ohne dich ist das Haus leer und ich einsam. Jetzt wird alles gut.« Gerührt von seinen Worten,

drückte sie ihm einen Kuss auf den Mund, dann wand sie sich aus seiner Umarmung und bereitete den Kaffee zu. In der Zwischenzeit verschwand er im Bad. Als sie hörte, wie er den Wasserhahn aufdrehte, ließ sie sich auf einen Stuhl fallen und stützte den Kopf in die Hände. Wie kann ich ihm täglich in die Augen sehen, wenn mich die Altschuldlast erdrückt. Er wünscht sich eine Frau, die ihm Kinder schenkt. Und nun werde ich ihm diesen Wunsch vielleicht niemals erfüllen können! Es ist nur eine Frage der Zeit, wann er die Scheidung einreicht. Und würde er die Wahrheit erfahren, dann wäre unsere Ehe heute schon am Ende.

»Der Kaffee läuft über!«, rief Emmanouíl. Thália sprang auf, doch es war zu spät; schon breitete sich auf der Arbeitsplatte eine braune Pfütze aus, die langsam auf den Boden tropfte. »Sag mal, wo bist du denn mit deinen Gedanken?« Er küsste sie in den Nacken.

»Lass das jetzt, siehst du nicht, dass hier alles voll Kaffee ist?«, raunzte sie. Doch sofort entschuldigte sie sich dafür. Er holte aus dem Bad den Eimer und half ihr, aufzuwischen. Thália sah ihm erstaunt zu. »Ich habe das Gefühl, das Strohwitwerleben ist dir gut bekommen«, versuchte sie zu witzeln, aber es misslang ihr. Zu sehr spürte sie, wie ihr die morgendlichen Gedanken und der nächtliche Traum nachhingen.

»Ein Mann tut, was er kann. Und sagt man nicht immer, Menschen können sich ändern, wenn sie wollen?«, scherzte er und trug die Putzsachen aus der Küche. »Ich muss los, der Bus mit dem Postsack kommt. Wann gehst du zu Anna?« Er zog die Jacke vom Flurhaken.

»Sobald sich bei ihr die Fensterläden öffnen.« Thália war unsicher, ob sie dann tatsächlich den Mut haben würde, sich Annas Fragen zu stellen. Im Morgenrock streifte sie durch die Wohnung und stellte fest, dass sie aufgeräumt war. Auch im Bad fand sie Sauberkeit und Frische vor. Ob Emmanouíl eine Putzfrau hatte? Sie stellte sich unter die heiße Dusche. Das Wasser prickelte auf der Haut und es fühlte sich an, als würde sie damit die bösen Gedanken abspülen können. Doch die Realität traf Thália sofort wieder, als sie Wintersachen aus dem Kleiderschrank herauszog. Ihr Spiegelbild legte Zeugnis ab von ihren Schuldgefühlen. Nicht nur die hagere Figur, auch die tief liegenden Augen, schwarz umrandet, und die graubleiche Gesichtsfarbe zeigten eine todunglückliche Frau.

»Meine Güte!« Anna schlug erschrocken die Hände vor den Mund. Thália schluckte Tränen.
»Komm rein, setz dich.« Anna schob die Freundin auf die Küchenbank und nahm neben ihr Platz. Thália spürte, wie fest sich die Hand der Freundin um die ihre schloss. »Du hast mir ganz schön gefehlt. Ich hätte niemals gedacht, dass du über ein Jahr in Athen bleiben würdest. Sag mal, ist dir das lange Großstadtleben nicht reichlich an die Nieren gegangen? Ging es deinen Großeltern so schlecht? Dein Mann hat selten etwas erzählt.« Thália wich Annas Blick aus und sah sich im Raum um. Nichts hatte sich verändert. Im Kamin loderte ein Feuer, auf dem Sims häuften sich Bilder der Kinder und Schwiegermutter. Es roch nach frisch gebackenen Plätzchen. Auf dem Tisch stand ein Obstteller, gefüllt mit Granatäpfeln und Orangen.
»Nun sprich doch«, bat Anna.
Ich kann nicht!, antwortete Thália im Stillen. Dabei würde ich dir so gerne mein Herz ausschütten. Ich habe viel zu lange geschwiegen, aber du würdest mir

niemals verzeihen, wenn du die Wahrheit erfährst.
»Es war nicht ganz einfach«, sagte sie nur.
»Und?«, bohrte Anna weiter.
»Können wir vielleicht über etwas Anderes sprechen und es einfach vergessen?« Sie sah die Freundin bittend an. Anna kniff die Augen zusammen, und ihr skeptischer Blick ging Thália durch und durch. Tut mir leid! Sie legte ihre Arme fest um Anna. Dann konnte sie die Tränen nicht länger unterdrücken und schluchzte auf.
»Ist schon gut.« Anna strich ihr beruhigend über den Rücken. »Wir werden dich aufpäppeln, das verspreche ich dir. Warte erst mal ab, bis du die Kinder siehst, wie groß sie geworden sind.« Bei diesen Worten schloss sich Thálias Hand zur Faust, und die Fingernägel gruben sich ihr ins Fleisch. Ein Stich fuhr ihr durchs Herz. Eine Zeit lang verharrten die Freundinnen in der Umarmung, dann löste sich Thália langsam und wischte die Tränen weg.
»Ich bereite uns ein deftiges Frühstück zu.« Sofort machte Anna sich am Kühlschrank zu schaffen. »Magst du Dorfklatsch hören?«
»Leg los.« Thália versuchte, sich auf Annas Erzählungen zu konzentrieren. Bald darauf roch es verlockend nach frischem Speck mit Eiern, der sich mit dem Kaffeeduft mischte. Nachdem Anna den Tisch gedeckt hatte, griffen die beiden Frauen kräftig zu.
»Thália?«
»Ja.« Sie sah auf.
»Es ist schön, dass du wieder hier bist.«
»Ich freue mich auch.«
»Und wenn du mal reden möchtest …«
»… dann komme ich zu dir, versprochen«, vollendete Thália den Satz.

»Ich habe dir so viel zu berichten. Leider haben wir nicht oft miteinander telefoniert. Drum musst du dir nun alles auf einmal anhören. Also, ich habe da eine nette Frau kennengelernt…«, fing Anna an und erzählte von Zenovía, von ihrem ersten Zusammentreffen an bis zum heutigen Tag.
Thália spürte, dass ihre innere Anspannung nachließ, und bald lachte sie über Annas Anekdoten. Die Zeit verging wie im Fluge, und schon war Mittagszeit. Plötzlich wurde das Gespräch der beiden durch lautes Geschrei unterbrochen. Freudig fielen die Kinder Thália um den Hals. Für einen Moment tat ihr der Anblick weh, doch das ging schnell vorüber, als Natalía sie sofort mit sich in ihr Zimmer zog, um Thália ihren ersten kleinen Schminkkasten zu zeigen. Anna kochte derweil für die Familie.
Nach Rücksprache mit der Freundin rief sie Emmanouíl im Postamt an und lud ihn ein, auch zum Mittagessen zu kommen, damit sie wie in alten Zeiten alle beisammen wären. Ilías kam nach Hause, und sogar Lámbros gesellte sich zu ihnen.
Thália blickte in die Runde am Tisch. Sie spürte ein warmes Gefühl, das durch ihren Körper flutete und die Leere im Inneren verdrängte. Alles wird gut! Lächelnd ließ sie sich einen weiteren Schöpflöffel Linsensuppe auf den Teller geben.

59. Kapitel

Seit Tagen regnete es ununterbrochen. Die Kinder stritten in ihren Zimmern, da sie nicht draußen spielen konnten. Lámbros saß mit Ilías in der Küche. Sie waren bei ihrem geliebten Thema, der Jahreszeit entsprechend: die Olivenernte. Durch den aufgekommenen Wind peitschte der Regen an die Scheiben. Im Kamin loderte ein Feuer. Der Luftzug durch den Schacht ließ die Funken tanzen.

»*Klådema* ist im Frühjahr mit den Olivenbäumen angesagt«, merkte Lámbros an.

»Du weißt, Mutter mochte den Radikalschnitt der Bäume nicht.«

Anna hörte ihnen beim Gespräch zu. Sie stellte eine frisch aufgefüllte Obstschale auf den Tisch. Sofort griff der Schwiegervater nach einem Granatapfel. Holte ein Klappmesser aus der Hosentasche und schnitt ihn durch. Kurz darauf pulte er die Kerne heraus.

»Ich finde es auch nicht gut.« Anna lehnte sich an die Küchenzeile.

»Du hast davon keine Ahnung«, brummte Lámbros und zog die Augenbrauen zusammen.

»Die kahlen Bäume passen nicht zur Harmonie der umliegenden Olivenhaine. Das stört mich jedes Jahr.«

»Hör auf, du bist zu sensibel. Die Bäume bekommen dadurch Energie, und das führt in den Folgejahren zu besseren Ernten.«

»Denkst du.«

»Das ist erwiesen!«

»Und woher?«

»Von unseren Vorfahren. Ein Esel hatte sich an den

Weinstöcken zu schaffen gemacht. Er fraß sie bis auf ihre Wurzeln kahl. Im nächsten Jahr trugen die Reben mehr Trauben als je zuvor. Danach wendeten die Bauern die Vorgehensweise auch bei den Olivenbäumen an.«

»Das ist eine Sage.« Anna bemerkte, dass Lámbros' Gesichtsfarbe ins Rötliche umschlug.

»Kümmere du dich um die Kinder, die brüllen das ganze Haus zusammen.« Sie warf ihm einen wütenden Blick zu und verschwand ins Kinderzimmer.

Nachdem sie den Streit um eine Lokomotive geschlichtet hatte, sagte Anna: »Was haltet ihr von Basteln? Oma und Opa haben euch dieses glitzernde Papier geschickt. Daraus kann man silberne, goldene, aber auch bunte Sterne fertigen. Die kleben wir in die Fenster und hängen sie zu Weihnachten an den Olivenzweig.« Anna zog Aléxandros zu sich und rieb ihm über den braunen Haarschopf.

»Einverstanden«, murmelte er und strich sich die Wuttränen aus dem Gesicht.

»Wir brauchen Kleber.« Sofort kramte Natalía in der Schublade. Die Brüder liefen in ihr Zimmer, holten das Papier und die Scheren. Sie feixten, als wäre vorher nichts geschehen.

»Wir verdrücken uns ins Wohnzimmer. Opa sitzt mit Papa in der Küche, da haben wir keinen Platz.« Anna räumte den Tisch frei und zog die Couch näher heran. Sie half dabei, Formen auf dem Papier vorzuzeichnen, die Kinder schnitten sie aus. Schon bald lagen überall Schnipsel auf dem Boden, und auf der Anrichte die fertigen bunten Sterne.

Der Regen hatte in der Nacht nachgelassen, jedoch

konnten sie nicht zum Ernten gehen, bevor die Blätter der Bäume nicht getrocknet waren. Eine alte Weisheit besagte: ›Sind die Äste nass, keine Oliven herunterschlagen! Ansonsten wird der Baum beschädigt und erkrankt.‹ Nicht alle Bauern hielten sich an diese alte Sitte, doch Lámbros bestand darauf. Ilías wollte den Tag auf andere Weise nutzen.
»Ich fahre mit unseren Helfern in die Stadt. Sie möchten sich auf dem Markt nach Geschenken für die Familie umsehen, die sie nach der Ernte mit in ihre Heimat nehmen können. Sie kommen später mit dem Bus zurück. Und ich soll für Vater ein neues Waschbecken und Rohre besorgen.«
»Das trifft sich gut. Könntest du die Stromrechnung bezahlen? Die Post hat zu. Emmanouíl hat sich für die Ernte freigenommen, und seine Vertretung kommt nicht täglich. Ich habe es vergessen, und übermorgen ist die letzte Gelegenheit, den Betrag pünktlich zu begleichen.« Anna sah ihn bittend an.
»Das ist deine Aufgabe. Komm einfach mit.«
Anna wusste, dass Ilías versuchte, dieser Pflicht zu entgehen. Seit dem Beginn ihrer Beziehung kümmerte sie sich um die Begleichung der Rechnungen. Noch wurde auf der Insel in bar bezahlt. Strom, Telefon, Renten- und Krankenversicherung konnten bei der Post eingezahlt werden, Wassergeld bei den zuständigen Ämtern, und die Autosteuer nur bei der Bank. Wenn Anna zum Einkaufen in die Stadt fuhr, bezahlte sie die Rechnungen für Telefon und Strom bei den Unternehmen selbst, um die Gebühren für die Postanweisung einzusparen. Diese Drachmen landeten in ihrer Kaffeedose.
»Ich habe keine Zeit. Dein Vater kommt später mit Déspina vom Markt, ich muss ihnen beim Abladen

helfen. Abgesehen davon gebe ich am Abend eine Extrastunde in der Schule zum Thema Sprachen. Darauf muss ich mich vorbereiten. Vielleicht finde ich dadurch weitere Schüler, die sich für Italienisch interessieren.« Sie nahm die Rechnung aus der Schublade und reichte sie ihrem Mann. Mit leidendem Gesichtsausdruck griff er danach.

»Vielleicht ist die Post morgen besetzt«, versuchte er ein weiteres Mal, der Angelegenheit zu entkommen.

»Du wirst doch zur *DEH* gehen können, um die Rechnung zu zahlen!«

»Da kann man schlecht anhalten, schließlich will ich mich nicht bei der Polizei auf den Parkplatz stellen, mal schnell zur *DEH* rein und wieder raus.« Mürrisch sah er sie an.

»Dann fahr ein Stück höher. Da finde ich dauernd eine Lücke, falls ich nicht zu Fuß vom Parkplatz bis dort hochlaufe.«

»Durch die ganze Stadt?!«

»Nun stell dich nicht so an.« Sie schubste ihn aus der Tür. »Fahr vorsichtig«, rief sie ihm nach. Er winkte, bevor er mit dem Citroën losbrauste.

Anna zog sich die Strickjacke fester um den Körper. Sogleich machte sie sich daran, hinterm Haus Holzscheite zu holen, und trug sie in die Küche. Einige legte sie ins Feuer. Danach stocherte sie mit dem Eisen in der Asche. Jetzt mache ich mir erst mal einen Kaffee. Danach fange ich mit der Hausarbeit an. Sie griff sich einen Keks und tunkte ihn in die braune Flüssigkeit. Nächste Woche ist Heiliger Abend. Ich wäre gerne mit in die Stadt gefahren, vielleicht hätte ich beim Metzger oder im Supermarkt eine Gans gefunden. Noch gebe ich die Hoffnung nicht auf, dass eines Tages Gänse und Enten angeboten werden. Sie strich mit der Hand über das Holz des Tisches. Ein Adventskranz würde gut als Dekoration hierhin passen. Doch ohne Tannen ist es schwer, einen zu binden. Ach, seufzte sie laut auf, wie sehr mir die weihnachtliche Stimmung auf der Insel fehlt!

Anna rollte den Teig auf dem Küchentisch aus. Leise sang sie: »In meinem kleinen Apfel, da sieht es lustig aus. Es sind darin fünf Stübchen, grad wie in einem Haus. In jedem Stübchen wohnen zwei Kernchen schwarz und fein, die liegen drin und träumen vom lieben Sonnenschein. Sie träumen auch noch weiter, gar einen schönen Traum, wie sie einst werden hängen am lieben Weihnachtsbaum.« Da hörte sie plötzlich, dass Ilías nach Hause kam. Sie hob den Kopf und strich sich eine Strähne, die sich aus dem Zopf gelockert hatte, aus dem Gesicht.
»Wie siehst du denn aus?«
»Das könnte ich eher dich fragen. Ist das eine neue Gesichtsmaske?« Er lächelte und wischte ihr zärtlich das Mehl von den Wangen. Anna rieb sich die Hände an der Schürze.
»Hat es in Sitía stark geregnet? Du bist total nass und deine Haare stehen ab, als hätte ein Stromschlag sie erwischt. Doch nicht etwa bei der *DEH!*«, witzelte sie. Ilías fuhr sich durchs dichte Haar.
»Naja, ich musste ein ganzes Stück durch den Regen laufen.«
»Wegen der Stromrechnung?« Ohne seine Antwort abzuwarten, schaute Anna in den Backofen. Das erste Blech Plätzchen war fertig. Sie zog es heraus und stellte es zum Abkühlen auf die Arbeitsfläche. Dann wandte sie sich wieder ihrem Mann zu. »Und?«

»Und was?« Anna bemerkte, dass er sein bezauberndes Unschuldsgesicht aufgesetzt hatte.
»Willst du mich ärgern?« Er schüttelte den Kopf.
»Ganz im Gegenteil, ich habe eine Überraschung für dich.«
»Für mich?« Anna ging auf ihn zu. »Zeig!« Er nahm sie in die Arme und hielt sie fest.
»Nicht so ungeduldig.«
»Du machst mich ganz nass.« Sie versuchte, sich zu befreien. Ilías lockerte den Griff, dann zog er sie an der Hand mit sich die Treppe hinunter vor die Haustür.
»Schließ die Augen, bis ich dir erlaube, sie wieder zu öffnen. Einverstanden?«
»Du machst es ziemlich spannend. Wahrscheinlich hältst du mir gleich die bezahlte Rechnung vor die Nase.« Sie lachte laut auf.
»Meinst du, ich hätte dir so wenig zu bieten?«
»Nein, aber ich kann mich gar nicht erinnern, wann du mich das letzte Mal überrascht hast.« Anna hüpfte von einem Bein aufs andere.
»Musst du auf die Toilette?«
»Wieso?«
»Weil du so herumtänzelst.«
»Nun mach schon. Erstens bin ich aufgeregt, und zweitens ist es nicht besonders warm hier draußen.«
»Und du versprichst, nicht zu blinzeln?«
Anna nickte. Kurz darauf hörte sie, wie sich seine Schritte entfernten. Ob es ein Weihnachtsgeschenk ist? Nein, das würde er mir erst in der Heiligen Nacht überreichen. Es könnte ein Paket von meinen Eltern sein! Aber warum sollte er daraus ein Geheimnis machen? Sie hörte, wie die Heckklappe zuschlug. Ich kann ja heimlich zwinkern. Nein! Er möchte mir eine Freu-

de bereiten, dann muss ich meine Neugier bändigen. Seine Schritte kamen näher. Er atmet schwer!, stellte sie fest. Scheint nicht leicht zu sein. Bumm! Jetzt hat er etwas vor mir abgestellt.
»Anna, lass die Augen zu und streck deine Hände aus.«
»Ist es eklig?«
»Es wird dich nicht beißen.« Er führte ihre Finger.
»Ih! Das sticht ja wie ein Kaktus!« Ruckartig zog sie die Hand zurück. »Kann ich jetzt gucken?«
»Ja!« Schnell öffnete Anna die Lider, um sie kurz darauf blitzartig wieder zu schließen. Das kann nicht sein! Ich träume! Um sich zu vergewissern, kniff sie sich in den Arm. Es tat weh! Erst dann hielt sie die Freudentränen nicht länger zurück.
»Ein echter Tannenbaum!«

60. Kapitel

Anna konnte den Blick nicht von der Edeltanne lösen. Mit einer Hand streichelte sie behutsam über die Äste, mit der anderen wischte sie die Tränen von den glühenden Wangen. Die kühle Luft, gemischt mit leichtem Regen, nahm sie nicht mehr wahr.
»Erde an Anna!« Sanft klopfte Ilías ihr auf die Schulter.
»Das ist das allerschönste Geschenk in meinem ganzen Leben.« Sie schlang die Arme um seine Taille und drückte den Kopf an seine Brust.
»Könnt ihr das nicht drinnen machen?« Lámbros kam gerade durch den Vorgarten. »Ist euch nicht kalt?«
Anna löste sich.

»Schau, Vater, das ist eine Tanne!«
»Wo hast du die denn her?« Vor dem Regen geschützt, stand er unterm Dachvorsprung.
»Ich habe in der Stadt gegenüber der Gärtnerei geparkt, und da stand sie im Hof.«
»Super, nicht?« Anna besah sich die Edeltanne von allen Seiten. »Gerade gewachsen. Ihr werdet staunen, wenn der Tannenbaum erst geschmückt ist. Die Kinder werden begeistert sein!«
»Der ist bestimmt importiert«, meinte Lámbros.
Am Baum flatterte ein kleiner Zettel.
»Ha!«, kam es aus Annas Mund, als sie ihn gelesen hatte. »Der kommt aus dem Sauerland! Das ist nicht weit von Köln entfernt.« Lámbros zog die Pfeife aus der Jackentasche.
»Dann wird der eine Menge Drachmen gekostet haben«, brummte er.
»Vater, kommt es darauf wirklich an? Bei Annas Freude denke ich nicht an die paar Scheine, die ich ausgegeben habe.« Ilías hob den Baum an und trug ihn zum Unterstand. »Oder möchtest du, dass ich ihn direkt in die Küche bringe?«
»Erst am Morgen des Heiligen Abends.« Anna lief auf ihren Mann zu und drückte ihn nochmals fest an sich.
»Danke!« Er lächelte. Der Vater hatte sich in der Zwischenzeit die Pfeife angesteckt.
»Es würde mich schon interessieren, wie viel der gekostet hat.«
»Anna, geh hoch und zieh dich um. Du bist total nass geworden.« Ilías schob sie bedächtig Richtung Treppe.
Er will mich loswerden! Extrem langsam stieg sie die Stufen hoch.
»Zwölftausend«, hörte sie ihren Mann flüstern.

»Junge! Habt ihr denn so viel Geld dafür übrig?«, grollte Lámbros. Als wäre sie beim Lauschen erwischt worden, verschwand sie schnell im Bad und setzte sich auf den Wannenrand.
Zwölftausend Drachmen! Aus alter Gewohnheit rechnete sie die Summer in D-Mark um. Siebzig! Woher hatte Ilías das Geld? Ob er heimlich gespart hatte? Nein! Mit der Edeltanne, das war Zufall. Nachdem sie die Weihnachtsgeschenke für die Kinder gekauft hatten, war nicht viel Haushaltsgeld übrig geblieben. Also woher hatte er die Drachmen? Ob er sich bei Lámbros Geld geliehen hatte? An mein Gespartes wird er nicht gegangen sein. Und ich darf es auch nicht mehr, weil sonst nie etwas aus unserem Urlaub wird.
Die Stromrechnung!, schoss es Anna blitzartig durch den Kopf. Schnell zog sie die nassen Kleider aus und schlüpfte in den Bademantel. Ihr Mann saß alleine in der Küche und griff gerade nach der Rakíkaraffe. Anna tat beschäftigt, öffnete den Schrank und stellte die zuvor gespülten Tassen hinein.
»Hast du die Stromrechnung bezahlt?« Sie versuchte, beiläufig zu klingen.
»Ich hab keinen Parkplatz gefunden und es regnete stark, da bin ich nicht zu Fuß dorthin.«
Oh, Tannenbaum! Anna atmete tief durch. Er schaut mich nicht einmal an, hat bestimmt ein schlechtes Gewissen.
»Das macht nichts, dann warten wir eben, bis die nächste Zahlungsaufforderung kommt, und begleichen alles auf einmal. Die werden uns in den nächsten zwei Monaten schon nicht den Strom abstellen.« Sie merkte, dass Ilías erleichtert aufatmete. Er prostete ihr zu. »Auf den Tannenbaum.«

Ausgebreitet auf der Bettdecke lag Annas Erspartes. Soll ich oder soll ich nicht? Es ist nicht gesagt, dass ich beim Metzger oder im Supermarkt eine Gans finde, doch wenn, dann müsste ich sie von diesem Geld bezahlen. Was soll ich machen? Sie legte den Kopf zur Seite und betrachtete die Drachmen, als würden sie ihr eine Antwort auf die Frage geben. Ich möchte den Kindern zeigen, wie bei meinen Eltern Weihnachten gefeiert wurde. Wir haben eine Edeltanne, die wir morgen gemeinsam schmücken. Anna spürte Wärme in sich aufsteigen. Wer weiß, wann wir uns noch mal einen Baum leisten. Bei den Preisen! Schnell nahm sie ein paar Scheine und steckte sie in die Handtasche. Den Rest verstaute sie wieder im Schrank.

»Ich fahre nach Sitía. Auf der Hinfahrt hole ich Zenovía ab, sie wird mir Gesellschaft leisten«, sagte Anna zu ihrem Mann und den Kindern, die in der Küche saßen und Strohsterne für den Baum bastelten.
»Nimm Thália mit«, meinte Ilías.
»Ich habe sie gestern gefragt, sie muss Emmanouíl in den Oliven helfen.«
»Bringst du uns was Süßes mit?«, fragte Aléxandros.
»Habt ihr nicht genug mit den gebackenen Plätzchen?«
»Stimmt, hab ich ganz vergessen.« Er griff nach einem Keks, der auf dem Teller vor ihm lag.
»Vergessen, soso.« Anna schmunzelte. Dann warf sie Ilías eine Kusshand zu und griff nach dem Autoschlüssel. »Das Mittagessen braucht ihr euch nur aufzuwärmen, falls ich bis dahin nicht zurück bin.«

Die beiden Frauen schlenderten von einem Schaufenster zum anderen, um sich die Auslagen anzusehen. In

den Geschäften drängten sich die Menschen, meistens Frauen.
»Die haben angefangen, die Preise zu reduzieren. Ist doch klar, dass die Leute wie wild zugreifen.« Zenovía zeigte auf einen mit Fell besetzten Wintermantel.
»Gefällt der dir?«, fragte Anna und sah die Freundin neugierig an.
»Reine Geldverschwendung. Der würde nur im Schrank hängen, bei unseren Temperaturen.« Sie zog Anna zum nächsten Laden. In der Auslage glitzerte ihnen Schmuck entgegen.
»Weißt du, was mir hier fehlt?«
»Geld, reichlich Geld.« Zenovía deutete auf einen Brillantring. Anna lächelte.
»Das habe ich nicht gemeint.«
»Sondern?«
»Keines der Schaufenster ist weihnachtlich geschmückt.«
»Wie meinst du das?«
»In Köln sind die Auslagen mit Tannenbäumen, Winterlandschaften, Weihnachtskugeln und Lichterketten geschmückt. Egal ob Schmuckladen, Bekleidungsgeschäft oder Bäckerei, überall findest du weihnachtliche Dekoration. Sogar im Supermarkt. In den Geschäften spielen sie im Hintergrund Weihnachtslieder. Das stimmt einen auf die Festtage ein.« Anna geriet ins Schwärmen.
»Hier freuen sich die Inhaber über Einnahmen und achten nicht darauf, in welchem Rahmen die Ware angeboten wird. Oft siehst du, wie vollgestopft und unübersichtlich die Läden sind, Hauptsache, der Umsatz stimmt! Darauf kommt es an, nicht auf irgendeinen Schnickschnack«, sagte Zenovía.
»Entschuldige«, flüsterte Anna.
»Wofür?«

»Na, weil ich so begeistert von Köln erzählt habe.«
»Aber dafür brauchst du dich doch nicht zu entschuldigen. Es sind einfach zwei verschiedene Kulturen. Wer weiß, vielleicht wird es in einigen Jahren auch hier Schaufenster geben, die zur Weihnachtszeit geschmückt werden.«
Das wäre schön, dachte Anna. Sie gingen ein Stück weiter. Plötzlich blieb Zenovía stehen und drehte sich um.
»Ich muss dich etwas fragen.«
Anna nickte.
»Hängt Weihnachten bei dir von geschmückten Schaufenstern, Tannenbäumen und anderem Zeugs ab? Ist es nicht die Geburt des Heilands, die im Vordergrund steht?«
Ihr kritischer Blick machte Anna unsicher. Sie brauchte Zeit, bevor sie der Freundin antworten konnte. Sie standen mitten auf dem schmalen Gehweg, die Passanten mussten auf die Straße ausweichen, um an ihnen vorbeizukommen. Anna beobachtete einen alten Mann, der auf seinen Stock gestützt vor ihnen stehen blieb und wartete, bis Zenovía ihm Platz machte. Anna hatte das Gefühl, dass sie sich nicht fortbewegen konnte.
»Was ist los, Anna?«
Sie schluckte.
»Ich habe mir nie Gedanken darüber gemacht, dass meine Leidenschaft für Weihnachten oberflächlich wirken könnte. Natürlich ist mir das Wichtigste, dass wir an dem Tag die Geburt von Jesus feiern, daher möchte ich am Heiligen Abend in die Kirche, um dort Gott und seinem Sohn nah zu sein.«
»Meinst du, wenn du zuhause bist, ist Gott dir nicht nahe?« Erstaunt sah Anna die Freundin an.
»Sag mal, was ist denn mit dir auf einmal los?«

»Es regt mich auf, dass du mir immer wieder vorjammerst, wie sehr dir Weihnachten fehlt und du in Köln, bei deiner Familie sein möchtest und auf diese Weihnachtsmärkte willst. *Hier* ist deine Familie, *hier* sollte dein Herz an den Festtagen sein! Das wollte ich dir längst mal gesagt haben.« Zenovía trat auf die Straße, um einer Frau mit Kinderwagen auszuweichen. »Anna, ich denke, wir reden ein anderes Mal darüber, damit wir weiterkommen. Ich wollte zum Metzger, kommst du mit?«
»Natürlich, vielleicht hat er eine Gans.«
»Ach, dir ist nicht zu helfen.« Zenovía schritt voran, und Anna folgte ihr auf dem schmalen Bürgersteig den Berg hinauf.
Zählt für mich wirklich nur der weihnachtliche Rummel? Nein! Im Vordergrund steht die Geburt Christi! Und das harmonische Beisammensein der Familie, gestand Anna sich ein. Bilder der Vergangenheit kamen hoch. Die Mutter, die tagelang in der Küche stand und Plätzchen backte. Vater, der sich an den Festtagen Zeit für die Familie nahm, keinen Druck ausübte, nicht ständig seine Meinung durchsetzte oder nach dem Abendessen im Büro verschwand, um über seinen Büchern zu hocken. Die sonst hitzigen Streitereien zwischen den Geschwistern waren bis nach Weihnachten eingestellt. Als wäre die Familie für wenige Tage von einem magischen Vakuum umgeben.
Sie stolperte über Zenovía, die stehen geblieben war.
»Träumst du?« Anna versuchte, zu lächeln, jedoch spürte sie selbst, dass es ihr nicht richtig gelang. Vor dem Metzgerladen hatte sich eine Menschenschlange gebildet.
»Das wird dauern«, meinte Zenovía und stellte sich an.

Dicht gedrängt ging es langsam voran. Anna schaute in die Auslagen und stellte schnell fest: Hähnchen, Kaninchen und Wildbraten, keine Gans.
Mit einer Ente wäre ich auch zufrieden gewesen. Doch alles nur Show? Unsicherheit breitete sich in ihr aus.
»Anna, guck mal, kennst du das?« Zenovía hatte sie angestupst und zeigte auf die Ladentheke. Trotz der Bedrücktheit, die von ihr Besitz ergreifen wollte, machte Annas Herz einen Hüpfer.
»Sag mal, redest du nicht mehr mit mir?«, fragte die Freundin. »Was ist denn los? Du stehst hier mit offenem Mund und weinst. Bist du mir wegen eben böse? Ich wollte nur mal meine Meinung sagen.« Sie rüttelte Anna, die sich langsam aus ihrer Erstarrung löste.
»Alles in Ordnung.«
»Und warum schaust du so entgeistert und heulst?«
»Das ist Kassler! Zenovía, das ist eine meiner Lieblingsfleischsorten. Geräuchertes Schweinefleisch!« Anna klatschte in die Hände.
»Also hör mal! Die Leute schauen uns schon alle an. Du benimmst dich wie ein Kind.«
»Entschuldige.« Anna sah sich im Laden um, dabei wischte sie sich die Tränen von den Wangen. »Es hat mich einfach überwältigt. Erst die Überraschung mit dem Tannenbaum, und nun der Kassler. Den werde ich kaufen, dazu dieses verdammt teure Sauerkraut im Glas vom Supermarkt. Egal!«
»Nun beruhige dich doch.« Zenovía schüttelte den Kopf, dann wandte sie sich dem Metzger zu und gab ihre Bestellung auf.

»Kein Truthahn«, stellte Ilías fest, als er am nächsten Morgen in die Küche kam. Er schaute seiner Frau beim

Kochen über die Schulter, wie sie ein Stück Ziegenbraten im Römertopf wendete, danach zudeckte und ihn in den Ofen schob.

»Dieses Jahr nicht.«

»Hast du keinen im Supermarkt bekommen?«

»Ich wollte nicht.«

»Warum? Dir lag doch sonst immer viel daran.« Anna verschränkte die Arme vor der Brust und blitzte ihn an. In Ilías' Augen lag Erstaunen. Er war einen Schritt zurückgewichen. Sie atmete tief durch.

»Denkst du auch, ich mache zu viel Aufhebens um Weihnachten?«

»Auch?«

»Lámbros mochte nie, dass ich die deutsche Sitte in sein Haus bringe, und Zenovía behauptet, ich würde nur das Drumherum mögen und darüber den wahren Grund des Festes vergessen.«

Ilías kratzte sich am Kopf.

»Also, ich weiß gar nicht, was ich sagen soll. Du überraschst mich total.«

»Ist es so oder nicht?« Ihre Stimme überschlug sich.

»Um ehrlich zu sein, ich habe mir nie Gedanken darüber gemacht. Für mich war schön zu sehen, dass du dich auf Weihnachten freust, und mit wie viel Liebe und Sorgfalt du dich darauf vorbereitest. Dass du die Geburt von Jesus in den Hintergrund stellst, kann ich nicht behaupten. Schon als die Kinder klein waren, hast du ihnen an der Wiege die Weihnachtsgeschichte vorgelesen.« Er kam wieder näher und streichelte ihr über die Wange. »Ich denke, du wolltest einfach aus den Feiertagen etwas Besonderes machen. Einen Teil deiner Tradition bewahren, und das hast du jedes Mal, sogar bei meinem Vater, durchgesetzt. Sagst du mir

jetzt, warum es Ziegenbraten geben wird?« Sie spürte, dass die Anspannung langsam nachließ.
»Weil Weihnachten nichts damit zu tun hat, was auf den Tisch kommt.«
»Aber Anna, das hat doch keiner behauptet!«
»Ich…« Ilías zog sie in seine Arme. »Kannst du dich an dein erstes Weihnachten auf Kreta erinnern?« Sie nickte.
»Da hast du ein Paket von deinen Eltern bekommen, vollgepackt mit Stollen und was weiß ich noch alles.« Anna nickte ein weiteres Mal.
»Du hast damals gesagt: ›Weihnachten, Christi Geburt, ist hier ganz tief drin.‹ Dabei hast du die Hand auf dein Herz gelegt. Und dass du den weihnachtlichen Duft liebst, was ist daran falsch?« In Annas Augen schimmerten Tränen.
»Dass du dich daran so genau erinnerst!«
»Bist du nun beruhigt?«
»Ja. Vielleicht sollte ich nicht so viel schwärmen, wenn ich von der Kölner Weihnacht erzähle.«

Tannenduft schwebte im Raum. Anna sah den Kinder lächelnd dabei zu, wie sie mit Freude den Baum schmückten. Sogar Lámbros stimmte summend mit ein, als Anna ›Oh Tannenbaum, oh Tannenbaum‹ sang. Als sie den Ziegenbraten servierte, warf Lámbros ihr einen erstaunten Blick zu. Sie zwinkerte und füllte seinen Teller.
Später in der Kirche Panagía las Anna die Weihnachtsgeschichte vor und erzählte von ihrer Religion. Danach überhäuften die Kinder sie mit Fragen, und eine muntere Diskussion entbrannte über die verschiedenen Glaubensrichtungen.

»Na, na«, mischte sich Lámbros ein, »als wenn wir auf Kreta kein Weihnachten feiern würden.«
»Da hast du Recht«, stimmte Déspina zu. »Ich gehe nicht nur am Heiligen Abend in die Kirche, sondern auch in der Vorweihnachtszeit.«
Anna bestätigte: »Das mache ich mit den Kindern genauso.«
»Früher haben wir Weihnachten mit vielen Dorfbewohnern verbracht und den ganzen Tag gefeiert«, meinte Lámbros.
»Aber ihr feiert nicht am Heiligen Abend.«
»Das stimmt, für uns ist am ersten Weihnachtstag das eigentliche Fest.«
»Dafür backen wir reichlich *Kourabiédes*, unser Weihnachtsgebäck.« Déspina zog einen Keks aus der Jackentasche. Er war in eine Serviette gewickelt. Als sie sie öffnete, rieselte Puderzucker auf die Straße. »Ich hab immer einen dabei, falls ich unterwegs Hunger bekomme.«
»Stimmt das?«, fragte Lámbros junior mit großen Augen. Natalía und Aléxandros waren vorausgelaufen.
»Nein, den hat mir heute Mittag die Nachbarin gegeben, ich hatte nur vergessen, ihn aus der Tasche zu nehmen«, schmunzelte Déspina.
»Bekommen wir heute vom Christkind Geschenke?«, wollte er nun wissen.
»Wir werden sehen, was unter dem Tannenbaum liegt«, gab Anna zur Antwort.
»Seht ihr, zu Sofías Lebzeiten gab es Geschenke stets am Ersten des Jahres. Doch durch dich wurde eine neue Sitte eingeführt«, meinte Lámbros.
»Bist du böse darüber?«, fragte sie leise. Er schüttelte den Kopf.

»Moment mal!« Lámbros junior blieb stehen, sah in die Runde. »Wir können es so machen: Mamas Christkind bringt die Geschenke am Heiligen Abend, und am Ersten Januar bringt uns dann der heilige Vasílis auch noch welche. Geht doch, oder?«
»Klar geht das«, sagte Lámbros und strich seinem cleveren Enkel übers Haar. Anna und Déspina sahen sich lächelnd an. Schon lief Lámbros junior den Geschwistern hinterher, um ihnen die Neuigkeit zu erzählen.

61. Kapitel

Von der Straße heraufklingender Gesang zog Thália zum Fenster. Sie schaute hinaus und sah, wie Annas Kinder Hand in Hand gingen und dabei ein deutschsprachiges Weihnachtslied sangen. Sie wartete, bis die kleine Gesellschaft ins Haus gegangen war, dann setzte sie sich wieder neben Emmanouíl, der sich ein Glas Wein eingoss. Sie hatten gerade gegessen. Nun schauten sie sich einen Film aus den fünfziger Jahren an.
Thália konnte sich nicht mehr auf die Handlung konzentrieren. Ihre Gedanken schweiften ab. Sie wünschte sich, dass auch sie Kinder hätte, die Weihnachtslieder darbieten könnten. Ihre Kinder! Niemals wird es so sein! Tränen würgten sie.
»Emmanouíl.« Thália merkte, dass ein Anfall von Panik sie gefangen nahm.
»Was ist?«
Sie war nicht in der Lage, ihm zu antworten, und keuchte hilflos. Erst jetzt sah er sie an.

»Du bist total bleich! Was hast du?« Schnell sprang er auf, zog sie von der Couch. »Tief durchatmen.«
Der Versuch scheiterte, es gelang ihr nicht. Sie spürte, dass ihre Beine sie nicht mehr tragen konnten. Sie knickten weg, ihr Mann fing sie auf, bevor ihr schwarz vor Augen wurde. Leichte Schläge auf die Wangen weckten sie. Mit flatternden Lidern sah sie sich um und bemerkte, dass sie ausgestreckt auf der Couch lag.
»Du machst mir vielleicht Sorgen. Was war denn los?« Emmanouíls besorgter Blick ruhte auf ihr. Sie fing an zu weinen und spürte, dass sich dadurch der Kloß im Hals löste. Er wischte ihr sanft die Tränen aus dem Gesicht. Es dauerte, bis sie sich endlich beruhigte.
»Ich werde damit nicht fertig, dass wir keine Kinder haben. Ich lasse die Verwachsungen herausoperieren, die Hormontherapie kann ich hier machen, dann bin ich nicht so lange weg. Bitte, lass mich gehen.« Sie sah seinen sorgenvollen Gesichtsausdruck. Die Furchen auf der Stirn tief, seine Augen wässrig.
»Das Risiko …«, wandte er ein, doch Thália unterbrach ihn, indem sie die Finger auf seine Lippen legte.
»Noch ein einziges Mal«, bat sie. Er nickte. Sie erkannte, wie sehr er seine Ängste und Tränen unterdrückte.

Drei Wochen später saß Thália wieder vor der Athener Spezialklinik auf der Bank. Der Wind stob um die Ecke. Sie zog den Mantel enger um sich. Ihr Mann war auf Kreta geblieben. Sie akzeptierte seine Entscheidung. Thália wusste: Um ihr Gewissen zu erleichtern, musste sie dieses Vorgespräch und dann den Eingriff alleine hinter sich bringen, um danach endlich schwanger zu werden. Doch Ängste über ihre eigene Courage überwältigten sie. Plötzlich hörte sie ein Baby schreien. Ein

junger Mann schob einen Kinderwagen die Straße entlang. Seine Begleiterin hatte sich bei ihm eingehakt. Sie spazierten auf Thália zu.
»Entschuldigen Sie«, sagte die Frau, »ist hier noch frei?« Thália rückte ein Stück zur Seite. Die Frau setzte sich, und der Mann schob den Kinderwagen näher. Thália drückte den Rücken durch und versuchte, einen Blick in den Wagen zu werfen.
»Ist unsere Kleine schon wieder hungrig?«, gurrte die Mutter und zog die Decke ein Stück herunter, damit sie die Flasche besser anlegen konnte. Gierig saugte das Baby am Nuckel. Mit Erstaunen starrte Thália in ein kaffeebraunes Gesicht.
»Stélla ist in Südafrika geboren, wir haben sie adoptiert«, erklärte der Mann.
Thália erschrak, sie fühlte sich ertappt und murmelte: »Entschuldigung.«
»Das sind wir gewohnt. Wissen Sie, wir können keine eigenen Kinder bekommen, drum haben wir uns dafür entschieden, ein Kind aus der Dritten Welt aufzunehmen und ihm ein Zuhause zu geben. Wir lieben Stélla wie unser eigenes.« Verlegen schaute Thália weg und betrachtete zum ersten Mal ihre Umgebung. Gegenüber befand sich ein Kiosk. Mittagszeit, Kinder standen um die Auslagen herum. Sie schubsten sich gegenseitig zur Seite oder machten sich auf ein interessantes Spielzeug aufmerksam. Hin und wieder war fröhliches Lachen zu hören. Eine Kirchturmuhr läutete.
Adoption! Thália stand auf, verabschiedete sich von dem jungen Elternpaar und betrat die Klinik.
Am Abend rief Thália ihren Ehemann an.
»Ich habe mich gegen einen Eingriff entschieden und dem Arzt schon Bescheid gesagt.«

»Bist du dir sicher?«
»Ja.« Sie hörte, wie Emmanouíl erleichtert aufatmete. »Das heißt nicht, dass wir ohne Kinder bleiben müssen. Es gibt genug Mädchen und Jungen, die ein Zuhause brauchen. Ich denke da an Adoption. Komm bitte nach Athen, und wir reden in Ruhe darüber.«
Erstaunlicherweise war Emmanouíl sofort damit einverstanden und buchte einen Flug. In der Zwischenzeit hatte Thália eine Einrichtung ausgemacht, die mit einem Kinderheim in der Nähe zusammenarbeitete. Sie hatte einen Termin vereinbart, und am Wochenende durften sie vorbeikommen und sich mit den Kindern beschäftigen. Das Adoptionsbüro bestand darauf, dass sich zukünftige Adoptionseltern erst einmal einen eigenen Eindruck machten, indem sie drei Wochenenden die Kinder im Heim besuchten.
Samstag Vormittag standen sie vor der Einrichtung. Thália ließ das Haus auf sich wirken. Der Altbau befand sich mitten in einem belebten Stadtrandgebiet. Die Hauptstraße führte direkt daran vorbei. Autos standen im Stau und hupten, damit es endlich weiterginge. Das Gebäude benötigte dringend einen neuen Anstrich, an allen Ecken blätterte der Putz ab. Den hölzernen Fensterläden würde eine Abschleifung mit Neuversiegelung guttun. Thália fühlte sich unwohl beim Anblick des Hauses, das nach ihrer Ansicht kurz vor dem Zerfall stand. Ihre Hände zitterten, als Emmanouíl die Tür zum Heim öffnete.
Wow! Thália staunte nicht schlecht. Die Treppe war mit braunem Teppich ausgelegt, die Wände in einem beigen Ton gestrichen. Zitronenduft stieg ihr in die Nase. Sie gingen zur Pforte, wo sie freundlich begrüßt wurden. Nachdem Emmanouíl ihren Namen

und ihr Anliegen genannt hatte, führte die Angestellte sie durch einen langen Flur. Thália betrachtete die Wände, die mit Bildern dekoriert waren. Sie erkannte, dass es sich um Gemälde eines griechischen Künstlers handelte, der ihr bekannt war; Vasílis Solidákis. Sein Elternhaus stand nicht weit entfernt von ihrem Haus in Tourlotí.

Thália deutete es als ein positives Zeichen. Nach dem äußeren Erscheinungsbild hatte sich Thália auf alles gefasst gemacht, jedoch nicht auf ein solch harmonisch und ordentlich eingerichtetes Inneres. Sie warf einen Blick in die geöffneten Zimmer, in denen Kinder spielten. Dann klopfte die Angestellte an die Bürotür der Leiterin.

Violéta Papadópoulou stellte sich als eine einfühlsame Frau um die Fünfzig heraus. Sie hatte eine frauliche Figur, dunkle Locken umschmeichelten ihren warmen Gesichtsausdruck. Dank ihres Einfühlungsvermögens löste sich Thálias Nervosität im Nu auf. Sie erzählte Violéta, warum sie darüber nachdachten, ein Kind zu adoptieren. Nach einem längeren Gespräch, bei dem sich die Heimleiterin reichlich Notizen machte, führte sie das Ehepaar durchs Haus.

»Diese Bilder«, Violéta zeigte auf die Gemälde im Flur, »sind vom Künstler ausgestellt worden. Es gibt öfter zukünftige Eltern, die zur Erinnerung ein Bild erwerben und somit nicht nur den Künstler, sondern auch unsere Einrichtung unterstützen. Ihnen ist bestimmt die Außenfassade aufgefallen. Schon seit Jahren müsste sie restauriert werden. Die staatliche Unterstützung reicht dafür nicht aus, deshalb versuchen wir durch andere Einnahmequellen, das Geld zusammenzubekommen. Unter anderem durch die Provisionen, die wir für verkaufte Gemälde erhalten.« Thália nickte und wusste sofort, dass sie ein Bild erwerben würden. Es gab verschiedene Spielzimmer, in denen sich jeweils bis zu sieben Kinder mit einer Gruppenleiterin aufhielten. Die Kleinen waren zwischen zwei und elf Jahren alt.

»An welche Altersgruppe haben Sie gedacht?«, fragte Violéta, als sie den letzten Raum besichtigten. Thália fiel auf, dass die Kinder sie in jedem Zimmer kurz grüßten, sich jedoch sofort wieder ihrem Spiel widmeten. Sie vermutete, dass die Kleinen es gewohnt waren, Ehepaare an den Wochenenden hier zu sehen. Thália drückte Emmanouíls Hand.

»Ein Baby?«, fragte sie verhalten. Er nickte.

»Das wünschen sich die meisten Paare. Doch es ist schwer und dauert oft Jahre. Die Warteliste ist lang«, entgegnete die Leiterin. Thália merkte an Violétas Gesichtsausdruck, dass ihr die Worte nicht einfach über die Lippen gingen. Wer weiß, wie vielen Ehepaaren sie das schon hatte mitteilen müssen.

»Was denkst du?« Thália sah zu ihrem Ehemann.

»Ist es nicht wichtig, dass Sie das Kind vom ersten Augenblick an ins Herz schließen, egal, wie alt es ist?«, warf Violéta ein.

»Da stimme ich Ihnen zu«, gab Emmanouíl zur Antwort. Thália umfasste fest seine Hand und nickte ebenfalls zustimmend.

»Gut, dann kommen Sie erst einmal die nächsten drei Wochenenden zu Besuch. Ich bitte Sie, sich nicht jetzt schon in ein Kind zu verlieben. Dies hier ist eine erste Annäherung an Ihren Gedanken, ein Kind zu adoptieren. Bitte machen Sie keinem Kind Hoffnung, dass es bei Ihnen leben darf«, sagte Violéta, als sie wieder im

Büro saßen. »Nach Ihren Besuchstagen werde ich einen Bericht an die zuständige Behörde senden, in dem stehen wird, ob ich Sie für die Adoption eines Kindes für geeignet halte. Entschuldigen Sie bitte, das hört sich bürokratisch an, dient aber dem Schutz der Kinder. Wir möchten sichergehen, dass das Mädchen oder der Junge fürsorgliche Eltern und ein gutes Zuhause bekommt.« Violéta reichte Thália einen Fragebogen. »Beantworten Sie die Fragen gewissenhaft, besprechen Sie alles miteinander und teilen Sie uns die Termine für Ihre folgenden Besuche mit.« Es klopfte, und eine Gruppenleiterin bat Violéta um ein Gespräch. »Wir sind gleich fertig.«

Sie winkte die Frau herein, dann sagte sie: »Wenn Ihnen noch etwas einfällt, was Sie wissen möchten, dann rufen Sie mich an. Meine Telefonnummer steht auf dem Formular. Ansonsten bringen Sie den Fragebogen vorbei, sobald Sie ihn ausgefüllt haben, umso schneller können Sie die Kinder besuchen.«

Zum Abschied reichte sie erst Thália, dann Emmanouíl die Hand. Er bedankte sich, seine Frau steckte den Bogen in die Handtasche und sie verließen den Raum. Beim Vorbeigehen lugte Thália nochmals in die Spielzimmer. Sie verspürte den Wunsch, einfach hinzugehen und jedes Kind einzeln in den Arm zu nehmen.

Ich muss Geduld haben! Mit diesen Worten versuchte sie, sich zu beruhigen, und hakte sich bei ihrem Mann unter. Voller Hoffnung verließen sie das Haus. Auf der Straße drückte Emmanouíl sie an sich.

»Das schaffen wir! Wir werden einen Jungen adoptieren!«

»Ach so, ich werde erst gar nicht gefragt, ob mir ein Mädchen lieber wäre?« Thália verzog die Mundwin-

kel, im Inneren dachte sie jedoch: Hauptsache ist, wir haben ein Kind, zum Lieben und Verwöhnen!
»Thália«, Emmanouíl drehte sie zu sich hin, »du hast gehört, was Violéta gesagt hat: Es kann Jahre dauern, bis wir ein Kind zugesprochen bekommen.«
»Das werden wir auch noch überleben«, gab sie zur Antwort und zog ihn mit sich in ein Café.

62. Kapitel

Sechshundert Liter Olivenöl warteten aufs Abfüllen aus den Fässern in Ein- und Fünfliterkanister, die Lámbros und seine Freundin auf den Markt mitnehmen würden. Einem Lauffeuer gleich hatte es sich herumgesprochen, dass Anna Oliven und Paprika in Knoblauchöl einlegte, sowie Rosmarinöl anbot. Schnell war die Ware vergriffen und sie verbrachte oft die halbe Nacht damit, Nachschub zu fertigen. Die Erde im Garten war umgegraben, die ersten Samen ausgestreut. Nach einem kurzen Frühling folgte ein heißer Sommer, mit den langen schulfreien Tagen der Kinder. Anna vermisste Thália, die oft an den Wochenenden oder für längere Zeit nach Athen flog. Weilte sie im Dorf, gab sie sich beschäftigt. Gerne hätte Anna gewusst, was in der Freundin vor sich ging, doch jeglicher Versuch, es aus ihr herauszubekommen, schlug fehl.

Auf Knien zupfte Anna das Unkraut im Garten.
»Mama!«, hörte sie Natalía rufen.
»Ich bin hinterm Mais!« Ihre Tochter kam angelaufen.

Außer Atem ließ sie sich neben der Mutter auf die Erde fallen, zog die Beine an.
»Willst du mir helfen?«
»Bringst du mir Italienisch bei?«
Abrupt hielt Anna inne.
»Hast du Langeweile? Euer Großvater fährt euch doch fast jeden Tag nach Thólos an den Strand.«
»Ich möchte wie du ganz viele Sprachen sprechen können.«
»Und wieso hast du nichts gesagt, als ich mit Katerína den Unterricht anfing?«
»Nun ja…«, stotterte ihre Tochter.
»Hat es mit Lorenzo zu tun?«
»Mama!«, protestierte Natalía. Doch sie konnte die Mutter nicht täuschen, denn ihre Augen leuchteten auf, kaum hörte sie den Namen. Anna lächelte. Katerínas italienischer Freund hatte einen Sohn im Alter von fünfzehn Jahren. Gemeinsam waren sie vor zwei Wochen auf Besuch angereist.
»Der ist nett und sieht toll aus, hm?«
»Ich will mich halt mit ihm unterhalten können.« Verlegen zupfte sie einen Grashalm aus. »Bringst du mir Italienisch bei oder nicht?«
»Gerne.« Ruckzuck war die Tochter aufgesprungen und hüpfte durch den Garten. Anna sah ihr nach.
Kaum zu glauben, die Kinder werden so schnell erwachsen. Noch ist es eine Schwärmerei, doch was ist, wenn sie sich in Lorenzo verliebt? Sein Vater Luigi und er leben in Catania, auf Sizilien. Natalía könnte eines Tages dort… Ach, was ich mir für Gedanken mache! Anna schüttelte den Kopf. Sie wird in wenigen Tagen gerade mal dreizehn! Schon machte sie sich wieder daran, die Tomatensträucher vom Unkraut zu befreien.

Die Ernte fiel reichlich aus und Anna freute sich über die guten Einnahmen. Fleißig sparte sie jede Drachme, die sie abzweigen konnte. Ein Teil kam in ihre Dose für die Weihnachtsflüge, der andere verschwand in der Nachttischschublade. Seit Monaten bereitete sich Anna finanziell und gedanklich auf ihren vierzigsten Geburtstag im September vor. Ihr Wunsch war, ihn ausgiebig zu feiern. Schon im April hatte sie Einladungen gebastelt und sie zur Familie und den Freunden nach Deutschland geschickt. Die griechischen Freunde würde sie erst einen Monat vorher einladen, sie hatten ja keine lange Anreise zu planen.

»Was brütest du wieder aus? Sitzt hier in der heißen Küche statt unter einem Olivenbaum im Garten«, stichelte Ilías.
»Ich überlege, welche Gerichte ich zu meinem Geburtstag zubereiten werde.«
»Bis dahin sind es noch zwei Monate. Du weißt nicht einmal, wer alles kommt.«
»Richtig, Junge«, mischte sich Lámbros ein, »du machst ein Aufheben um deinen Geburtstag, Anna, als wenn das etwas Besonderes wäre!«
»Ich kann nichts dafür, dass ihr den Namenstag zelebriert. Ich habe mich all die Jahre daran gehalten. Doch ich werde im Leben nur einmal vierzig. Und das möchte ich im Familien- und Freundeskreis groß feiern.«
»Als wenn irgendjemand aus Deutschland extra deshalb herkommt. Seit Jahren hast du weder Besuch von deinen Eltern noch von deinen Freunden bekommen.« Lámbros zog sich einen Stuhl hervor.
»Außer von Peter und Elke«, meinte Ilías und setzte sich auf die Küchenbank.

»Ja, haltet bloß zusammen. Vermiest mir ruhig die Stimmung. Doch dass ich meinen Geburtstag feiere, lasse ich mir nicht nehmen.« Wütend stampfte sie zur Küchentür.
»Anna!«, rief Ilías.
»Was denn?«
»Ich habe für morgen Abend Katerína mit ihrem Freund und dessen Sohn zum Grillen eingeladen.«
»Schön, dass du mir das so kurzfristig mitteilst.«
»Komm mal her.« Er schlug mit der Hand auf sein Bein. Sie blieb stehen.
»Keiner hat etwas dagegen, wenn du deinen Geburtstag feierst, aber versprich, dass du nicht allzu enttäuscht bist, wenn aus Deutschland niemand extra dafür anreist.«
»Wir werden sehen!«, gab sie trotzig zur Antwort.
»Und was kochen wir morgen?«, fragte Lámbros.
»Wir? Seit wann kümmerst du dich denn ums Essen?« Anna bemerkte ihren beißenden Ton und schlug sofort einen versöhnlichen an: »Oder möchtest du, dass ich etwas Bestimmtes zubereite?«
Er strich sich über den Bart. Erwischt! Der alte Haudegen.
»Thunfischsalat, Taramosaláta, *omatiés*, Käsetaschen, und kannst du Olivenbrot backen?«, zählte er auf.
»Sonst nichts? Ich hab für die *omatiés* keine Innereien.«
»Ich hol welche vom Metzger.« Ohne Annas Antwort abzuwarten, spurtete Lámbros die Stufen hinunter.
»Dann fang ich am besten direkt mit den Vorbereitungen an.« Sie zog sich die Schürze über und ging in die Speisekammer, um die Zutaten zu holen.

Lámbros junior hämmerte mit beiden Fäusten gegen

die Badezimmertür, als Anna gerade aus dem Schlafzimmer kam.
»Was hast du denn?«
»Ich muss mal, und Natalía ist seit einer Stunde dort drin.«
»Geh zu Opa auf die Toilette«, bat Anna, und er flitzte los. Dann klopfte sie vorsichtig an die Tür. »Natalía, machst du mal auf?«
»Gleich!«
»Bitte.« Ein mürrisches Murmeln drang heraus, dann öffnete sich die Tür. Natalía erschien mit verschränkten Armen und trotzigem Gesichtsausdruck.
»Geht es dir nicht gut?«
»Ich bekomme meine Haare nicht gebändigt.«
»Aber du magst doch, wenn sie dir wie wild um den Kopf fliegen.«
»Ich sehe damit kindisch aus.« Anna hob die Augenbrauen. Daher weht der Wind! Lorenzo kommt zum Grillen. Meine Tochter möchte älter aussehen.
»Wie möchtest du sie denn gerne haben?« Natalía zuckte mit den Schultern. »Soll ich dir einen Zopf machen?« Schnell reichte Natalía ihr den Kamm und setzte sich auf die Toilette. »Du siehst schick aus«, stellte Anna fest. Die Tochter trug einen Jeansrock, dazu passend ein blaues T-Shirt und die neuen Sandalen.
»Echt?«
»Ja, wie ein junges Fräulein.«
Natalía reckte sich, um in den Spiegel schauen zu können. Ein leichtes Lächeln umspielte ihre Lippen.

Nach dem Grillen fand Anna endlich Ruhe, sich gemütlich an den Tisch zu setzen. Von dort aus beobachtete sie heimlich ihre Tochter, die sich nervös eine gelöste

Haarsträhne um den Finger wickelte, während sie an Lorenzos Lippen hing.
»Soll ich für dich übersetzen?«, fragte Anna.
»Nein, Mama. Wir kommen mit unserem Englisch gut klar.« Sofort wandte sich das Mädchen wieder ihrem neuen Freund zu. Anna lehnte sich lächelnd zurück.
»Träumst du?«, fragte Katerína.
»Hast du unsere beiden Kinder mal beobachtet?«
»Sie verstehen sich gut.«
»Was ist, wenn sie sich ineinander verlieben?«
»Würde dich das stören?«
»Sind sie nicht zu jung dafür?«
»Anna!«, rief Katerína so laut, dass Natalía verwundert den Kopf hob, »sie reden nur miteinander!«
»Ach, Mama!« Natalía stand auf und zog ihren italienischen Freund mit sich in den Garten. Dort setzten sie sich auf eine Holzbank.
Anna konnte ihren Blick nicht von den beiden lassen. Ihre Tochter zupfte einen Grashalm aus, Lorenzo nahm ihn ihr aus der Hand und steckte ihn sich lässig in den Mund. Natalías Wangen röteten sich.
»Lass sie«, meinte Katerína und verwickelte Anna in ein Gespräch.
Der gemütliche Abend ging dem Ende zu. Aléxandros und Lámbros waren bereits einige Stunden im Land der Träume unterwegs.
Anna saß auf Natalías Bettkante.
»Mama?«
»Mhm.«
»Ob es lange dauern wird, bis ich mich mit Lorenzo auf Italienisch unterhalten kann? Klappt zwar ganz gut mit unserem Englisch, doch ich möchte alles verstehen, was er mir sagt.«

»Ihr seid jeden Tag zusammen, du wirst seine Sprache schnell lernen, und er deine.«
Die Tochter setzte sich auf: »Meinst du, er wird eines Tages Griechisch sprechen können?«
»Sicher. Du hast es vielleicht mitbekommen: Sein Vater ist nicht abgeneigt, hierher auf die Insel zu ziehen. Doch erst soll sein Sohn die Schule beenden.« Natalía glitt zurück unter die dünne Decke. »Das sind noch so viele Jahre.«
»Die Zeit vergeht wie im Fluge, du wirst sehen.« Anna küsste sie auf die Stirn. An der Tür drehte sie sich um und betrachtete die Tochter, die ihren Teddy im Arm hielt. »Schlaf gut, meine Kleine.«

»Hoch soll sie leben, hoch soll sie leben, dreimal hoch!«, erklang es in Onkel Manólis' Taverne. Die Gäste waren von ihren Stühlen aufgestanden und hoben Anna ihr Glas entgegen.
»Jamas!«, rief Anna freudig in die Runde. Dann klopfte sie mit der Gabel an den Teller. Stille trat ein.
»Liebe Familie, liebe Freunde! Seit Monaten habe ich mich auf dieses Fest gefreut und es mir ausgemalt. Ich muss gestehen, dass ich nicht damit gerechnet hatte, dass ihr so zahlreich erscheinen würdet. Ich danke euch sehr dafür.« Schnell übersetzte sie die Worte für die griechischen Gäste. Nochmals ließen sie Anna hochleben. Im Hintergrund erklang kretische Musik und die Speisen wurden aufgetragen.
»Ich hoffe, wir haben genug zu essen«, flüsterte Anna Ilías zu.
»Also, wenn das nicht reicht, dann fresse ich 'nen Besen. Schau doch, wie die Tische unter den Vorspeisen ächzen.« Er kniff sie in die Seite.

»Mach du dich ruhig über mich lustig.« Anna zog eine Grimasse.
»Was ist los«, fragte Lámbros, »warum siehst du so traurig aus?«
»Dein Sohn hat mich geärgert.«
»Ich muss zugeben, ich hätte nicht gedacht, dass so viele aus deiner alten Heimat anreisen.«
»Sogar eine Freundin aus der Schulzeit, mit der ich lange keinen Kontakt mehr hatte.«
»Die wollen alle nur mal Urlaub im Süden machen«, stänkerte Ilías.
»Hör endlich auf, die Anna zu ärgern. Sie hat sich eine solche Mühe gemacht. Geht lieber tanzen, dann tobt ihr euch wenigstens aus.« Lámbros stand auf und zog Déspina mit sich auf den freien Platz hinter den Tischreihen, zum Sirtáki.
»Kommt mit!« Anna winkte ihren Eltern zu. Unisono schüttelten beide den Kopf und blieben sitzen.
»Was ist los?«
»Viel zu heiß!«, antwortete ihr Vater, und die Mutter wischte sich demonstrativ mit einem Tuch über die Stirn.
»Ist es nicht toll, wie viele gekommen sind?«
»Wir haben eine Unterhaltung deiner Freunde mitbekommen.« Elfriede sah sich im Raum um und deutete auf Annas alte Schulfreundin und deren Mann.
»Und?«
»Sie würden niemals in dieses Dorf ziehen«, antwortete Walter und setzte nach: »Meine Worte, genau das hab ich schon immer gesagt!«
»Es ist mir egal, wie andere über mein Leben denken. Kommt ihr nun mit tanzen oder nicht?« Sie sah in ihre ablehnenden Gesichter. »Dann eben nicht!« Anna drehte sich um und reihte sich bei den Tanzenden ein. Die an-

deren Gäste stellten sich um sie herum und klatschten. Bis in die frühen Morgenstunden dauerte das Fest.
»Ich kann es nicht fassen«, sagte Anna, als sie im Bett lag und sich an ihren Mann kuschelte, »nun bin ich vierzig.«
»Und immer noch so hübsch wie damals, als ich dich das erste Mal gesehen habe.«
»Du Schmeichler. Schade, dass Thália und Emmanouíl nicht dabei gewesen sind. Weißt du, was sie ständig in Athen machen?«
»Nein«, antwortete Ilías und dann: »Haben deine Eltern oder Freunde etwas zum Fest gesagt?«
»Den meisten hat es gefallen. Meinen Eltern war es zu heiß.«
»Vielleicht haben sie sich nicht getraut, zu tanzen.«
»Möglich«, stimmte Anna zu, obwohl sie sich eines unbehaglichen Gefühls nicht erwehren konnte.

63. Kapitel

»Schade, dass ihr abreist«, sagte Anna.
»Wir hatten von vornherein gesagt, dass wir nur vier Tage bleiben.« Der Vater stellte den Rucksack auf den Tisch.
»Hat es euch wenigstens gefallen?«
»War ganz nett, doch in diesem Haus von Emmanouíl möchten wir nicht mehr unterkommen.«
»Wenn es überhaupt ein nächstes Mal gibt.«
Anna sah die Mutter an, die zu ihren Worten ein todernstes Gesicht machte: »Was willst du damit sagen?

Seid ihr krank? Habt ihr mir irgendetwas verschwiegen?« Anna ließ sich erschrocken auf den nächsten Stuhl fallen. Die Eltern nahmen ihr gegenüber auf der Küchenbank Platz.

»Nun, Anna, was sollen wir es dir verheimlichen …«, setzte der Vater an.

»Habt ihr wieder Geldsorgen?«, fiel Anna ihm ins Wort.

»Es geht um dich!«

»Um mich?« Erstaunt blickte sie von einem Elternteil zum anderen.

»Wir können es nach wie vor nicht ertragen, wie du dein Leben verschwendest.«

»Kannst du mir das genauer erklären?«

Walter stand auf, ging in der Küche auf und ab. Ohne Anna eines Blickes zu würdigen, sprach er in den Raum hinein: »Ich wiederhole mich ständig, doch du kapierst es nicht. Mach endlich die Augen auf! Andere sehen es genauso. Du lebst in einem primitiven Dorf, hier passiert nichts. Kein kulturelles Leben. Hier reden die Menschen über die Ernte und ihre Ziegen, das war's auch schon. Wenn ich bedenke, was du für berufliche Chancen verschenkt hast! Hier buddelst du in der Erde, schau dir deine rissigen Hände an. Du kannst dir keinen Urlaub leisten, ganz zu schweigen davon, dass du uns mal besuchen kommst. Und dann die Wohnung. Kein vollständig eingerichtetes Wohnzimmer, weder Gardinen vor den Fenstern noch einen Berberteppich auf dem Zementboden. Die Kinder laufen in Kleidern herum, die du bestimmt gebraucht auf dem Markt erworben hast. Und das Allerschlimmste ist, dass ihr diese Etage auf einem Haus errichtet habt, das euch nicht einmal gehört! Eines Tages kommt Anthí auf den Gedanken, hier zu wohnen, und setzt euch

mitsamt den Kindern auf die Straße. Dann müsst ihr in so einem Abbruchhaus wie von Emmanouíl unterkommen, für mehr werdet ihr wohl kein Geld haben.«
»Jetzt reicht's aber!« Peter schlug mit der Faust auf den Tisch. Anna zuckte zusammen; sie hatte nicht bemerkt, dass ihr Bruder ins Zimmer gekommen war. Walter drehte sich um.
»Was fällt dir ein, meine Schwester so niederzumachen! Ich dachte, das Thema wäre ein für alle Mal vom Tisch. Hattest du dich mit Anna nicht ausgesprochen und versöhnt? Was soll das jetzt wieder?!« Er ging wütend auf den Vater zu.
»Das geht dich nichts an. Halt dich da raus!« Walter trat einen Schritt zurück.
»Streitet euch nicht.« Anna stand auf und stellte sich zwischen Bruder und Vater.
»Ich kann nicht zulassen, dass Vater dich derart beleidigt und dir dein schönes Leben niedermacht.« Anna legte versöhnlich die Hand auf seinen Arm.
»Lass gut sein.«
»Nein!«, schrie Peter. »Vater, hast du dir jemals Gedanken darüber gemacht, was Anna hier alles leistet?«
»Dafür habe ich ihr Sprachstudium nicht all die Jahre bezahlt, damit sie jetzt im Dreck herumwühlt.«
»Anna gibt Sprachunterricht, sie hat eine Marktlücke entdeckt und verkauft Öl mit eingelegten Kräutern, sie kümmert sich liebevoll um ihre Kinder, schmeißt den Haushalt, sorgt sich ...«
»Hör auf!« Walter hielt sich die Ohren zu. »Das kann sich ja keiner mehr mit anhören. Und abgesehen davon«, er zog eine kleine Flasche Olivenöl aus dem Rucksack, »Kräuteröl gibt es in allen Läden von Ágios Nikólaos zu kaufen. Marktlücke – dass ich nicht lache!«

»Hast du dir den Aufkleber mal genauer angesehen?« Der Bruder nahm die Flasche und hielt dem Vater das Etikett vor die Augen. »Lies!«
Walter zog die Brille aus der Brusttasche.
»Anna Manusáki, Tourlotí.«
»Und?« Anna fühlte, dass in ihrem Bruder ein Sturm wütete. Langsam stellte Walter die Flasche zurück auf den Tisch.
»Ich hoffe, du hast reichlich für dieses Souvenir bezahlt!«, sagte Peter zornig. Walter nahm die Brille ab.
»Gut, dann hat Anna eben ein paar Flaschen an dieses Geschäft verkauft. Na und! Was ändert das an ihrer Wohnsituation? Ihr habt hoffentlich beim Notar alles schriftlich festgemacht!«
»Hier zählt das Wort«, erwiderte Anna.
»Die Dummheit der Bauern!«
»Dir ist nicht zu helfen, Vater. Statt stolz auf Anna zu sein, trittst du ihr Leben mit Füßen. Dann ist hier eben das eigene Wort Ehrensache. So etwas gibt es nämlich noch.« Gereizt stürmte Peter aus dem Raum. Kurz darauf knallte die Haustür ins Schloss.
»Anna«, Walter wandte sich an die Tochter, »könntest du uns das Taxi bestellen, damit wir nicht zu spät zum Flughafen kommen?« Sie sah zur Mutter, die die ganze Zeit stumm auf der Bank gesessen hatte.
Gut, dass ihr abhaut! Es bringt nichts. Zu oft haben wir darüber gesprochen, jetzt ist Schluss! Dann kann ich wenigstens in Ruhe mit meinen Lieben den Tag verbringen. Anna ging ins Wohnzimmer und wählte die Nummer des Taxifahrers.

»Du siehst schlecht aus, Anna«, meinte Lámbros, und sie hörte die Besorgnis aus seiner Stimme, »seit Wo-

chen stocherst du in deinem Essen herum, du bist schmal und ganz blass um die Nase. Fühlst du dich nicht gut?«
»Mach dir keine Sorgen.« Es fiel ihr schwer, gleichgültig zu klingen. Zu tief saß der Stachel, den der Vater ihr ins Herz getrieben hatte. Immer wieder fragte sie sich selbst: Was habe ich denn von Vater erwartet?
»Ilías kommt heute Abend aus den Bergen zurück. Zum Glück bringt er die Herde rechtzeitig vor dem Sturm in den Stall. Er fehlt dir, oder?« Lámbros strich kurz über ihren Arm.
»Nein, er war doch nur zwei Tage weg.« Anna stand auf, ging zur Kochstelle und rührte im Topf.
»Ist etwas mit den Kindern?« Anna schüttelte den Kopf.
»Was ist es dann? Du kannst doch mit mir über alles reden.«
»Kann ich nicht.«
Lámbros stand auf und stellte sich neben sie.
»Natürlich kannst du, ich bin dein Schwiegervater und wir leben seit sechzehn Jahren unter einem Dach.« Er drückte sie kurz an sich. Anna versuchte, sich zusammenzureißen, doch dann brach es aus ihr heraus.
Das Gespräch mit den Eltern, der kalte Abschied, ohne Versöhnung. Peter, der sich seitdem nicht mehr bei den Eltern blicken ließ. Elke, die ebenfalls auf Annas Seite stand. Ihre Familie, die auseinanderbrach.
Sie lehnte den Kopf an Lámbros' Schulter und weinte.
»Weiß Ilías davon?« Anna schüttelte den Kopf.
»Kind, das machst du alles mit dir alleine aus? Kein Wunder, dass du vor lauter Kummer immer dünner wirst. Komm, setz dich hin.« Er schob sie auf die Bank, rutschte neben sie, hob ihren Kopf an und sah ihr in die Augen.

»Auch wenn ich stur bin und dir bestimmt oft Unrecht getan habe; du weißt schon, der Krieg …« Anna schluckte, nickte. »Doch eines kann ich dir sagen: Du hast mich überrascht. Du bist eine richtig tüchtige Bäuerin und Hirtin geworden. Und besonders stolz bin ich, dass du diese Ölsorten herstellst, die sind der Renner auf dem Markt. Du hast dir die griechische Küche angeeignet, und was dich außerdem auszeichnet, du bist eine gute Mutter für meine Enkelkinder. Und dass ihr aus der Wohnung ausziehen müsst, wenn Anthí hier wohnen möchte, das ist nicht wahr. Die Etage gehört euch.« Er drückte ihr verlegen einen Kuss auf die Wange. Anna schnäuzte sich.

»Danke, Vater.« Mehr konnte sie nicht sagen.

»Ist schon gut. So sind eben die Deutschen, sind mit nichts zufrieden.«

Da haben wir es wieder!, dachte Anna, stand auf und fing an, die Tomaten zu waschen. Die Tränen, die nun liefen, galten Lámbros, der sich räusperte und eilig aus der Küche verschwand. Sein gemurmeltes »Entschuldigung« klang in ihren Ohren bitter nach.

64. Kapitel

Hand in Hand spazierten Emmanouíl und Thália durch den Athener Vorort. Thálias Eltern waren aus Milátos angereist, um gemeinsam ins neue Jahr hineinzufeiern. Abgesehen davon waren die zukünftigen Adoptivgroßeltern interessiert daran, ein Kinderheim einmal von innen kennenzulernen. Sie unterstützten ihre Tochter

und deren Ehemann, so gut es ging. Hofften mit ihnen, dass im neuen Jahr die Adoption zu Stande kommen würde.
Auf ihrem Bummel blieben sie vor dem Schaufenster eines Spielwarengeschäftes stehen und betrachteten die Auslage.
»Was haltet ihr davon, wenn wir dem Kinderheim zum 1. Januar einen Gutschein stiften, damit sie für die Kleinen bei Bedarf einkaufen können?«, fragte Eléni in die Runde.
»Denkst du, sie würden es nicht als Bestechung ansehen?«, gab Emmanouíl zu bedenken.
»Ach was«, meinte Ioánnis, »ihr habt doch erzählt, die sind über jeden Zuschuss froh.« Schon öffnete er die Tür und ging hinein. Kurz darauf kam er mit einem Kassenbon zurück; der Angestellte hatte nur einen Stempel daraufgesetzt und ›Gutschein‹ geschrieben.
»Wir kaufen eine Karte und legen den Zettel bei.« Eléni zeigte auf einen Geschenkeladen, vor dessen Tür ein Kartenständer aufgebaut war.

»*Chrónia pollá*«, sprach Thália ins Telefon.
»Dir auch ein gutes neues Jahr«, antwortete Anna. »Wann kommst du endlich zurück? Es fällt mir ständig schwerer, mich daran zu gewöhnen, dass du so oft und so lange in Athen bist. Ich habe Angst, unsere Freundschaft zerbricht daran. Warum kümmern sich deine Eltern nicht um die Großeltern? Du hast dein Leben hier im Dorf.«
Thália schluckte und druckste sich um eine Antwort herum. Schließlich meinte sie: »Du musst dich gedulden. Wir bleiben auf ewig Freundinnen, auch wenn uns hin und wieder ein paar Kilometer trennen. Und

es dauert ja nicht mehr lang, dann fliege ich nicht mehr so oft nach Athen.«
»Wenn deine Großeltern nicht mehr auf dieser Welt sind, hab ich Recht?«
»Ich hoffe doch, dass es nicht so sein wird. Sie sollen noch lange leben, sie sind ziemlich fit«, flutschte es Thália heraus.
»Und warum bist du dann bei ihnen? Ich dachte, du sorgst für sie?«
Mist! Und jetzt? Thália rutschte auf ihrem Stuhl herum. Zum Glück konnte Anna sie nicht sehen, sonst wäre das ganze Geheimnis aufgeflogen. Doch was sollte sie nun erwidern?
»Hallo! Bist du noch da, Thália?« Sie räusperte sich. »Ja.«
»Na, und willst du mir keine Antwort geben?«
»Ich kann nicht darüber sprechen. Tut mir leid. Vielleicht ein anderes Mal. Meine Oma ruft, ich muss Schluss machen«, sagte sie hastig und verabschiedete sich. Schnell legte sie den Hörer auf. Dann sank sie auf dem Stuhl in sich zusammen.
Das wird Anna mir noch vorhalten. Aber was soll ich denn machen? Ich kann nicht einfach sagen, wir sind dabei, ein Kind zu adoptieren. Sie würde aus allen Wolken fallen. Abgesehen davon wissen wir nicht, wie lange es dauert, bis uns endlich ein Kind zugesprochen wird. Vom Kaffeeduft aus der Küche angezogen, gesellte sie sich schließlich zu ihrer Familie. Am Nachmittag hatten sie vor, alle gemeinsam, mit den Großeltern, ins Heim zu gehen. Ihre Mutter und die Oma hatten unzählige Plätzchen gebacken und wollten sie den Kindern schenken. Thália fühlte sich glücklich und schätzte die Anteilnahme ihrer Familie.

Die Kinder hatten sich längst an Thálias und Emmanouíls Erscheinen gewöhnt. Sie stürmten auf sie zu, ließen sich in ihren Armen fangen und herumwirbeln. Es wird mir schwerfallen, in wenigen Tagen wieder nach Kreta zu fliegen, dachte Thália, die mit dem Gedanken spielte, lieber in Athen zu bleiben, um an den Wochenenden weiterhin die Kinder zu besuchen und mit ihnen zu spielen. Es bereitete ihr Freude, und sie fühlte sich ausgeglichener als je zuvor in den letzten Jahren. An weitere operative Eingriffe verlor sie keinen Gedanken mehr. Im Stillen dankte sie dem jungen Ehepaar mit ihrem afrikanischen Kind, das den Anstoß für eine Adoption gegeben hatte. Thália beobachtete ihre Eltern und Großeltern, die sich schnell mit den Kindern anfreundeten.

Die Heimleiterin freute sich aufrichtig über den Geschenkgutschein und die mitgebrachten Plätzchen. Sie lud die Familie zu einem Kaffee in die Kantine ein. Dort waren fleißige Helfer gerade dabei, die Tische fürs Abendessen einzudecken. Der Raum war liebevoll eingerichtet. Unterschiedlich hohe Tische und Stühle standen verteilt im Raum. Die Farbe der Wände war nur an wenigen Stellen noch auszumachen, da unzählige bunte Bilder in Holzrahmen, allesamt gemalt von Kinderhand, sie zierten. Emmanouíl stieß Thália mit dem Ellbogen an. Sie drehte sich erschrocken auf dem Stuhl zu ihm um.

»Was ist?«

»Träumst du? Violéta möchte uns etwas Wichtiges sagen.« Er nickte der Heimleiterin zu.

»Ich hoffe, etwas Gutes«, kam es trocken über Thálias Lippen.

»Mein Bericht ist endlich von den Behörden bearbeitet worden«, fing Violéta an. Schnell griff Thália unter dem Tisch nach Emmanouíls Hand und drückte fest zu. Ihre Mutter strich ihr kurz über den Arm. Thália traute sich nicht, durchzuatmen, und sah gespannt auf die Heimleiterin.

»Ich habe bis heute damit gewartet, es Ihnen zu sagen, weil es eine schöne Sitte ist, sich am 1. des neuen Jahres etwas zu schenken. Ihrem Antrag ist stattgegeben worden. Meinen Glückwunsch.« Thália rührte sich nicht vom Fleck, als würde sie auf ein »aber« warten. Erst als Eléni ihrer Tochter um den Hals fiel, wurde Thália bewusst, dass kein Einspruch folgen würde. Sie ließ Emmanouíls Hand los und drückte ihn fest an sich, nachdem sie der Mutter einen Kuss auf die Wange gegeben hatte. Erst dann stand sie auf, ließ sich vom Vater und den Großeltern umarmen. Danach ging sie durch den Raum, konnte es nicht fassen.

Freudentränen rannen ihr über die Wangen, sie wischte sie mit dem Handrücken weg. Ihr Ehemann war hinter sie getreten. Ohne ein Wort zu sagen, sank sie erleichtert in seine Arme, fühlte die innige Geborgenheit und Liebe, die sie verband. Er drückte ihren Kopf an seine Brust, und sie spürte seinen schnellen Herzschlag.

»Wir werden Eltern«, flüsterte er in ihr Haar. »Wir werden Eltern!«

»Ich kann es nicht fassen.« Thália schlang die Arme fest um seine Taille.

»Wenn du mir die Luft abdrückst, werde ich das Vatersein nicht mehr erleben«, kam es stoßweise aus Emmanouíls Mund. Sofort lockerte sie den Griff und sah zu ihm auf. »Ich liebe dich!«

»Ich dich auch, und wir werden bald Eltern eines kleinen Jungen sein.«

»Eines Mädchens!« Thália zwinkerte ihm schelmisch zu.

Emmanouíl war längst eingeschlafen, nachdem er mit seinem Schwiegervater tüchtig auf die zukünftige Vaterschaft angestoßen hatte. Thálias Gedanken beschäftigten sich mit den erlebnisreichen vergangenen Stunden. Am Ende kam sie zu dem Schluss, dass es der schönste Tag ihres Lebens gewesen war. Mit dem Gedanken, bald Mutter sein zu dürfen und einem Kind, das ohne Eltern aufgewachsen war, ein Zuhause zu geben, verloren sich langsam die Schuldgefühle, die sie seit vielen Jahren quälten. Vielleicht hatte alles so kommen sollen, dass statt einem leiblichen Kind ein anderes glücklich werden durfte. Voll freudiger Erschöpfung fiel sie in einen traumlosen Schlaf. Kein Richter sprach jemals mehr eine Verurteilung gegen sie aus.

65. Kapitel

Nur schwer gewöhnte sich Anna an die Euro-Währung, rechnete erst in Drachmen, dann in D-Mark um. Sie stellte jedoch schnell fest, dass die meisten alteingesessenen Bewohner mit dem Euro ebenso wenig zurechtkamen. Die Schilder in den Supermärkten zeigten beide Preise an. Rechnungen beinhalteten die neue und die alte Währung. Auch zwei Jahre nach der Einführung wurden Gespräche über finanzielle Angelegenheiten weiterhin in Drachmen geführt.

Anna und Ilías waren mit dem Bus in die Hauptstadt gefahren. Sie klapperten die Autohändler ab. Der Citroën-Verkäufer lobte den Wagen und das Preisangebot lautstark. Als er ihnen einen Prospekt über die angebotenen Farben und Innenausstattungen holte, fragte Anna ihren Mann flüsternd: »Können wir uns denn einen Neuwagen leisten?«

»Wir sind seit einem Jahr ohne Auto! Den Pick-up nehmen wir nur noch für die Olivenernte. Der hat keinen TÜV und keine Versicherung! Wir können froh sein, wenn die Polizei uns nicht erwischt und kein Unfall passiert. Dass Vater und Déspina ständig Emmanouíls Wagen nehmen, um auf die Märkte zu fahren, geht nicht mehr.«

»Warum sehen wir uns einen Citroën Saxo an, wäre ein Pick-up nicht sinnvoller?«

»Vater hat letzte Woche mit Onkel Manólis verhandelt. Der will seinen verkaufen. Nicht das neueste Modell, doch für die Olivenernte und für die Märkte wird er sicher noch ein paar Jahre durchhalten.«

»Also werden wir uns zwei Autos anschaffen?« Anna wurde schwindelig. Sie suchte Halt am Reklameschild, das neben dem Saxo aufgebaut war.

»Du bist auf einmal ganz bleich im Gesicht. Willst du dich setzen?« Obwohl ihre Beine zitterten und sie befürchtete, umzufallen, winkte sie ab.

»Zwei Autos? Wie sollen wir das bezahlen?« Ohne weiter auf seine Frau einzugehen, setzte sich Ilías in den Ausstellungswagen, umfasste das Lenkrad. »Davon hast du mir nichts erzählt.« Ihr Hals war trocken, die Worte kamen krächzend heraus.

»Vater bezahlt den Pick-up.«

»Ach so«, atmete Anna erleichtert auf. Dann beugte sie

sich hinab, um sich die Innenausstattung anzuschauen. Ein Grummeln im Bauch blieb.
»Nun sag, was hältst du von dem Wagen?«
»Das Angebot ist nicht schlecht: nur 1 Euro Anzahlung, die erste Rate ist in einem halben Jahr fällig und die Zinsen liegen in einem angemessenen Rahmen. Doch wir werden fünf Jahre lang jeden Monat einhundertfünfzig Euro abzahlen müssen.« Sie lehnte sich ans Auto. Ilías stieg aus. »Das sind mal gerade etwas über fünfzigtausend Drachmen, das müssten wir schaffen, oder?«
Der Verkäufer kam auf sie zu.
»Lass uns kurz vor die Tür gehen«, bat Anna. Ilías deutete dem Mann an, dass sie wiederkommen würden, und folgte ihr. Stickig heiße Luft umfing sie. Die Sonne blendete. Anna setzte sich die Sonnenbrille auf.
»Ich weiß nicht. Natalía ist ein weiteres Jahr auf der Schule in Ierápetra, und nach den Sommerferien geht Lámbros aufs Lyzeum nach Sitía. Wir zahlen die Schulen, die Unterkunft für die Kinder, die Nachhilfestunden und, nicht zu vergessen, die Kreditraten fürs Haus. In drei Jahren geht Aléxandros ebenfalls aufs Lyzeum, dann braucht auch er ein Stadtappartement. Bis dahin haben wir den Wagen noch nicht abgezahlt. Wir können uns weitere monatliche Raten unmöglich leisten.«
Ilías vergrub die Hände in den Taschen, ging im Hof auf und ab.
»Aber Natalía wird in absehbarer Zeit fertig sein und ihr eigenes Geld verdienen.« Anna winkte ab. »Komm, Anna, du brauchst einen Wagen, um zu den Schulen zu kommen und zum Sprachunterricht für die Zuwanderer nach Ierápetra. Abgesehen davon hätte es einen weiteren Vorteil: Du machst dir ständig Gedanken, ob die Kinder genug und gesund essen. Bis jetzt schickst

du die Lebensmittel drei Mal die Woche mit dem Bus in die Stadt, du könntest sie selbst hinfahren und direkt nach dem Rechten schauen.«
»Ziemlich gerissen.« Anna lächelte. »Du weißt, womit du mich ködern kannst. Aber sollten wir uns nicht besser einen gebrauchten Wagen anschaffen?«
»Ich habe keine Lust, die ganzen Händler noch mal aufzusuchen. Was hat das gebracht? Die Fahrzeuge kommen von Autovermietungen, sehen schon nach zwei Jahren abgefahren aus. Sie haben reichlich an Kilometern drauf, und der Preisunterschied ist gerade mal siebenhunderttausend Drachmen.«
»Zweitausend Euro weniger Ratenzahlung«, gab Anna zu bedenken. Dann wurde es ruhig zwischen den beiden. Nur der Lärm der Autos auf der Hauptstraße war zu hören. Ständiges Hupen und lautes Bremsen waren an der Tagesordnung. Die Luft war zum Schneiden, die Sonne brannte auf der Haut. Ilías drückte sich an die Hauswand unter den Dachvorsprung.
Er hat ja Recht! Doch können wir uns das wirklich leisten? Anna ging ein Stück die Straße entlang. Da wäre mein Gespartes. Sie kalkulierte. In den letzten zehn Jahren sind eintausenddreihundert Euro zusammengekommen.
Verdammt, hätte ich nicht hin und wieder davon genommen, wäre es reichlich mehr. Doch hier und da musste ein Loch gestopft werden. Wenn ich jetzt Ja zum Autokauf sage, dann entscheide ich mich insgeheim gegen meinen Wunsch, mit der Familie nach Köln zu fliegen. Im Notfall würde ich an die zurückgelegten Euros gehen.
Anna wischte sich den Schweiß aus dem Gesicht, die Hände zitterten vor Aufregung. Es bringt nichts! Ich muss

eine Entscheidung treffen. Schweren Herzens ging sie auf ihren Ehemann zu.

»Einverstanden. Doch du musst mir etwas versprechen.« Sie sah ihm tief in die Augen.

»Alles, was du willst.«

»Ich möchte mit dir und den Kindern zu Weihnachten nach Deutschland fliegen.« Ilías krauste die Stirn.

»Wie kommst du gerade jetzt auf die Idee?«

»Ich träume seit Jahren davon. Bitte, wir könnten es wenigstens versuchen, oder?«

»Es bleibt mir ja nichts anderes übrig, als Ja zu sagen.«

Dann gingen sie ins Geschäft und bestellten einen Citroën Saxo, blau-metallic. Die Lieferzeit betrug sechs Wochen.

Stolz fuhr Anna den Neuwagen vom Firmengelände durch die Hauptstadt Richtung Osten. Schnell stellte sie jedoch fest, dass die Benzinanzeige im roten Bereich lag. Bei nächster Gelegenheit steuerte sie eine Tankstelle an.

»Ich hole mir eine Flasche Wasser, magst du auch etwas trinken?«

»Wasser ist recht.«

Als sie zurückkam, schmunzelte sie.

»Das hast du dir fein ausgedacht.« Anna stupste Ilías in die Rippen. Er hatte sich in der Zwischenzeit auf den Fahrersitz gesetzt. »Los, lass mich ans Steuer!«

Er schüttelte den Kopf.

»Du bist weit genug gefahren.« Sein Gesicht verzog sich zu einem gerissenen Grinsen.

»Na warte, das wirst du bereuen«, feixte Anna und machte es sich auf dem Beifahrersitz bequem. Er startete den Wagen und bog auf die Hauptstraße. Der

Verkehr war zähflüssig. Um ein erstes Fahrgefühl zu bekommen, lenkte Ilías den Wagen auf die Standspur, um die schneller fahrenden Autos vorbeizulassen.
»Sag mal, mir fällt gerade ein: Als wir das Auto bestellt haben, hast du angedeutet, dass du seit Langem davon träumst, mit der Familie nach Köln zu fliegen.«
Anna spürte, dass er sie aus den Augenwinkeln beobachtete. Nervös rutschte sie auf ihrem Platz herum, bevor sie antwortete: »Ich spare heimlich für die Flüge.«
»Bitte?!« Der Wagen machte einen Ruck, Ilías' Fuß war vom Gaspedal gerutscht. »Warum hast du nie mit mir darüber gesprochen?«
»Es sollte eine Überraschung werden.«
»Sparst du schon lange?«
»Einige Jahre.« Sie schaute zu ihm hinüber und sah, wie sich eine tiefe Falte auf seiner Stirn bildete. »Bist du mir böse?«
»Ich weiß nicht ... eher traurig, dass du mich nicht hast daran teilhaben lassen.« Anna legte ihm versöhnlich die Hand aufs Bein.
»Möchtest du, dass wir die Reise gemeinsam planen?«
»Machen wir es doch so: Du sparst weiterhin heimlich, damit ich nicht in Versuchung komme, an das Geld zu gehen, und dann fliegen wir zusammen mit den Kindern nach Köln. Einverstanden?« Er zwinkerte ihr zu.
»Versprochen?«
»Ja!«
Sie lehnte sich entspannt zurück und genoss die erste Fahrt im neuen Auto.

Anna hörte, dass Natalía nach ihr rief. Sie verließ den Geräteschuppen und winkte ihr zu.
»Das ist aber eine Überraschung. Vermisst du uns in

der Stadt?« Die Tochter gab ihr einen Kuss auf die Wange. Anna wischte sich die Hände an der Schürze ab. »Komm, setz dich.« Sie deutete auf die Bank unterm Olivenbaum, der ihnen Schatten spendete. »Wolltest du nicht dieses Wochenende mit deinen Freunden in den Bars herumziehen und so die erste Schulwoche nach den langen Sommerferien ausklingen lassen? Was ist passiert?«

Natalía hielt ihr einen Umschlag entgegen. Anna öffnete ihn, zog den Bogen heraus.

»Genau so eine Mitteilung haben wir von Lámbros' Vermieter auch erhalten. Als wenn sich alle abgesprochen hätten. Zehn Prozent Mieterhöhung! Das sollte ich mir mal bei meinem Gemüse erlauben. Dann laufen mir die Kunden in Scharen davon.« Sie schob den Brief in die Schürzentasche und wischte sich eine Strähne aus dem Gesicht.

»Tut mir leid«, flüsterte Natalía, »soll ich mir eine andere Unterkunft suchen?«

»Entschuldige. Ich wollte meinen Unmut nicht an dir auslassen. Natürlich bleibst du dort wohnen. Das Zimmer liegt zentral und nah zu deiner Schule. Bist du für über Nacht hergekommen oder fährst du mit dem nächsten Bus wieder zurück?« Natalía drückte sich an sie.

»Bist du mir böse, wenn ich nicht bleibe?« Mit einem Lächeln sah sie zu ihrer Mutter auf.

»Nein, aber komm mit ins Haus. Ich gebe dir das Geld und dann nimmst du direkt die fertige Wäsche und ein paar Lebensmittel mit.« Anna stand auf.

»Du hast dem Nachbarn reichlich Essen für mich mitgegeben. Er war ganz erstaunt, dass ich alleine wohne, bei all den Tüten. Denkst du, ich verhungere? Lorenzo würde es nicht gefallen, wenn ich dick werde. Er kommt in den Winterferien.«

»Das sind ja schöne Neuigkeiten! Und bis du zu dick bist, habe ich graue Haare und bin uralt«, scherzte Anna. »Besuch deinen Großvater, der wird sich freuen. Ich packe in der Zwischenzeit die Sachen zusammen.«

Schon stieg Anna die Stufen hoch. Sie griff sich eine große Einkaufstüte und verstaute darin die gefaltete Wäsche. Dann öffnete sie den Kühlschrank, holte Obst und Gemüse heraus, aus dem Backofen Moussakás. Den Auberginenauflauf füllte sie in eine Tupperdose. Fehlt etwas? Anna schaute noch einmal in die Tüten. Geld! Sie lief ins Schlafzimmer und zog hinter der Bettwäsche die Spardose hervor. Nachdem sie die Euros gezählt hatte, legte sie dreißig davon für Natalías Miete zur Seite, dann noch einhundertfünfzig für die erste Autorate, die nun fällig war. Kaum zu glauben, dass der Wagen bereits sechs Monate alt ist und seine ersten zehntausend Kilometer auf dem Tacho hat. Fünfhundertsiebzig Euro bleiben übrig. Sie seufzte laut auf und bemerkte nicht, dass ihr Ehemann im Türrahmen stand.

»Was hast du?«, fragte er.

»Wie soll ich mir meinen Wunsch erfüllen, wenn wir ständig ans Gesparte gehen müssen?« Sie stand auf und schloss die Tür; sie wollte nicht, dass die Tochter das Gespräch mitbekam.

»Warum schließt du die Tür, und wofür brauchst du Geld?«

»Natalía ist unten bei deinem Vater. Ihr Vermieter hat die Miete erhöht, und die erste Autorate ist fällig.«

»Bleibt sie übers Wochenende?« Anna schüttelte den Kopf.

»Lenk jetzt nicht ab. Du hast mir versprochen, dass wir

zu Weihnachten nach Deutschland fliegen.« Er nahm ihr Kinn in die Hand und hob es an.
»Eines Tages werden wir alle gemeinsam fliegen. Erst mal schauen, wie wir über den Winter kommen.« Er setzte sich neben sie.
»Die Sommerernte ist zu gering. Die Hitze hat den Boden ausgetrocknet, und der Brunnen gibt kein Wasser mehr her. Ich habe das Gefühl, dass mein Wunsch niemals in Erfüllung gehen wird, wenn ständig irgendetwas dazwischen kommt.« Anna sah zu Boden und strich mit den Füßen die Fransen des Teppichs glatt.
»So darfst du nicht denken. Erst müssen die Kinder gut versorgt sein, oder?« Anna nickte.
»Bis auf Aléxandros sind sie aus dem Haus. Vielleicht wollen sie gar nicht mehr mit uns fahren.« Die aufkommenden Tränen rannen ihr über die Wangen. Sie ließ es zu.
»Sieh bitte ein, dass wir es uns im Moment nicht leisten können. Der Umbaukredit wird weiterhin einige Jahre laufen. Ein Auto haben wir gebraucht und die Kinder ihre höheren Schulen. Du weißt, keiner von ihnen möchte die Landwirtschaft übernehmen. Natalía gedenkt, Lehrerin zu werden, Lámbros Elektroniker und unser Jüngster interessiert sich für die Architektur. Wir müssen ihnen helfen, damit sie sich ihren Berufswunsch erfüllen können.«
»Genau das habe ich dir zu bedenken gegeben, als wir das Auto gekauft haben. Damals hast du mir widersprochen und mir versichert, dass wir …«
»Anna, bitte«, unterbrach er sie.
»Aber ich möchte, dass ihr ein einziges Mal mein Weihnachten seht, spürt und riecht, wovon ich all die Zeit schwärme. Kannst du das nicht verstehen?«

Sie sah ihm in die Augen.
»Wir werden versuchen, dass wir im nächsten Jahr gemeinsam fahren. Bis dahin sparen wir, wo es geht, und verkaufen einen Teil der Ziegenherde.« Er drückte sie kurz an sich.
»Es ist mein Herzenswunsch.«
»Ich weiß.« Anna steckte das restliche Geld in die Dose, ging ins Bad und wusch sich die Spuren der Tränen weg.
»Wo seid ihr?«, hörte sie Natalía rufen.
»Ich komme.« Anna sah in den Spiegel. Eines Tages wird mein Wunsch wahr! Ich muss nur ein bisschen länger Geduld haben! Sie zwinkerte sich zu, dann ging sie in die Küche. Dort saßen Vater und Tochter. Sie hatten sich über den Teller mit Gebäck hergemacht.
»Hier, das Geld für die Mieterhöhung und ein Zwanziger, damit du mit deinen Freunden um die Häuser ziehen kannst.« Anna hielt Natalía die Euros entgegen. Die Tochter sprang auf und gab ihr einen Kuss auf die Wange.
»Du bist die beste Mutter der Welt!«
»Der Bus kommt in zwanzig Minuten. Ich begleite dich zur Haltestelle, damit du nicht alles allein tragen musst.« Anna nahm sich einen Teil der Tüten.
»Aber Mama – mein Kühlschrank wird aus allen Nähten platzen!«
»Nimm es mit, deine Mutter gibt sonst keine Ruhe«, meinte Ilías.
»Das hält sich alles. Jetzt komm, sonst verpasst du den Bus.« Anna ging die Stufen hinunter.
»Danke, Mama.« Anna winkte dem Bus hinterher, bis er um die Kurve gebogen war. Danach ging sie zurück in den Garten.
Ich muss schauen, dass wir an die Wasserversorgung

der Stadt angeschlossen werden, falls der Brunnen ein weiteres Mal austrocknet. Die Sommerernte im nächsten Jahr wird uns die Flüge sichern. Zuversichtlich räumte sie die Geräte in den Schuppen.

66. Kapitel

Thália starrte auf das Blatt Papier, das vor ihr auf dem Tisch lag. Verkrampft hielt sie den Kugelschreiber in der Hand. Die Finger zitterten, als sie ihren Namen unter das Adoptionsformular setzte.

Über zwei Jahre waren vergangen, seitdem Violéta ihnen die freudige Mitteilung gemacht hatte, dass die Behörden einer Adoption zustimmten. Des Öfteren waren ihr Mann und sie nach Athen geflogen, um Heimkinder zu besuchen. An einem Wochenende waren sie das erste Mal auf Fílippos getroffen, einen Jungen kurz vor seinem achten Geburtstag. Bei seinem Anblick hatte sich Thálias Herz mit Mutterstolz gefüllt. Emmanouíl gestand ihr später, dass er sich auf Anhieb in den Kleinen verliebt habe. Die Augenfarbe des Jungen war dunkel wie sein Haar. Er war für sein Alter groß gewachsen. Wenn er lachte, schallte es durchs ganze Heim. Von seiner Heiterkeit angezogen, waren die beiden auf ihn aufmerksam geworden. Später erzählte die Heimleiterin ihnen von seinen leiblichen Eltern. Der Vater war nach einem Autounfall an seinen Verletzungen gestorben, die Mutter unheilbar krank, die Großeltern zu alt, um für ihn zu sorgen.

»Er ist seit drei Wochen bei uns. Ich kann Ihnen sagen,

dass er, trotz seiner Heiterkeit, viel Liebe und Geborgenheit braucht. Denken Sie, Sie wären in der Lage, ihm diese zu geben?« Thália spürte, wie sehr Violéta das Wohl des Schützlings am Herzen lag. Sie sah zu Emmanouíl, der stumm neben ihr saß.

»Sie brauchen mir nicht sofort eine Antwort zu geben; sprechen Sie in Ruhe darüber und sagen Sie mir dann Bescheid.«

»Weiß der Junge, dass seine Mutter unheilbar krank ist?«, fragte Thália, die ihre Stimme wiedergefunden hatte. Zu nahe ging ihr die Geschichte des Jungen. Sie war innerlich froh, dass sie ihn schon zuvor ins Herz geschlossen hatte. Das zeigte ihr: Wahre Zuneigung und nicht Mitleid hegte sie für das Kind.

»Seine Großeltern haben kein Geheimnis daraus gemacht. Auch, dass sie es für seine Zukunft besser finden, wenn er bei jungen Eltern aufwächst als mit Greisen«, antwortete Violéta. Dann sprach sie weiter: »Die Großeltern haben eine Bitte: Sie würden gerne hin und wieder Fotos von dem Jungen bekommen und erfahren, wie es ihm geht. Da die Namen der Adoptiveltern nicht bekannt gegeben werden, könnten Sie die Briefe über mich oder die Behörde den Großeltern zukommen lassen.«

»Natürlich, wir wären auch damit einverstanden, dass seine Mutter und die Großeltern persönlichen Kontakt haben«, sagte Emmanouíl, und Thália wusste, dass seine Entscheidung für den Jungen längst gefallen war.

»Wir müssen nicht lange darüber nachdenken. Ich glaube, ich spreche auch im Namen meines Mannes: Wir würden gerne Fílippos' Eltern werden.« Sie sah Emmanouíl an, der ihr lächelnd zunickte.

»Einigen wir uns darauf, dass Sie den Jungen in den

nächsten vier Wochen oft besuchen kommen, damit Sie einander besser kennenlernen. Bitte machen Sie ihm keine Hoffnungen. Erst wenn die Adoptionspapiere unterschrieben sind, darf er davon erfahren.« Violétas strenger Blick erschreckte Thália, doch bald sah sie ein, dass es zu Fílippos' Schutz die richtige Entscheidung war.

Thália verbrachte die folgenden vier Wochen in Athen, Emmanouíl flog an den Wochenenden zu ihr. Fílippos' Mutter verstarb und die zukünftigen Eltern waren froh, dem Jungen in seiner Trauer beistehen zu dürfen. Nach zwei Wochen durfte Thália ihn mit in die Stadt nehmen und ihren Großeltern vorstellen. Wenige Tage später kamen Thálias Eltern angereist und lernten den zukünftigen Enkel kennen. Ihre Begeisterung war groß. Sie wollten sofort damit anfangen, den Jungen mit Geschenken zu überhäufen. Thália konnte sie jedoch davon abbringen und ihnen erklären, dass sie dazu noch genügend Zeit hätten, wenn er erst einmal ihr offizieller Enkel wäre. Damit gaben sie sich vorerst zufrieden.
Fílippos' Augen strahlten, sobald er sie im Türrahmen des Heims erblickte. Mit ausgestreckten Armen kam er auf sie zugelaufen. Mehrfach fiel es Thália schwer, die Tränen der Rührung über das bevorstehende Mutterglück zu unterdrücken. Immer wieder musste sie sich auf die Zunge beißen, um dem Jungen nicht zu sagen, wie sehr sie sich wünschte, seine Mutter zu sein. Violéta führte intensive Gespräche mit Fílippos und berichtete ihnen, dass sie davon überzeugt sei, er habe sie als seine zukünftigen Eltern bereits ins Herz geschlossen. Und heute saßen Thália und ihr Ehemann nun im Büro

der Adoptionsbehörde. Emmanouíl war gerade dabei, seinen Namen neben ihren zu setzen.
Thálias Eltern und Großeltern waren anwesend, als der Amtsvorsteher sagte: »Herzlichen Glückwunsch zu Ihrem Sohn.« Er reichte den strahlenden Eltern die Hand. Danach konnten sich die beiden der heftigen Umarmungen der Familienmitglieder kaum erwehren. Erst als alle sie zum Elternsein beglückwünscht hatten, zog Emmanouíl seine Frau an sich.
»Fühlt es sich nicht berauschend an, Eltern zu sein?« Mit Tränen in den Augen nickte sie ihm zu.
»Komm, wir gehen zu unserem Sohn, um ihm die Neuigkeit zu sagen.« Er legte den Arm um ihre Schulter. Sie spürte, wie stolz ihr Mann war, das erkannte sie an seiner aufrechten Haltung. Ihr eigenes Gefühl wagte sie nicht in Worte zu fassen, aus Angst, keine passenden zu finden. Auf dem Weg zum Heim verabschiedeten sie sich von der Familie.
»Nun dauert es nicht mehr lange, bis Fílippos zu uns zieht. Wir haben nicht viel Zeit, das Haus auf seinen Einzug vorzubereiten, aber das spielt jetzt keine Rolle.« Thália öffnete die Tür zum Heim. Der Junge stand auf der Treppe, als hätte er auf sie gewartet, und hüpfte auf sie zu. Thália konnte ihr Glück kaum fassen, als er seine schlanken Arme um ihren Hals schlang.
»Bist du jetzt meine Mutter und Emmanouíl mein Papa?« Er löste seine Umarmung und sah von einem zum anderen.
»Ja«, gaben die frischgebackenen Eltern gemeinsam zur Antwort.

67. Kapitel

Um seine Ländereien, die sich in der Nähe von Tourlotí befanden, selbst zu bewirtschaften, fühlte sich ein Bauer aus Sfáka zu alt. Anna hörte davon, als sie im Krämerladen einkaufte. Sie fuhr sogleich ins Nachbardorf und suchte den Mann auf.
Nach einem ausgiebigen Gespräch verpachtete er das Land an sie. Als Bezahlung verlangte er ganzjährig frisches Gemüse. Ilías hatte beim Umpflügen geholfen und gemeinsam mit seinem Vater Bewässerungsschläuche verlegt. Endlich waren die Setzlinge in der Erde. Anna drehte das Wasser auf, hockte sich auf eine Olivenbaumwurzel und ruhte aus.
Nach einer halben Stunde suchte sie die Gartengeräte zusammen, schloss den Hahn und machte sich auf den Weg zurück ins Dorf. Aufgeregt winkend lief ihr Thália entgegen.
»Ich such dich schon überall!«
»Was ist denn passiert?« Außer Atem blieb die Freundin stehen.
»Der Anruf vom Amt, der Junge, er kommt morgen!«
»Langsam, hol erst mal tief Luft. Komm, ich mach uns einen Kaffee.« Doch Thália blieb auf der Stelle stehen.
»Verstehst du nicht? Emmanouíl und ich sind Eltern von einem Sohn!« Sie packte Annas Hüften und drehte sich mit ihr im Kreis, sodass die Schaufel und die Hacke scheppernd zu Boden fielen.
»Wie bitte?« Anna stoppte den wilden Ringelreihen und hob die Sachen auf. Sie nahm Thália fest an die Hand und zerrte sie an Dimítris' Taverne am Dorfeingang vorbei Richtung Zuhause. Interessiert schauten

die älteren Herren zu ihnen herüber und schüttelten den Kopf über ihr ausgelassenes Benehmen von eben. Den Männern zuwinkend, zog Anna die Freundin hinter sich her, die wirr auf sie einredete.
»Ich wasch mir schnell die Hände.« Anna ging ins Badezimmer. Thália folgte ihr und stellte sich in den Türrahmen. Im Spiegel beobachtete Anna sie.
Was ist mit ihr passiert? So habe ich sie noch nie erlebt. Und was redet sie da? Dass sie Mutter geworden ist?! Ob ihre Hormone ihr einen Streich spielen? Vom Alter her wäre es möglich.
»Hörst du mir zu?« Thália rüttelte heftig an Annas Armen, Wassertropfen spritzten durch die Gegend. »Unser Adoptionsantrag wurde vor einer Woche genehmigt. Einen Jungen haben wir! Fílippos, er ist acht Jahre alt!«, sprudelte es aus Thália heraus. Ihre Augen strahlten, nervös knetete sie die Finger. Anna beschlich das Gefühl, die Freundin würde jeden Moment vor Aufregung kollabieren.
»Komm in die Küche«, sagte sie sanft. Thália folgte ihr. Sie setzten sich. Anna kratzte sich am Kopf, dann sprach sie: »Du hast mir nie erzählt, dass ihr vorhabt, ein Kind zu adoptieren.«
»Emmanouíl und ich hatten ausgemacht, es keinem zu sagen, bis es soweit ist. Bist du mir böse?«
Ja!, dachte Anna und sagte: »Nein. Ich freue mich für euch.« Sie drückte die Freundin an sich. »Und morgen kommt Fílippos? Kennst du ihn schon?«
»Ja, aus dem Grund war ich den ganzen letzten Monat in Athen. Die meiste Zeit habe ich bei ihm im Kinderheim verbracht.«
»Also das war der wahre Grund! Und ich dachte, du versorgst deine Großeltern. Hast du mir nicht erzählt,

Emmanouíl würde dich in Athen besuchen, damit ihr Großeinkauf machen könnt?«
»Das haben wir auch«, verteidigte sich Thália.
»Kindermöbel?«
»Angeschaut. Bestellt haben wir die Möbel in Sitía. Heute kommt die Lieferung.«
»Und seit wann weißt du, dass der Junge kommt?«
»Seit einer Woche.« Während sie nachdachte, bereitete Anna schweigend den Kaffee zu.
Verbindet uns wirklich eine enge Freundschaft? Sie hat mir die Adoption verheimlicht! Ich dachte, in all den Jahren seien wir uns nahegekommen. Anna schluckte schwer. Oder hat die ständige Entfernung eine Rolle gespielt, dass sie mir nicht vertraute?
»Warum hast du nie mit mir darüber gesprochen?«
»Hast du mich jemals gefragt, ob ich Kinder haben möchte?«
Eine Weile schwieg Anna, dann sagte sie: »Nein. Und warum kam von dir nichts?«
»Du hast Kinder und hättest mich nicht verstanden.«
»Was ist daran nicht zu verstehen?«
»Ich habe oft genug von kinderreichen Familienmitgliedern zu hören bekommen: ›Du kannst dir nicht vorstellen, was Kinder kosten. Sei froh, du musst dich nicht abplagen und kannst dein Leben mit deinem Liebsten genießen.‹«
»Das glaub ich nicht!«
»Ich hab mich nicht mehr getraut, mit irgendjemandem darüber zu reden. Abgesehen davon hatte Emmanouíl es mir verboten.«
»Er hat dir nicht erlaubt ...?« Thália winkte ab.
»Ist nicht wichtig. Kannst du dich daran erinnern, dass ich vor einigen Jahren längere Zeit in Athen war?«

»Du warst in den letzten Jahren oft und lange dort. Du hast deine Großeltern gepflegt.«
»Eher sie mich. Damals war ich bei einem Spezialisten und habe mich Fruchtbarkeitsuntersuchungen unterzogen. Mein Gebärmutterkanal ist vernarbt. Ich habe die Verwachsungen bei einem operativen Eingriff entfernen lassen, eine Hormonbehandlung gemacht, die Verwachsungen kamen wieder. Die Ärzte hielten einen weiteren Eingriff für mit zu viel Risiko verbunden. Eine Schwangerschaft hielten sie für ausgeschlossen«, sprudelte das lange Jahre Angestaute aus Thália heraus. Anna fühlte sich bei den Worten der Freundin wie vor den Kopf geschlagen.
»Gab es eine Erklärung für die Entstehung der Narben?« Thália senkte den Blick.
»Ja, es könnte mit den Ausschabungen zu tun haben, die die Ärzte bei mir als junge Frau durchgeführt haben.« Zu spät bemerkte sie, dass sie ihr lang gehütetes Geheimnis preisgegeben hatte. Anna ließ sich auf die Bank fallen.
»Hattest du eine Fehlgeburt?«
»Pst!« Thália legte beschwörend den Finger auf die Lippen. »Muss ja nicht jeder mitbekommen. Ganz besonders nicht mein Mann! Ich habe auch nie den Ärzten in Athen etwas gesagt.«
»Du hütest ein Geheimnis?«
»Bevor wir zusammen kamen, war ich zweimal ungewollt schwanger.«
»Du hast…« Thália nickte. »Die Ärzte stellten keine Fragen. Es fiel keinem auf, man ging danach sofort nach Hause.«
Das passt überhaupt nicht ins Bild, das ich von ihr habe. Anna erinnerte sich an viele Momente: Thália, der es

niemals zu viel wurde, sich um die Kinder der Freundin zu kümmern. Während Annas Depression war sie Aléxandros' engste Kontaktperson gewesen. Ihre unermüdliche Hilfe bei den Taufen. Die zahlreichen Fotos mit den Kleinkindern auf dem Arm, später mit den Heranwachsenden. Unzählige Bilder der Kinder standen gerahmt auf den Regalen in Thálias Haus.
Und mir ist in all den Jahren nicht aufgefallen, dass meine beste Freundin eigentlich selbst Kinder haben wollte! Warum habe ich sie niemals danach gefragt? Und wieso habe ich es als selbstverständlich betrachtet, dass sie und Emmanouíl kinderlos sind? Anna schüttelte, verblüfft über ihre Blindheit, den Kopf.
»Was ist?«, fragte Thália.
»Es tut mir leid.«
»Was?«
»Dass ich nie bemerkt habe, wie sehr du dir ein Kind wünschst.«
»Das spielt jetzt keine Rolle mehr. Die niederschmetternde Diagnose der Ärzte und das Wissen, dass die Kinderlosigkeit wahrscheinlich von den Abtreibungen hervorgerufen worden war, zogen mich in ein tiefes Loch. Ich litt an Schuldgefühlen und konnte lange nicht damit umgehen. Und schon gar nicht mit Emmanouíl darüber sprechen, der sich selbst nach eigenen Kindern sehnte. Unsere Ehe war dadurch einer ziemlichen Belastung ausgesetzt.«
»Wie bitte?!«, unterbrach Anna. Thália schaute zu ihr auf.
»Du hattest Eheprobleme?«
»Das ist Vergangenheit.« Anna kratzte sich am Kopf. Und ich habe nichts bemerkt!
»Hörst du mir zu?« Anna nickte und dachte: Abtrei-

bungen, Kinderwunsch, Adoption, Eheprobleme! Ich lerne eine ganz neue Thália kennen. Reichlich viel auf einmal zu verarbeiten!

»Als ich auf eine weitere Untersuchung gewartet habe, traf ich vor der Klinik ein Ehepaar, dass ein afrikanisches Kind adoptiert hatte. Der Gedanke ließ mich nicht mehr los, ich klammerte mich daran fest. Emmanouíl kam nach Athen und wir stellten den Antrag. Fast drei Jahre haben wir gewartet. Und nun ist es endlich soweit, morgen wird unser Sohn bei uns einziehen! Eine Schwester vom Heim wird ihn zu uns bringen und die ersten Tage bei uns bleiben.« Anna nickte.

»Ich verstehe.«

»Du bist meine beste Freundin, ich wollte dir diese freudige Nachricht sofort überbringen.«

»Es hätte mich glücklicher gemacht, wenn du sie schon früher mit mir geteilt hättest.«

»Ich schämte mich, und es tat zu weh. Abgesehen davon war es Emmanouíl nicht recht.«

»Lass gut sein. Jetzt bist du Mutter, und darauf stoßen wir an, auch wenn es nur mit Kaffee ist. Auf dich und euren Sohn Fílippos!«, rief Anna freudig und prostete der Freundin zu.

68. Kapitel

»Gleich werden sie kommen«, sagte Thália aufgeregt und sah auf die Uhr. Kurz vor zwölf. Schnell warf sie einen Blick in den Spiegel, strich ihr Kleid zurecht, steckte eine Haarsträhne in die Spange zurück.

»Atme tief ein und aus.« Ihr Mann versuchte, sie zu beruhigen. Sie zupfte an seinem Hemdkragen. »Lass gut sein. Sie werden uns Fílippos nicht wegen eines Brotkrümels auf dem Boden wegnehmen.«
»Meine Güte, ich habe vor lauter Aufregung vergessen, Staub zu saugen!« Sie lief zur Besenkammer und war im Begriff, den Sauger herauszukramen, als Emmanouíl die Tür zudrückte.
»Unser Haus ist perfekt. Es riecht nach Meeresduft, alles ist blank, und vom Boden kann man essen, so oft hast du ihn gestern geschrubbt. Beruhige dich, du wirst ja ganz fertig sein, wenn unser Sohn ankommt.« Sie drehte sich um, hastete in die Küche.
»Das Essen! Herrje! Beinahe wäre es angebrannt.« Aus der Schublade zog sie einen Holzlöffel und rührte damit den Gemüseauflauf um. Emmanouíl trat hinter sie. »Die Gasflamme ist überhaupt nicht an, was hätte da anbrennen können?« Er zog sie an sich. Hysterisch versuchte Thália, sich aus seiner Umarmung zu winden. Er griff fester zu. »Hör mir bitte genau zu. Du darfst nicht so nervös sein. Der Junge wird ja Angst vor dir bekommen, wenn du so hektisch bist. Überleg mal, was er für Erwartungen und Hoffnungen in seine neue Zukunft setzt. Denkst du, er wird nicht aufgeregt sein?«
»Ja, du hast Recht.« Sie versuchte, die verspannten Muskeln zu lockern, und ließ sich in seine Arme sinken.
»Gut, dann lass uns in den Vorgarten gehen und dort auf sie warten.« Emmanouíl ließ sie los.
»Ich schaue noch mal schnell in sein Zimmer …«
»Alles ist ordentlich. Eher wird er von den vielen Geschenken überfordert sein. Du kommst jetzt mit mir mit!« Er schob sie aus der Küche. An der Haustür warf sie ein weiteres Mal einen Blick in den Spiegel.

»Thália!«, mahnte Emmanouíl. Sie baute sich vor ihm auf.
»Sag mal, bist du denn kein bisschen aufgeregt?«
»Doch, aber ich versuche, mich zusammenzureißen, um den Jungen – meinen Sohn – nicht zu verschrecken.« Er drückte ihr einen Kuss auf die Stirn. Am Gartentor stand Anna.
»Ist es soweit?« Thália nickte mit Freudentränen in den Augen. Anna kam näher und drückte die Freundin an sich. »Ich freue mich für dich«, flüsterte sie ihr ins Ohr.
»Danke.« Thália umfasste Annas Hand fest. Diese wandte sich an Emmanouíl und beglückwünschte auch ihn zu seinem Sohn.
»Ich geh jetzt wieder rüber, wollte euch nur alles Glück der Welt wünschen.«
»Kannst du nicht hierbleiben?«, bettelte Thália.
»Nein. Dieser Moment ist für euch beide gedacht, da braucht ihr keine Dritten.« Sie winkte kurz. Ein blauer Passat fuhr langsam durch die Gasse auf ihr Haus zu.
»Da kommen sie.« Thália konnte ihre Stimme nicht mehr kontrollieren, Tränen erstickten sie. Sie wischte sie schnell weg. Ihr Herz trommelte in ihrem Hals, für einen Moment fühlte sie einen leichten Schwindel und klammerte sich an Emmanouíls Arm. Er strich beruhigend über ihre Hand. Dann ging er auf die Straße. Er winkte dem Wagen zu, der kurz darauf zum Stand kam. Blitzschnell öffnete sich die hintere Autotür. Fílippos sprang heraus.
»Jássou!«, rief er freudig und kam auf Thália zugerannt. Schnell öffnete sie ihre Arme, und er ließ sich hineinfallen. Emmanouíl umarmte seine Frau und seinen Sohn zugleich, sodass sie eine Einheit bildeten. In dieser Stellung verharrten sie. Thália konnte ihr Glück

kaum fassen. Das war bestimmt nur ein Traum! Doch sie spürte die warmen kleinen Hände, die sich um ihre Taille geschlungen hatten und wusste: Es ist wahr! Emmanouíl und sie waren endlich Eltern. Violéta, die Heimleiterin, räusperte sich.

»Meine Güte! Entschuldigen Sie! Herzlich willkommen. Freut mich, dass Sie unseren Sohn persönlich zu uns bringen«, sagte Emmanouíl, der sich schnell gefangen hatte. Fílippos war voraus ins Haus gerannt.

»Das ist ein gutes Zeichen«, sagte Violéta und begrüßte Thália. Dann folgten sie dem Jungen, der langsam von einem Zimmer ins andere ging und sich umsah. Plötzlich ließ er einen Freudenschrei raus.

»Boah! Soll das mein Zimmer sein?« Emmanouíl legte eine Hand auf seine Schulter.

»Gefällt es dir?«

»Es ist super!« Thália und die anderen sahen zu, wie Fílippos jedes einzelne Spielzeug aufhob, während er seinen Kommentar dazu abgab. Dann legte er sich aufs Bett, verschränkte die Arme unter dem Nacken und sah zur Decke. »Toll, ich schlafe unter einem Sternenhimmel! Leuchten die?«

»Ja«, antwortete seine Mutter, die nicht mehr herausbrachte, überwältigt von Fílippos' Anwesenheit in ihrem Zuhause.

»Hast du Hunger?«, fragte der Vater.

»Ziemlich.« Der Junge sprang auf und folgte ihnen in die Küche. »Wo darf ich sitzen?« Er sah seinen Vater an.

»Such dir einen Platz aus. Auf dem sitzt du dann ab jetzt immer, wenn wir essen.«

»Am Fenster.« Fílippos ließ sich sofort auf der Holzbank nieder. »Was hast du gekocht, Ma ... äh, Thália?«

Er schaute verlegen zu Boden. Sie kniete sich vor ihn hin.
»Wenn du magst, kannst du mich ruhig ›Mama‹ rufen. Möchtest du das?« Heftig nickte er mit dem Kopf. Sie drückte ihm einen Kuss auf die Stirn.
»Und ›Papa‹ zu Emmanouíl?«, fragte er schüchtern.
»Ja«, antwortete der stolze Vater.
»Ich habe Hunger«, flüsterte der Junge. Schnell begab sich Thália an den Herd. Zu seinem Einzug hatte sie Fílippos' Lieblingsessen zubereitet, Zitronenhuhn mit Ofenkartoffeln. Dazu hatte sie Paprikagemüse in Tomatensoße gekocht. Als sie ihm das Huhn auf den Teller legte, klatschte er in die Hände, das Gemüse jedoch lehnte er ab. »Das mag ich nicht so gern.«
Als alle saßen, stießen sie mit einem Glas Wein und Fílippos mit Zitronenlimo an. Später zog sich der frischgebackene Vater mit seinem Sohn ins Kinderzimmer zurück. Violéta saß mit Thália allein in der Küche beim Kaffee.
»Ich werde heute noch zurück nach Athen fliegen«, erklärte die Heimleiterin.
»Aber Sie wollten doch die ersten Tage hier bleiben.« Thália war erstaunt.
»Das brauche ich nicht. Fílippos hat sich aus meiner Sicht vom ersten Augenblick an bei Ihnen wohlgefühlt und es sofort als sein neues Zuhause akzeptiert. Das ist bei wenigen Kindern so. Die meisten fremdeln, klammern sich an mich und brauchen einige Tage, um sich zurechtzufinden. Aber ich weiß, dass der Junge es bei Ihnen gut haben wird.« Violéta nickte zuversichtlich.
»Danke für Ihre Hilfe – und für unseren Sohn.« Thália konnte die Tränen kaum unterdrücken.
»Ich werde mich nun von dem Jungen verabschieden.

Und Sie senden hin und wieder Fotos, damit ich sie den Großeltern weiterleiten kann. Über einen persönlichen Kontakt entscheiden wir in der Zukunft.« Sie erhob sich und ging ins Kinderzimmer. Kurz darauf kam Emmanouíl in die Küche.
»Sie fliegt heute zurück. Denkst du, wir werden es alleine schaffen?« Er sah Thália in die Augen. Sie lächelte.
»Wir müssen, denn wir sind nun Eltern eines bezaubernden Jungen.«

»Sag mal, Papa, können wir ein wenig durchs Dorf gehen?«, fragte Fílippos am späten Nachmittag.
»Zieh deine Schuhe an und ab geht's. Wenn du magst, dann zeige ich dir deine Schule und die Ziegen von meinem Freund Ilías.«
»Kommst du mit, Mama?«
»Das lasse ich mir nicht nehmen.« Sie ging ins Schlafzimmer, um sich eine Jacke zu holen. Plötzlich stand Emmanouíl hinter ihr.
»Wir haben gar nicht überlegt, was wir den Dorfbewohnern sagen. Die werden vielleicht Augen machen«, flüsterte er ihr ins Ohr.
»Lass sie reden. Wichtig ist, dass wir glücklich sind.«
»Fertig!«, rief ihr Sohn aus dem Flur. Kurz darauf schlug die Haustür ins Schloss. Thália beeilte sich, ihm zu folgen.
»Langsam!«, rief sie. Doch der Junge lief bereits einer Katze hinterher und versuchte, sie zu streicheln. Sein helles Lachen klang durch die Gasse, und die Dorfbewohner wurden auf sie aufmerksam. Anna stand im Vorgarten und zupfte vertrocknete Blüten von einem Rosenstock.
»Jássou! Du bist wohl der Fílippos?«, hörte Thália sie

rufen. Ihr Sohn blieb abrupt stehen und schaute sich nach ihnen um. Emmanouíl kam angerannt.
»Fílippos, das ist Anna, Mamas beste Freundin.« Der Junge ging näher. Nun hatte auch Thália sie erreicht.
»Anna, das ist unser Sohn.« Anna reichte ihm die Hand und der Junge griff zu.
»Kommt später zu uns rein, wenn ihr wollt, dann trinken wir einen Kaffee zusammen.«
»Mal sehen«, antwortete Emmanouíl und sah zu Thália.
»Vielleicht eher morgen. Einverstanden?«, fragte sie.
»Klar.« Anna winkte ihnen zu und verschwand im Haus. Sie setzten den Spaziergang fort.

Nachdem Fílippos vor Müdigkeit bald nach dem Abendessen eingeschlafen war, saßen die frischgebackenen Eltern im Wohnzimmer. Thália lehnte sich an Emmanouíls Schulter.
»Hast du die skeptischen Blicke der Leute gesehen?«, meinte sie leise.
»Nun haben sie neuen Gesprächsstoff. Erst haben sie hinter unserem Rücken geflüstert, weil wir keine Kinder haben, und nun werden sie tagelang diskutieren, warum wir ein Kind aus dem Heim adoptiert haben.«
»Und? Wie fühlst du dich dabei? Du hast viel Wert darauf gelegt, dass die Leute nicht schlecht über uns reden.«
Für einen Moment blieb es still zwischen den Eheleuten, dann sagte Emmanouíl: »Kaum zu glauben, doch es ist mir egal, was sie denken und über uns reden. Wir sind eine Familie. Unser Wunsch ist endlich in Erfüllung gegangen.« Er lehnte den Kopf an ihren, nahm ihre Hand fest in seine.
»Und wenn …«

»Kein Wenn. Es zählen nur wir drei!«
»Morgen kommen meine Eltern, sie wollen unbedingt ihren Enkel begrüßen.«
»Dann ist es vielleicht besser, wenn wir schlafen gehen, damit wir ausgeruht sind. Montag fängt die Schule für Fílippos an.« Er erhob sich und ging ins Bad. Sie blieb einen Moment sitzen. Ich bin Mutter! Wie sehr habe ich mich danach gesehnt. Mutter eines Sohnes! Sie schloss die Augen und dachte an den Augenblick zurück, als Fílippos aus dem Auto stieg und sie ihn in die Arme nehmen konnte. Lächelnd schlief sie auf der Couch ein und merkte nicht, wie Emmanouíl eine Decke über sie legte.

69. Kapitel

Dímos, Zenovías Ehemann, hatte unerwartet viel Fisch an Land gezogen – ausgerechnet am dreißigsten September, für den Fischer der letzte Tag, an dem er Schwertfisch fangen durfte. Zum Erhalt der Fischbestände galt die Fanglizenz nur von Mai bis Ende September. Den größten Teil des Fisches, der stattliche neunundvierzig Kilo wog, konnte Dímos in seinem Dorf verkaufen.
Dann lud er Annas Familie in eine Taverne nach Móchlos ein, einem Fischerdorf an der Küste. Davor ankerten Fischerboote und gaben ein idyllisches Panorama ab. Ein heißer Südwind ließ sie auf den Wellen tanzen. Die Tavernen an der Küste waren gut besucht. Die Bewohner der Gegend zog es bei schwülem Wetter ans Meer, da die Luft dort erträglicher war als

im Hinterland. Tavernenbesitzer Giórgios war Dímos' Freund und Abnehmer seiner Fischfänge. Er bereitete den Fisch für die kleine Gesellschaft auf dem Grill zu. Die Familien saßen beisammen und genossen die zahlreichen Vorspeisen. Vom Duft angezogen, schmiegten Katzen sich an die Stuhlbeine und warteten auf einen herabfallenden Leckerbissen.

»Auf deinen guten Fang!« Ilías erhob sein Glas.

»Anna, du siehst müde aus«, flüsterte Zenovía der Freundin zu, während sie am Wein nippte.

»Ich bin müde.«

»Hast du Sorgen?«

»Du freust dich über den Erfolg deines Mannes, und ich soll dich mit meinen Problemen belästigen?« Zenovía schob den Stuhl zurück.

»Komm mal mit, wir gehen ein Stück am Meer spazieren. Es dauert, bis der Fisch aufgetischt wird.« Sie zog Anna mit sich. Sie schlenderten Richtung Hafen, der sich im Neubau befand. Dort ließen sie sich am Steinstrand nieder.

»Und nun sag mir, was dich bedrückt.«

»Es ist still im Haus, seit Aléxandros in Chaniá wohnt.«

»Das war dir bewusst.«

»Er ist erst fünfzehn.«

»Aber Anna, deine beiden anderen Kinder sind auch in dem Alter in die Stadt gezogen. Dort sind die Förderschulen. Es ist in ihrem Sinn.« Zenovía streifte die Schuhe ab.

»Ich weiß.«

»Meine Kinder fehlen mir auch. Doch seitdem sie aus dem Haus sind, habe ich mehr Zeit für mich selbst und widme mich der Handarbeit. Ich habe mir damit sogar ein kleines Taschengeld verdient, weil mir Dorfbewoh-

ner bestickte Tischdecken und Taschentücher abgekauft haben. Ist doch prima, oder?«
Anna blieb ihr eine Antwort schuldig.
»Was dich bedrückt, hat weder etwas mit den Kindern zu tun, noch damit, dass du nicht weißt, was du mit deiner freien Zeit anfangen sollst. Oder?«
»Ja.« Anna schaute über die Weite des Meeres. »Da hat es Thália leichter, der Junge hat noch ein paar Jahre auf der Schule im Dorf. Obwohl, wenn ich bedenke, dass er nun schon drei Jahre in Tourlotí lebt…«
»Das hört sich an, als seist du auf Thália eifersüchtig, dass ihr Kind noch zuhause wohnt«, warf Zenovía ein.
»Nein, ich freue mich für sie, sie hat so lange auf ihr Mutterglück gewartet.«
Der Himmel schimmerte rötlich vom Saharastaub, den der Südwind mit sich trug. Die sonst sichtbare Landzunge, an der die Städte Ágios Nikólaos und Eloúnda lagen, war nicht auszumachen. Urlauber tummelten sich im Wasser. Bei ihrem Anblick verfiel Anna ins Grübeln.

Im Meer schwimmen! Als die Kinder klein waren, sind wir an den Strand von Thólos gefahren. Später hat Lámbros sie hingebracht, damit ich meiner Arbeit nachgehen konnte. Hatten wir uns nicht vorgenommen, an einem Abend in die Stadt zu fahren, dort in einem Restaurant einzukehren und in einer Bar Cocktails zu trinken? Haben wir das überhaupt mal gemacht? Mit einem Schulterzucken gab sie sich selbst die Antwort. Wo ist die Zeit geblieben? Dreiundzwanzig Jahre auf Kreta! Nur ein einziges Mal war ich seitdem in Köln. Meine Eltern kamen uns zwei Mal besuchen und ließen jedes Mal ein bitteres Gefühl beim

Abschied zurück. Ich habe Wochen gebraucht, um es zu verarbeiten. Und seit meinem vierzigsten Geburtstag: Alle Monate mal ein kurzer Anruf. Melde ich mich bei ihnen, geben sie sich beschäftigt. Es herrscht weiterhin Kälte zwischen uns. Peter – ein Glück, dass er uns hin und wieder besuchen kommt. Elke schreibt Briefe. Anna sah, dass Zenovía am Strand auf und ab ging, bis zu den Knien im Wasser.

Sie kennt mich, gibt mir Zeit. Anna blickte aufs Meer, leichte Wellen brachen sich an den Felsen, einen kleinen Schaumkamm hinterlassend.

»Komm mit den Füßen rein, das kühlt ab.« Ihre Freundin winkte. »Und dann sag mir bitte, was dich beschäftigt. Du hast tiefe Falten auf der Stirn und um die Augen herum bekommen«, sagte Zenovía, als Anna neben sie trat.

»Ich mache mir Gedanken um… nichts«, versuchte Anna die Situation zu entschärfen. Sie bemühte sich um ein Lächeln, doch es scheiterte.

»Das glaube ich dir nicht. Hast du Probleme mit Ilías?«

»Nein, und auch nicht mit Lámbros.«

»Du bist doch nicht etwa krank?« Hastig schüttelte Anna den Kopf, als sie Zenovías erschrockenen Blick sah. Zenovía bekreuzigte sich, dann sagte sie: »Vertrau es mir an. Ich bin deine Freundin, vielleicht kann ich dir helfen.« Nebeneinander gingen sie am Strand entlang.

»Du wirst mich nicht verstehen. Vor Jahren haben wir deshalb gestritten.«

»Rück jetzt endlich mit der Sprache raus!«

»In drei Monaten ist Weihnachten und wir werden wieder nicht gemeinsam nach Köln fliegen.«

»Hattet ihr das denn vor?« Erstaunt sah Zenovía sie an.

»Dafür spare ich seit dreizehn Jahren! Doch ständig

muss ich an meine Rücklagen ran, um irgendwelche Rechnungen zu begleichen. Verdammt! Ilías hatte es mir versprochen, aber seitdem sind drei Weihnachten vergangen.«
»Warum hast du mir nie davon erzählt?«
»Hast du mir damals anvertraut, dass ihr Existenzängste hattet?«
»Das ist ewig her!«
»Ich fühlte mich mies, als du mich mitten in der Stadt wegen meiner Weihnachtsschwärmerei angemacht hast – statt mir zu erklären, warum dich das gestört hat.«
»Es war eine schwere Zeit für uns, als unser Bootsmotor nicht mehr zu reparieren war und ein neuer angeschafft werden musste. Es hat lange gedauert, bis die Europäische Union uns ins Programm für eine eventuelle Unterstützung aufnahm. Die Vorfinanzierung bereitete uns Sorgen. Aber das hatten wir doch geklärt. Ich habe mich bei dir entschuldigt.«
»Vielleicht ist es mein Aberglaube. Jahrelang habe ich Ilías mein heimliches Sparen verschwiegen – immer in der Hoffnung, dass ich das Geld eines Tages zusammenbekomme. Seitdem er es weiß, greifen wir ständig darauf zurück. Dazu kommt, dass die Flüge im Dezember teuer sind.« Sie setzte sich auf einen Felsen und hielt die Füße zum Trocknen in die Sonne.
»Es gibt Billigflieger, die können übers Internet gebucht werden.«
»Um die Jahreszeit gehen Direktflüge nur von Athen aus.«
Es blieb für einen Augenblick still zwischen den Freundinnen, dann fragte Zenovía: »Es liegt dir sehr am Herzen, nicht wahr?«
Anna sah sie an und nickte. Indem sie sich in den Arm

kniff, versuchte sie, die aufkommenden Tränen zu unterdrücken.

»Die Kinder werden erwachsen. Natalías Verlobung mit Lorenzo kommt auf uns zu. Dann wird die Hochzeit und die Gründung eines eigenen Haushalts nicht lange auf sich warten lassen. Die Jungs werden entweder in Athen studieren oder sich dort eine Anstellung suchen. Und wie bekomme ich dann meine Familie unter einen Hut, um mit ihnen gemeinsam Urlaub zu machen?«

»Ganz bestimmt findet sich ein Weg! Um für dieses Jahr günstige Flüge zu bekommen, ist es sicherlich zu spät. Wir werden Anfang 2006 schauen, entweder im Internet oder im Reisebüro, und dann für den Winter buchen. Was hältst du davon?«

»Bis dahin könnte das Gesparte aufgebraucht sein.«

»Wer nicht wagt, der nicht gewinnt!«

»Du hast Recht, sonst wird das nie was. Zur Not müssen wir eben einen Kleinkredit bei der Bank aufnehmen.« Anna stand auf, streckte die Arme zum Himmel und rief: »Wir fliegen nächstes Jahr nach Köln!« Dann hakte sie sich bei der Freundin unter und sie kehrten zurück ins Dorf, um den Schwertfisch zu genießen.

Nach dem Essen kam Anna auf dem Weg zur Toilette an der Theke vorbei. Dort lag eine Zeitschrift in deutscher Sprache. Im Titel ging es um Olivenbäume.

»Die kannst du dir mitnehmen«, meinte Giórgios, der Tavernenbesitzer.

»Danke.« Anna steckte sie in die Tasche, nicht ahnend, wie nützlich sie ihr einmal werden sollte.

70. Kapitel

Bis zum Winter habe ich das Geld für die Flüge zusammen! Im Morgengrauen bewässerte Anna die Felder, die dank ihres grünen Daumens erstaunliche Erträge lieferten. Anschließend ging sie in den Schuppen und sortierte die Frühkartoffeln nach ihrer Größe in Kisten.
»Eine gute Ernte. Ausgezeichnete Idee, das Grundstück zu pachten«, lobte Lámbros. »Obwohl«, wandte er dann ein, »ich weiß nicht, warum du die zusätzliche Arbeit auf dich genommen hast. Auch wenn die Kinder aus dem Haus sind, langweilig kann dir nicht sein. Oder kommt ihr mit dem Geld nicht klar?«
»Ich spare für die Flüge.«
»Für welche?« Lámbros sah erstaunt auf.
»Die ganze Familie macht im Dezember Urlaub in Deutschland.«
»Bitte?«
»Du hast richtig gehört. Seit Jahren wünsche ich mir, dass die Kinder und Ilías *mein* Weihnachten kennen lernen.«
»Und da wollt ihr alle nach …«
»Köln!«, fiel Anna ihm ins Wort.
»Das lass ich nicht zu!« Der Schwiegervater trat mit dem Fuß gegen den Kartoffelberg und stürmte aus dem Schuppen. Ein paar Kartoffeln kullerten über den Boden.
»Und wenn du dich auf den Kopf stellst, wir fliegen! Dieses Mal gibt es kein Aufschieben!«, rief Anna ihm nach.
Dickschädel!

Einen Behälter nach dem anderen füllte Anna mit Öl. Als hätten sich die Götter auf ihre Seite gestellt, hatten sie im Frühjahr den größten Ertrag seit dreißig Jahren erzielt.
Déspina half ihr und klebte Etiketten auf die Kanister. Anna hatte die Produktion erweitert. Flaschen mit in Öl eingelegten Zitronenstücken, mit Rosmarin, Knoblauch, Basilikum, Oregano, Lorbeerblättern oder gemischten Kräutern standen zum Verkauf bereit. Im Nachbarhaus hatte sie einen Raum angemietet und bot dort ihre Produkte an. Nicht nur Touristen, die sich ins Dorf verliefen, kauften bei ihr ein. Ihre größten Abnehmer waren tatsächlich die Dorfbewohner selbst. Am Anfang hatten sie aus Neugierde zugegriffen, mal das eine, mal das andere Öl ausprobiert oder vorgegeben, ein Geschenk zu suchen. Nach erfolgreicher Mundpropaganda fanden sich inzwischen täglich Bewohner, auch aus den umliegenden Dörfern, im Laden ein. Anna hatte an der Tür eine Klingel angebracht, falls sie nicht anwesend war, sondern im Haus das Essen zubereitete oder im Vorgarten Gemüse putzte.

»Gönnst du dir hin und wieder mal eine Pause, Anna?«
»Dazu habe ich in diesem Jahr keine Zeit.« Sie lächelte Lámbros' Freundin an, die in den Schuppen kam. »Die Geschäfte in Ágios Nikólaos verlangen Nachschub. Ich hätte niemals gedacht, dass sie so viel abnehmen. In der Zwischenzeit sind andere auf die Idee gekommen, verschiedenartige Öle anzusetzen. Gut, dass Lámbros und Ilías schon vor meiner Zeit damit angefangen hatten, die Olivenbäume nicht mehr mit chemischen Mitteln zu düngen. Somit darf ich das ›Bio‹-Siegel aufkleben. Die Behörden gehen damit streng um, schau,

wie lange ich gebraucht habe, die Genehmigung dafür zu erhalten. Aber es hat sich gelohnt, ich liege bei den Einkäufern vorn. Immer mehr Urlauber greifen zu Bioware. Ich habe sogar Anfragen aus Ierápetra erhalten. Dafür reicht unser Bestand nicht aus. Wir müssten Olivenhaine dazukaufen. Und die Grundstücke auf ›Bio‹ umzustellen, würde Jahre dauern.«

»Ich denke, du hast genug zu tun.«

»Ja, Déspina, doch durch die anderen Anbieter versuchen die Geschäftsleute nun, mich im Preis zu drücken, und darauf lasse ich mich nicht ein! Ich überlege, ob ich ausprobiere, Olivenöl in der Kölner Umgebung zu vermarkten. In Zeitschriften und Kochbüchern wird das kretische Öl als besonders gesund angepriesen.«

»Meinst du, das würde gehen?«

»Als Dímos uns zum Schwertfischessen eingeladen hat, habe ich von der Theke eine deutsche Zeitschrift mitgenommen, von einem Verein, der Olivenölprodukte verkauft. Die Leute arbeiten mit Giórgios, dem Tavernenbesitzer, zusammen, er liefert ihnen das Öl nach München. Warum sollte das nicht auch in Köln funktionieren?« Sie wischte sich die Hände an der Schürze ab. »Kaffee?« Déspina nickte und sie gingen ins Haus.

Anna ließ der Gedanke an die Ölvermarktung nicht los, als Déspina plötzlich mit einer Neuigkeit aufwartete: »Lámbros hat um meine Hand angehalten.« Schüchtern kamen die Worte über ihre Lippen. Anna sah überrascht auf.

»Na endlich! Meinen Glückwunsch! Wann soll es denn soweit sein?«

»Nach Ostern. Wir heiraten kirchlich.«

»Das ist eine gute Entscheidung, wenn ich mir ansehe, wie eine Eheschließung auf dem Standesamt hier über die Bühne geht. Oje! Da fehlt jeder Sinn für Romantik. Ich war neulich bei der Hochzeit einer Bekannten dabei. In einem Stadtbüro, unzählige Akten auf dem Tisch, und dann mal gerade einen Fetzen Papier unterschrieben und sie waren Mann und Frau.«

»Habt ihr nicht auch standesamtlich geheiratet?«

»Da war ich so aufgeregt, dass ich gar nicht mitbekommen habe, wie das Büro ausgestattet war.« Anna lachte. »Nach Ostern, hast du gesagt?« Déspina nickte. »Das ist in vier Wochen!«

»Wir möchten im kleinen Kreis feiern.«

»Zu Ostern ist eh die ganze Familie versammelt.«

»Lámbros möchte es erst dann bekannt geben.«

»Aber wir müssen Vorbereitungen treffen!« Schnell zog Anna Zettel und Stift aus der Schublade.

»Schön, dass du direkt aktiv wirst, dann brauche ich dich gar nicht mehr offiziell zu fragen, ob du mir dabei hilfst. Denkst du, Thália würde uns auch Gesellschaft leisten?«

»Ich glaube nicht, sie ist in den letzten Tagen extrem angespannt. Emmanouíl und sie sind zum Schuldirektor bestellt worden. Thália macht sich Sorgen, dass mit Fílippos etwas nicht stimmt.«

»Warum?« Déspina nahm die Tassen und spülte sie im Becken aus.

»Ich weiß nicht.«

»Hat er Probleme mit den Dorfkindern?«

»Keine Ahnung. Aber genug jetzt davon, lass uns erst mal über eure Hochzeit nachdenken.« Schon steckten die Frauen ihre Köpfe zusammen und diskutierten über die Reihenfolge des Festgerichtes.

»Hier bist du!« Lámbros stieg die Treppe hoch. »Hört denn keiner, wenn ich rufe?«, brummte er.

»Spricht man so mit seiner Zukünftigen?«, flutschte es Anna heraus.
»Keine Angst, ich weiß, dass Déspina heute mit dir darüber sprechen wollte.« Lámbros setzte ein schelmisches Lächeln auf. Anna umarmte den Schwiegervater, gab ihm einen Kuss auf die Wange und beglückwünschte ihn.
»Übertreib mal nicht, du weißt doch, das Omen der Schwiegermütter.«
»Das trifft nicht auf Déspina zu. Ich bekomme eine ganz liebe!« Sie zwinkerte der zukünftigen Braut zu.
»Darf Ilías es erfahren?«
»Er weiß es bereits«, gestand Lámbros.

71. Kapitel

Thália fühlte sich ganz klein auf dem Stuhl vor dem riesigen Schreibtisch des Schulleiters. Der Raum war für dieses Möbelstück viel zu klein, schoss es ihr durch den Kopf. Dahinter befand sich ein Ledersessel. Emmanouíl und sie waren zu früh zum Termin gekommen, noch befand sich der Rektor im Unterricht.
»Möchten Sie einen Kaffee?«, fragte die Sekretärin.
»Nein, danke«, antwortete Thália. Auch ihr Mann winkte ab.
»Ich bin gespannt, was der Rektor uns zu sagen hat«, flüsterte Thália, als plötzlich mit Schwung die Tür aufging und er im Rahmen stand. Seine dominante Erscheinung schüchterte sie für einen Moment ein. Doch dann grüßte Thália freundlich und setzte sich aufrecht,

um ein wenig größer zu erscheinen. Er nahm Platz und kam sofort zu Sache: »Ihr Sohn wäre auf einer anderen Schule besser aufgehoben.«

»Bitte?«, fragte Emmanouíl.

»Er kommt mit seinen Klassenkameraden nicht zurecht und reagiert darauf mit Störungen im Unterricht.«

»Sie reden von Fílippos?« Thália sah ihn erstaunt an.

»Ja, natürlich, sonst hätte ich Sie ja nicht herbestellt«, gab er barsch zur Antwort.

»Unser Sohn ist Schulbester. Und Sie wollen uns nahelegen, ihn von der Schule zu nehmen, weil er den Unterricht stört? Da stimmt doch etwas nicht.« Emmanouíl stand auf.

»Bitte setzen Sie sich wieder.« Der Direktor deutete auf den Stuhl, dann blätterte er in einer Akte und las vor: »Er hat sich mit einem Jungen geprügelt, unterbricht den Unterricht, indem er irgendwelche Laute von sich gibt, und hat die Mathematiklehrerin angepöbelt.« Er schlug die Mappe zu.

»Das glaube ich nicht! Reden Sie da wirklich von Fílippos? Unserem Sohn?«, fragte Thália ein weiteres Mal.

»Sagen Sie mal, kennen Sie Ihren Sohn überhaupt? Ich will mir hier nicht anmaßen zu behaupten, Sie würden sich nicht um ihn kümmern. Doch ...«

»Halt!« Emmanouíl hob gebieterisch die Hand und brachte damit den Schuldirektor zum Schweigen. »Jetzt reicht es! Wir werden mit unserem Sohn darüber sprechen.« Er erhob sich, gab Thália ein Zeichen, ihm zu folgen, und verließ ohne Gruß den Raum.

»Das kann nicht wahr sein«, sagte Thália vor dem Gebäude empört, um gleich darauf etwas leiser hinzuzufügen: »Und wenn es doch stimmt, was er gesagt hat?«

»Das glaube ich nicht. Nicht unser Fílippos. Er ist doch

sonst nicht aggressiv oder aufmüpfig.« Sie setzten sich auf die Hofmauer und warteten, bis die Schule aus war, damit sie gemeinsam mit ihrem Sohn nach Hause gehen konnten. Eine halbe Stunde blieb bis zum Unterrichtsende.

»Der Rektor hat sich in meinen Augen nicht besonders nett uns gegenüber verhalten«, meinte sie.

»Der ist neu, der will sich aufspielen. Lass ihn. Wenn wir mit unserem Sohn gesprochen haben, dann gehen wir noch mal zu ihm und stellen alles klar.«

Ein paar Kinder liefen mit einem Lehrer auf dem Schulhof herum und spielten Fußball. Stumm beobachtete Thália sie.

Habe ich als Mutter versagt? Ist Fílippos gar nicht so gelassen und freundlich, wie er sich zu Hause gibt? Was ist, wenn der Rektor mit seinen Anschuldigungen Recht hat und es dem Amt meldet? Kommen sie dann und nehmen uns den Jungen weg? Erschrocken seufzte sie auf.

»Was ist?«, fragte Emmanouíl.

»Ich ... ich ...«, stotterte sie, aus Angst, ihre Gedanken auszusprechen.

»Sag, was hast du?« Er drehte sich um, hob ihr Kinn an und blickte ihr in die Augen.

Sie schluckte, bevor sie flüsternd antwortete: »Ob sie uns Fílippos wieder wegnehmen?«

»Wie kommst du denn auf so eine Idee?«

»Vielleicht sind wir keine guten Eltern.« Er griff nach ihrer Hand. »So etwas darfst du nicht einmal denken. Nur weil dieser Möchtegerndirektor ...«

»Und wenn es die Wahrheit ist?«, unterbrach sie ihn.

Emmanouíl kam nicht dazu, zu antworten, denn in dem Moment stürmte Fílippos aus dem Schulgebäude – ge-

folgt von einem größeren Jungen, der ihn einholte und ihm den Ranzen vom Rücken riss. Blitzschnell drehte sich Fílippos um und boxte den Jungen in den Bauch. Wie erstarrt sah Thália dem Geschehen zu. Ihr Mann war längst aufgestanden. Mit großen Schritten stürmte er auf die beiden Jungen zu.
»Hört sofort auf!« Thálias Beine versagten ihr den Dienst. Sie fiel auf die Mauer zurück und sah aus der Ferne zu. Erst als Vater und Sohn auf sie zukamen, erhob sie sich und ging ihnen entgegen.
Und jetzt? Wie soll ich mich verhalten? Unsicherheit machte sich in ihr breit. Thália! Das ist dein Sohn!, rief sie sich zur Ordnung, beugte sich zu ihm hinunter und sagte: »Jássou, wir reden gleich in Ruhe über alles.« Dann gingen sie gemeinsam nach Hause. Dort angekommen, setzte sich der Junge auf die Küchenbank, legte den Kopf auf die Ellenbogen.
Thália reichte ihm ein Glas Limo, dann nahm sie neben Emmanouíl Platz und fragte mit ruhiger Stimme: »Möchtest du uns erzählen, was zwischen dir und dem Jungen vorgefallen ist?« Heftig schüttelte Fílippos den Kopf.
»Warum nicht?«, fragte der Vater.
»Nur so.« Thália sah Emmanouíl an und zuckte mit den Schultern.
»Der Rektor hat uns heute in die Schule bestellt«, fing der Vater an, und Fílippos' Kopf schoss in die Höhe. Die Mutter sah in seine angstvollen Augen, stand auf und rutschte neben ihn auf die Bank. Er legte den Kopf an ihre Brust und fing an zu weinen.
»Ich will nicht zurück ins Heim!«, krächzte es herzzerreißend aus seiner Kehle.
»Wie kommst du auf die Idee?«, fragte Emmanouíl.

»Von den Kindern«, schluchzte er und putzte sich die Nase am Hemdsärmel. Thália bedeutete Emmanouíl, aus der Schublade Papiertaschentücher zu holen. Er stand sofort auf und reichte sie seinem Sohn. Der griff zu, schnäuzte sich.
»Erzähl uns bitte, was in der Schule vorgefallen ist«, bat der Vater und strich dem Jungen sanft übers Haar, ehe er sich ihm gegenüber wieder hinsetzte. Fílippos schniefte.
»Die Kinder hänseln mich«, kam es leise über seine Lippen.
»Seit wann?«, fragte Thália vorsichtig.
»Schon immer.«
»Schon immer?!«, rief sie erstaunt, und ihr Sohn zuckte zusammen.
»Entschuldige, ich wollte dich nicht erschrecken.« Sie legte schnell den Arm um ihn und drückte ihn fest an sich. Fílippos befreite sich.
»Ja, seitdem ich hier im Dorf lebe.«
Seit drei Jahren!, schoss es Thália durch den Kopf, und wir haben von all dem nichts bemerkt.
»Warum hast du uns nicht gesagt, dass die Kinder dich hänseln?«
»Ich hatte Angst, dass ihr mich dann nicht mehr lieb habt.« Er wischte sich mit dem Tuch über die Augen und sah erst die Mutter, dann den Vater an.
»Niemals wird das passieren. Du bist unser Sohn!«, erklärte Emmanouíl bestimmt.
»Egal was passiert, wir werden dich immer lieben!«, stimmte Thália zu. »Nun erzähl uns die ganze Geschichte.«
Der Junge berichtete, dass er vom ersten Schultag an von den Kindern ›Heimi‹ gerufen worden war. Nie-

mand hatte auf dem Schulhof mit ihm gespielt, alle hatten ihn gemieden. Erst als er anfing, gute Noten zu schreiben, hätten sich ein paar schlechtere Schüler um ihn versammelt, damit er sie die Hausaufgaben abschreiben ließ. Doch nachdem er zum Klassenbesten ernannt worden war, hatte sich das Blatt gedreht, und alle hatten ihn ›Heimstreber‹ genannt. Angeführt von Dimítris, der ihn zuvor auf dem Schulhof gestoßen hatte, liefen sie ständig hinter ihm her, traten, boxten ihn oder nahmen ihm den Ranzen ab. Einmal zerrissen sie ein Schulbuch, ein anderes Mal bekritzelten sie sein Hausaufgabenheft, sodass er immer öfter bei den Lehrern auffiel und Einträge ins Klassenbuch erhielt.

Je ausführlicher Fílippos erzählte, desto schlechter fühlte sich Thália. Nicht ein einziges Mal hatte sie von einem Vorfall zu hören bekommen – bis auf den heutigen Tag, als der neue Rektor sie zu sich bestellte. Fílippos erklärte weiter, dass er sich am Anfang nicht gewehrt hätte, doch irgendwann auch angefangen hatte, zurückzuschlagen. Leider hätte er jedes Mal das Pech gehabt, dass die Lehrer nur auf ihn aufmerksam geworden seien, weil Dimítris sich mit seinen Freunden immer schnell verdrückt hätte.

»Und warum hast du den Unterricht gestört?«, fragte Emmanouíl.

»Weil sie mich ständig mit Papierkugeln beschossen haben. Hin und wieder haben sie mich ins Gesicht getroffen. Was sollte ich denn machen? Es tat weh!« Der Junge fing wieder an zu weinen. »Jetzt bringt ihr mich bestimmt zurück ins Heim!«, jammerte er und schlang seine Arme ganz fest um Thálias Hals.

»Nein, du bleibst bei uns, und wir werden gemeinsam zum Rektor gehen. Er soll Dimítris, mit seinen Eltern,

zu einem Gespräch bitten.« Der Vater rief sofort in der Schule an, um einen Termin auszumachen.
Zuerst bat der Direktor die Eltern ins Sprechzimmer. Es entstand eine heftige Diskussion, weil sich Dimítris' Eltern die Anschuldigungen nicht gefallen ließen. Des Öfteren sprang Emmanouíl vom Stuhl auf, und jedes Mal war es Thália, die ihn am Ärmel zupfte und ihn bat, sich zu beruhigen. Nachdem das Gespräch daraufhin disziplinierter verlief, rief der Rektor die Jungen hinzu und bat die Eltern, Ruhe zu bewahren. Erst nach langem Befragen durch den Schulleiter rückte Dimítris mit der Sprache heraus, dass er Fílippos nicht leiden konnte, weil er ein ›Heimi‹ war, der sich bei seinen Freunden mit seinen guten Noten einschleimen wollte. Thália sah, dass Dimítris' Mutter bleich im Gesicht wurde und sein Vater kurz vor der Explosion stand. Sie empfand Mitgefühl mit ihnen, weil genau diese Situation sie vor wenigen Tagen durchgemacht hatte.
Schließlich wurde Dimítris von seinem Vater aufgefordert, Fílippos die Hand zu reichen und sich zu entschuldigen. Nachdem der Junge erst trotzig reagiert und dem Vater einen wütenden Blick zugeworfen hatte, wofür er prompt Stubenarrest bekam, hielt er Fílippos die Hand hin und sagte: »Tut mir leid.«
»Vielleicht können wir ja mal zusammen spielen?«, sagte Fílippos vorsichtig. Thália merkte, wie viel Überwindung ihn das gekostet hatte, weil seine Wangen rot gefärbt waren und er leise sprach. Dimítris zuckte zur Antwort mit den Schultern. Kurz darauf konnten sie gehen.
Als sie vor dem Schulgebäude standen, fragte Fílippos vorsichtig: »Muss ich wirklich nicht zurück ins Heim?«
»Nein, niemals!«, sagten seine Eltern gleichzeitig, hak-

ten sich unter und gingen mit ihrem Sohn nach Hause. Der Junge hüpfte vor ihnen her.
»Ich hoffe, er wird uns das nächste Mal sagen, wenn er Probleme hat«, meinte Thália.
»Ich denke schon.«
Die Mutter nahm sich im Stillen vor, ihren Sohn hin und wieder direkt zu fragen. Schon bald waren die Vorfälle vergessen. Fílippos und Dimítris wurden sogar Freunde, und niemand wagte es mehr, ihn ›Heimi‹ zu rufen, da Dimítris sich als sein Beschützer ausgab.

»Thália?«, rief Anna durch die offene Haustür und sprang dann schnell zur Seite, weil ein Junge an ihr vorbeistürmte, gefolgt von zwei Mädchen.
»Komm rein.«
»Meine Güte, dein Haus gleicht einem Bienennest!«
Thálias Hände waren voll Mehl, drei Kinder halfen ihr beim Backen. Die Wangen waren beschmiert, und mit den Händen steckten sie tief im Teig. Hin und wieder leckten sie an ihren Fingern.
»Nicht so viel naschen, ihr bekommt sonst Bauchweh!«, mahnte Thália und rieb sich die Finger an ihrer Schürze ab. »Magst du einen Kaffee?«
»Back du mal ruhig weiter, ich wollte dich fragen, ob du Lust hast, heute Abend mit mir auf ein Gläschen Wein in die Taverne zu gehen. Das haben wir lange nicht mehr gemacht.«
»Sobald Fílippos im Bett ist, schlafe ich beim Fernsehen auf der Couch ein.« Thália lächelte. Anna trat näher.
»Deine Augen strahlen. Du bist glücklich, oder?«
»Ja, Anna, jetzt erlebe ich endlich, wovon ich so viele Jahre nur geträumt habe«, flüsterte sie und zog die Freundin ins Wohnzimmer. Mit einem Auge beobach-

tete Thália die Kinder beim Teigkneten. Anna setzte sich auf die Couch.

»Ich freue mich für dich. Du kannst gut mit Kindern umgehen, aber das wusste ich ja schon früher. Immer hast du dich prima um meine Horde gekümmert.« Thália nickte.

»Das hat mir besondere Freude bereitet.«

»Ich bin traurig, dass wir so wenig Zeit miteinander verbringen.« Thália drehte sich zu ihr.

»Ich weiß, doch ...« Schnell sah sie wieder in die Küche.

»Schon gut, Thália. Muttersein bedeutete dir viel und auch, dass andere Kinder nun in euer Haus kommen. Ich sehe dir an, wie gut es dir tut.«

»Ja«, seufzte Thália zufrieden. »Fílippos geht in naher Zukunft in die Stadt auf die Schule, dann werden wir wieder mehr Zeit füreinander haben. Versprochen?« Sie lächelte die Freundin an.

»Versprochen!«, gab Anna zur Antwort. Dann erhob sie sich. »Ich gehe in den Garten.«

»Du wirst eine gute Ernte einfahren, so fleißig, wie du bist!« Thália begleitete sie zur Tür.

»Anna.« Die Freundin sah sich um. »Danke für dein Verständnis. Du bist mir immer eine gute Freundin gewesen, auch wenn ich dir vieles nicht erzählt habe, was mich bedrückt hat.«

»Schon gut, dafür sind Freunde schließlich da: um zu verstehen.« Ein greller Schrei erschallte aus der Küche. Thália eilte dorthin. Kurz darauf kam sie zurück in den Flur, um Anna zu sagen, dass die Mädchen sich nur mit Fílippos um den Teig gestritten hatten, doch ihre Freundin war bereits gegangen und hatte leise die Tür hinter sich zugezogen.

72. Kapitel

Das Telefon klingelte. Anna eilte aus dem Schuppen und die Stufen hoch.

»Manusáki«, meldete sie sich außer Atem.

»Jássou, Anna.«

»Jássou, Zenovía. Wie geht es dir?«

»Gut, und dir?«

»Ich bin gerade beim Öl-Abfüllen.«

»Du arbeitest zu viel!«

»Ich weiß ja, wofür.«

»Und darum rufe ich an. Ich habe im Internet Flüge von Aegean Airlines für euch gefunden. Der Zeitraum wäre vom fünfzehnten Dezember bis achtzehnten Januar. Gesamtpreis eintausend Euro. Der Flug geht von Heráklion nach Athen, von Athen über Thessaloniki nach Düsseldorf. Soll ich buchen?«

»Vier Wochen sind zu lang! Das geht wegen der Kinder nicht. Zudem versucht Lámbros immer noch, uns die Reise auszureden.«

»Aber dieses Angebot ist nur gültig, wenn du bis zum Fünfzehnten abreist und erst nach dem siebzehnten Januar zurückkommst.«

»Und sonst ist es teurer?«

»Um fünfzig Prozent!«

»Mal abgesehen davon, dass es zu lange ist – muss die Buchung direkt bezahlt werden?«

»Ja.«

»Und wie?«

»Mit Kreditkarte.«

»Wir haben keine. Damit ist eine Buchung übers Internet gegessen.« Stille breitete sich aus.

»Anna? Bist du noch da?«
»Ja.«
»Nicht traurig sein, wir werden schon eine Lösung finden. Besprich die Zeiten mit deinem Mann, und dann fahren wir morgen ins Reisebüro meiner Freundin nach Sitía. Sie hat schon einigen aus meiner Familie günstige Flüge besorgt. Einverstanden?«
»Ich melde mich.«
»Gut, ich warte.«
»Zenovía?«
»Ja?«
»Danke.« Anna legte den Hörer auf und sah auf ihre Finger, die vor lauter Aufregung zitterten. Sie ging ins Bad, wusch sich mit kaltem Wasser durchs Gesicht. Danach machte sie sich wieder an die Arbeit. In Gedanken war sie in Köln und überlegte, wo sie ihre Familie dort überall hinführen würde.

Anna stoppte den Wagen, stieg aus und ging auf Zenovía zu.
»Kaliméra«, grüßte die Freundin. »Guten Morgen. Ich bin total aufgeregt! Ich kann gar nicht glauben, dass ich heute Flüge buchen werde.« Zenovía legte den Arm um sie.
»Wirst du aber! Und für welchen Zeitraum habt ihr euch entschieden?« Sie stiegen in den Citroën.
»Wir haben mit den Kindern gesprochen. Vom zwanzigsten Dezember bis sechsten Januar.«
»Dann auf, zu meiner Freundin Mára!«
Die Straße befand sich ab Mirsíni seit den Bauarbeiten der neuen Strecke in einem schlechten Zustand. Der Winter hatte das Seine dazu getan. Der Belag war brüchig, Steinlawinen türmten sich am Straßenrand.

»Meine Güte, hat die Umgebung sich verändert. Überall Gräben! Und mitten in den Olivenhainen entsteht eine Brücke. Wahnsinn! Ich bin seit Monaten nicht in Sitía gewesen.« Anna drosselte die Geschwindigkeit, als sie an einem Stück vorbeikamen, auf dem Kieselsandgemisch lag. »Hier sollte man besser nicht auf die Bremse steigen.«

»Nach dem letzten starken Regen hat die Stadt sich die Aufräumarbeiten gespart. Ich denke, weil die Baufahrzeuge eh wieder alles schmutzig machen.«

Der Weg schlängelte sich über die Berge, durch kleine Dörfer, bis sie auf die Schnellstraße kamen. Hier drückte Anna das Gaspedal durch.

»Du hast es aber eilig. Sei vorsichtig! Siebzig ist erlaubt, oft steht die Streife an der Ausfahrt.« Hastig achtete Anna auf den Tachometer. Die Sonnenstrahlen ließen sie blinzeln, und sie zog die Blende herunter.

»Ich bin total nervös«, jammerte sie, »ich muss mal in die Büsche.« Nach einem Kilometer hielt sie an und verschwand zwischen den Olivenbäumen. In der Ferne machte sie kleine Feuerquellen aus, hörte Stimmen. Bestimmt sind die Bauern dabei, die abgesägten Äste zu verbrennen, dachte sie, sah jedoch niemanden und hockte sich hin. Auf dem Weg zum Auto vernahm sie ein Wimmern. Anna sah sich um.

»Hast du etwas verloren?«, fragte Zenovía.

»Nein, hör' mal!« Die Freundin stieg aus. »Könnte ein Hundebaby sein. Es kommt aus der Richtung der Mülltonnen.« Anna steuerte darauf zu und sah hinein.

»Ich kann es nicht glauben! Komm her! Hier ist wirklich ein Hundebaby drin!«

»Das kommt leider oft genug vor.« Zenovía beugte sich über den Behälter.

Der Welpe zitterte. Anna hob ihn heraus. »Es ist ein Rüde.«
»Und jetzt? Was willst du mit ihm machen?« Anna zuckte die Schultern und drückte den Kleinen an sich, der sie vorsichtig mit der Pfote anstupste. Sein Fell war braun, die Schnauze zierte ein weißer Fleck.
»Sollen wir weiter?«, fragte Zenovía. Anna setzte den Welpen ab.
»Lauf zurück zu deinem Zuhause.« Sie gab ihm einen leichten Schubs.
»Er wird keines haben, sonst wäre er nicht in der Mülltonne gelandet. Jemand hat ihn ausgesetzt.« Schweren Herzens verabschiedete sich Anna von dem zitternden Rüden und stieg ins Auto.
»Und wenn er überfahren wird?« Auf die Frage erhielt sie von der Freundin keine Antwort.

In der Stadt erwies sich die Parkplatzsuche als schwierig. Dienstag, Markttag. Zweispurig waren die Autos auf den Straßen abgestellt.
»Schau mal, wie soll der da aus der Lücke kommen?« Anna zeigte auf einen Fiat Punto, der zwischen zwei Autos eingepfercht war.
»Aber ich bitte dich, Anna. Das ist typisches Parken in der Stadt!« Zenovía lachte spöttisch.
Mit angespannter Aufmerksamkeit steuerte Anna den Wagen durch die engen Gassen. Als wäre ein Ameisenstamm auf Wanderschaft, wieselten die Bewohner umher. Vollgepackte Tüten mit Obst und Gemüse trugen sie mit sich. Oft musste Anna abbremsen, weil ein Fußgänger ohne zu schauen die Fahrbahn überquerte. Am Hafen, nicht weit entfernt von Máras Büro, fand sie eine Lücke. Plötzlich wurde es Anna mulmig, sie

legte die Hand aufs Herz und spürte, dass es heftig schlug. Bin ich aufgeregt! Soll es wirklich sein, dass in knapp neun Monaten mein Herzenswunsch in Erfüllung geht?
»Hallo!« Zenovía rüttelte an ihrem Arm.
»Entschuldige, ich war in Gedanken.«
»Bist schon in Deutschland, hm?« Anna nickte, dann schritt sie neben der Freundin die kleine Anhöhe hinauf. Zenovía betrat vor ihr das Geschäft und begrüßte Mára.

»Ich kann es nicht fassen«, rief Anna, als sie aus dem Reisebüro auf die Straße traten, »die Flüge sind gebucht, passen in mein Budget und ich brauche sie erst Anfang Dezember zu bezahlen!«
»Mára hat ganze Arbeit geleistet!«
»Und genau zu den Tagen, die wir gestern zusammen ausgemacht haben. Ich freu mich so, Zenovía!«
»Das brauchst du mir nicht extra zu sagen, du strahlst wie ein Honigkuchenpferd.«
»Ich lade dich zum Kaffee ein.« Sie schlenderten die Strandpromenade entlang zum Café Vaí. Die Sonne spiegelte sich im glatten Meer. Kein Wind ließ die Fischerboote schaukeln, sie lagen ruhig im Hafenbecken und ähnelten einem Stillleben. Touristen blieben stehen, zückten ihre Kameras.
Leider kann das erhebende Gefühl, das einen bei diesem Anblick überwältigt, nicht mit dem Fotoapparat einfangen werden, dachte Anna. Sie bestellte Frappé und frisch gepressten Orangensaft.
»Auf deinen Urlaub!« Zenovía hob das Glas und prostete ihr zu.
»Danke!« Nur schwer konnte Anna die Freudentränen

und Jauchzer unterdrücken, die ihr in der Kehle steckte, und suchte ein Thema zur Ablenkung.
»Wie mag es dem kleinen Hund gehen?«
»Er wird herumstreunen. Vielleicht findet ihn ein Mitglied vom Tierschutzverein, die vermitteln Hunde sogar nach Deutschland, habe ich gehört.«
»Ist es nicht grausam, einen Welpen auszusetzen?«
»Das kommt so oft vor!«
»Gibt es dafür eine Erklärung?«
»Die Jäger möchten einen perfekten Jagdhund, und daher lassen sie ihre Hündin von einem erstklassigen Rüden decken – im Glauben, die Welpen würden den Jagdinstinkt vererbt bekommen, was natürlich Quatsch ist. Aus dem Wurf wird dann der beste, meist weibliche Welpe genommen. Die anderen werden verschenkt, ausgesetzt, eingeschläfert oder sie fressen Giftköder.«
»Unser Nachbar hat deswegen drei seiner Hunde verloren, als er auf der Jagd war«, nickte Anna.
»Ein Hund ist ein Gebrauchstier, er beschützt die Hühner, das Land oder geht mit seinem Herrchen auf die Jagd. Den Rest der Zeit liegt er an der einen Meter langen Kette und bekommt keinen Auslauf. Lass uns aufhören, darüber zu grübeln. Viele haben versucht, die Situation zu ändern, sogar gerichtlich, jedoch mit wenig Erfolg. Du hast gebucht, und das zählt heute!«
Zenovía stand auf und zog Anna mit sich.

Die Freundinnen bummelten an den Geschäften vorbei. Langsam bereitete sich die Stadt auf die Sommersaison vor. Sie gingen zum Wochenmarkt, besuchten dort Déspina und Lámbros, die gerade dabei waren, den Stand abzubauen.
»Ausverkauft, meine Damen!«

Der Schwiegervater strahlte, während er die leeren Kisten auf den Pick-up stapelte.
»Was macht ihr in der Stadt?« Déspina nahm die Plastikdose, die als Kasse diente, und stellte sie auf den Beifahrersitz.
»Ich habe Flüge gebucht.« Anna sah, wie Lámbros' Lächeln erstarb. Er räusperte sich.
»Du hast es tatsächlich gewagt?« Sie nickte.
»Komm, Déspina, es wird Zeit, dass wir fahren.« Mit Schwung schloss er die Ladeklappe und stieg hastig in den Wagen.
»Mach dir keine Gedanken, Anna, er wird sich damit abfinden. Du kennst ihn doch, er brummt ständig herum«, flüsterte Déspina ihr zu und winkte zum Abschied.
Was hat er bloß dagegen? Ob es daran liegt, dass er solange alleine ist? Ach nein, Déspina wird dann bereits mit ihm zusammenwohnen und für ihn sorgen. Die siebzehn Tage werden schnell vorübergehen. Leider! Aber egal, Hauptsache ist, dass wir endlich fliegen und nichts, rein gar nichts wird mich davon abhalten! Ganz besonders nicht Lámbros!

Auf der Rückfahrt sah Anna den Müllcontainer, in dem sie zuvor den Welpen gefunden hatte. Der Kleine lag darunter, um sich vor der Sonne zu schützen. Ohne lange zu überlegen, steuerte Anna den Wagen an den Straßenrand, stieg aus und setzte den Kleinen auf den Rücksitz.
»Du bist verrückt!«, sagte Zenovía mit einem Lächeln um die Lippen. »Was, glaubst du, wird deine Familie dazu sagen?«
»Egal, ich kann ihn hier nicht einfach verhungern und verdursten lassen.« Der Rüde stupste sie mit seiner

kühlen Nase am Ellbogen an, dann rollte er sich zusammen und schlief ein.

73. Kapitel

Anna schlenderte durch die Dorfgassen. Iraklís lief voraus und beschnupperte die Hauswände. An den Büschen hob er sein Bein. Noch waren seine Bewegungen tapsig. Sogar Lámbros hatte sich über den Zuwachs in der Familie gefreut. Einstimmig wurde entschieden, dass der Hund bei ihnen bleiben würde. Bei der Welpenimpfung meinte der Doktor, dass er ein guter Jagdhund werden könnte, das erkenne er am Verhalten des Tieres. Von der Größe her würde er später einem Schäferhund gleichkommen. Deshalb gab Lámbros ihm den Namen Iraklís.
Sie kamen von einem Feldspaziergang zurück. Anna hatte einen Strauß Wildblumen gepflückt. Nach dem starken Regen trafen die Bewohner letzte Vorkehrungen fürs Osterfest. Straßen wurden vom angespülten Gestein befreit, die Häuser erhielten einen weißen Anstrich und die Fensterläden wurden mit blauer Farbe aufgefrischt. Palmen in antik aussehenden Keramiktöpfen zierten den Hofeingang oder Balkon. Mit ihren saftigen grünen Blättern, weiß oder pink strahlenden Blüten fügten sich die Sträucher der Bougainvillea harmonisch ins Dorfbild.

Seit Tagen bereiteten Anna und Déspina *kalitsoúnia*, das Ostergebäck, vor und verschenkten es an die Dorfbewohner. Diese revanchierten sich mit ihrer Version des Gebäcks. Jede Griechin bewahrte ihr eigenes kleines Geheimnis über die Art und Menge der Zutaten, mit der sie die süßen Käsetaschen verfeinerte.

»Hast du an den Rakí gedacht?«, fragte Lámbros und lief aufgeregt auf die nächtlich beleuchtete Straße.

»Ja, Vater, er steht auf dem Tisch.«

»Und dass ihr mir genug Gläser herausgestellt habt!«

Von der Kirche her erschallte Musik, unterlegt vom Gemurmel vieler Menschen.

»Morgen ist endlich die Fastenzeit zu Ende«, flüsterte Déspina Anna zu.

»Fällt es dir schwer, dich vierzig Tage daran zu halten?«

»Ich bin es von klein auf gewöhnt, und zum Glück hat Lámbros mich unterstützt. Natürlich auch du, indem du immer, wenn wir zu euch zum Mittag kamen, zubereitet hast, was wir essen durften. Aber glaub mir, auf ein gutes Stück Ziegenbraten am Sonntag freue ich mich.« Sie lächelte. Lámbros kam auf sie zu.

»Habt ihr alles vorbereitet?«

»Warum bist du so nervös, mein Lieber?« Déspina legte beruhigend die Hand auf seinen Arm.

»Es ist das erste Mal, dass du und ich gemeinsam die Gäste bewirten.«

Anna beobachtete, wie Déspina ihren Zukünftigen liebevoll ansah. Schön, dass die beiden zusammengefunden haben, und in drei Tagen ist Hochzeit!, dachte Anna. Dann kam die Prozession näher. Anna goss Rakí ein, stellte die Gläser aufs Tablett und gab es Déspina. Lámbros und seine Braut verteilten den Schnaps an die Gäste, reichten Nüsse dazu. Nachdem die Menge an ihrem Haus vorbeigezogen war, schloss sich die gesamte Familie dem Umzug an, bis hin zur Kirche Pa-

nagía. Die Sterne funkelten über ihnen, der Himmel war klar und es war windstill. Jeder Bewohner trug eine brennende Kerze in der Hand.
»*Christós anésti, alithós anésti*«, klang es durch die Reihen. Die Bewohner küssten sich auf beide Wangen.
»Christus ist auferstanden, wahrhaftig auferstanden«, sagte Lámbros und reichte Anna die Hand. Kinder hatten sich um die aufgestapelten Äste versammelt. Sie hielten ihre Kerzen ins Buschwerk und entzündeten damit das Osterfeuer. Judas, dargestellt durch eine Strohpuppe, stand auf der Spitze des Scheiterhaufens und brannte bald lichterloh. Ein Feuerwerk erhellte den Himmel. Böller flogen durch die Reihen. Anna zuckte jedes Mal zusammen, aus Angst, ein Kracher könne sie treffen.
Die Leute gehen ziemlich leichtsinnig mit den Dingern um! Ängstlich blickte sie in die Reihen. Lámbros und Aléxandros knallten tüchtig mit. Hoffentlich passiert ihnen nichts. Morgen wird wieder in den Nachrichten gezeigt werden, wie viele sich verletzt und ihre Hand oder den Arm dabei verloren haben. Anna atmete tief durch, stellte sich abseits und behielt ihre Heranwachsenden im Auge. Als alle Raketen und Böller verschossen waren, trat für einen Augenblick Ruhe ein. Vergnügt verabschiedeten sich die Einwohner dann voneinander und zogen sich in ihre Häuser oder die Tavernen zurück.
Anna lief schnell voraus, um letzte Hand an ihre *Magiríza* zu legen. Die Ostersuppe zeigte das Ende der Fastenzeit an und wurde aus einem Ziegenkopf, Innereien und Gemüse zubereitet. Als sie die Treppen hochstieg, stand Iraklís am Absatz und wedelte mit dem Schwanz. Anna streichelte seinen Kopf.

»Gleich gibt's was zu futtern!« Schnell füllte sie seinen Fressnapf, danach kümmerte sie sich um die Suppe. Kurz darauf hörte sie die Familie und Freunde ins Haus kommen. Iraklís sprang freudig an jedem Gast hoch. Als die Familie zu Tisch saß, rollte er sich auf seinem Kissen vor dem Kamin zusammen, die Schnauze zwischen den Vorderpfoten, in Erwartung, dass ein Krümel auf den Boden fallen würde. Anthí, die mit dem Ehemann und ihren drei Kindern aus Chaniá angereist war, half Anna beim Füllen der Teller.
»Darauf habe ich mich seit sechs Wochen gefreut!«, rief Lámbros, nahm sich einen Dakós und bröckelte den Gerstenzwieback in die Suppe.

Am frühen Morgen schoben Ilías und sein Vater den riesigen mobilen Spieß in den Garten, entfachten ein Feuer, um die Ziege darüber zu grillen. Iraklís lief Ilías ständig zwischen die Beine, sodass er ins Stolpern geriet und mit ihm schimpfte. Erst dann suchte sich der junge Hund ein schattiges Plätzchen in der Nähe des Grillspießes. In der Zwischenzeit deckten Anna, Anthí und Déspina die Tische ein. Reichhaltig wurden die Speisen aufgetragen. Familie und Freunde fanden sich gegen zehn Uhr bei ihnen im Garten ein. Die Männer wechselten sich beim Drehen der Ziege ab. Ganz nebenbei verkündete Lámbros, dass Déspina und er das Eheversprechen ablegen wollten. Anna lachte laut über sein erstauntes Gesicht, als die Gäste ihm sagten, das wüssten sie seit Langem. Schließlich gäbe es im Dorf keine Geheimnisse. Sie prosteten den Brautleuten zu. Anna reichte den Weidenkorb, gefüllt mit roten Ostereiern, herum. Lámbros begutachtete verschiedene Eier, hob sie an, legte sie zurück.

»Mach, Pappoú, damit wir endlich anfangen können.« Aléxandros stupste den Großvater an.
»Ich will das Sieger-Ei haben!«, meinte Lámbros. Endlich hatte er sich entschieden. Der Spaß konnte beginnen. Fest hielt Aléxandros sein Ei in der Hand und ließ dem Opa beim Ankicken den Vorrang. Lámbros' Ei zeigte Risse in der Schale, somit schied er aus und der Enkel ging zum Nächsten, um den Härtetest durchzuführen. Am Ende zerbrach die Schale von Aléxandros' Ei am Ei seines Onkels Peter. Er war eigens zum Osterfest und für Lámbros' Hochzeit angereist. Anna freute sich, ihren Bruder zu sehen, auch wenn er nur für wenige Tage bleiben konnte. Trotz des Trubels fanden sie Zeit für ein kurzes Gespräch unter Geschwistern.
»Anna, es ist nicht einfach, mit den Eltern zu reden. Seit ihrem letzten Besuch hier und nach dem, was sie dir an den Kopf geworfen haben, ist es schwer für mich, Verständnis für sie aufzubringen. Sie reisen viel, seitdem Vater im Ruhestand ist. Mutter hilft tageweise im Blumenladen aus. Mit Elke halten sie einen engeren Kontakt. Ist komisch, oder? In unseren Kindertagen war es genau anders herum. Mit dir und mir konnten sie nicht genug diskutieren und förderten uns, Elke hielten sie kurz.« Anna zupfte ein Blatt vom Olivenbaum, drehte es zwischen den Fingern.
»Denkst du, sie werden sich freuen, wenn wir zu Weihnachten kommen?«
»Sie werden es vor Ilías und euren Kindern gut zu verstecken wissen, wenn es nicht so wäre.« Peter schob die Hände tief in die Hosentaschen, als hätte er bereits resigniert, was die Eltern betraf. Beide blieben eine Zeit lang stumm. Schließlich gingen sie zurück und machten sich über den Kuchen her.

Bis in die späten Abendstunden blieb die Gesellschaft zusammen und feierte Christi Auferstehung. Zum Abschied schenkten Anna und Déspina jedem ein rundes Osterbrot, in der Mitte thronte ein rotes Ei. Das Brot war das traditionelle Auferstehungssymbol und stand für das Erwachen des neuen Lebens, das sich in dem prachtvollen Erwachen der kretischen Natur manifestierte.

Im schwarzen Anzug mit grau gestreifter Krawatte, im Knopfloch eine rote Rose, stand Lámbros neben seinen Kindern Anthí und Ilías vor dem Eingang zur Kirche. Unzählige Freunde, Bekannte und Dorfbewohner drängten sich auf dem Vorplatz zusammen.
Die Kirchturmglocke erklang drei Mal. Déspina ging neben Anna auf ihren Zukünftigen zu. Die Braut trug ein dunkelblaues, knöchellanges Kleid. Der Brautstrauß bestand aus roten Rosen. Anna fand, dass sie bezaubernd aussah, auch wenn sie ein leichtes Zittern spürte, als sie Déspinas Arm berührte. Hinter ihnen gingen Lámbros' Enkel. Natalía mit ihrem Freund Lorenzo bildete das Ende des Zuges. Anna übergab die Braut ihrem Schwiegervater. Lámbros nahm ihre Hand und führte sie in die Kirche. Die Hochzeitsgäste schlossen sich an und füllten das Gotteshaus bis zum letzten Platz.
Nachdem der Priester ihnen den göttlichen Segen erteilt hatte und Lámbros unter den Zurufen der Anwesenden seine Braut geküsste hatte, stürmten die Freunde auf das Paar zu und ließen es hochleben. Am Kirchenausgang stand Anna mit Thália und verteilte glasierte Mandeln an die Gäste, in kleine weiße Netze verpackt, sowie eine Mini-Ikone und das traditionelle

Hochzeitsgebäck, *Xerotígana*, frittiertes Mehlgebäck, in Honigsirup getaucht, mit geröstetem Sesam bestreut. Danach ging das Brautpaar durchs Dorf, bis es Onkel Manólis' Taverne erreichte, in der die Familie als geschlossene Gesellschaft die Hochzeit feiern würde.

»Schon komisch«, meinte Anna, als sie und ihr Mann nach dem Aufräumen der Gaststätte erschöpft im Bett lagen.

»Was?« Ilías schob den Arm unter ihren Nacken.

»Na, dein Vater und Déspina.«

»Was ist mit ihnen?«

»Die haben jetzt ihre Hochzeitsnacht«, flüsterte Anna und kicherte.

»Du und deine Fantasie. Lass ihnen den Spaß, das hält die beiden jung.« Er drückte sie an sich.

»Wann ziehen die Mieter in Déspinas Haus ein?«

»Bist du nicht müde, Anna?«, witzelte Ilías. »Bald geht die Sonne auf, ich muss in den Stall und du kommst auf die tollsten Gedanken. Aber damit du beruhigt schlafen kannst, sie ziehen nächste Woche ein.«

»Schön, denn sie haben vier Kinder, dann ist es hier nicht mehr so ruhig.«

»Was dir um die Zeit alles durch den Kopf geht. Lass uns endlich schlafen!« Er knipste das Licht aus und drehte sich zur Seite. Ich muss an irgendetwas Schönes denken, damit ich einschlafen kann. Aber was? Sie sah sich im Dunkeln um, als suche sie nach einer Antwort. In acht Monaten fliegen wir nach Köln! Und als würde der Duft vom Weihnachtsmarkt ihr in die Nase steigen, schloss sie die Augen. Kurz darauf fiel sie in einen traumlosen Schlaf.

74. Kapitel

»In diesem Jahr feiern wir reichlich.« Anna zog das neue Etuikleid über, das ihre schlanke Figur besonders betonte. Sie betrachtete sich im Spiegel, ihr Blick fiel auf die Hände. Sie fühlten sich hart an und waren dunkel verfärbt von der Gartenarbeit. Ilías stand neben ihr und band sich die Krawatte.
»Du meine Güte! Wenn mein Vater gekommen wäre, dann hätte ich mir wegen meiner Finger wieder etwas anhören dürfen. Die Vortäuschung gesundheitlicher Probleme, damit sie zur Verlobung ihrer einzigen Enkeltochter nicht kommen müssen, ist an den Haaren herbeigezogen. Ich habe mit Peter gesprochen, sie fliegen in einer Woche nach Mallorca.«
»Reg dich nicht auf, Anna. Du wirst die Einstellung deiner Eltern in Bezug auf das Dorfleben nicht mehr ändern. Und besser, sie bleiben fern, als es dir ständig vorzuhalten. Du hast doch Vater und Déspina.«
»Und wie stolz Lámbros ist, das Fest auszurichten. Noch nicht einmal Natalías Patentante darf sich daran beteiligen.« Sie sah auf die Uhr. »Wir sind spät! Sie werden bestimmt schon auf uns warten.« Plötzlich hielt sie inne. »Ilías.«
»Was sind denn das für Sorgenfalten, die sich auf deiner Stirn bilden?«, neckte er. Sie legte die Hand auf seine Brust, sah ihm in die Augen.
»Natalía ist einundzwanzig und verlobt sich gleich mit Lorenzo, Lámbros wird im November achtzehn und wünscht sich ein rauschendes Fest, und unser Jüngster, Aléxandros, zählt schon sechzehn Lenze. Sag mir, wo ist die Zeit geblieben?«

»Hast du jemals bereut, dass du mich geheiratet hast?«
Er zog sie an sich und gab ihr einen Kuss auf die Stirn. Anna spürte, dass sein Herz schneller schlug.
»Warum fragst du mich das?«
»Einfach so.« Anna nahm die Anspannung seiner Muskeln unter dem weißen Hemd wahr.
»Lass mich kurz nachdenken«, neckte sie und bemerkte, dass sein Lächeln verschwand.
»Ich liebe dich!« Ihren Worten folgte ein inniger Kuss.
»Ich kann mir ein Leben ohne dich nicht vorstellen«, flüsterte er und drückte sie fest an sich.

Es war ein heißer Augusttag. Die Sonne ging langsam unter und tauchte die Berge in einen rötlichen Schimmer. Jungverliebten gleich hielten Ilías und Anna sich an den Händen und gingen in den Garten, in dem die Verlobungsfeier stattfand. Vor dem Eingang standen Tontöpfe mit pinkfarbenen Bougainvillearanken. Der Garten war mit weißen Luftballons geschmückt, die mit sizilianischen oder griechischen Flaggen bedruckt waren. Die Tische, festlich eingedeckt, waren mit Blumengestecken aus rosa Lilien und weißen Rosen dekoriert.
»Wie bezaubernd unsere Tochter aussieht, und ihre Augen strahlen vor Glück!«, lächelte Anna und beobachtete, wie Lorenzo zärtlich den Arm um Natalías Hüfte legte. Die Tochter trug ein dunkelgrünes, wadenlanges Kleid aus Satin. Das Oberteil hatte einen tiefen Ausschnitt und schmiegte sich bis zur Taille eng an den Körper, der Rock war weit ausgestellt. Der leichte Wind ließ ihn leise knistern. Lorenzo, den Anna nur in ausgewaschenen Jeans und T-Shirts kannte, trug eine dunkelblau schimmernde Hose mit einem weißen, ge-

stärkten Kurzarmhemd. Zur Feier des Tages hatte er sich eine Krawatte umgebunden, diese jedoch locker am Hals geknotet.

»Sie geben ein hübsches Paar ab.« Anna gab Ilías schnell einen Kuss auf die Wange.

»Er ist ein guter Junge.« Ilías ging auf die Gäste zu, um jeden persönlich zu begrüßen. Anna atmete tief durch. Als es an der Zeit war, die beiden jungen Leute miteinander zu verloben, stellten sich die Anwesenden im Halbkreis um das Paar. Luigi, Lorenzos Vater, zog ein blaues Kästchen aus der Jackentasche, öffnete es. Auf einem roten Kissen steckten die handgefertigten Verlobungsringe. Sie bestanden aus Weißgold und hatten eine Gravur, die jeweils aus den Anfangsbuchstaben der Namen der Verlobten bestand. Luigi nahm einen heraus. Anna hielt eine Ikone hoch, und er bekreuzigte mit dem Ring das Bild.

»Meine liebe Natalía.« Das Mädchen streckte ihm die Hand entgegen, und Luigi schob ihr den Ring an den Finger, nahm sie in die Arme und küsste sie auf die Wangen. Dann wiederholte er das Ganze mit Lorenzos Ring. Anschließend trat er einen Schritt zurück und ließ seine Frau Katerína durch. Sie strich sich eine Haarsträhne aus dem Gesicht, ihre Wangen waren vor Aufregung gerötet. Bedächtig ging sie auf die Kinder zu. Die Gäste verfolgten andächtig die feierliche Zeremonie. Katerína streifte, als zukünftige Schwiegermutter, Natalía einen Brillantring über, hängte ihr eine Kette mit einem goldenen Kreuz um und besiegelte die Verlobung mit einem Kuss. Anthí, die Natalías Taufpatin war, schritt auf sie zu und legte ihr eine Perlenkette um den Hals.

Ilías wischte sich mit einem Tuch den Schweiß von

der Stirn. Dann hängte er Lorenzo eine Kreuzkette aus Weißgold um und drückte ihn an sich. Anna schluckte, ihre Hände zitterten vor Aufregung, als sie auf den zukünftigen Schwiegersohn zuging und ihm eine wertvolle Designer-Uhr ums Handgelenk legte.
»Willkommen in unserer Familie.« Nachdem sie ihm den Kuss gegeben hatte, nahm sie seine Hand und führte sie, gemeinsam mit ihrem Mann, mit Natalías zusammen. Kurz ruhten ihre Hände auf denen der Kinder, dann gaben sich diese unter dem tobenden Applaus der Gäste den Verlobungskuss.
Kretische Volksmusik erklang aus den Lautsprechern. Aléxandros und Lámbros drängten sich durch die Menge zur Schwester und dem zukünftigen Schwager. Überrascht sah Anna, dass die Söhne die landestypische Hirtenkleidung trugen. Sie bestand aus einer schwarzen Pumphose, einem beigen bestickten Hemd, schwarzer Weste und einem dreieckigen schwarzen Netz mit Bommeln auf dem Kopf. Die knielangen Stiefel glänzten. Anna lächelte, als die beiden anfingen, zu tanzen und die Absätze zusammenschlugen. Aléxandros wedelte mit einem weißen Tuch, seine andere Hand hielt Lámbros fest im Griff. Der Bruder sprang in die Höhe und wirbelte mit den Beinen in der Luft. Die Gäste klatschten im Takt und gaben anfeuernde Rufe von sich. Da haben die Brüder sich ein schönes Geschenk ausgedacht, dachte Anna und schmunzelte. Als das Lied zu Ende war und die Jungs sich außer Atem unter Lobrufen den Schweiß abwischten, ging Anna auf sie zu und drückte sie fest an sich.
»Das habt ihr toll gemacht! Ich bin stolz auf euch.« Dann wandte sie sich schnell ab, um den Gästen Platz zu machen, die sich nun vor Natalía und Lorenzo auf-

bauten, um ihnen zu gratulieren. Auch die Eltern und Großeltern nahmen die guten Wünsche für den Familienzuwachs entgegen.

Anna beobachtete die zahlreichen Gäste – unter ihnen Familienmitglieder, die extra aus Lorenzos Heimat angereist waren.
Im Frühjahr wird meine Tochter heiraten und ihrem Mann nach Sizilien folgen. Sie wird mir fehlen! Ilías kam auf sie zu.
»Grübelst du?« Er strich ihr mit dem Finger über die Stirn, als wolle er ihre Sorgenfalten glätten.
»Ein wenig. In Kürze wird Natalía uns verlassen.« Sie schniefte in ihr Taschentuch. Ilías nahm sie in den Arm.
»Sie bleibt unsere Tochter! Und wir haben einen Sohn dazubekommen. Vergiss nicht, du bist damals auch deinem Herzen gefolgt und zu mir gekommen.« Sie sah ihn an. Seine Augen glitzerten. Sie spürte die innige Liebe, die sie beide verband.
»Wird Zeit, dass das Essen auf den Tisch kommt.« Sie strich ihr Kleid glatt und eilte Richtung Küche.
»So kenne ich meine Anna!« Er gab ihr einen Klaps auf den Po.
Die Dämmerung legte sich über den Garten, die Zikaden stellten langsam den Gesang ein und flatterten von den Ästen, wenn jemand an ihrem Schlafplatz vorbeiging. Katzen lauerten auf den Zweigen darauf, sie im Flug zu erhaschen.
In der Zwischenzeit hatte Ilías Fackeln in die Erde gesteckt und sie angezündet. Beim Nachtisch ließ Anna ein weiteres Mal den Blick über die Anwesenden schweifen und die Atmosphäre auf sich wirken. Mit den Händen wurde wild gestikuliert, wenn die

Verständigung zwischen den Kretern und Sizilianern schwierig wurde. Ihre Söhne standen beisammen, und sie erkannte an deren Gesichtszügen, dass sie etwas ausheckten. Dann fiel ihr Blick auf ihren Schwiegervater. Lámbros! Sie schmunzelte. Wie er die Verlobten umschwärmt. Bei uns war er damals nicht so. Auf einmal sprang sie vom Stuhl und lief zur Tochter.

»Natalía, ich möchte dich kurz alleine sprechen.« Anna zog sie mit sich, ein Stück abseits der Tische, die im Schatten der Bäume aufgestellt waren. Schnell schaute sie sich um, dass keiner in der Nähe war.

»Was ist, Mama?«

»Mir liegt etwas am Herzen.« Natalía nickte und fächelte sich mit der Hand Luft zu.

»Deine Großmutter Sofía verstarb früh. Du weißt, dass ich damals schwanger war. Dein Vater und ich wollten, dass du ehelich auf die Welt kommst«, sagte sie hastig.

»Mama, ich bin nicht schwanger!«

»Hör mir zu. Dein Pappoús hat uns die kirchliche Heirat in Sofías Trauerjahr verboten, daher haben wir uns heimlich im Stadtbüro das Jawort gegeben.«

»Das weiß ich.« Natalía drehte sich ab; Lorenzo hatte nach seiner Zukünftigen gerufen und winkte ihr zu.

»Mama, Lorenzo möchte, dass ich zu ihm komme.«

»Warte einen Augenblick.« Natalía nickte gehorsam.

»Wenn mir vor deiner Eheschließung etwas zustoßen sollte, dann möchte ich nicht, dass du deine Hochzeit verschiebst oder das Trauerjahr abwartest. Versprichst du mir das?« Anna las Erschrecken in den Augen der Tochter. Was mach ich hier? Es ist Natalías Verlobung und ich werde hysterisch. Liegt es am Gespräch mit Ilías, dass ich derart aufgewühlt bin, hat es die Vergangenheit in mir heraufbeschworen?

»Entschuldige, ich wollte dich nicht beunruhigen. Es ging mir plötzlich durch den Kopf und die Erinnerung, dass ich damals deinen Vater nicht heiraten durfte … verstehst du? Ich denke, ich bin einfach überdreht. Ich weiß auch nicht, was mit mir los ist. Am besten vergessen wir das Ganze, einverstanden?« Anna drückte sie an sich.
»Ich verspreche es dir«, flüsterte Natalía ihr ins Ohr und Anna spürte, dass die aufgekommene Furcht verschwand und innerer Ruhe Platz machte.
»Ich hab dich lieb, Natalía.«
»Ich dich auch, Mama.«
Als Natalía zu Lorenzo lief, verweilte Anna einen Augenblick, angelehnt an den Olivenbaum. Sie schaute zum Himmel. Plötzlich ertönte ein Pfeifton. Ihre Söhne hatten sich aufs Hausdach geschlichen und zündeten nun ein Feuerwerk. Die Raketen explodierten und ein Vorhang aus Glitzer, einem Sternenregen gleich, entfaltete sich über den Feiernden.

75. Kapitel

Anna stand am Küchenfenster und las Peters Brief. Danach zog sie Stift und Papier aus der Schublade und setzte sich an den Tisch.

Mein lieber Bruder,
ich freue mich, dass du im November zu uns kommst. Lámbros ist gespannt auf die Feier anlässlich seines

achtzehnten Geburtstags und kann es kaum erwarten, seinen Patenonkel zu sehen.

Beim Lesen deines Briefes wurde mir ganz schwindelig. Was du alles unternimmst! Musical in Hamburg, zum Theater nach Berlin, Konzert in Köln, Kinoabende, mit dem Fahrrad ein Wochenende am Rhein entlang, und zwischendurch gehst du arbeiten und besuchst unsere Schwester. Ich freue mich, dass du beim Rockkonzert deine, wie du schreibst, Traumfrau gefunden hast und ich sie zu Weihnachten in Köln kennenlernen werde. Es wurde auch langsam Zeit!
Dein Brief hat mich nachdenklich gestimmt. Wenn ich meine Jahre auf der Insel Revue passieren lasse, dann könnte ich die Zeit zusammenfassen, als gleiche sie einem Dokumentarfilm, der ständig im Fernsehen wiederholt wird.

Im Januar und Februar ernten wir die letzten Oliven. Rosenmontag nennt sich bei uns ›Sauberer Montag‹ und ist der Tag, bevor die Fastenzeit anfängt. Zu jedem kirchlichen Feiertag gibt es ein speziell gebackenes Brot. Vor Ostern fangen wir an, die Häuser zu streichen, Käseteigtaschen zuzubereiten, das Osterbrot zu backen und Eier rot zu färben. Ostersamstag wird die Magiríza traditionell um Mitternacht verspeist und damit die Fastenzeit beendet. Christus' Auferstehung, der höchste Kirchentag bei den Griechisch-Orthodoxen, wird ausgiebig im Kreise der Familie und Freunde gefeiert.
Wir arbeiten hart auf den Feldern, damit eine gute Ernte herauskommt. Wenn das Olivenöl zwei Monate geruht hat, fange ich an, es in kleinere Kanister und

Flaschen abzufüllen. Stelle mit Kräutern verfeinertes Öl her. Bevor der letzte Regen fällt, verbrennen wir die abgesägten Äste in den Olivenhainen. Dann kommt der Sommer mit heißen Temperaturen, seiner Dürre und den Urlaubern. Die Felder werden abgeerntet, Obst und Gemüse auf dem Markt verkauft, die Trauben gesammelt, gestampft und in Fässern gegoren.
Oft haben wir den ersten Regen erst im Herbst. Der gibt den Olivenbäumen die letzte Stärkung vor der Ernte. Anfang November wird Rakí gebrannt. Kurz darauf fängt die Olivenernte an. Weihnachten zieht an uns vorbei, das neue Jahr wird beim Kartenspielen mit dem traditionellen Neujahrskuchen begrüßt.
Unsere Abwechslungen während des Jahresrhythmus bestehen aus unzähligen Hochzeiten, Taufen, Namenstagen und leider auch Trauerfeiern. Kino? Ich kann mich nicht erinnern, wann Ilías und ich das letzte Mal im Kino waren, eher die Kinder. Wir sind dafür am Abend zu müde, sitzen mit Lámbros und Déspina oder den Freunden zusammen und spielen Karten. Ansonsten schalten wir den Fernseher ein.

Beim Niederschreiben entstanden vor meinem inneren Auge Farben: Auch wenn sich jedes Jahr alles wiederholt, mit kleineren Ausnahmen, so ist unser Leben für mich doch immer aufregend und bunt. Habe ich als junges Mädchen auf blühende Sträucher geachtet? Hier kann ich die Mandelblüte kaum erwarten, oder wenn die ersten kleinen Oliven am Baum entstehen. Die Wildblumen auf den Wiesen, Oregano, Basilikum, Kapern und Rosmarin sammle ich auf meinen Wanderungen durch die Landschaft. Thymian- und Salbeiduft steigen mir in die Nase, wenn ich an den

Büschen vorbeikomme. Die Insel, meine zweite Heimat, hat ihre eigenen Gerüche. Mit geschlossenen Augen erkenne ich die Kräuter an ihrem ausgeprägten Aroma, genieße und liebe diesen Duft. Immer wieder werde ich, bedingt durch den Ölverkauf in meinem Laden, gefragt, wie Oliven eigentlich riechen. Ich denke, dies soll jeder für sich selbst herausfinden. Wie riechen sie denn für dich?
Ich persönlich habe ihren Duft kennen und lieben gelernt. Das Olivenöl ist für mich das Gold der Insel.
In den warmen Monaten die Sonne, die uns täglich verwöhnt, und im Winter die gemütlichen Abende am offenen Kamin. Und bei allem, was ich erlebe, ist Ilías an meiner Seite. An den Wochenenden kommen die Kinder aus den Städten. Unseren Wildfang Iraklís darf ich nicht vergessen! Der hält uns tüchtig auf Trab. Was könnte ich mir Schöneres im Leben wünschen? Peter, nun bin ich ins Schwärmen geraten, doch die Arbeit wartet auf mich. Ich will Holz sammeln, damit genügend zum Rakíbrennen bereitliegt.
Wir sehen uns bald.
Deine Schwester Anna

Die letzten Stühle wurden aufgestellt, der Tisch bog sich unter den aufgefahrenen Speisen. Es roch nach Regen, das Feuer brannte beständig. Familie und Freunde fanden sich zum alljährlichen Rakíbrennen ein. Anna schaute zu ihrem Sohn Lámbros, der am Garteneingang stand und seine Freunde begrüßte, die ihm zum achtzehnten Geburtstag gratulierten. Sie hatten ausgemacht, sich hier zu treffen und dann gemeinsam nach Ágios Nikólaos in die Diskothek zu fah-

ren, um dort bis in die Morgenstunden zu feiern. Anna schüttelte den Kopf.
Vom Aussehen ähnelt er immer mehr seinem Vater, dachte sie.
»Wovon träumst du?«, fragte Zenovía.
»Schau dir Lámbros an, er hat sich in Schale geworfen.«
»Ein hübscher junger Mann, er wird der Frauenwelt noch Herzzerbrechen bereiten.« Zenovía lachte.
»Deine Söhne und auch Anthís Kinder fahren gleich mit in die Diskothek.«
»Dann ist die ältere Generation unter sich.« Zenovía gesellte sich zu ihrem Mann.
Anna sah sich um. Anthí stand mit ihrem Mann und Ilías zusammen, der gerade in Alufolie gewickelte Kartoffeln ins Feuer warf. Thália und Emmanouíl beobachteten Fílippos dabei, wie er mit Iraklís spielte. Peter kam winkend auf sie zugelaufen.
»Dein Schwiegervater hat gesagt, es wird Zeit für die nächste Ladung.« Sie folgte ihm. Peter half ihr, den Kessel mit der Masse aus Traubenhäuten, Kernen und Stielen, die nach dem Zerstampfen übrig geblieben waren, zu füllen. Die Traubenreste gärten seit dreißig Tagen. Ilías versorgte unaufhörlich das Feuer mit Holz. Mit einem handgesteuerten Lastenzug hoben sie den Kessel über die Flamme und verschlossen ihn.
»Das sieht ulkig aus«, meinte Peter, »ich kann mir immer noch nicht vorstellen, wie das funktionieren soll. Es erinnert mich eher an eine riesige Teekanne, die umgedreht auf den Kessel gestülpt wurde.«
»Tolle Fantasie, Peter!«, lachte Anna und erklärte dann: »Um den Rakí zu produzieren, muss er destilliert werden. Durch das starke Kochen der Traubenreste entstehen Dämpfe, die beim Passieren dieses Rohrs«, sie zeigte

darauf, »mit Wasser abgekühlt werden und sich dadurch in eine klare Flüssigkeit verwandeln, den Rakí.«
»Das ist alles?« Anna nickte. Dann bückte sie sich und schöpfte aus dem Auffangbehälter Rakí in ein Glas. »Probier.«
»Ich soll ihn heiß trinken?«
»Es bringt Glück, sich in einer regnerischen Novembernacht an einem Ort, an dem Rakí gebrannt wird, aufzuhalten, umgeben von betörenden, aus dem Kessel aufsteigenden Dämpfen heißen Rakí zu trinken und dann den brennenden Weingeist mit einem *Mezé* auszugleichen.« Sie hielt ihm ein Stück gegrillten Maiskolben entgegen.
»Ziemlich geschwollen redest du daher. Dann hoffe ich, dass es mir Glück bringt.« Mit kleinen Schlucken trank Peter den Schnaps und knabberte an der Körnerfrucht.

Lámbros junior verabschiedete sich, nachdem seine Freunde und er kräftig zugegriffen hatten. Anna holte Nachschub aus dem Haus. Immer mehr Nachbarn und Freunde gesellten sich zu ihnen. Geschützt saßen sie unter dem provisorischen Holzdach, auf das der Regen prasselte. Sie rückten enger ums Feuer.
An den folgenden drei Tagen fingen sie in den frühen Morgenstunden mit dem Brennen an und fielen um Mitternacht erschöpft ins Bett. Déspina half ihnen beim Zubereiten der Speisen, denn täglich fanden sich Gäste ein, die ihnen beim Brennen Gesellschaft leisteten.
»Wir müssen heute Abend fertig werden, die Genehmigung läuft ab«, sagte Anna, als ihr Bruder dabei war, das Feuer zu schüren.
»Ich dachte, ihr würdet schwarz brennen.«
»Von wegen. Erstens brauchst du eine Lizenz für die

Brennerei, und zweitens eine Genehmigung, die für eine bestimmte Anzahl Tage ausgestellt wird. Die Menge der gegorenen Trauben spielt dabei eine Rolle, die Behörde errechnet daraus, wie lange du zum Verarbeiten brauchst, und stellt darüber die Genehmigung aus. Abgesehen davon zahlst du pro Liter Rakí, den du gewinnst, eine Abgabe.«

»Und ich dachte, in der Wildnis fragt danach keiner.«

»Seit ein paar Jahren sind sie strenger geworden, es wird keine neue Lizenz mehr ausgestellt. Die alten Brennstätten sollen aussterben. Ich denke, damit mehr Rakí in den Geschäften gekauft wird.« Anna ging auf den Ofen zu. Hob den Kessel vom Feuer, leerte und säuberte ihn mit klarem Wasser und bereitete die letzte Ladung Trauben vor.

Nach den anstrengenden Tagen und der Abreise von Anthí und ihrer Familie gönnten sich die Zurückgebliebenen eine Auszeit. Peter und Ilías spielten Backgammon. Lámbros und Déspina waren zu einem Spaziergang durchs Dorf aufgebrochen. Anna beobachtete das Spiel der Männer. Bis auf das Knistern im Kamin und das Setzen der Spielsteine war kein Laut im Raum zu hören.

»Glaubst du, die Eltern freuen sich, wenn wir zu Weihnachten kommen?«, platzte es unerwartet aus Anna heraus. Peter sah auf.

»Ja. Das haben sie zumindest Elke gegenüber zum Ausdruck gebracht.« Dann vertiefte er sich wieder ins Spiel. Anna ging zum Herd und rührte die Weiße-Bohnen-Suppe um. Hoffentlich, dachte sie. Es wäre schade, wenn wir nun endlich die Gelegenheit hätten, sie gemeinsam zu besuchen, und es wieder mit einem

Streit endete. Besser ist, ich werde mit ihnen telefonieren, um das vorab zu klären.
Anna stellte die Herdflamme aus, ging ins Wohnzimmer und wählte die Nummer der Eltern. Ihr Vater meldete sich.
»Hier ist Anna.«
»Ist etwas passiert?«, fragte der Vater. »Ist mit Peter alles in Ordnung?«
»Er fliegt morgen ab. Deshalb rufe ich nicht an. Ich wollte euch etwas fragen.« Sie stockte.
»Bis du noch da?«, fragte der Vater.
»Ist es euch recht, wenn wir den Heiligen Abend gemeinsam bei euch feiern?« Ihr Herz schlug schneller, sie legte die Hand darauf, als wollte sie es beruhigen.
»Natürlich! Was für eine Frage!«
Erleichtert atmete sie auf.
»Papa?«, flüsterte sie.
»Ja, Anna?«
»Ich möchte nicht, dass ihr mir noch mal mein Dorfleben madig macht. Ich habe letztlich über mein Leben nachgedacht und bin zu dem Schluss gekommen, dass ich nirgends hätte glücklicher sein können. Ich möchte, dass ihr mir das glaubt und euch mit mir freut. Das liegt mir sehr am Herzen.« Jetzt war es raus, was ihr so lange auf der Seele brannte.
Walter räusperte sich, als hätte er einen Frosch im Hals, dann antwortete er: »Bist du krank, Anna?«
»Nein. Es bedeutet mir viel, das zu klären, bevor ich zu euch komme.« Der Vater schwieg einen Augenblick. Anna ließ ihm Zeit.
»Ich sollte akzeptieren, dass du nicht den Weg gehen wolltest, den ich für dich im Auge hatte, sondern deinen eigenen. Du bist enorm sprachbegabt, ich wollte,

dass du Karriere machst.« Er hielt inne. Anna hörte, dass der Vater schniefte. Weinte er etwa?
»Es tut mir leid, Anna, ich wollte dich nicht verletzen. Mein Stolz, meine Wut. Wir hätten dich öfter besuchen sollen, um dich besser zu verstehen. Zu kurz waren unsere Aufenthalte und zu krass der soziale Unterschied zwischen den Ländern. Ich bin damit nicht zurechtgekommen. Es war nicht recht, dass ich mir angemaßt habe, über dein Dorfleben zu urteilen, ich habe es ja nie richtig kennengelernt.«
»Danke, Vater«, sagte Anna, »dann steht dem Weihnachtsfest nichts im Wege!«
»Wenn Natalía im Mai heiratet, dann bleiben wir zwei Monate oder noch länger bei euch, einverstanden?«
»Das wäre traumhaft.«
»Bis bald, Anna, wir telefonieren noch mal, bevor ihr abreist. Grüß alle von uns.«
»Das mache ich.«
»Und, Anna ...«
»Ja, Vater?«
»Ich war immer stolz auf dich, konnte es nur nie zugeben. Deinen Mut, einfach alle Brücken abzubrechen, bewundere ich, denn der fehlte mir, um mir meinen Traum zu verwirklichen. Jetzt ist es zu spät dafür.«
»Du hattest einen Traum?«
»Wir sind uns darin sehr ähnlich. Ich wollte mit deiner Mutter nach Kanada auswandern.«
»Davon hast du nie gesprochen.«
»Lass gut sein. Es ist lange her, Anna. Tschüss, bis bald.«
»Tschüss, Vater.« Anna legte den Hörer auf. Leichten Herzens tanzte sie in die Küche und deckte den Tisch fürs Mittagessen.

»Da hat ja jemand gute Laune. Was ist passiert?«, fragte Peter.
»Ich hatte eine Aussprache mit Vater.« Dann erzählte sie Ilías und ihm von dem Gespräch – bis auf die Stelle, als der Vater von Kanada erzählt hatte. Darüber wollte sie erst noch einmal mit ihm persönlich sprechen. Froh gestimmt, stießen sie mit Rakí an. Beim Verteilen der Suppe hielt Anna inne, nahm den Kalender in die Hand und zählte die roten Markierungen.
»In drei Wochen fahre ich die Tickets abholen, und in fünfundvierzig Tagen fliegen wir!«, stellte sie begeistert fest. Ihr Freudenjauchzer erscholl im Raum.

76. Kapitel

Anna schlug auf den Olivenzweig ein, die Früchte purzelten ins Netz. Lámbros senior wies derweil die Hilfskraft in die Arbeit ein. Er hatte es sich nicht nehmen lassen, mitzufahren. Mit seinen sechsundachtzig Jahren stand er da, gebeugt auf seinen Stock, und gab gezielte Anweisungen. Nun kam er auf Anna zu. »Halt den Ast in die andere Richtung!«
»Hör auf, ich ernte nicht zum ersten Mal Oliven. Du hättest bei dem schmuddeligen Wetter zuhause bleiben sollen. Schau, deine Schuhe triefen vor Nässe. Sonst ziehst du bei vierzig Grad die Stiefel an, und heute steckst du dafür mit Halbschuhen im aufgeweichten Erdreich.« Sie trug den abgeernteten Zweig auf einen Haufen. »Und zieh dir bitte eine Jacke über.« Anna bedeutete dem Schwiegervater, mit zum Auto zu kommen.

»Sag mal, was erlaubst du dir, mich zu bevormunden, das steht dir nicht zu!«
»Ich möchte nicht, dass du krank wirst.« Vom Pick-up holte sie den Rucksack herunter und reichte ihm den Anorak. Mit verkniffenem Gesichtsausdruck zog er ihn widerwillig an.
»Ist egal, wenn ich krank werde. Ihr vergnügt euch ja bald in Deutschland!« Aus der Tasche zog er die Pfeife und zündete sie an. Daher weht der Wind! Will Lámbros krank werden, damit wir nicht fliegen? Sie ignorierte, dass er lautstark hustete und sich dabei auf den Brustkorb schlug, als hätte er Schwierigkeiten beim Durchatmen.
»Erkältet?«, kam es ihr ironisch über die Lippen. Der Husten verschwand so plötzlich, wie er gekommen war. Lámbros drehte sich um und stampfte zu den Arbeitern, mit denen er eine lautstarke Diskussion vom Zaun brach.

An sonnigen Tagen traf Anna Vorbereitungen für die Urlaubszeit. Sie wusch die Decken, putzte die Fenster und brachte das gesamte Haus auf Hochglanz. Daneben legte sie geerntete Oliven in einer Salzwasserlake ein. Sie streifte durch die Bergschluchten, sammelte nach dem Regen Schnecken. Kontrollierte die Kräutersträuße aus Salbei, Thymian und Rosmarin, die seit Juni zum Trocknen an der Decke hingen.
»Du hast reichlich zu tun.« Déspina war hinter sie getreten.
»Wir sind nicht lange weg, doch wenn ich es jetzt nicht mache, dann kommt später zu viel auf mich zu. Ich will im Frühjahr neue Gemüsesorten ausprobieren.«
»Kann ich dir bei irgendetwas behilflich sein?«

»Beruhige Lámbros.« Anna lächelte die Schwiegermutter an.
»Mach dir keine Sorgen, er meint es nicht so.« Sie legte tröstend die Hand auf Annas Schulter.
»Ich hoffe es.«

Auf den Märkten erstand Anna für die Kinder und Ilías Winterpullover und dick gefütterte Jacken. Sie legte sie gerade zusammen, als sie polternde Schritte und Rufe auf der Treppe vernahm. Sie lief in den Flur. Ilías stürzte auf sie zu.
»Wir müssen Vater ins Krankenhaus bringen!«
»Was ist passiert?«
»Er ist im Stall zusammengebrochen.«
»Du meine Güte!«, rief Anna erschrocken, zog die Jacke vom Haken und rannte hinter ihrem Mann her. Mit bleichem Gesicht kniete Déspina neben Lámbros. Seinen Kopf hatte sie auf eine Decke gelegt und sprach mit ruhiger Stimme.
»Die Kinder sind gleich hier.« Als Anna näher kam, öffnete er schlagartig die Augen.
»Was ist passiert?«
»Du bist hingefallen.« Ilías hockte sich neben den Vater, der versuchte, sich aufzurichten. Ilías stützte ihn im Rücken. »Wir bringen dich zum Arzt.«
»Es geht mir schon besser. Mir war ein wenig schwindelig.« Anna erstaunte seine feste Stimme und der Blick, den er ihr zuwarf.
Kurz darauf ging Lámbros ins Haus, setzte sich aufs Sofa und stopfte seine Pfeife, als wäre nichts gewesen. Anna beobachtete die Situation, die sie irgendwie stutzig machte. Und immer wieder dieser auf sie gerichtete Blick!

»Denkst du nicht, wir sollten dich zur Untersuchung ins Krankenhaus bringen? Es könnte das Herz sein«, meinte sie.
»Meinem Herzen geht es gut«, brummte er.
»Sei vernünftig. Besser, wenn die Kinder dich zum Arzt bringen«, wandte Déspina ein. Lámbros schüttelte den Kopf.
»Es ist gut, dass es heute passiert ist und nicht, während ihr in Deutschland seid.« Anna hielt den Atem an.
»Mal den Teufel nicht an die Wand!« Déspina bekreuzigte sich.
Doch die Vorfälle häuften sich. Lámbros stolperte die letzte Stufe hinunter, hustete, bis er außer Atem war, klagte über Magenschmerzen, blieb bis zum Mittag im Bett liegen, weil er all seine Knochen spürte, wie er sich ausdrückte. Und immer, wenn Ilías und Anna sich um ihn sorgten, ihn zum Arzt bringen wollten, ging es ihm prompt besser, und zum Abschluss sein Standardsatz: ›Zum Glück ist es jetzt passiert und nicht, während ihr in Deutschland seid.‹
In der Nacht, bevor Anna die Tickets in der Stadt abholen wollte, rief Déspina sie gegen zwei Uhr aus dem Bett.
»Lámbros hustet sich die Seele aus dem Leib und schwitzt. Es könnte eine Lungenentzündung sein.« Ilías sprang auf, Anna folgte ihm sofort in die untere Etage. Lámbros lag mit geschlossenen Augen im Bett und röchelte.
»Jetzt reicht es, Vater, wir bringen dich augenblicklich zum Arzt!« Ilías bat Déspina, Kleidung für ihn zurechtzulegen. Blitzschnell öffnete der Vater die Augen, und einem Wunder gleich setzte er sich kerzengerade im Bett auf.

»Ich habe mich nur verschluckt.«
»Déspina denkt eher an eine Lungenentzündung!«
»Ach nein, meine Kehle ist einfach trocken gewesen.«
Anna spürte, wie Groll in ihr aufstieg. Wut, die sie nicht gewillt war, zu schlucken. Seit Tagen brodelte es ihn ihr.
»Es reicht!« Drei verdutzte Augenpaare richteten sich auf sie. Sie stemmte die Hände in die Hüften. »Der wahre Grund ist: Du willst uns den Urlaub vermiesen! Seit Wochen spielst du den eingebildeten Kranken! Denkst du, ich hätte deine Blicke und Anspielungen nicht verstanden? Mit aller Macht willst du uns zu verstehen geben, dass es besser wäre – oder eher für dich von Vorteil –, wenn wir hier bleiben!« Aufgebracht blies sie sich eine Strähne aus dem Gesicht.
»Beruhige dich, Anna.« Ilías kam auf sie zu. »Du kannst doch nicht allen Ernstes behaupten, Vater stelle sich krank!«
»Schau ihn dir genau an.« Sie zeigte auf den Schwiegervater, der aufrecht im Bett saß und den Blick gesenkt hielt. Plötzlich schob er die Decke zurück, stützte sich auf den Stock, erhob sich langsam und ging auf Anna zu, bis er direkt vor ihr stand.
»Wage es nicht noch einmal, in meinem Haus die Stimme gegen mich zu erheben. Ansonsten passiert was!«
»Droh du ruhig! Schau deinem Sohn in die Augen und schwöre, dass die Krankheiten, die dich scheinbar seit einiger Zeit plagen, echt sind. Mach!« Sie atmete ein, hielt jedoch Lámbros' Blick stand. Er bewegte sich keinen Millimeter, blieb stumm.
»Mach es!«, schrie Anna hysterisch. Lámbros ging erhobenen Hauptes aus dem Zimmer.
So einfach kommst du mir dieses Mal nicht davon! Anna hängte sich an seine Fersen.

»Lass gut sein! Du steigerst dich in etwas hinein, was nicht wahr ist.« Ilías griff sie am Arm. Energisch schüttelte sie ihn ab. Sie folgte ihrem Schwiegervater in die Küche, der Geruch von kalter Asche stieg ihr in die Nase. Lámbros saß auf der Bank und schüttete Rakí ins Glas. Sie setzte sich ihm gegenüber auf den Stuhl. Kurz blickte sie sich um, sah, dass Déspina mit bleichem Gesicht im Türrahmen stand. Ihr Mann kam langsam näher. Ganz ruhig, Anna! Atme tief durch!
»Lámbros, seit vierzehn Jahren spare ich eisern für diesen Urlaub. Ich habe hart dafür gearbeitet, damit wir ihn uns leisten können. Die Kinder sind erwachsen und werden bald ihre eigenen Familien gründen. Warum kannst du nicht Verständnis dafür aufbringen, dass wir ein einziges Mal den Heiligen Abend, der dir sowieso nicht wichtig ist, in meiner alten Heimat verbringen?«, fragte sie ruhig, obwohl sie innerlich zitterte. Er blickte auf.
»Du willst mir meine Familie wegnehmen.«
»Was?!«, mischte sich Ilías ein. Déspina ließ sich auf dem Stuhl neben dem Kamin nieder und faltete die Hände im Schoß.
»Ihr Deutschen habt mir meinen Vater genommen und die Mutter verwundet.« Er zog die Augenbrauen zusammen. »Wegen eures Krieges sind unzählige Menschen gestorben. Und nun willst du meinen Sohn und meine Enkelkinder in das Land mitnehmen, das am Unglück vieler Familien schuld ist!«
»Vater, das kann nicht dein Ernst sein. Ich dachte, du hättest Anna längst ins Herz geschlossen.« Anna hörte das Vibrieren in Ilías' Stimme. Sie sah zu Déspina, die wie ein Häufchen Elend auf dem Stuhl zusammengesunken war.

»Was ich sage, meine ich auch! Lasst mich allein! Geht!«
»Nein, Lámbros, das wird heute Nacht geklärt!« Anna klopfte mit der Hand auf den Tisch. »Es ist eine stinknormale Urlaubsreise, wir sind in wenigen Tagen wieder zurück. Ist das nach vierundzwanzig Jahren, die ich bereits mit dir unter einem Dach wohne, in denen du mich kennengelernt hast, wirklich zu viel verlangt?« Sie rieb sich Tränen von den Wagen.
»Du bist nicht alleine, Vater«, meinte Ilías und zeigte auf Déspina, deren Wangen eingefallen waren. Ein Holzladen klapperte im Wind.
»Habe ich mich in dir getäuscht?«, flüsterte Déspina. Die Erschöpfung stand ihr ins Gesicht geschrieben. »Sollte ich einen Mann geheiratet haben, der egoistisch ist, seiner Schwiegertochter die Taten früherer Generationen vorwirft und uns allen in den letzten Wochen bewusst das Leben schwer gemacht hat?« Sie erhob sich, ging langsamen Schrittes auf ihn zu. »Sag, dass es nicht so ist! Ich habe dich niemals schlecht über Anna reden hören.« Schlaff ließ sie sich auf die Bank neben ihm fallen. Er räusperte sich.
»Lámbros, du kannst mir nicht im Ernst weismachen, dass Anna dir nicht seit Langem ans Herz gewachsen ist«, sprach sie weiter. »Ich bitte dich, gib den Kindern deinen Segen, damit sie fliegen können.« Lámbros sah erst seine Frau, dann Ilías und zum Schluss Anna an.
»Ich kann nicht«, sagte er, stand auf und verließ die Küche.
»Es tut mir leid«, Déspina schnäuzte ins Taschentuch. »Ich habe nicht erkannt, dass er sich krank stellt, um euch von der Reise abzuhalten. Ich weiß nur eins«, über den Tisch hinweg legte sie Annas Hand in ihre, »er liebt dich wie eine Tochter. Er hat mir oft gesagt,

wie glücklich er ist, dass sein Sohn eine gute Frau und seine Enkelkinder eine gute Mutter haben. Er kann es nur nicht zeigen. Ich denke, er hat einfach Angst, ohne euch zu sein. Auch wenn es nur wenige Tage sind.«

»Ich weiß, dass er mich liebt. Der alte Brummbär konnte es mir eben immer nur mit Gesten zeigen.«

Anna und Ilías verließen die Wohnung und stiegen die Stufen zur ihrer Etage hoch.

»Du holst morgen die Tickets«, erklärte Ilías.

Ohne weiter darüber zu sprechen, legten sie sich ins Bett. Ihr Mann zog sie in die Arme, und Anna schlief erschöpft ein.

Epilog

Auf der Domplatte pfiff Lámbros der Wind eisig um die Ohren. Kleine Schneeflocken wirbelten umher. Aléxandros kam ihm entgegen.
»Na, Pappoú, das hättest du dir nicht träumen lassen, was?« Er winkte seinem Vater und den beiden Geschwistern zu, die vor der gewaltigen Eingangstür des Kölner Doms standen. Lámbros schlug den Kragen seiner Jacke hoch, eine Hand vergrub er tief in der Tasche, mit der anderen stützte er sich auf dem Gehstock ab.
»Kommst du mit in den Dom?«, fragte der Enkel. Lámbros zog kurz die Augenbrauen hoch, Falten bildeten sich auf der Stirn.
»Ich weiß nicht.«
»Mutter hätte sich darüber gefreut. Sie schaut uns von oben aus zu.«
Aléxandros sah in den grauen Himmel, als könne er Anna dort ausmachen. Lámbros atmete tief durch.
»Sie fehlt mir«, flüsterte er. »Noch in der Nacht zuvor hat sie mir gestanden, dass sie jahrelang gespart hat, damit die gesamte Familie nach Deutschland fliegen kann. Und ich habe mich dagegen gewehrt. Und nun«, mit dcm Handschuh wischte er sich Tränen aus dem Gesicht, »stehe ich hier, und Anna konnte ihren Wunsch nicht mehr verwirklichen.« Er senkte den Kopf. Aléxandros rüttelte ihn am Arm.
»Mutter hat uns erzählt, wenn sie in den Dom geht, dann zündet sie immer eine Kerze an. Das machen wir nun für sie. Ja, Pappoú?« Lámbros sah auf.
»In dir stecken viel Kraft und Zuversicht.« Er strich ihm übers Haar.

»Mutter hat gesagt, auch wenn geliebte Menschen von uns scheiden, sie sind trotzdem immer allgegenwärtig.« Er lächelte. »Komm, Pappoú.«
»Gut, Junge.« Mit gebeugtem Oberkörper und langsamen Schritten ging er neben dem Enkel auf den Dom zu. Im Kirchenschiff von einem Ausmaß, dass es Lámbros den Atem verschlug, führte er einen stummen Dialog mit seiner Schwiegertochter.
Ach, Anna, ich kann es nicht glauben: Nun stehe ich an deiner Stelle im Kölner Dom. *Ich!* Ständig habe ich versucht, deine Heimat, deine Religion schlechtzumachen. Der Dom gehört der katholischen Kirche. Siehst du, das habe ich im Reiseführer gelesen, der auf dem Bücherbord lag. Am Heiligen Abend war es dir besonders wichtig, in die Kirche zu gehen. Seit Jahren ließ der Pfarrer für dich die Tür offen. Und morgen ist Heiliger Abend.
Lámbros wischte sich erneut Tränen aus dem Gesicht. Wir werden den Abend im Kreise deiner Familie verbringen, nach deiner geliebten alten Tradition. Gänsebraten mit Rotkohl kommt auf den Tisch, so wie du das Gericht in den letzten Jahren für uns zubereitet hast. Ich weiß noch, wie sehr du dich gefreut hast, als der Supermarkt das erste Mal vor Weihnachten Gänse angeboten hat. Von da an hast du jedes Jahr eine geholt. Ach Anna, ich wünschte, du wärst jetzt hier.
»Vater, ist alles in Ordnung?« Ilías' Stimme unterbrach Lámbros' Abbitte.
»Ich habe an Anna gedacht und wie gerne sie heute an meiner Stelle wäre.« Er nahm eine Kerze, zündete sie an und stellte sie neben die anderen brennenden Lichter.
»Vater, Anna wäre stolz, wenn sie dich nun hier sehen könnte.«

»Warum haben die Ärzte sie nicht retten können?«, flüsterte Lámbros mit gesenktem Kopf.
»Das habe ich dir schon so oft versucht zu erklären. Sie hatte schwere innere Verletzungen, die einen Schock ausgelöst haben.«
»Und du bist sicher, dass sie gewollt hätte, dass ihr herfliegt?« Er kniete sich vor den Kerzen nieder und faltete die Hände.
»Als ich an ihrem Bett saß, erwachte sie für einen Augenblick. ›Erfülle mir meinen Herzenswunsch‹, flüsterte sie, ›fliegt nach Köln. Ich liebe dich.‹ Ich versprach es ihr. Danach schlief sie mit einem Lächeln auf den Lippen ein.« Ilías schluckte schwer.
»Glaubst du, sie würde mir verzeihen, dass ich sie so oft ungerecht behandelt habe?« Er blickte seinem Sohn in die Augen.
»Dem alten Brummbär hat sie stets verziehen, auch wenn es nicht immer leicht war. Tief in ihrem Inneren hat sie gefühlt, dass du es nie richtig böse gemeint hast.«
»Bist du dir sicher?«, murmelte Lámbros.
»Sie hat dich geliebt.«
»Ich sie auch, doch ich habe es ihr nie gesagt. Und jetzt ist es zu spät dafür.« Lámbros stand auf und ging ein paar Schritte an den Kirchenbänken entlang. Ilías gesellte sich zu ihm.
»Sei beruhigt, Vater, sie hat es gewusst.«
»Wie kannst du nur so gefasst sein, mein Sohn?«
»In mir ist ein Schmerz, den ich mit Worten nicht beschreiben kann. Doch ich erfülle Annas letzten Wunsch, das macht es mir im Moment leichter.«
Im Kreuzgang trafen sie auf die Kinder.
»Können wir jetzt über den Weihnachtsmarkt schlendern?«, fragte Natalía.

»Viel kälter als hier drinnen ist es draußen auch nicht«, stellte Aléxandros fest und zog sich die Mütze tiefer in die Stirn. Kurz darauf liefen sie die Stufen hinunter. Die Holzhäuschen mit ihren roten Dächern zogen sie magisch an.
Als die kleine Gruppe über den Weihnachtsmarkt auf dem Heumarkt schlenderte, blieb Lámbros plötzlich mitten auf dem Platz stehen, sodass sein Enkel fast über ihn gestolpert wäre.
»Was ist, Pappoú?«
»Riechst du das auch?«
»Was meinst du?«
»Hol schnell die anderen her, genau an diese Stelle.« Er gab dem Enkel einen leichten Stups. Kurze Zeit später stand die Familie versammelt um Lámbros.
»Reicht euch die Hand«, sagte er. Verdutzt sahen Ilías und die Kinder sich an.
»Los.« Neugierig kamen sie seiner Aufforderung nach.
»Jetzt schließt die Augen.«
»Pappoú, die Leute sind schon auf uns aufmerksam geworden«, flüsterte Aléxandros.
»Das schert mich einen Dreck. Macht schon.«
»Und jetzt, Vater?«, fragte Ilías.
»Nehmt einen tiefen Atemzug und riecht.« Er blinzelte kurz, um nachzuschauen, ob seine Familie der Bitte nachkam. »Das hat Anna immer gemeint, wenn sie sagte: ›Es gibt nichts Vergleichbares auf der gesamten Welt wie diesen berauschenden Duft, den Weihnachtsduft.‹ Und wie Recht sie hatte!« Lámbros spürte, dass sich die Hände von Ilías und Aléxandros fester um seine schlossen.
Anna, ich fühle, du bist bei uns! Lámbros spürte eine unheimliche Wärme und Freude in sich aufsteigen.

Und all dieser weihnachtliche Duft ist in diesem Augenblick nur für dich bestimmt – Anna, meine geliebte Schwiegertochter.

Zur gleichen Zeit löste sich in Tourlotí die Todesanzeige mit dem Bild von Anna vom Strompfeiler. Eine starke Windbö ließ das Stück Papier hochwirbeln und blies es gen Norden.

ENDE

Nachwort und Dank

Mein ewiger Dank gebührt meiner Freundin René Sabine. Durch ihre Bitte, 1995 Urlaub auf Kreta zu machen, legte sie den Grundstein dafür, dass ich meinen Inseltraum leben darf. Die herzliche, kretische Gastfreundschaft wurde mir von Anfang an entgegengebracht. Kein einziges Mal machte ich die Erfahrung, dass deutsche Einwanderer unter den Kriegserinnerungen leiden mussten. Bis auf zwei Personen, die Künstler Vasílis Solidákis und Vasílis Papakonstantínou – danke für eure freundliche Genehmigung –, sind alle Figuren und die Geschichte meiner Fantasie entsprungen.

Mein besonderer Dank gilt meinem Wegbegleiter Michalis, der mich dabei unterstützt, meinen Werdegang als Autorin zu verwirklichen. Er respektiert meine täglichen Schreibstunden, als würde ich einen ganz normalen Job ausüben.

Einen herzlichen Dank möchte ich meiner Freundin Irene aussprechen. Kurz bevor sie unsere Welt verließ, schenkte sie der Romanrohfassung ihre kostbare Zeit. Leider konnte sie sich ihren Wunsch nicht mehr erfüllen.

Danke an meine Eltern, die Familie, meine deutschen, österreichischen und griechischen Freunde, die sich über jeden kleinen Erfolg mit mir freuen.

Ein großer Dank geht an die Verlegerin Sonia Lauinger und ihren Ehemann, für das entgegengebrachte Vertrauen in die Geschichte und dem Besuch im Dorf Tourlotí. Ich danke Frau Susanne Döllner für die harmonische Zusammenarbeit am Lektorat. Danke an alle weiteren Mitarbeiter des Verlagsteams.